“十三五”国家重点图书出版规划项目

智能制造
系|列|丛|书

工业物联网技术及应用

尹周平 陶波 编著

TECHNOLOGIES OF THE INDUSTRIAL INTERNET OF THINGS AND ITS APPLICATIONS

清華大學出版社
北京

图书在版编目(CIP)数据

工业物联网技术及应用/尹周平，陶波编著．—北京：清华大学出版社，2022.4
(智能制造系列丛书)
ISBN 978-7-302-59655-4

Ⅰ．①工…　Ⅱ．①尹…　②陶…　Ⅲ．①物联网—应用—工业企业管理　Ⅳ．①F406-39

中国版本图书馆 CIP 数据核字(2021)第 249687 号

责任编辑：袁　琦　赵从棉
封面设计：李召霞
责任校对：赵丽敏
责任印制：丛怀宇

出版发行：清华大学出版社
网　　址：http://www.tup.com.cn，http://www.wqbook.com
地　　址：北京清华大学学研大厦 A 座　　**邮　　编**：100084
社 总 机：010-83470000　　**邮　　购**：010-62786544
投稿与读者服务：010-62776969，c-service@tup.tsinghua.edu.cn
质量反馈：010-62772015，zhiliang@tup.tsinghua.edu.cn
印 装 者：北京嘉实印刷有限公司
经　　销：全国新华书店
开　　本：170mm×240mm　　**印　　张**：17.75　　**字　　数**：356 千字
版　　次：2022 年 4 月第 1 版　　**印　　次**：2022 年 4 月第 1 次印刷
定　　价：95.00 元

产品编号：078518-01

智能制造系列丛书编委会名单

Foreword | 丛书序 1

制造业是国民经济的主体，是立国之本、兴国之器、强国之基。习近平总书记在党的十九大报告中号召："加快建设制造强国，加快发展先进制造业。"他指出："要以智能制造为主攻方向推动产业技术变革和优化升级，推动制造业产业模式和企业形态根本性转变，以'鼎新'带动'革故'，以增量带动存量，促进我国产业迈向全球价值链中高端。"

智能制造——制造业数字化、网络化、智能化，是我国制造业创新发展的主要抓手，是我国制造业转型升级的主要路径，是加快建设制造强国的主攻方向。

当前，新一轮工业革命方兴未艾，其根本动力在于新一轮科技革命。21 世纪以来，互联网、云计算、大数据等新一代信息技术飞速发展。这些历史性的技术进步，集中汇聚在新一代人工智能技术的战略性突破，新一代人工智能已经成为新一轮科技革命的核心技术。

新一代人工智能技术与先进制造技术的深度融合，形成了新一代智能制造技术，成为新一轮工业革命的核心驱动力。新一代智能制造的突破和广泛应用将重塑制造业的技术体系、生产模式、产业形态，实现第四次工业革命。

新一轮科技革命和产业变革与我国加快转变经济发展方式形成历史性交汇，智能制造是一个关键的交汇点。中国制造业要抓住这个历史机遇，创新引领高质量发展，实现向世界产业链中高端的跨越发展。

智能制造是一个"大系统"，贯穿于产品、制造、服务全生命周期的各个环节，由智能产品、智能生产及智能服务三大功能系统以及工业智联网和智能制造云两大支撑系统集合而成。其中，智能产品是主体，智能生产是主线，以智能服务为中心的产业模式变革是主题，工业智联网和智能制造云是支撑，系统集成将智能制造各功能系统和支撑系统集成为新一代智能制造系统。

智能制造是一个"大概念"，是信息技术与制造技术的深度融合。从 20 世纪中叶到 90 年代中期，以计算、感知、通信和控制为主要特征的信息化催生了数字化制造；从 90 年代中期开始，以互联网为主要特征的信息化催生了"互联网＋制造"；当前，以新一代人工智能为主要特征的信息化开创了新一代智能制造的新阶段。

这就形成了智能制造的三种基本范式，即数字化制造(digital manufacturing)——第一代智能制造；数字化网络化制造(smart manufacturing)——"互联网＋制造"或第二代智能制造，本质上是"互联网＋数字化制造"；数字化网络化智能化制造(intelligent manufacturing)——新一代智能制造，本质上是"智能＋互联网＋数字化制造"。这三个基本范式次第展开又相互交织，体现了智能制造的"大概念"特征。

对中国而言，不必走西方发达国家顺序发展的老路，应发挥后发优势，采取三个基本范式"并行推进、融合发展"的技术路线。一方面，我们必须实事求是，因企制宜、循序渐进地推进企业的技术改造、智能升级，我国制造企业特别是广大中小企业还远远没有实现"数字化制造"，必须扎扎实实完成数字化"补课"，打好数字化基础；另一方面，我们必须坚持"创新引领"，可直接利用互联网、大数据、人工智能等先进技术，"以高打低"，走出一条并行推进智能制造的新路。企业是推进智能制造的主体，每个企业要根据自身实际，总体规划、分步实施、重点突破、全面推进，产学研协调创新，实现企业的技术改造、智能升级。

未来 20 年，我国智能制造的发展总体将分成两个阶段。第一阶段：到 2025 年，"互联网＋制造"——数字化网络化制造在全国得到大规模推广应用；同时，新一代智能制造试点示范取得显著成果。第二阶段：到 2035 年，新一代智能制造在全国制造业实现大规模推广应用，实现中国制造业的智能升级。

推进智能制造，最根本的要靠"人"，动员千军万马、组织精兵强将，必须以人为本。智能制造技术的教育和培训，已经成为推进智能制造的当务之急，也是实现智能制造的最重要的保证。

为推动我国智能制造人才培养，中国机械工程学会和清华大学出版社组织国内知名专家，经过三年的扎实工作，编著了"智能制造系列丛书"。这套丛书是编著者多年研究成果与工作经验的总结，具有很高的学术前瞻性与工程实践性。丛书主要面向从事智能制造的工程技术人员，亦可作为研究生或本科生的教材。

在智能制造急需人才的关键时刻，及时出版这样一套丛书具有重要意义，为推动我国智能制造发展作出了突出贡献。我们衷心感谢各位作者付出的心血和劳动，感谢编委会全体同志的不懈努力，感谢中国机械工程学会与清华大学出版社的精心策划和鼎力投入。

衷心希望这套丛书在工程实践中不断进步、更精更好，衷心希望广大读者喜欢这套丛书、支持这套丛书。

让我们大家共同努力，为实现建设制造强国的中国梦而奋斗。

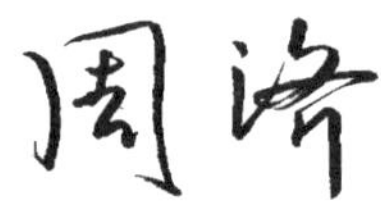

2019 年 3 月

Foreword | 丛书序 2

技术进展之快，市场竞争之烈，大国较劲之剧，在今天这个时代体现得淋漓尽致。

世界各国都在积极采取行动，美国的"先进制造伙伴计划"、德国的"工业 4.0 战略计划"、英国的"工业 2050 战略"、法国的"新工业法国计划"、日本的"超智能社会 5.0 战略"、韩国的"制造业创新 3.0 计划"，都将发展智能制造作为本国构建制造业竞争优势的关键举措。

中国自然不能成为这个时代的旁观者，我们无意较劲，只想通过合作竞争实现国家崛起。大国崛起离不开制造业的强大，所以中国希望建成制造强国、以制造而强国，实乃情理之中。制造强国战略之主攻方向和关键举措是智能制造，这一点已经成为中国政府、工业界和学术界的共识。

制造企业普遍面临着提高质量、增加效率、降低成本和敏捷适应广大用户不断增长的个性化消费需求，同时还需要应对进一步加大的资源、能源和环境等约束之挑战。然而，现有制造体系和制造水平已经难以满足高端化、个性化、智能化产品与服务的需求，制造业进一步发展所面临的瓶颈和困难迫切需要制造业的技术创新和智能升级。

作为先进信息技术与先进制造技术的深度融合，智能制造的理念和技术贯穿于产品设计、制造、服务等全生命周期的各个环节及相应系统，旨在不断提升企业的产品质量、效益、服务水平，减少资源消耗，推动制造业创新、绿色、协调、开放、共享发展。总之，面临新一轮工业革命，中国要以信息技术与制造业深度融合为主线，以智能制造为主攻方向，推进制造业的高质量发展。

尽管智能制造的大潮在中国滚滚而来，尽管政府、工业界和学术界都认识到智能制造的重要性，但是不得不承认，关注智能制造的大多数人（本人自然也在其中）对智能制造的认识还是片面的、肤浅的。政府勾画的蓝图虽气势磅礴、宏伟壮观，但仍有很多实施者感到无从下手；学者们高谈阔论的宏观理念或基本概念虽至关重要，但如何见诸实践，许多人依然不得要领；企业的实践者们侃侃而谈的多是当年制造业信息化时代的陈年酒酿，尽管依旧散发清香，却还是少了一点智能制造的气息。有些人看到"百万工业企业上云,实施百万工业 App 培育工程"时劲头十足,可真准备大干一场的时候,又仿佛云里雾里。常常听学者们言,CPS(cyber-physical systems,信息-物理系统)是工业 4.0 和智能制造的核心要素,CPS 万不能离开数字孪生体(digital twin)。可数字孪生体到底如何构建?学者也好,工程师也好,少有人能够清晰道来。又如,大数据之重要性日渐为人们所知,可有了数据后,又如何分析?如何从中提炼知识?企业人士鲜有知其个中究竟的。至于关键词"智能",什么样的制造真正是"智能"制造?未来制造将"智能"到何种程度?解读纷纷,莫衷一是。我的一位老师,也是真正的智者,他说:"智能制造有几分能说清楚?还有几分是糊里又糊涂。"

所以,今天中国散见的学者高论和专家见解还远不能满足智能制造相关的研究者和实践者们之所需。人们既需要微观的深刻认识,也需要宏观的系统把握;既需要实实在在的智能传感器、控制器,也需要看起来虚无缥缈的"云";既需要对理念和本质的体悟,也需要对可操作性的明晰;既需要互联的快捷,也需要互联的标准;既需要数据的通达,也需要数据的安全;既需要对未来的前瞻和追求,也需要对当下的实事求是……如此等等。满足多方位的需求,从多视角看智能制造,正是这套丛书的初衷。

为助力中国制造业高质量发展,推动我国走向新一代智能制造,中国机械工程学会和清华大学出版社组织国内知名的院士和专家编写了"智能制造系列丛书"。本丛书以智能制造为主线,考虑智能制造"新四基"[即"一硬"(自动控制和感知硬件)、"一软"(工业核心软件)、"一网"(工业互联网)、"一台"(工业云和智能服务平台)]的要求,由 30 个分册组成。除《智能制造:技术前沿与探索应用》《智能制造标准化》《智能制造实践》3 个分册外,其余包含了以下五大板块:智能制造模式、智能设计、智能传感与装备、智能制造使能技术以及智能制造管理技术。

本丛书编著者包括高校、工业界拔尖的带头人和奋战在一线的科研人员,有着丰富的智能制造相关技术的科研和实践经验。虽然每一位作者未必对智能制造有全面认识,但这个作者群体的知识对于试图全面认识智能制造或深刻理解某方面技术的人而言,无疑能有莫大的帮助。本丛书面向从事智能制造工作的工程师、科研人员、教师和研究生,兼顾学术前瞻性和对企业的指导意义,既有对理论和方法的描述,也有实际应用案例。编著者经过反复研讨、修订和论证,终于完成了本丛书的编写工作。必须指出,本丛书肯定不是完美的,或许完美本身就不存在,更何况智能制造大潮中学界和业界的急迫需求也不能等待对完美的寻求。当然,这也不能成为掩盖丛书存在缺陷的理由。我们深知,疏漏和错误在所难免,在这里也希望同行专家和读者对本丛书批评指正,不吝赐教。

在"智能制造系列丛书"编写的基础上,我们还开发了智能制造资源库及知识服务平台,该平台以用户需求为中心,以专业知识内容和互联网信息搜索查询为基础,为用户提供有用的信息和知识,打造智能制造领域"共创、共享、共赢"的学术生态圈和教育教学系统。

我非常荣幸为本丛书写序，更乐意向全国广大读者推荐这套丛书。相信这套丛书的出版能够促进中国制造业高质量发展，对中国的制造强国战略能有特别的意义。丛书编写过程中，我有幸认识了很多朋友，向他们学到很多东西，在此向他们表示衷心感谢。

需要特别指出，智能制造技术是不断发展的。因此，"智能制造系列丛书"今后还需要不断更新。衷心希望，此丛书的作者们及其他的智能制造研究者和实践者们贡献他们的才智，不断丰富这套丛书的内容，使其始终贴近智能制造实践的需求，始终跟随智能制造的发展趋势。

2019年3月

Preface | 前言

工业物联网是通过工业资源的网络互联、数据互通与系统互操作，实现制造原料的灵活配置、制造过程的按需执行、制造工艺的合理优化和制造环境的快速适应，达到资源的高效利用，从而构建服务驱动型的新工业生态体系。工业物联网连接所有工业资产，通过海量数据的整理与分析为工业生产提供解决方案，实现工业运营的优化。

工业物联网可对全产业价值链带来积极影响，是实现智能制造的基石，也是万物互联这一必然趋势在工业制造中的具象化体现，在中国制造 2025、美国先进制造伙伴计划以及德国工业 4.0 战略计划等国家级战略规划中均占有重要地位，已逐步成为战略性新兴产业的重要组成部分与经济发展、产业转型的强大推动力。

从工业物联网的发展脉络与应用领域发展分析，当前研究的热点主要聚焦于如下领域：体系架构与标准（厘清工业物联网的体系架构，制定相关标准实现工业物联网技术的普及化）；智能感知识别技术（以机器人视觉、RFID 感知识别、机器人触觉等为代表的“视觉-听觉-触觉”传感技术构成了工业物联网信息输入的基础）；工业大数据（研究多源、海量、异构工业数据的融合与集成，实现制造系统的优化升级）；工业互联网（探究工业物联网的基础，即以链接为核心目的的工业互联网技术）；智能决策（基于海量输入信息的工业化智能决策及其应用）；智能物流（万物互联使能下的生产物流的跟踪与追踪）；落地应用（通过工业物联网核心关键技术的落地应用，实现制造业的转型升级）。

鉴于此，本书聚焦于工业物联网领域内的主体内容，由浅入深地介绍了工业物联网的基本知识体系与前沿发展热点，通过理论结合实际，阐述工业物联网的发展现状。全书分为 7 章：第 1 章系统性阐述工业物联网的概念与体系架构，涵盖了工业互联网的架构、关键技术、相关标准；第 2 章介绍目前工业现场核心性的感知技术，包括 RFID 技术、工业视觉技术以及多维力/位置感知技术；第 3 章介绍面向工业互联网的互联互通技术，包含工业互联网的体系框架、通信技术、接口技术、车间控制技术以及安全体系；第 4 章介绍工业大数据的集成与融合技术，分别从基于 CPS、云平台、服务以及数字孪生的角度介绍工业大数据的融合；第 5 章则围绕基于工业物联网的智能决策展开，重点介绍基于工业物联网的实时信息架构、智能决策系统及其应用；第6章介绍RFID驱动的企业生产物流跟踪与追踪，阐述了物流跟踪与追踪及其实现、RFID图式时序模型、生产数据库与生产物流的提质增效；第7章以3C制造、能源化工领域为例介绍工业物联网技术在行业中的应用。

本书由尹周平、陶波、张洁、陶飞、黄国全、江平宇、明新国、鲍劲松、屈挺、付颖斌、张先燏等工业物联网领域一线从业专家联合编著。其中，第1章和第2章由尹周平、陶波为主编写；第3章由张洁、鲍劲松编写；第4章由陶飞编写；第5章由黄国全、屈挺编写；第6章由江平宇、付颖斌编写；第7章由明新国、张先燏编写。值得指出的是，本书编写过程中注重结合了各位作者在工程实践中的经验，并吸纳了大量行业内专家学者的研究成果。在此，向有关作者和专家表示感谢，并对未能注明出处的资料的原作者表示歉意。本书的出版得到了国家出版基金的资助和清华大学出版社的大力支持和帮助。

本书内容涉及多个学科前沿，属于典型的学科交叉融合，覆盖面广。由于作者学识有限，书中难免存在疏漏与不妥之处，恳请广大同行、读者给予批评指正。

作　者

2021年9月

Contents | 目录

第1章

工业物联网的概念和体系架构

1.1 引言

工业物联网是支撑智能制造的一套使能技术体系[1]。根据《工业物联网白皮书》，工业物联网是通过工业资源的网络互联、数据互通与系统互操作，实现制造原料的灵活配置、制造过程的按需执行、制造工艺的合理优化和制造环境的快速适应，达到资源的高效利用，从而构建服务驱动型的新工业生态体系[2]。

随着中国制造2025、美国先进制造伙伴计划以及德国工业4.0等国家层面的战略计划提出，工业物联网应运而生。它在产品的设计、生产、管理以及服务等全生命周期环节中发挥重要作用，是中国战略性新兴产业的重要组成部分，也是经济发展、产业转型的强大推动力。

工业物联网是物联网在工业领域中的应用，但不仅仅是工业与物联网的叠加。工业物联网的定位是支撑智能制造的一套使能技术体系。工业物联网表现出六大典型特征：智能感知、泛在连通、精准控制、数字建模、实时分析和迭代优化。

1.2 工业物联网的体系架构

典型的物联网系统架构共有4个层次[3]。一是感知层，即利用射频识别(radio frequency identification，RFID)、传感器、二维码等随时随地获取物体的信息；二是现场管理层，对感知层获取的信息流进行存储和监控；三是网络层，通过电信网络与互联网的融合，将物体的信息实时准确地传递出去；四是应用层，对感知层得到的信息进行处理，实现智能化识别、定位、跟踪、监控和管理等实际应用。

在工业环境的应用中，工业物联网与传统的物联网系统架构具有两个主要的不同点：一是在感知层中，大多数工业控制指令的下发以及传感器数据的上传有实时性的要求。在传统的物联网架构中，数据需要经由网络层传送至应用层，由应用层经过处理后再进行决策，对于下发的控制指令，需要再次经过网络层传送至感知层进行指令执行过程。由于网络层通常采用的是以太网或者电信网，这些网络缺乏实时传输保障,因此在高速率数据采集或者进行实时控制的工业应用场合下,传统的物联网架构并不适用。二是在现有的工业系统中,不同的企业有属于自己的一套 SCADA 监控和数据采集(supervisory control and data acquisition)系统,在工厂范围内实施数据的采集与监视控制。SCADA 系统在某些功能上会与物联网的应用层产生重叠,如何把现有的 SCADA 系统与物联网技术进行融合,例如哪些数据需要通过网络层传送至应用层进行数据分析,哪些数据需要保存在 SCADA 的本地数据库中,哪些数据不应该送达应用层,往往会涉及部分传感器的关键数据或者系统的关键信息,只在工厂内部进行处理。

工业物联网的系统架构需要在传统的物联网架构的基础上增加现场管理层,如图 1-1 所示。其作用类似于一个应用子层,可以在较低层次进行数据的预处理,是实现工业应用中的实时控制、实时报警以及数据的实时记录等功能所不可或缺的层次。图中 FFHSE(flexible function high speed ethernet)是灵活功能现场总线,TCP/IP(transmission control protocol/internet protocol)是传输控制协议,EPA(ethernet for plant automation)是在 TCP/IP 基础上建立的开放网络通信平台,主要用于工业现场设备间通信,DP(data point)是智能设备所具备的功能点,PA(power amplifier)是功率放大器。

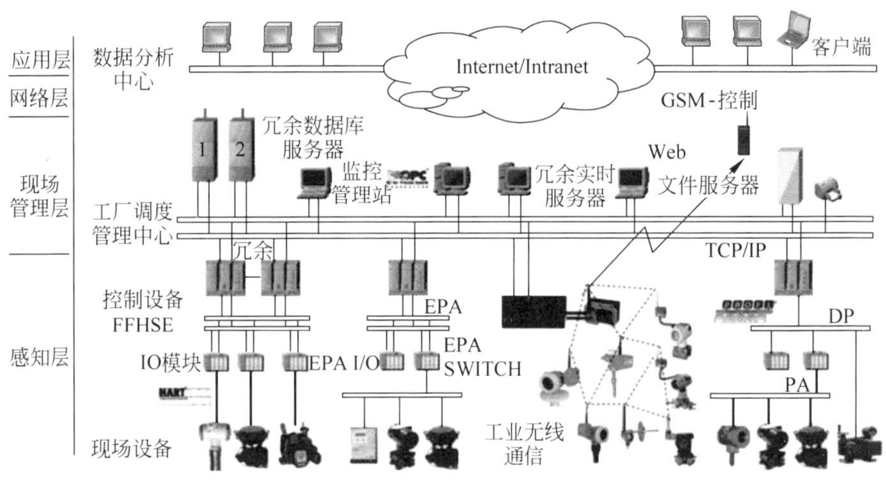

图 1-1 工业物联网体系架构

1.2.1 感知层

感知层的主要功能是识别物体、采集信息和自动控制,是物联网识别物体、采集信息的来源[4];它由数据采集子层、短距离通信技术和协同信息处理子层组成。数据采集子层通过各种类型的传感器获取物理世界中发生的物理事件和数据信息,例如各种物理量、标识、音视频多媒体数据。物联网的数据采集涉及传感器、RFID、多媒体信息采集、二维码和实时定位等技术。短距离通信技术和协同信息处理子层将采集到的数据在局部范围内进行协同处理，以提高信息的精度，降低信息冗余度，并通过具有自组织能力的短距离传感网接入广域承载网络。感知层中间件技术旨在解决感知层数据与多种应用平台间的兼容性问题，包括代码管理、服务管理、状态管理、设备管理、时间同步、定位等。在有些应用中还需要通过执行器或其他智能终端对感知结果做出反应，实现智能控制。该部分除 RFID、短距离通信、工业总线等技术较为成熟外，尚需研制大量的物联网特有的技术标准。

感知层由现场设备和控制设备组成，主要进行工业机器信息的感知以及控制指令的下发。现场设备主要包括温度传感器、湿度传感器、压力传感器、RFID、电动阀门、变送器等，这些设备直接与工业机器相连，担当着感知控制过程的末梢机构。控制设备主要指 PLC 等控制器，在工业系统中，PLC 等控制器用于实现较低层的高速实时的控制功能，这对于工业控制尤为重要。控制设备与现场设备组成了现场总线控制网络，如常用的 CAN 总线网络、Profibus 总线网络等。值得一提的是，工业无线传感器网络（industrial wireless sensor networks，IWSN）作为物联网技术的重要组成部分，通过网关可与现有的现场总线网络并存。IWSN 以其高可靠、低成本、易扩展等优势被广泛应用于感知层的实现中，在环境数据感知、工业过程控制等领域发挥着巨大作用。

1.2.2　现场管理层

现场管理层主要指工厂的本地调度管理中心，如上文所述的 SCADA 系统[5]。调度管理中心充当着工业系统的本地管理者以及工业数据对外接口提供者的角色，一般包括工业数据库服务器、监控服务器、文件服务器以及 Web 网络服务器等设备。现场管理层作为区别于传统物联网系统架构的一个层次，在工业物联网系统中起着重要作用。现场管理层融合了现有的工业监控系统，它的存在使得来自感知层的部分关键工业数据能得到及时的记录与处理，对于一些对实时性有要求的较低层的过程控制指令，它能快速响应，及时做出控制决策。此外，现场管理层起到了对外提供数据接口的作用，通过数据库服务器以及 Web 网络服务器，调度管理中心可以把来自工厂内部的数据通过网络层发布到应用层，应用层可以透明访问到不同工业机器上的感知信息，对进一步的数据分析工作起到了重要作用。

1.2.3　网络层

网络层由互联网、电信网等组成，负责信息传递、路由和控制[5]。网络层将来自感知层的各类信息通过基础承载网络传输到应用层，包括移动通信网、互联网、卫星网、广电网、行业专网，以及形成的融合网络等。根据应用需求，它可作为透传的网络层，也可升级以满足未来不同内容传输的要求。经过十余年的快速发展，移动通信、互联网等技术已比较成熟，在物联网的早期阶段基本能够满足物联网中数据传输的需要。网络层主要关注来自感知层的、经过初步处理的数据经由各类网络的传输问题。这涉及智能路由器不同网络传输协议的互通、自组织通信等多种网络技术。其中,全局范围内的标识解析将在该层完成。该部分除全局标识解析外,其他技术较为成熟,以采用现有标准为主。

1.2.4 应用层

应用层实现所感知信息的应用服务,包括信息处理、海量数据存储、数据挖掘与分析、人工智能等技术。

应用层是工业物联网的最终价值体现者[6]。应用层针对工业应用的需求,与行业专业技术深度融合,利用大数据处理技术对来自感知层的数据进行分析,主要包括对生产流程的监视,对工业机器运行状况的跟踪、记录等,最终产生对企业、行业发展有指导意义的结果,如优化生产流程、指导生产管理、提高经营效率、预测行业发展等,实现广泛的智能化。不同的企业之间更能互相共享大数据的分析处理结果,这对于促进企业间协同生产有着巨大作用。

应用层主要包括服务支撑层和业务体系结构层。物联网的核心功能是对信息资源进行采集、开发和利用,因此这部分内容十分重要。服务支撑层的主要功能是根据底层采集的数据,形成与业务需求相适应、实时更新的动态数据资源库。该部分将采用元数据注册、发现元数据、信息资源目录、互操作元模型、分类编码、并行计算、数据挖掘、数据收割、智能搜索等各项技术,亟须重点研制物联网数据模型、元数据、本体、服务等标准,开发物联网数据体系结构、信息资源规划、信息资源库设计和维护等技术;各个业务场景可以在此基础上,根据业务需求特点,开展相应的数据资源管理。业务体系结构层的主要功能是根据物联网业务需求,采用建模、企业体系结构、SOA 等设计方法,开展物联网业务体系结构、应用体系结构、IT 体系结构、数据体系结构、技术参考模型、业务操作视图设计。物联网涉及面广,包含多种业务需求、运营模式、应用系统、技术体制、信息需求、产品形态均不同的应用系统,因此必须采用统一、系统的业务体系结构,才能够满足物联网全面实时感知、多目标业务、异构技术体制融合等需求。各业务应用领域可以对业务类型进行细分,包括绿色农业、工业监控、公共安全、城市管理、远程医疗、智能家居、智能交通和环境监测等各类不同的业务服务,根据业务需求不同,对业务、服务、数据资源、共性支撑、网络和感知层的各项技术进行裁剪,形成不同的解决方案。该部分可以承担一部分呈现和人机交互功能。应用层将为各类业务提供统一的信息资源支撑,通过建立、实时更新可重复使用的信息资源库和应用服务资源库,使得各类业务根据用户的需求组合,使得物联网的应用系统对于业务的适应能力明显提高。该层能够提升对应用系统资源的重用度,为快速构建新的物联网应用奠定基础,满足在物联网环境中复杂多变的网络资源应用需求和服务。该部分内容涉及数据资源、体系结构领域,是物联网能否发挥作用的关键,可采用的通用信息技术标准不多，因此尚需研制大量的标准。

除此之外，物联网还需要信息安全、物联网管理、服务质量管理等公共技术支撑，以采用现有标准为主。在各层之间，信息不是单向传递的，而是有交互、控制的，所传递的信息多种多样，其中最为关键的是围绕物品信息，完成海量数据采集、标识解析、传输、智能处理等各个环节，与各业务领域应用融合，完成各业务功能。因此，物联网的系统架构和标准体系是一个紧密关联的整体，引领了物联网研究的方向和领域。

1.3　工业物联网的关键技术

工业物联网是多种技术的有机结合，是多学科交叉的典型。总体而言，物联网的关键技术包括信息感知技术、网络通信技术、信息处理技术与安全管理技术[7]。

1.3.1　信息感知技术

信息感知技术指的是通过传感器对外界环境进行感知，获取目标信息流，是物联网应用的信息来源，也是工业物联网应用的基础[8]。

(1) 数据收集。数据收集是信息感知最基本的形式，即节点将感知数据通过网络传输到汇聚节点。例如工业传感器能够测量或感知特定物体的状态和变化，并转化为可传输、可处理、可存储的电子信号或其他形式的信息。射频识别是一种非接触类型的自动识别技术，其主要原理是利用无线电磁信号传输特性和空间耦合原理，来完成对目标物体的自动识别过程。

(2) 数据清洗。由于网络状态的变化和环境因素的影响，实际获取的感知数据往往包含大量异常、错误和噪声数据，因此需要对获取的感知数据进行清洗和离群值判断，去除"脏数据"，从而得到一致有效的感知信息。对于缺失的数据还要进行有效估计，以获得完整的感知数据。根据感知数据的变化规律和时空相关性，一般采用概率统计、近邻分析和分类识别等方法，在感知节点、整个网络或局部网络实现数据清洗。

(3) 数据压缩。对于较大规模的感知网络，将感知数据全部汇集到汇聚节点会产生非常大的数据传输量。由于数据的时空相关性，感知数据包含大量冗余信息，因此采用数据压缩方法能有效减少数据量。然而由于感知节点在运算、存储和能量方面的限制，传统的数据压缩方法往往不能直接应用。

(4) 数据聚集。数据聚集就是通过某种聚集函数对感知数据进行处理，传输少量数据和信息到汇聚节点，以减少网络传输量。需要指出，数据聚集操作丢失了感知数据大量的结构信息，对于要求保持数据完整性和连续性的物联网感知应用，数据聚集并不适用。

(5) 数据融合。数据融合是对多源异构数据进行综合处理获取确定性信息的过程。在物联网感知网络中，对感知数据进行融合处理，只将少量有意义的信息传输到汇聚节点，可以有效减少数据传输量。物联网数据融合还要考虑网络的结构和路由。

1.3.2 网络通信技术

网络是物联网信息传递和服务支撑的基础设施，通过泛在的互联功能，实现感知信息高可靠性、高安全性传送。

(1) 接入与组网。物联网的网络技术涵盖泛在接入和骨干传输等多个层面的内容。以互联网协议版本 6(IPv6)为核心的下一代网络，为物联网的发展创造了良好的基础网条件。以传感器网络为代表的末梢网络在规模化应用后，面临与骨干网络的接入问题，并且其网络技术需要与骨干网络进行充分协同，这些都将面临新的挑战，需要研究固定、无线和移动网及 Ad-hoc 网技术、自治计算与联网技术等。

(2) 通信与频管。物联网需要综合有线及无线通信技术，其中近距离无线通信技术将是物联网的研究重点。由于物联网终端一般使用工业、科学和医疗(industrial，scientific and medical，ISM)频段进行通信(免许可证的 2.4GHz ISM 频段全世界都可通用)，频段内包括大量的物联网设备以及现有的无线保真(Wi-Fi)、超宽带(ultra wide-band，UWB)、ZigBee、蓝牙等设备，频谱空间将极其拥挤，制约了物联网的实际大规模应用。为提升频谱资源的利用率，让更多物联网业务能实现空间并存，需切实提高物联网规模化应用的频谱保障能力，保证异种物联网的共存，并实现其互联互通互操作。

工业以太网、工业现场总线、工业无线网络是目前工业通信领域的三大主流技术。工业以太网是指在工业环境的自动化控制及过程控制中应用以太网的相关组件及技术。工业无线网络则是一种新兴的利用无线技术进行传感器组网以及数据传输的技术，无线网络技术的应用可以使得工业传感器的布线成本大大降低，有利于传感器功能的扩展。工业无线技术的核心技术包括时间同步、确定性调度、跳信道、路由和安全技术等。

1.3.3 信息处理技术

海量感知信息的计算与处理是物联网的核心支撑。信息处理技术是对采集到的数据进行数据解析、格式转换、元数据提取、初步清洗等预处理工作，再按照不同的数据类型与数据使用特点选择分布式文件系统、关系数据库、对象存储系统、时序数据库等不同的数据管理引擎，实现数据的分区选择、落地存储、编目与索引等操作[9]。

海量感知信息计算与处理技术是物联网应用大规模发展后，面临的重大挑战之一。需要研究海量感知信息的数据融合、高效存储、语义集成、并行处理、知识发现和数据挖掘等关键技术，攻克物联网"云计算"中的虚拟化、网格计算、服务化和智能化技术。核心是采用云计算技术实现信息存储资源和计算能力的分布式共享，为海量信息的高效利用提供支撑。当前业界大数据处理技术有很多，如 SAP 的 BW 系统在一定程度上解决了大数据给企业生产运营带来的问题。数据融合和数据挖掘技术的发展也使海量信息处理变得更为智能、高效。工业物联网泛在感知的特点使得人也成为被感知的对象，通过对环境数据的分析以及用户行为的建模，可以实现生产设计、制造、管理过程中的人-人、人-机和机-机之间的行为、环境和状态感知，更加真实地反映出工业生产过程中的细节变化，以便得出更准确的分析结果。

1.3.4　安全管理技术

工业物联网系统与许多其他物联网系统的区别在于：在工业物联网系统中，一般会涉及许多工业生产设备，这些设备系统响应的实时性要求高，无论感知数据的传输，还是控制指令的发放，都需要在很短的时间内完成，这就给安全防护技术的实施带来了挑战[10]。工业物联网系统的入侵攻击目标一般不是被入侵的主机系统，因为无论破坏主机系统，还是从主机系统获取信息，都达不到攻击工业设施的目的。攻击者一般会通过入侵的主机系统非法控制该主机系统所能控制的受控设备，这些受控设备有些可能根本不具有智能判断能力，如 PLC 设备。

基于这种特点，针对入侵攻击的防护措施也应该进行调整。传统信息系统的防护手段是边界防护(防火墙)系统和入侵检测系统，一些异常数据在边界防护过程中就能被拒之门外，当个别通过边界防护系统的恶意软件和远程控制行为在主机系统中进行不正常的操作时，入侵检测系统一般能识别并进行制止，当然这一过程有时需要人的参与才能做出正确判断。工业物联网系统中的主机也有类似的安全防护功能，但对工业物联网系统中的主机来说，边界防护系统由于不能及时更新，基于系统漏洞的恶意软件和远程入侵很容易无障碍越过边界防护；对于一些新型的入侵方式，过时的入侵检测系统也基本不能识别，甚至有些入侵可以拥有比入侵检测系统更高的权限。针对工业物联网系统的特点，已有学者提出一种新的安全防护架构，即入侵容忍系统。入侵容忍系统不是一个主机，而是由主机和被控制单元构成的一个工业物联网系统，其基本原理是让入侵者也处于知己不知彼的状态。该系统的特点是，如果某一个主机遭受入侵攻击，无论该入侵攻击是一个恶意软件还是非法远程控制，都不能对该主机所控制的设备造成影响。这种入侵容忍系统是针对工业物联网系统而专门设计的，不适合对传统信息系统的安全保护。同时，目前传统信息系统的安全保护都不具有入侵容忍性。因此，要想对工业物联网系统(包括其他一些物联网系统)提供自主可控的安全防护，需要大力发展入侵容忍技术。

1.4 工业物联网的相关标准

1.4.1 工业物联网标准的现状

随着多年来的发展，工业物联网领域已经形成三大国际标准共存的局面，分别为国际自动化学会(International Society of Automation，ISA)(原美国电气标识协会)发布的 ISA 100.11a 标准、HART 通信基金会发布的 WirelessHART 标准和我国自主研发的 WIA-PA 标准[11]。

(1) 国际自动化学会一直致力于通过制定该领域的一系列标准、建议规范、技术报告来定义工业自动化控制环境下的无线系统实现技术，并从 2005 年开始启动工业无线标准 ISA 100.11a 的制定工作。ISA 100.11a 标准的主要内容包括工业无线的网络构架、共存性与有线现场网络的互操作性等，可解决与其他短距离无线网络的共存性问题以及无线通信的可靠性和确定性问题，其核心技术包括精确时间同步技术、自适应跳信道技术、确定性调度技术、数据链路层子网路由技术和安全管理方案等，并具有数据传输可靠、准确、实时、低功耗等特点。ISA 100.11a 标准的工业无线设备主要包括执行器、传感器、无线手持设备等现场自动化设备。

(2) HART 通信基金会成立于 1993 年，WirelessHART 标准是 HART 通信协议的扩展，专为工业环境中的过程监视和控制等应用所设计。该标准于 2007 年 6 月，经 HART 通信基金会批准，作为 HART7 技术规范的一部分加进了总的 HART 通信协议簇中。2010 年 4 月，国际电工委员会批准发布了完全国际化的 WirelessHART 标准 IEC 62591，其与以往 HART 协议兼容，是第一个过程自动化领域的无线传感器网络国际标准。该网络采用了直接序列扩频(direct sequence spread spectrum，DSSS)、通信安全与可靠的信道跳频、时分多址(time division multiple address，TDMA)同步、网络上设备间延控通信(latency-controlled communications)等技术。

(3) 我国自主研发的工业物联网标准 WIA-PA(Wireless Networks for Industrial Automation-Process Automation)，由中国科学院沈阳自动化研究所、重庆邮电大学等单位从 2006 年开始联合制定，并于 2011 年正式成为 IEC 62601 国际标准。与其他两种标准相比，WIA-PA 在规模可扩展性、抗干扰性和低能耗运行等关键性能方面具有明显优势，在拓扑结构、自适应跳频、分簇报文聚合等方面具有创新性。该标准的研发成功，也标志着我国在工业无线通信技术领域已处于世界领先地位，为我国推进工业化与信息化相融合提供了一种新的高端技术解决方案。

1.4.2 工业物联网标准的比较

当前，ISA 100.11a、WirelessHART 和 WIA-PA 这三大工业物联网国际标准形成了三足鼎立的局面，各自拥有自己的优势和特色。本节将从拓扑结构和技术性能两个方面对其进行分析比较。

1. 拓扑结构

为满足工业应用的需求，ISA 100.11a 支持多种网络拓扑，包括 Mesh、网状、星状和星网状拓扑等结构。星状网络拓扑结构容易实现，实时性高，但仅限单跳范围。网状拓扑结构灵活，便于配置和扩展，同时具备良好的稳定性。为了扩大网络覆盖面积，在 ISA 100.11a 网络结构中引入了骨干网。骨干网是一个高速网络，可以减小数据时延。所有现场设备通过骨干路由器接入骨干网，现场设备和骨干路由器组成的网络为 ISA 100.11a DL 子网。ISA 100.11a DL 子网不含骨干网就组成了 ISA 100.11a 网络。如果 ISA 100.11a 网络中没有骨干网，则 ISA 100.11a DL 子网包括现场设备和网关，等同于 ISA 100.11a 网络。

WirelessHART 网络为多跳的网状网络结构，其网络中所有设备均具备路由功能，从而确保远端设备可以通过网络中多条冗余的路径传送至网关，因此，在工厂中无须安装多个需要供电的无线接入点，只需安装 1 个网关即可(网关可以冗余配置)。由于多跳的存在，数据得以进行远距离传输，如果其中一条路径出现阻碍或干扰，则网络自动选择其他路径。WirelessHART 网络具备自动管理网络功能，新设备加入网络时，自动组态路径，无须人工干涉。一旦路径故障，将自动切换至备份路径。因此，在保证可靠性的同时，网络扩展也更加容易。

与之前两种标准不同，WIA-PA 网络采用星状和网状相结合的两层网络拓扑结构，第一层是网状结构，由网关及路由设备构成，用于系统管理的网络管理器和安全管理器，在实现时可位于网关或主控计算机中；第二层是星状结构，又称为簇，由路由设备及现场设备或手持设备构成，WIA-PA 网络的路由设备承担簇首功能，现场设备承担簇成员功能。

2. 技术性能

工业无线技术的核心技术包括时间同步、确定性调度、跳信道、路由和安全技术等。表 1-1 通过从物理层、数据链路层、网络层等方面对三个标准进行比较分析，可以看到三大标准具有相似的特征，其标准协议体系结构都遵循 OSI 开放系统互联参考模型，并且都引用 IEEE 802.15.4 作为物理层标准。

表 1-1 三种国际标准技术性能比较

国际标准		ISA 100.11a	WirelessHART	WIA-PA
物理层		IEEE 802.15.4—2006 2.4GHz，信道 26 可选	IEEE 802.15.4—2006 2.4GHz，信道 26 排除	IEEE 802.15.4—2006 2.4GHz
数据链路层	概述	MAC 子层兼容 802.15.4 协议；MAC 扩展层完成传统的 DLL 层功能；DLL 上层完成 Mesh 子网内的路由功能。支持 3 种跳信道机制，超帧调度，时间同步，TDMA/CSMA 信道接入	TDMA 接入，支持多超帧，跳信道，重传机制，时隙可配置成专用方式和共享方式	基于超帧和跳频的时隙通信、重传机制、用于时间同步、TDMA 和 CSMA 混合信道访问机制。链路配置及性能度量

续表

国际标准		ISA 100.11a	WirelessHART	WIA-PA
数据链路层	时间同步	可根据广播帧、确认帧同步	根据时间同步命令帧同步	可根据信标帧、时间同步命令帧同步
	跳频	时隙跳频,慢跳频,混合跳,黑名单技术	自适应信道,黑名单技术	自适应跳频,时隙跳频
	超频	使用一般超频	使用一般超频	使用 IEEE 802.15.4 超频结构
	时隙	固定长度	可变长度	可变长度
	邻居	支持邻居组	支持	只支持与簇首通信
	链路实现	收发独立	收发独立	管理和数据分开,基于网络管理者
	MIC	IEEE 802.15.4 安全策略	32 位	IEEE 802.15.4 安全策略
	邻居发现	使用广播帧	使用广播帧	使用 IEEE 802.15.4 信标帧
网络层		采用 6LoWPAN 标准:地址转换,分片与重组,骨干网间的路由	采用图路由和源路由方式,动态网络带宽管理	网络带宽管理寻址路由(支持静态路由)分段与重组
传输层		基于 RFC786(UDP)协议	无	无
应用层		支持周期性信息; 支持报警等信息; 基于服务,面向对象	支持周期性信息; 支持报警等信息; 基于 HART 命令	支持周期性信息; 支持报警等信息; 基于服务
网关		DL 子网允许一个网关,骨干网络中可允许多个	每一个网络仅允许一个网关	允许有冗余网关
安全		数据加密和完整性鉴别保护、点到点和端到端安全、消息/设备认证、入网设备安全处理	通信设备之间数据加密、消息鉴别、设备认证、健壮性操作等	分层分级实施不同的安全策略和措施,数据加密、数据校验、设备认证

1.4.3 工业物联网标准的应用

目前,WirelessHART 标准已有大量的网络设备和应用设备被研制出来,全球已在使用的 HART 设备超过 2600 万台,用户已经具有一定的 HART 培训和使用经验,这部分用户可以轻松掌握 WirelessHART 无线协议,并进行相应开发[12]。艾默生公司已经推出了兼容 HART 标准的自动化产品(如无线适配器)以及 WirelessHART 仪表、网关,并投入使用,ABB、E+H、P+F 等仪表和现场设备提供商都在积极地推出产品。博微公司已经研制出国内首款 WirelessHART 模块及网关,并得到成功应用以及良好的客户反馈,WirelessHART 适配器也已经在研制过程中。ISA 100.11a 也被不少欧美企业所采用和部署,在工业无线市场上取得了广泛的认可,横河电机(Yokogawa)和霍尼韦尔(Honeywell)两大巨头已经开发出了 ISA 100.11a 中等规模的系统解决方案。WIA-PA 技术在冶金、石化等领域进行了初步应用,得到了用户的认可。WIA-PA 用于传感器、变送器、执行机构等工厂自动化设备之间,是高安全、高可靠、硬实时信息交互的无线网络技术,可广泛应用于离散制造业装备的智能化升级。

1.5 本章小结

随着对生产力发展要求的不断提高,工业物联网技术进入工业控制领域的趋势毋庸置疑。工业物联网将引领传统工业走向现代化,改变传统工业的生产和管理模式,促进工业企业的信息共享与协同发展,提高生产力,降低污染,增强工业的可持续发展能力。目前,国内制造物联的概念和技术研究尚处于萌芽阶段,体系架构与关键技术尚在不断完善之中,标准化工作也已经在传感器及仪器仪表标准、控制类标准、工业以太网标准、工业无线网络标准、信息集成标准、信息安全标准等方面取得了一定成果。

参考文献

[1] HUGH B, BIL H, JOE C, et al. The industrial internet of things (IIoT): An analysis framework[J]. Computers in Industry, 2018, 101: 1-12.

[2] 中国电子技术标准化研究院. 工业物联网白皮书 [R/OL]. (2017-09-13) [2021-09-05]. http://www.cesi.cn/201709/2919.html.

[3] 河北蓝峰. 工业物联网的体系架构[EB/OL]. (2021-05-06)[2021-09-05]. https://zhuanlan.zhihu.com/p/370118820.

[4] 何斌,张立厚. 信息管理原理与方法[M]. 北京:清华大学出版社,2006.

[5] 工业互联网产业联盟. 工业互联网典型安全解决方案案例汇编[R/OL]. (2017-11-01) [2021-09-05]. https://www.aii-alliance.org/index/c145/n31.html.

[6] 中国电子技术标准化研究院. 工业大数据白皮书 [R/OL]. (2019-03-01) [2021-09-05]. http://www.cesi.cn/images/editor/20190401/20190401145953698.pdf.

[7] 谢磊,叶保留,陆桑璐,等. 物联网理论与关键技术研究进展与趋势[M]//2012 年度中国计算机科学技术年度报告,(B): 235-267. 中国计算机学会文集. 北京:机械工业出版社,2012.

[8] 刘云浩. 群智感知计算[J]. 中国计算机学会通讯,2012,8(10): 38-41.

[9] 孙凝晖,徐志伟,李国杰. 海计算: 物联网的新型计算模型[J]. 中国计算机学会通讯,2010,2: 39-43.

[10] 中国信息通信研究院. 物联网安全白皮书 [R/OL]. (2018-09-01) [2021-09-05]. http://www.caict.ac.cn/kxyj/qwfb/bps/201911/P020191115523217021278.pdf.

[11] 工业和信息化部电信研究院. 物联网白皮书[R/OL]. (2014-05-01)[2021-09-05]. http://www.caict.ac.cn/english/research/whitepapers/202012.

[12] 第五届未来网络发展大会组委会. 未来网络白皮书——确定性网络技术体系白皮书[R/OL]. (2021-06-01)[2021-09-05]. https://www-file.huawei.com/-/media/corporate/pdf/news/future-network-whitepaper.pdf? la=zh.

第2章

工业现场智能感知技术

2.1 RFID感知技术

2.1.1 RFID技术概述

RFID技术是一种无线通信技术,可以通过无线电信号识别特定目标并读写相关数据,而无须识别系统与特定目标之间建立机械或者光学接触。RFID技术是近30年左右兴起的自动识别技术,相对于已经广泛采用的条码技术,RFID具有速度快、读写距离远、非视距读写、多标签识别等优势。更重要的是RFID标签除了可以重复读写之外,还具有数据容量大的特点,可以实现单品级自动识别。因而RFID技术被认为是物联网(internet of things,IoT)的基础技术之一。RFID技术的应用可以极大地提高产品制造商的供应链管理效率;在制造过程中提高管理的透明度,实现智能制造/柔性制造;在物流过程中实现单个产品的全生命周期管控和追溯。RFID技术发展与应用已被列入国家信息产业科技发展"十一五"计划和2020年中长期规划纲要。

RFID作为物联网的关键技术之一,已经被广泛应用于物流仓储、食品溯源、产品防伪等领域。各式的应用场景对RFID相关技术提出了较高的要求,主要涉及RFID设计、制造及应用技术等方面。RFID设计主要包括读写器电路设计、读写器天线设计、标签天线设计等,其主要关注读距改善、尺寸小型化、抗金属及环境自适应等;RFID制造技术主要包括标签芯片的制造、标签芯片的键合等,其主要难点在于标签芯片尺寸微小、制造与封装的精度要求较高,成品率也是一大挑战;RFID提供了ID识别的属性,需要依靠RFID的应用技术支撑起各种不同的应用场景,例如防冲突技术保证在多标签的环境中标签能够被快速读取,定位技术则可使得RFID除了具有ID感知的能力外,还具有位置感知能力,可有效提高物品的管理效率。

2.1.2 RFID系统组成

如图2-1所示,RFID感知系统主要由RFID标签、RFID阅读器、天线和PC等硬件以及系统软件组成。

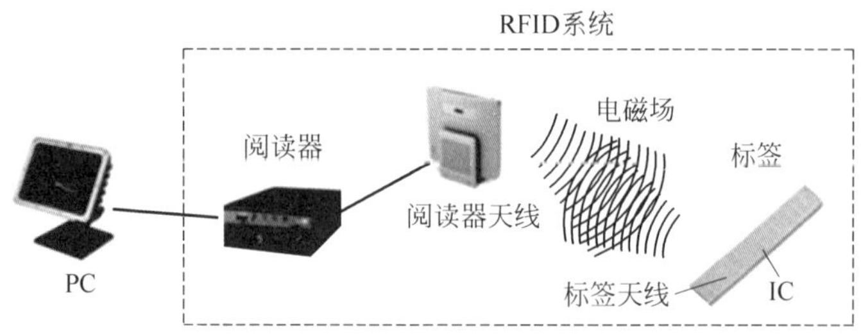

图 2-1　RFID 系统组成

(1) RFID 阅读器(reader)。阅读器含有内置芯片和电源,可以发送时序、能量,将需要写入的信息转化成射频信号给标签。或者,接收标签反射回来的射频信号,并在解调处理后将解码的数据发送给主机系统以供后续处理。

(2) RFID 标签(tag)。它使用一个 EPC 码,唯一标识目标物体,并设置了一个用户存储区储存物体相关信息。

(3) 天线(antenna)。通常集成在阅读器和标签上,作为两者之间相互发送和接收射频信号的工具。

2.1.2.1　RFID 标签

标签可分为主动式、被动式和半被动式三种类型。被动式标签计算能力有限,没有主动监测信道、检测冲突和相互沟通协调的能力;半被动式标签大体与被动式标签相似,但它有内置电源用以激励芯片;主动式标签最贵,可以监测信道,检测冲突。表 2-1 总结了以上 3 种系统的特点。

表 2-1　RFID 系统按标签类型分类

系统类型	被动式	半被动式	主动式
标签	被动式标签没有电源和片上收发器。使用阅读器发生的能量上电,然后传回存储信息给阅读器	半被动式标签用片上电源给标签上电,但仍用反射的方式传回信息给阅读器	主动式标签以电池或太阳能电池作为电源。因此不需要使用反射的方式传回信息给阅读器
片上收发器	无		有
通信模式	阅读器先读(RTF)		标签先读(TTF)
通信原理	反向散射或电感耦合	反向散射	标签自己产生电磁波
标签到阅读器的通信	调制电磁或电磁波		标签有一个片上发射器,可不依赖于阅读器发射电磁波
工作频率	LF,HF,UHF,Microwave	UHF	UHF,Microwave

续表

系统类型	被动式	半被动式	主动式
标签物理特性	薄，柔性		大，笨重
读取距离	0.1～7m	60～80m	>100m
标签成本(美元)	0.15～1	0.75～2.00	10～100
系统成本		低 ←——→ 高	
系统复杂度		低 ←——→ 高	

不同频率的 RFID 系统其工作原理及应用场景不同，RFID 系统按照工作频率(载波频率)划分如表 2-2 所示。

表 2-2　RFID 系统按频率分类

特性	低频(LF)	高频(HF)	超高频(UHF)	微波(MW)
工作频率	125/134kHz	13.56MHz	860～960MHz	2.4/5.8GHz
工作原理	电感耦合	电感耦合	电磁反向散射	电磁反向散射
读写距离	<10cm	<1m	<20m	20m
代表协议	ISO 11784	ISO 18000—3	ISO 18000—6	ISO 18000—4
应用场景	动物电子标签、电子锁	智能卡、门禁	仓库管理	ETC、集装箱

通常被动式标签仅由芯片和天线组成，芯片通过各向异性导电胶或者引线键合方式与天线形成电连接。天线接收电磁波能量并转化为电能传输给芯片，为达到最大功率传输，需要使天线阻抗为芯片阻抗的共轭。为简化标签生产工艺，降低标签成本，芯片和天线直接相连，通过在天线上增加阻抗匹配结构来实现芯片与天线的阻抗匹配，而不是采用常规的阻抗匹配网络。UHF 标签的等效电路如图 2-2 所示。

图 2-2 中，Z_a 为天线阻抗，Z_c 为芯片阻抗，天线将电磁能转化为电能，可视作电压源 V_a，而天线阻抗可视作源阻抗，芯片阻抗为负载阻抗。目前市场上的芯片都具有复数阻抗，并且具有较大的容性，其虚部数值是实部的 10 倍左右，如 Ipminj 公司的 Monza© 4 芯片，其串联阻抗为 11−j143Ω。在 RFID 标签天线设计中，天线阻抗和芯片阻抗之间的阻抗匹配是一个重要的设计指标，通常要求回波损耗小于或等于−10dB。

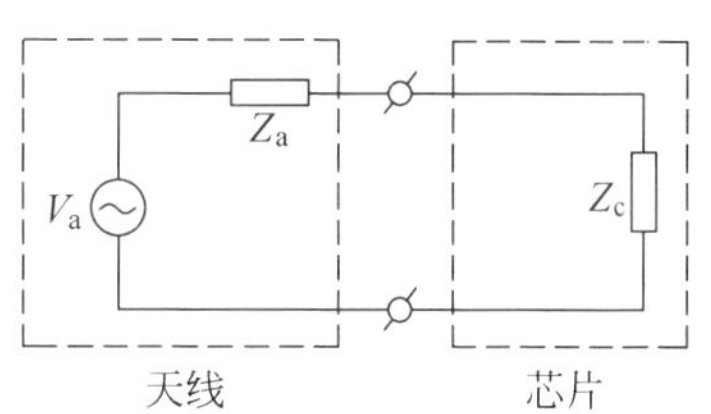

图 2-2　UHF 标签等效电路

在 RFID 标签设计中，天线的设计主要依靠仿真软件来计算其相关参数。但由于仿真软件计算误差、天线实际制作误差以及基材介电常数不稳定等因素，实际制作的天线阻抗并不一定与设计的仿真结果完全吻合。因此需要通过实际测量来确定样品天线的阻抗，从而指导设计修改，以求达到最佳设计效果。RFID 天线阻抗的测量方法从总体上来看可分为两类：耦合法测量和接触式测量。

1. 耦合法

耦合法测量天线阻抗如图 2-3 所示，测试仪器为矢量网络分析仪（vector network analyzer，VNA），为减小环境影响，被测天线置于 TEM 小室中。

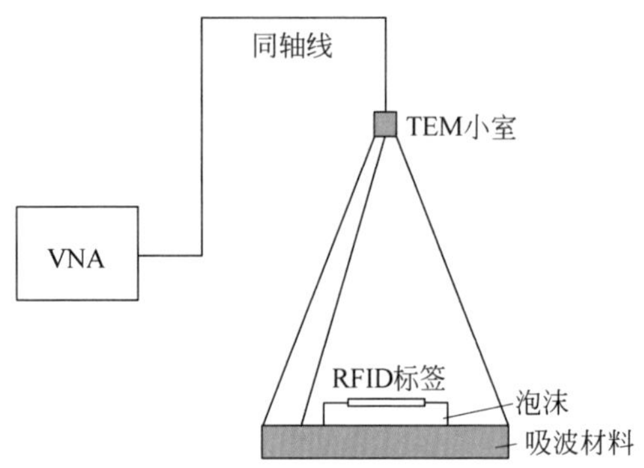

图 2-3 耦合法测量天线阻抗

矢量网络分析仪分别在开路（open）、容性负载（capacitive load）Z_c 和匹配负载（matched load）Z_m 的情况下，测得相应回波损耗 S_o、S_c 和 S_m。天线阻抗可由如下公式计算：

$$Z=\frac{Z_m-AZ_c}{A-1} \tag{2-1}$$

其中

$$A=\frac{S_c-S_o}{S_m-S_o} \tag{2-2}$$

测试结果表明，耦合法测得的阻抗值仅在测试的中心频率附近有较好的精度，而总体范围的准确度不高。这是由于在测试中要加载匹配阻抗，而测试前的匹配阻抗只能通过仿真得到，并且一般的 UHF RFID 标签天线阻抗都是频率的函数，而实际加载的匹配阻抗不可能取得与天线相同的频率特性。所以耦合法测量阻抗是一个迭代求精的过程，需要多次迭代测量才能得到较好的测量精度。但是由于实际条件限制，很难测得整个频率范围（860～960MHz）内的较为精确的值。

耦合法测量阻抗的优点在于装置结构简单，操作方便，并且不会受测试连接线的耦合影响。但是测试是通过被测天线与测试天线耦合的方法进行的，两个天线的相对位置对结果有不可忽视的影响；其次，在测试过程中，需要对天线加载不同的负载，所加负载的精度也直接影响测试结果；被测天线放置位置的重复精度、TEM 小室的吸波性能等也会影响结果的精确性。

分段测量是一种耦合法测量的改进方法，通过使用不同的频段的匹配负载，能够使得测量结果在整个频率范围内精度有所改善，分段越细测量精度越高。但多次测量的位置一致性等又会造成误差，且测量过程也会因此而变得复杂。因此耦合法测量在 RFID 标签天线阻抗测量中并不常用。

2. **接触式**

接触式测量的原理是：通过探针或馈线的方式直接给被测天线馈电，并通过测量 S 参数来计算得出阻抗值。测试仪器通常使用矢量网络分析仪。

接触式测量根据馈电形式的不同，可分为镜像法、巴伦探针馈电和差分探针馈电。

1）镜像法

天线位于地平面上时，在无限大空间中，可将地面看成理想导体而用镜像法来分析天线阻抗和辐射特性。对于单根天线在地面上的情况，天线本身与其像构成二元天线阵。当天线垂直于地面时，天线像电流与天线本体电流同相，因此辐射阻抗为

$$Z_1 = Z_{11} + Z'_{11} \tag{2-3}$$

其中，Z_{11} 为天线与其本身之间的互阻抗，Z'_{11} 为天线与其像之间的互阻抗。

当 $\lambda/4$ 单极天线垂直于无限大理想地平面时，其辐射阻抗为半波长天线的一半。因而对于 UHF RFID 中常用的偶极子天线，可取天线的一半，垂直放置于金属地平面之上，将同轴线芯线与天线馈电端连接，外层导体与地连接，如图 2-4 所示。然后通过矢量网络分析仪测量阻抗，测得阻抗值的 2 倍即所测偶极子天线的阻抗。

镜像法测试对测试设备的要求相对较低，测试精度一般。镜像法测试本身的局限性在于要求天线是绝对的对称结构，并且要求天线基材能够起到一定的支撑作用，使天线保持形状。镜像法测量精度受地平面尺寸的影响，地平面无限大时精度最高。实际中标签天线结构并不一定完全对称，并且很多标签天线都以 PET 薄膜为基材，因而易变形，所以镜像法的测试精度受到一定的限制。

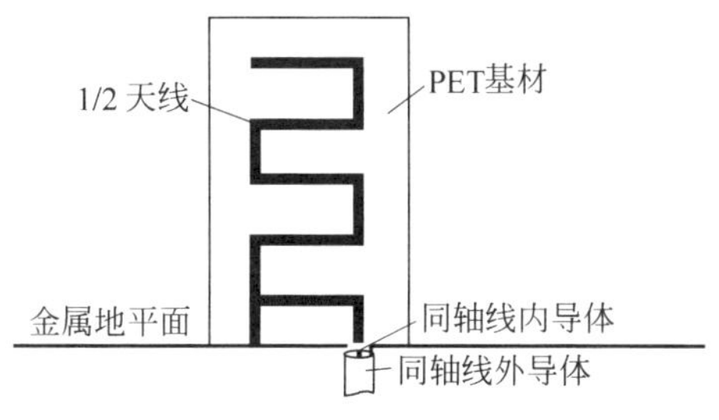

图 2-4　镜像法测阻抗

2）巴伦探针馈电

通常的 RFID 标签天线为对称结构，而同轴线属于不平衡传输线，若直接使用同轴线给标签天线馈电，则由于同轴线的不平衡电流而引入误差，使测量结果不精确。

平衡-非平衡转换器(balanced to unbalanced transformer,BalUn),简称巴伦。顾名思义,巴伦具有将非平衡电流转化为平衡电流的作用。使用巴伦探针馈电(如图 2-5 所示),能够将同轴线上的非平衡电流转化为平衡电流,从而减小由于馈电方式引入的误差。巴伦探针跨接在 RFID 标签天线的馈电点上,SMA 接头的另一端连接矢量网络分析仪,测得 S 参数,并可由矢量网络分析仪直接读取阻抗值。

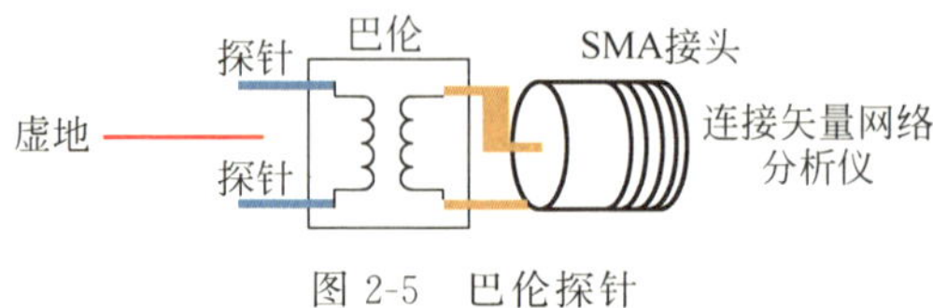

图 2-5　巴伦探针

巴伦探针测试采用了巴伦来平衡同轴线电流,测试结果精度得到提高。但巴伦探针的测试精度受到巴伦品质的影响,并且探针的制作相对比较麻烦。

3) 差分探针馈电

差分探针通过将两个同轴线的外层导体焊接到一起作为虚地,然后通过两个同轴线芯线馈电,实现平衡馈电。差分探针法需要同时使用网络分析仪的两个端口,测试连接方式如图 2-6 所示。

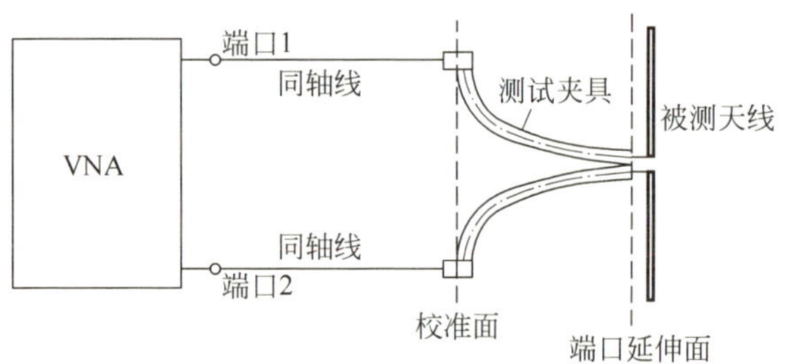

图 2-6　差分探针

由矢量网络分析仪可测得两个端口的 S 参数,由此可得天线阻抗

$$Z_d = \frac{2Z_0(1 - S_{11}S_{22} + S_{12}S_{21} - S_{12} - S_{21})}{(1 - S_{11})(1 - S_{22}) - S_{21}S_{12}} \tag{2-4}$$

其中,Z_0 为端口阻抗,$Z_0=50\Omega$; S_{11} 是端口 1 和 1 之间的 S 参数差,S_{22} 是端口 2 和 2 之间的 S 参数差,S_{12} 是端口 1 和 2 之间的 S 参数差,S_{21} 是端口 2 和 1 之间的 S 参数差。

对于对称天线,有 $S_{11}=S_{22}$,$S_{12}=S$,由此得天线阻抗为

$$Z_d = \frac{2Z_0(1 - S_{11}^2 + S_{21}^2 - 2S_{12})}{(1 - S_{11})^2 - S_{21}^2} \tag{2-5}$$

差分探针制作简单,并且测试结果精度较高。阻抗计算的公式虽然比较复杂,但是可以通过编写程序来完成。Agilent 公司为其矢量网络分析仪提供了相应的软件,专门用于测试差分阻抗,可用于上述测试。

在实际工作中,耦合法由于测试精度不足,较少应用;巴伦探针法需要一个高频巴伦,成本较高,因此也较少使用。差分探针法以其较高的测试精度以及简单的测试设备受到研究者的青睐。

2.1.2.2　天线极化设计

射频系统的读写器需要通过天线来发射能量,形成电磁场,通过电磁波来对电子标签进行识别,因此,读写器天线所形成的电磁场范围就是射频系统的可读区域。读写器天线的设计和选择必须满足以下基本条件:天线线圈的电流最大,用于产生最大的磁通量;阻抗匹配,以最大限度地利用磁通量的可用能量;足够的带宽,以保证载波信号的传输,这些信号是用数据信号调制形成的。

一般地,由于被识别物体的空间指向无法固定,或者标签的粘贴方式不确定,要求读写器天线为圆极化天线,当物体空间指向发生改变时,不会出现极化完全失配。我们常见的偶极子标签天线或者微带标签天线一般为线极化天线,但是由于读写器天线为圆极化天线,读写器天线与标签天线之间会产生极化失配,因而设计圆极化标签天线可以抵消极化失配从而增加标签天线的读写距离。

圆极化天线的主要参数有以下两种。

(1) 输入阻抗

圆极化天线的输入阻抗与普通微带天线的输入阻抗定义一样,可以用馈线端驻波比(或回波损耗)来规定。一般将驻波比(或回波损耗)低于某一规定值的频带宽度,定义为该圆极化天线的阻抗带宽。它既反映了圆极化天线的阻抗频率特性,也说明了天线与馈线的匹配效果。一般定义回波损耗小于−10dB 或者驻波比小于 2 的带宽为圆极化天线的阻抗带宽。

(2) 轴比

圆极化天线的极化波参数就是它所辐射电磁波的轴比(axial ratio,AR)。圆极化和线极化是椭圆极化的两种特殊情况,而椭圆极化的轴比定义为长轴和短轴的比,用 r 表示,则用分贝表示的轴比为 $AR=20\lg r$,当 $r=1$ 或 $AR=0$dB 时,为圆极化;当 r 为无穷大时为线极化。一般,将轴比不大于 3dB 的带宽定义为天线的圆极化带宽。

微带天线中存在何种模式完全取决于贴片的形状和激励模型,当馈电点位于贴片的对角线上时,天线中可以同时维持 01TM 和 10TM,两种主模同相且极化正交,结果导致辐射波的极化方向与馈电点所在对角线平行。单点馈电的准方形贴片、方形切角贴片和四周切有缝隙的方形贴片天线等均可以辐射圆极化波。用微带天线产生圆极化波的关键是产生幅度相等、相位相差 90°的两个线极化波。为达到以上要求,利用微带天线实现圆极化辐射主要有以下几种方法:①正交馈电的单片圆极化微带天线;②一点馈电或多点馈电的单片圆极化微带天线;③由曲线微带构成的宽频带圆极化微带天线;④由微带天线阵列组成的圆极化微带天线。

单个微带贴片被广泛用于产生圆极化辐射，其实现圆极化辐射可有两种设计方法：单馈点法和多馈点法。此外，也可用多个线极化微带贴片天线或其他微带天线元来辐射圆极化波。能产生圆极化辐射的不同形状微带天线在不同文献中已广泛报道，包括三角形、正方形、圆形、圆环、正五边形、椭圆形等。

2.1.3 RFID 感知识别技术

RFID 系统依靠磁耦合或电磁耦合原理进行通信。这两个系统之间的差别在于它们的工作场即近场或远场，后者较之前者作用范围更大，详细比较见表 2-3。

表 2-3 近场通信和远场通信比较

比较对象	近　场	远　场
定义	阅读器天线到由阅读器天线发射的一个完整波长范围之间的区域	超出了阅读器的天线发射电磁波的一个完整波长的区域
场范围	工作频率 f 增加时，磁场强度减小。磁场衰减程度正比于$\frac{1}{r^3}$，其中 r 是沿一条垂直于阅读器的线圈平面测量的标签和阅读器之间的距离	远场系统的范围是由标签反射的能量大小以及阅读器的射频模块对标签反射信号的灵敏度确定的。反射信号会经历两次衰减，第一次发生在电磁波从阅读器发送到标签时，第二次发生在标签的反射时。所以，返回的信号的能量衰减程度正比于$\frac{1}{r^2}$，其中 r 为阅读器和标签之间的距离
阅读器与标签的通信	磁场幅度调制	反射信号幅度调制
频率范围	低频(LF)，高频(HF)	超高频(UHF)，微波
天线	线圈天线	偶极子天线
读取范围	低 ←→ 高	
系统复杂度	低 ←→ 高	
数据通信速度	低 ←→ 高	

1）磁耦合原理

磁或电感耦合系统在高频或低频段被动接收信息，与变压器的工作原理类似。图 2-7 展示了系统的基本原理：阅读器产生一个包含电压信息的时变磁场，被标签以交流信号捕捉到，然后标签将之转换为芯片可识别的直流信号。另外，阅读器和标签两端的天线都是 LC(电感-电容)线圈，在一定频率下可以增强传输能量。

一旦标签被通电，阅读器和标签之间的相互通信都是通过调幅(AM)来实现的。阅读器根据要发送给标签的数字信息或基带信号调整自身磁场强度，而另一方面标签则按照其 ID 信号接通或断开其负载电阻——即负载调制现象。阅读器感测这些振幅变化，解调该 ID 信号。

2）反向散射原理

如图 2-8 所示，阅读器的偶极子天线向标签发送出含交流信号的连续电磁波(EM)，其导致的电位差作用在标签的偶极子上，使标签的芯片得到激励。而通过调节反射的电磁波强度则可实现从标签到阅读器的通信——即反向散射现象。适用于采用高频、微波 RFID 系统。

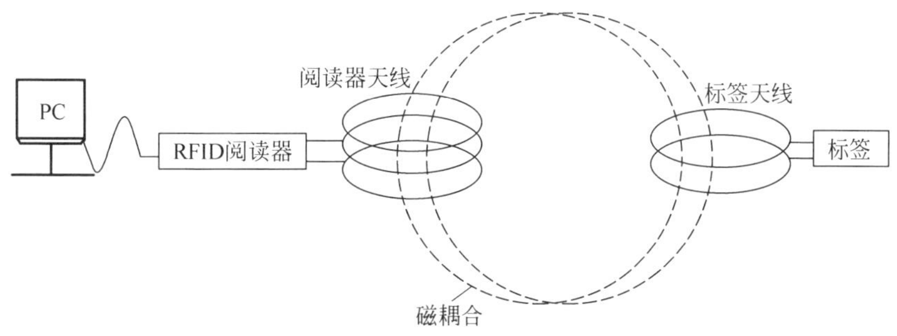

图 2-7　感应耦合 RFID 系统

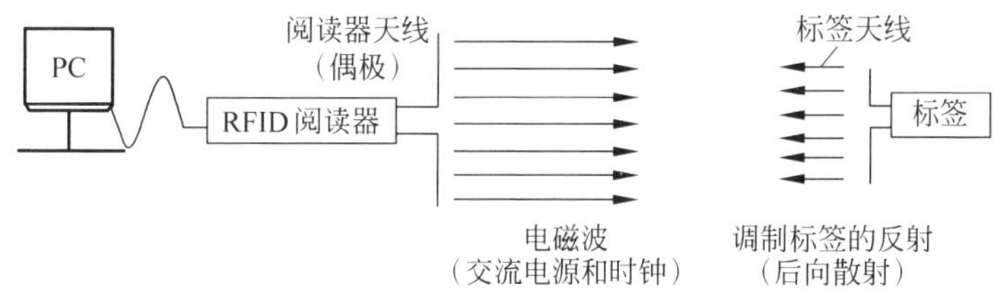

图 2-8　反向散射 RFID 系统

远场的反向散射系统会带来很多高频或低频 RFID 系统不存在的新问题。其中一个关键问题是，由于存在与反射波使用波长相似的物体，反射波会衰减，甚至完全消失。

由 RFID 通信原理可知，多个标签与阅读器通信时，所有标签都处在同一个电磁场范围内，使用同一信道与阅读器通信，然而 RFID 系统又没有一种多址访问控制（没有介质访问控制层（MAC）），所以很明显，它们之间不可避免地会发生冲突现象。如图 2-9 所示，当两个或两个以上的标签同时试图与阅读器通信时，由于阅读器不具有同时通信的能力，不能正确读取这些标签的数据，因此便会发生多标签读取冲突现象。

图 2-10 所示为 RFID 的冲突时序模型，可以分为部分冲突和完全冲突。

RFID 系统的冲突问题会带来以下影响。

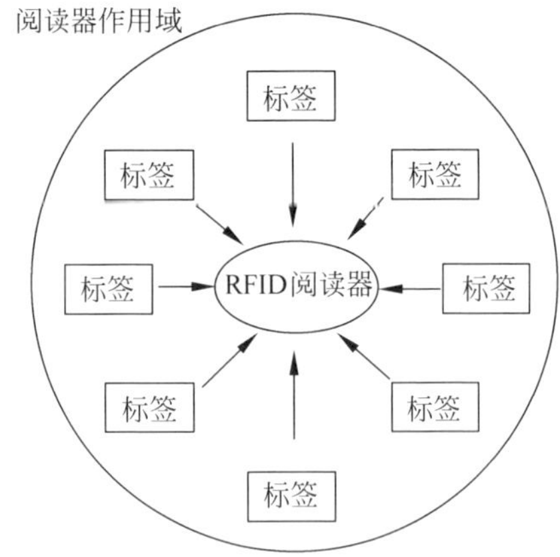

图 2-9 RFID 冲突示意图

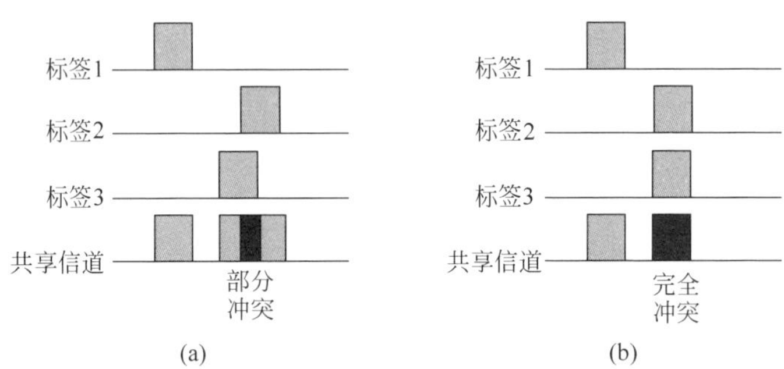

图 2-10 RFID 冲突时序模型

(a) 部分冲突；(b) 完全冲突

(1) 浪费带宽和能量。

(2) 降低识别效率。多个标签同时与阅读器通信会导致冲突，标签需等待一段时间重新响应，导致本次通信资源浪费，整体识别时间延长。

(3) 产生标签漏读的现象。某些标签可能会持续冲突，得不到响应，产生“饿死现象”。

(4) 产生标签误读的现象，影响系统可靠性。多个标签同时与阅读器通信，但存在信号的强弱，信号强的标签的信号覆盖了信号弱的，导致标签误读。

UHF RFID 系统的多标签冲突现象极大地影响了 UHF RFID 系统的工作。因此，解决 UHF RFID 系统的多标签冲突十分重要。

到目前为止，对于 RFID 防冲突算法的研究基本上可以分为两类：具有确定性特性的二进制树类算法和具有随机性特性的 ALOHA 类算法。

ALOHA 类算法的基本原理是在标签接收到阅读器的 Query 命令后，令其随机等待一段时间后再进行响应。当某一时刻有且只有一个标签响应时，则该标签识别成功；当没有成功识别的标签时，则需要重复以上过程，直至所有标签识别成功。常见的 ALOHA 类算法有纯 ALOHA 算法（pure ALOHA，PA）、时隙 ALOHA 算法（slotted ALOHA，SA）、帧时隙 ALOHA 算法（framed slotted ALOHA，FSA）、动态帧时隙 ALOHA 算法（dynamic frame slotted ALOHA，DFSA）、增强型动态帧时隙 ALOHA 算法（enhanced dynamic framed slotted ALOHA，EDFSA）等。ALOHA 类算法的特点是结构相对简单，容易实现，具有较高的读取速度，但标签较多的时候容易发生较多冲突，甚至有可能会发生部分标签因持续的冲突而一直不能被读取，导致漏读现象，称之为“饿死现象”。相对来说，在标签数不多、读取速度要求较高的情况下，ALOHA 类算法更为适合。

二进制树类算法的基本原理是将标签集合逐步拆分成多个子集合，使用变长二进制码来逐步标识标签。常见的二进制树类算法有查询树（query tree，QT）、树分割（tree splitting，TS）和按位仲裁（bitwise arbitration，BTA）等。二进制树类算法的优点是即使在标签数目比较多的情况下，所有标签也都能够准确地被识别；但相对的，其缺点便是需要复杂的电路结构、庞大的存储内存以及较长的读取时间。

2.1.4　RFID 定位导航技术

RFID 的无线定位仍是通过测量其射频信号（电磁波）的传输时间（time）、幅度（即射频信号强度，signal strength）、相位（phase）等参数推算待测物的空间位置信息。按照定位的方法是否以测距为基础，目前可将基于 RFID 技术的定位算法分为基于测距算法定位和基于非测距算法定位两大类。常见的基于测距的算法是通过测量节点间的距离或角度信息并结合三边、多边测量或最大似然估计等进行定位计算的。而基于非测距的算法一般是根据网络连通性、链路质量或场景分析等特征信息实现节点定位。

1. 基于测距的 RFID 定位

1）到达角度法

到达角度法（angle of arrival，AOA）的定位原理是利用了接收信号天线具有方向性的特性，根据电子标签发射信号的到达方向来判断电子标签的位置。在不考虑理论误差的情况下，利用两个阅读器天线来测量电子标签的信号到达方向，便可通过以两个阅读器为起点、沿信号到达方向的两条直线的交点来确定电子标签所在的位置。虽然基于到达角度法定位的方法看起来比较简单易实现，但实际实现起来却存在诸多困难。首先要保证阅读器与标签之间信号视距传播，否则由于非视距引起的信号绕射、多径的影响，会使得用电子标签发送的信号从不同于本来的方向到达阅读器，从而造成测量方向上的偏差，这样计算出来的坐标肯定也会偏离其实际位置。再者，现有定向天线的分辨率也很有限，到达角度法的定位精度不仅与测得的角度有关，还与两阅读器间的距离有关，当两个阅读器的距离比较远时，测得角度的误差即使很小，对定位效果的影响也是很大的。最后，该算法还需要天线具有方向性，但是目前的射频芯片一般都不具备这种功能，若使用到达角度定位法，那么阅读器还得配备特殊天线，这在一定程度上增加了定位系统的成本。

2）到达时间法

到达时间法（time of arrival，TOA）的基本定位原理是先测量阅读器与电子标签之间射频信号的传播时间 t，再根据电磁波的传播速度 $c=3.0\times10^8$ m/s，利用公式 $s=ct$ 计算出阅读器与电子标签之间的距离。设置多个阅读器，通过三边或多边定位法，利用各阅读器与电子标签之间的距离计算出电子标签所在的位置。基于到达时间法的定位方法对于阅读器与电子标签间的距离远近有很好的适应性，但由于电磁波传播速度极快，所以即使极其微小的时间误差也可能引起较大的距离上的误差。另外，基于到达时间法的定位方法依然受阴影效应与多径效应的制约，使得该算法测距精度偏低。

3）到达时间差法

到达时间差法（time difference of arrival，TDOA）的基本定位原理与到达时间法类似，也是通过测量信号从信号接收端到信号发送端的传输时间来确定目标所处的位置。不同之处在于到达时间差法测量的是射频信号经发送端到各信号接收端所需时间的差值。到达时间差法测量的是信号发送端与多个信号接收端间的相对差值。测量到达时间的差值主要有两种方法：第一种方法是测量多个到达时间，然后由各到达时间相减获取其到达时间差值；第二种方法是对各接收端接收到的信号进行相关性分析来获得其到达时间差。第一种方法具体的理论基础与到达时间法基本相同，不同的是获取到达时间后，利用双曲线的特性，使定位精度得到进一步的提升。

4）接收信号强度法

接收信号强度（received signal strength indication，RSSI）法定位首先需要确定室内信号的信号衰减模型。信号衰减模型用来描述各位置信号强度衰减与传输距离之间的关系，然后才开始定位过程。定位过程中系统通过信号衰减模型，利用信号的衰减程度或者比较发射信号与接收信号的强度来确定待测点与各阅读器间的距离。得到待测点与各阅读器间距离后，系统可通过三边测量定位法来计算待测点的具体位置。与其他几种定位方法相比，接收信号强度法能够在一定程度上抵消多径效应对室内定位精度的影响，这种特性比较适合于室内环境。不过当定位环境发生变化或是有其他信号存在时，原来建立起来的估算模型将不再准确，必须重新进行系统校正，也就是接收信号强度法的环境适应性差，这在实际的应用中很不方便。

2. 基于非测距的 RFID 定位

1）基于位置指纹的定位方法[1]

基于位置指纹定位，也称数据库相关定位，它是以信号特征参数建立数据库，依赖的是标签在不同位置发出的信号强度不一样，通过将实际接收信号与数据库中的信号特征参数进行对比来实现移动目标的定位。由于信号的多径传播对环境有着非常强的依赖性，因而对于每个位置来说，位置上信道的多径结构是唯一的，终端发射的无线电波经过折射和反射，产生与周围环境密切相关的特定模式的多径信号，这样的多径特性被认为是这个位置的"指纹"，所以该技术被称为基于位置指纹定位。位置指纹定位的实施一般可分为两个阶段：第一阶段为训练阶段，也叫离线阶段，其主要工作是采集所需定位区域内各个参考节点的信号特征参数，如信号强度，将一组指纹信息对应一个特定的位置，形成位置指纹数据库；第二阶段为定位阶段，也称在线阶段，利用接收机测量接收信号的对应参数，采用匹配算法来确定数据库中哪组数据与之相匹配，从而得出目标的实际位置。

2）邻近 LANDMARC 算法[2]

2003 年由香港科技大学 Lionel Ni、刘云浩及密歇根大学 Yiucho Lau、Abhishek Patil 等组成的课题组提出了 LANDMARC 定位系统，该系统是基于有源 RFID 校验的动态定位识别系统。LANDMARC 算法能够实现室内定位，主要是依据阅读器检测到电子标签在不同的位置信号收信场强不同。其工作原理是通过引入参考标签动态捕捉环境信息来替代阅读器的离线数据，比较参考标签和待定位标签在多个阅读器上的收信场强差异，基于场强欧式距离选取近邻参考标签，利用残差加权算法确定待定位标签的物理位置。LANDMARC 算法不仅降低了系统成本，提高了系统的环境适应能力，而且具有比较理想的室内定位精度。

3）相位全息图定位算法[3-4]

借鉴雷达领域的合成孔径原理，利用运动的天线（或者标签）形成合成孔径雷达（或者逆合成孔径雷达），并将定位区域细分为致密网格，通过相位特征构建一个评价函数，作为每个网格点可能是真实标签位置的权重，最后所获权重最大的点即为真实标签的位置。将所有的空位位置点的权重绘制在一起，构建一张权重分布图，称之为相位全息图，如图 2-11 所示。该方法在实际中精度最大可到毫米级，对多径效应亦具有较大的鲁棒性。但是因为需要计算每个网格点的权重，计算负荷较大。

3. 基于 RFID 的导航技术

RFID 导航是指利用 RFID 导引机器人达到预定位置的技术。由于 RFID 相较视觉具有 ID 识别及成本低的优点，因此 RFID 导航技术近年来逐渐受到广大学者的关注。根据所利用射频信息的不同，RFID 技术分为基于 RSSI（接收的信号强度指示）和基于相位两大类，具体方法又分为参考标签法、旋转天线法、RSSI 梯度法、模糊控制法。

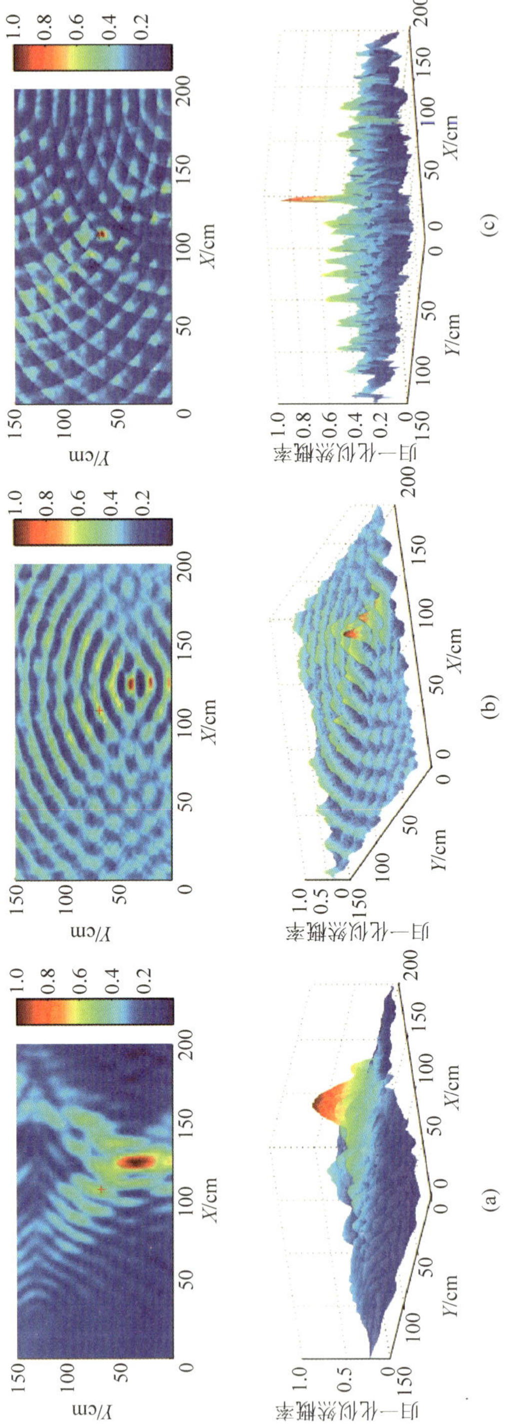

图 2-11　相位全息图

（a）初始相位全息图；（b）增强全息图；（c）差分增强相位全息图

1）参考标签法[5]

如图 2-12 所示，在移动机器人上安装有阅读器及其天线，在环境中布置密集的参考标签阵列。参考标签阵列中每个标签的 ID 及其位置都经过离线标定，系统给定其中的一个标签为目的地标签。移动机器人首先依靠 RFID 临界读取的特性，获取机器人的位置和姿态信息，然后解算其下一步的运动方向，不断地修正其运动路径，最终达到目标标签。该方法具有鲁棒性强的优点，但是由于其需要布置大量的标签作为参考标签，并且对其位置进行离线标定，实施较为困难。

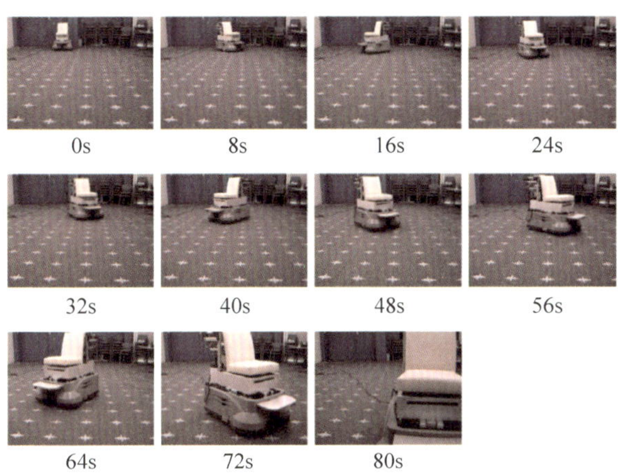

图 2-12　基于参考标签法的 RFID 移动机器人导航

2）旋转天线法[6]

在移动机器人上面安装有阅读器及其天线，在环境中布置一个标签，并将其设定为目标标签。如图 2-13 所示，移动机器人上面的天线在不断地旋转，利用 RSSI

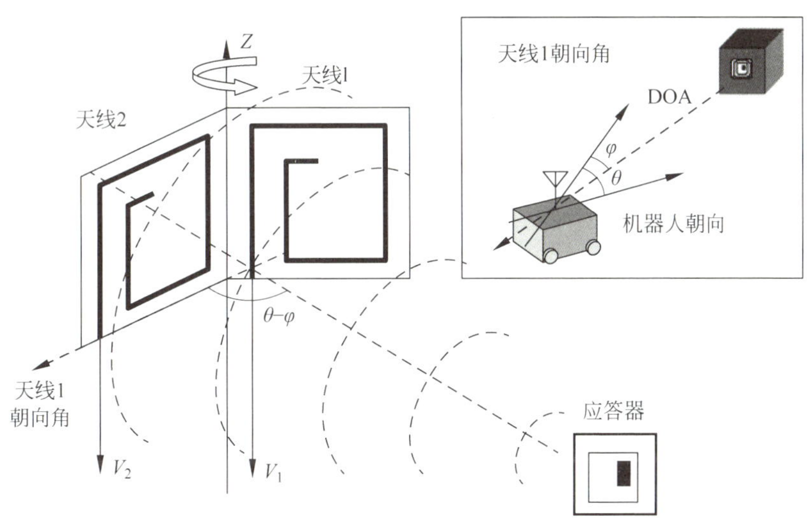

图 2-13　基于双旋转天线的目标标签方向计算方法示意图

最大的信息，并结合三角定位原理，计算目标标签相对于移动机器人的位置信息，利用该相位位置信息对轨迹进行修正，使得机器人不断朝着目标标签运动。假如在机器人上面安装两个正交的旋转天线，那么该方法还具有一定的避障能力。该方法需要特制的标签和天线，需要增加一个额外的旋转自由度，在实际使用过程中依然受限。

3）RSSI 梯度法[7]

该方法同样在移动机器人上面安装两个阅读器天线，利用两个天线读取的 RSSI 的差值（称为 RSSI 梯度）驱动移动机器人运动。如图 2-14 所示，该方法的原理是天线具有方向性，其射频方向图呈现叶形，在正对天线的方向上 RSSI 较大。当左侧的天线所获取的 RSSI 大于右侧时，目标标签位于机器人的左侧，则控制机器人朝右修正方向，反之亦然。该方法实施方便，但是由于只对方向进行辨识，无法感知距离信息，故离实际的应用还有一段距离。

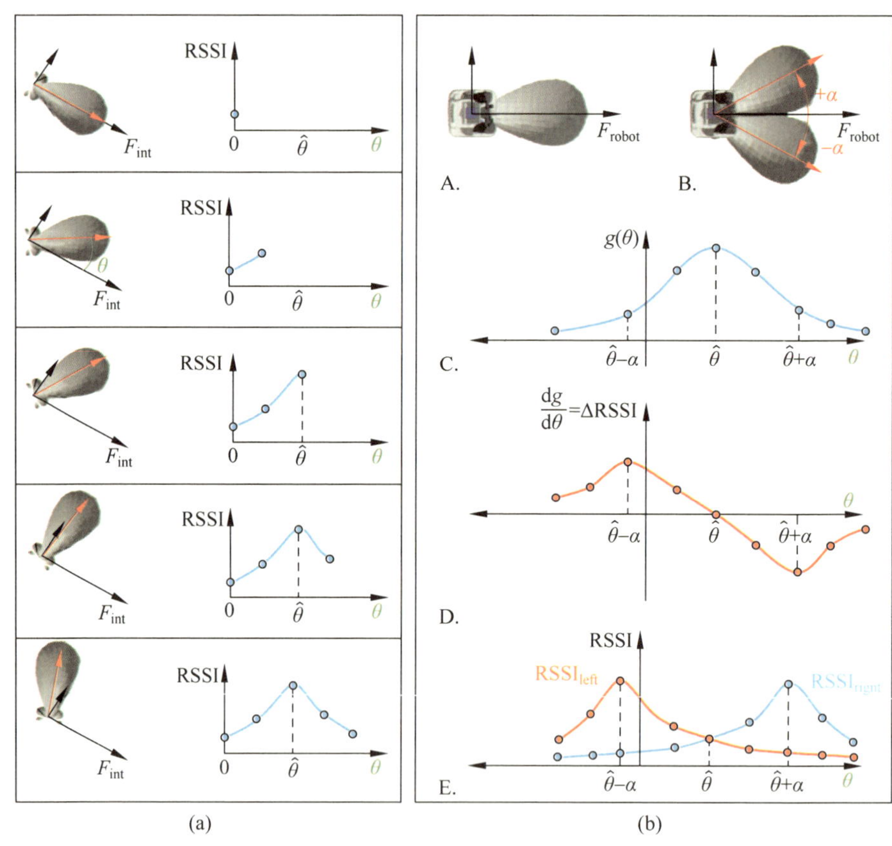

图 2-14 基于 RSSI 的标签方向估计原理示意图

（a）RSSI 与旋转角度的关系；（b）双天线下 RSSI 的对比

4）模糊控制法[8]

基于相位的 RFID 机器人导航方法较少，目前报道的主要有基于相位的模糊控制法。该方法在移动机器人上面安装两个天线，根据相位-距离关系，可以很方便地计算目标标签相对于机器人的大致方向，进而利用模糊控制的思想，修正移动机器人的运动方向。该方法在实际应用中还需要考虑相位的模糊性以无区别地估计目标标签方位。

2.2　工业视觉技术

工业视觉技术是一种面向工业领域的机器视觉技术，可以通过摄像机记录下待检测场景并以图片或视频形式储存在计算机内，由计算机模拟人眼视觉系统对其进行实时检测与识别。人的视觉作为人体最重要的感知手段，至少有 80%的外界信息是由视觉系统获得，这也意味着机器视觉技术拥有极高的应用价值。几乎所有的工业生产领域都需要应用机器视觉代替人的视觉来实现工厂高精度自动化的生产，特别是电子器件制造领域中 PCB 板成品检测，显示器制造领域中屏幕缺陷检测等工艺复杂度高、检测难度大的精密工业领域。

在实际工业应用中，作为替代人体视觉检测的重要手段，工业视觉也被应用于汽车、医疗、物流运输等更通用领域。在汽车零部件制造领域中，零部件编号自动识别对其组装、管理、维护、跟踪具有极大意义，使用工业视觉技术可以准确快速识别具有零部件编号信息的条形码与二维码，在汽车零部件制造领域应用工业视觉技术已成为行业通识；在医疗领域中，对药粒缺失、无菌医疗器件包装损坏等检测也可以通过工业视觉技术有效解决；在物流运输领域中，目前已有企业使用工业视觉技术实现无人化分拣包裹，无人化包裹编号的全自动包裹处理技术。工业视觉技术应用广泛，目前已成为工业生产中不可或缺的关键技术。

2.2.1　视觉系统

工业视觉系统的应用一般分为工业视觉检测系统和工业机器人系统两个方向。工业视觉检测系统是利用视觉设备获取被测物体的图像，通过图像处理技术分析被测物体的状态参数，并与已知的标准进行比较，从而确定被测物体的状况。工业机器人系统是基于视觉测量获得控制信息进行制导和机构运动控制。二者的主要区别在于终端执行机构。除去终端执行机构，工业视觉系统主要包括照明光源、镜头、摄像机、信息处理器、视觉算法软件五个部分，如图 2-15 所示。

光源指的是能自行发光的物体，其主要作用为：突出被测物体的特征量，增强被测物体中的重要信息同时抑制无关信息，同时保证整体的图像亮度。光源按照发光原理可分为普通光源（包括热辐射光源、气体放电光源）、新型光源（包括半导体光源、物理光源等），选择光源时应根据被测物体所处的环境、反射特性进行选

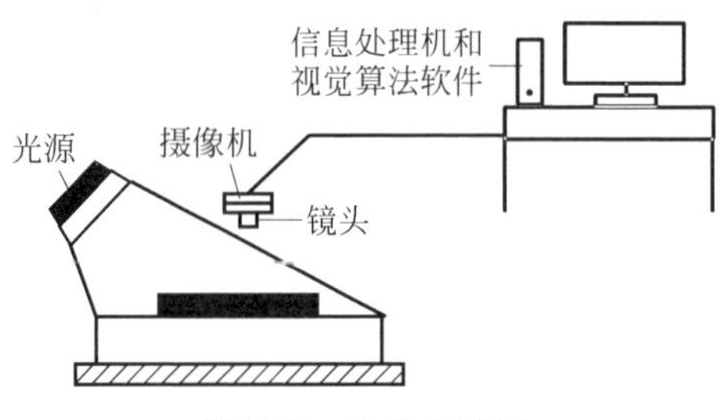

图 2-15 视觉系统图

择。光源按照照明方式可分为直接照明、间接照明、前向照明、背向照明、同轴照明、平行照明等，不同的照明方式直接影响成像效果。选取光源与照明方式是构建视觉系统的重要环节，合适的光源与照明方式可提升图像的质量，降低后续视觉处理算法的鲁棒性需求，提升系统的鲁棒性。

镜头指的是由透镜和部分机械装置组成的光学组件，其主要作用为：对光束进行变换，将被测物体投影在图像传感器的光敏面上。镜头按照焦距是否固定可分为定焦镜头与变焦镜头，按照接口类型可分为 C 口、E 口、F 口镜头等，按照焦距大小可分为广角镜头、标准镜头、长焦镜头。选取镜头时需根据被测物体的大小、距离等选择合适的镜头参数如焦距、相对孔径、视场角、景深、焦深、法兰焦距。

摄像机指的是使汇聚在像平面的光线生成图像的设备，其核心部件为图像传感器，通常包含数据输出接口将数字图像信号传输到信息处理机。摄像机按照传感器可分为电荷耦合器件(charge coupled device，CCD)摄像机与互补金属氧化物半导体(complementary metal oxide semiconductor，CMOS)摄像机。常用的数据输出接口包含 Cameralink、USB、VGA、GigE 等。在选取摄像头时需考虑分辨率、帧率、传感器类型、传感器尺寸、信噪比、动态范围等参数。

信息处理机指的是图像数据处理的硬件平台，可分为 X86 CPU 平台、GPU 平台和 FPGA 平台等。CPU 平台、GPU 平台与 FPGA 平台对比而言，CPU 平台开发方便，但相对运算速度较低；GPU 平台中包含大量的并行运算单元，适用于复杂的数学运算，但硬件固化，难以发挥出完全的并行优势且功耗较大；FPGA 平台相比于 GPU 平台可完成更高的并行度，功耗较低，但开发难度更大、周期更长。在工业应用中视觉系统的运行节拍需与生产节拍相统一，通常要求信息处理机具备较高的运行速度，但也需综合考虑功耗、开发难度等因素选择合适的信息处理机。

视觉算法软件指的是对采集到的图像信号进行进一步处理，从而获取特定环境下所需的图像信息，同时提供基本的交互功能，供操作人员使用的软件。视觉算法可大致分为视觉定位、视觉检测、视觉测量、视觉识别算法，其算法复杂度、鲁棒性、可靠性直接影响视觉系统的性能。算法复杂度影响视觉系统的节拍与信息处理机的选择，鲁棒性影响视觉系统在外界干扰如物体旋转、缩放、噪声等因素下的稳定性，可靠性是大多数工业场景中的首要考虑因素。

2.2.2 视觉标定

在工业视觉系统中，系统可以通过摄像机获取图像，图像中每个像素点在实际三维环境中都有一个对应点，相应的像素值表示该点的色彩信息，从二维图像到三维空间的对应关系就是摄像机的几何模型。摄像机的几何模型分为内参数和外参数两部分，内参数表示摄像机固有性质，包括摄像机焦距、主点、畸变系数等；外参数表示摄像机所在坐标系和世界坐标系之间的关系，包括旋转矩阵和平移向量。摄像机模型参数的精度影响整个视觉系统的精度，这些参数需要通过实验计算。计算摄像机模型参数的过程称为视觉标定。

1. 视觉标定技术现状

目前视觉标定根据实验方法和算法的不同可以分为三种：传统标定法、主动标定法、自标定法。

传统标定法是通过拍摄尺寸已知的标定参考物的图片，建立图像像素和实际空间位置之间的联系，通过一定的算法和模型计算摄像机的内外参数。传统标定法标定的精度较高，标定难度适中，但是对参考物精度要求高。主动标定法不需要标定参考物，通过控制摄像机进行特定的运动，通过拍摄的图像和摄像机的运动参数求解摄像机参数。主动标定法精度较高，且求解的参数鲁棒性好。但是运动系统设计和控制复杂，实验精度要求高，无法广泛应用。自标定法无须参考物和特殊运动，其利用摄像机的运动约束和特殊场景的几何约束进行标定参数求解。自标定法相较于前两种算法简单灵活，可以在线标定，但是其精度和鲁棒性较差。在三种方法中，传统标定法由于精度高、技术成熟等优点被广泛使用于工业视觉检测系统和工业机器人系统中。

在传统标定法中，最早的是 Abdel-Aziz 等[9] 提出的一种直接线性变换（direct linear transformation，DLT）的标定方法，这种方法通过摄像机模型的线性对应关系直接求解，无须迭代，具有很高的计算速度，但是由于没有考虑非线性畸变，标定精度较差。Faig[10] 为了提高标定精度，建立了包含非线性畸变的摄像机成像模型，通过非线性最优化的算法获得摄像机参数，该方法能得到精度较高的计算结果，但非线性问题求解困难，计算速度慢，限制了该方法的使用范围。Tsai 等[11] 提出经典的 Tsai 两步法。两步法结合了精度高的非线性畸变摄像机模型和易求解的透视变换线性模型，首先利用线性模型求解摄像机内外参数，然后将求得的参数作为具有非线性畸变的摄像机模型的初始值，利用非线性优化方法进一步提高标定的精确度。由于大部分参数是直接通过线性模型求解，只有少数参数需要迭代求解，两步法相较于传统非线性模型所需迭代次数少，计算速度快，收敛性好。张正友[12] 提出了一种基于二维棋盘格平面的两步标定法，利用多组位置不同的标定板相对同一摄像机的位置关系联立建立方程组，求得摄像机的内外参数。第一步使用理想的针孔摄像机模型，通过多组位置不同的标定板相对同一摄像机的位置关系联立建立方程组，使用 DLT 方法求解出摄像机的内参矩阵和外参数。然后将第一步的结果作为初始值，使用极大似然法估计摄像机的非线性畸变模型，使用非线性最优化的方法估计出摄像机最佳的标定结果。该方法对设备要求低，操作过程简单，且具有较高的鲁棒性，是目前最常用的标定算法之一。但是张正友标定法对二维标定图案的摆放具有较高的要求，无法满足一些特定场合的标定任务。

当前的标定算法存在几个方面的问题：第一，标定过程较为复杂，对标定参考物等辅助工具的精度依赖程度高。传统标定法的精度很大程度上依赖于标定板等物品，主动标定法对实验设备和运动精度要求较高，两种方法都不能满足快速实时的标定。第二，标定结果精度和鲁棒性不高。现有的标定算法的标定结果容易受到标定图像选取和采集的影响，无法很好地保证标定精度，不能满足一些高精度的应用场合。第三，标定方法的应用范围受限。部分视觉系统的工作环境受限，如工作空间狭小、需要在线实时标定等，无法使用主动标定法等较为复杂的标定方法，如何使标定方法能够应用于更广泛的实际环境也是现在标定算法的难点之一。

2. 针孔摄像机模型

针孔摄像机的模型的坐标系如图 2-16 所示。光线从真实世界中的 P 点发出，通过光心后直接在摄像机传感器上的 P' 点上成像，没有发生偏折。针孔摄像机模型中存在三种坐标系：世界坐标系、摄像机坐标系和图像坐标系，如图 2-17 所示。

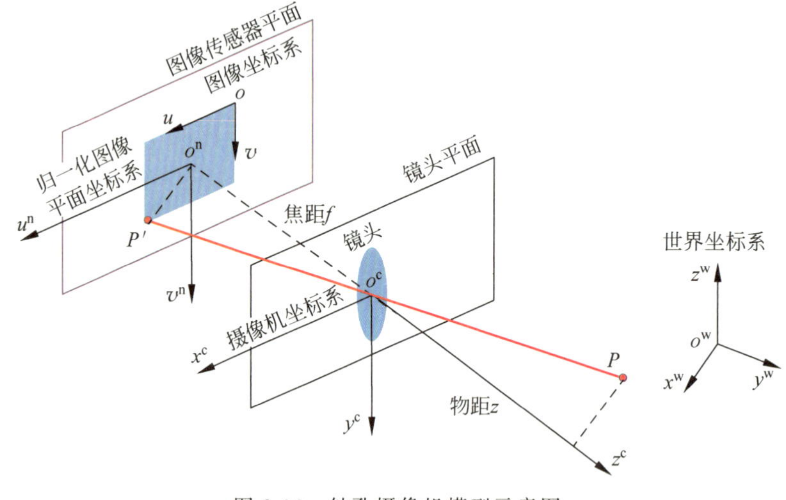

图 2-16 针孔摄像机模型示意图

图 2-17 摄像机标定坐标系

世界坐标系 $\boldsymbol{p}^{\mathrm{w}}=[x^{\mathrm{w}}\quad y^{\mathrm{w}}\quad z^{\mathrm{w}}]^{\mathrm{T}}$ 表示物体在客观世界中的三维坐标位置。摄像机坐标系 $\boldsymbol{p}^{\mathrm{c}}=[x^{\mathrm{c}}\quad y^{\mathrm{c}}\quad z^{\mathrm{c}}]^{\mathrm{T}}$ 是以摄像机光心为原点，分别以平行于图像传感器列方向和行方向为 x^{c} 轴和 y^{c} 轴，以镜头光轴为 z 轴的三维坐标系。图像坐标系 $\boldsymbol{p}=[u\quad v]^{\mathrm{T}}$ 中 u 轴和 v 轴分别表示像素点存储在数组的位置，单位为像素个数。

世界坐标系到摄像机坐标系之间存在刚体变换关系，通过摄像机外参数确定。其具体变换关系如下式所示：

$$\boldsymbol{p}^{\mathrm{c}}=[\boldsymbol{R}\quad \boldsymbol{t}]\,\tilde{\boldsymbol{p}}^{\mathrm{w}} \tag{2-6}$$

其中，$\tilde{\boldsymbol{p}}^{\mathrm{w}}=[x^{\mathrm{w}}\quad y^{\mathrm{w}}\quad z^{\mathrm{w}}\quad 1]^{\mathrm{T}}$，为 $\boldsymbol{p}^{\mathrm{w}}$ 的齐次坐标，$\boldsymbol{R}$ 为 3×3 的旋转矩阵，$\boldsymbol{t}$ 为平移矢量，两者共同定义了该刚体变换。

摄像机坐标系到图像坐标系之间存在投影变换关系，在不考虑图像畸变的情况下，该关系为线性关系，通过摄像机内参数确定，如下式所示：

$$s\tilde{\boldsymbol{p}}=s\begin{bmatrix}u\\ v\\ 1\end{bmatrix}=\begin{bmatrix}f_x & 0 & u_0\\ 0 & f_y & v_0\\ 0 & 0 & 1\end{bmatrix}\boldsymbol{p}^{\mathrm{c}} \tag{2-7}$$

其中，$\tilde{\boldsymbol{p}}=[u\quad v\quad 1]^{\mathrm{T}}$ 为像点 P' 在图像坐标系下的齐次坐标，s 为一个缩放因子，f_x，f_y 分别为以像素为单位的摄像机在 x，y 方向的焦距，(u_0, v_0) 为光心在图像坐标系的坐标。

综合以上公式，可得摄像机的针孔模型如下式：

$$s\tilde{\boldsymbol{p}}=\begin{bmatrix}f_x & 0 & u_0\\ 0 & f_y & v_0\\ 0 & 0 & 1\end{bmatrix}[\boldsymbol{R}\quad \boldsymbol{t}]\,\boldsymbol{p}^{\mathrm{w}}=\boldsymbol{K}[\boldsymbol{R}\quad \boldsymbol{t}]\,\tilde{\boldsymbol{p}}^{\mathrm{w}} \tag{2-8}$$

其中，$\boldsymbol{K}=\begin{bmatrix}f_x & 0 & u_0\\ 0 & f_y & v_0\\ 0 & 0 & 1\end{bmatrix}$ 称为摄像机内参数矩阵，表示了摄像机本身的参数，$[\boldsymbol{R}\quad \boldsymbol{t}]$ 称为摄像机外参数，表示摄像机相对于世界坐标系的方位。

3. 畸变模型

在实际应用中，摄像机拍摄的图像存在径向和切向两种畸变，消除图像畸变也是视觉标定的任务之一。径向畸变主要是由镜头透镜造成的，关于主光轴对称分布。切向畸变一般是由摄像机的加工和装配误差造成的。针孔摄像机模型是一个线性模型，无法对实际的畸变模型进行拟合，因此需要畸变模型描述。

两种畸变模型可以使用多项式进行拟合，为了方便说明，定义归一化图像平面坐标系 $u^{\mathrm{n}}ov^{\mathrm{n}}$，该坐标系与图像坐标系关系如下：

$$u^{\mathrm{n}}=\frac{u-u_0}{f_x},\quad v^{\mathrm{n}}=\frac{v-v_0}{f_y} \tag{2-9}$$

则径向畸变和切向畸变的模型分别如式(2-10)、式(2-11)所示：

$$\begin{cases} u_d^n = u^n + u^n(k_1 r^2 + k_2 r^4) \\ v_d^n = v^n + v^n(k_1 r^2 + k_2 r^4) \end{cases} \tag{2-10}$$

$$\begin{cases} u_d^n = u^n + 2p_1 u^n v^n + p_2[r^2 + 2(u^n)^2] \\ v_d^n = v^n + 2p_2 u^n v^n + p_1[r^2 + 2(v^n)^2] \end{cases} \tag{2-11}$$

其中，$r^2=(u^n)^2+(v^n)^2$，(u_d^n, v_d^n)表示(u^n, v^n)畸变后的坐标，径向畸变模型由参数 k_1，k_2 确定，切向畸变模型由参数 p_1，p_2 确定。当图像存在畸变时，针孔摄像机模型和畸变模型共同决定了世界坐标系到图像坐标系的对应关系。

4. 张正友标定法

张正友标定法主要包括 4 个步骤：单应性矩阵估计、计算摄像机内外参数、计算畸变系数和参数联合优化。

张正友标定法

(1) 单应性矩阵估计：标定板上每个参考点在图像坐标系上的齐次坐标可以用$\tilde{\boldsymbol{p}}=[u \quad v \quad 1]^T$ 表示，其在世界坐标系的坐标可以用 $\boldsymbol{p}^w=[x^w \quad y^w \quad z^w \quad 1]^T$ 表示。由针孔摄像机模型，有以下关系：

$$s\tilde{\boldsymbol{p}} = s\begin{bmatrix} u \\ v \\ 1 \end{bmatrix} = \boldsymbol{K}[\boldsymbol{R} \quad \boldsymbol{t}]\tilde{\boldsymbol{p}}^w = \boldsymbol{K}[\boldsymbol{R} \quad \boldsymbol{t}]\begin{bmatrix} x^w \\ y^w \\ z^w \\ 1 \end{bmatrix} \tag{2-12}$$

由于所有参考点都在同一个二维平面上，因此可以设所有点的 $z^w=0$，用 $\boldsymbol{r}_i$ 表示旋转矩阵 $\boldsymbol{R}$ 的第 i 列，可以得到：

$$s\begin{bmatrix} u \\ v \\ 1 \end{bmatrix} = \boldsymbol{K}[\boldsymbol{r}_1 \quad \boldsymbol{r}_2 \quad \boldsymbol{r}_3 \quad \boldsymbol{t}]\begin{bmatrix} x^w \\ y^w \\ 0 \\ 1 \end{bmatrix} = \boldsymbol{K}[\boldsymbol{r}_1 \quad \boldsymbol{r}_2 \quad \boldsymbol{t}]\begin{bmatrix} x^w \\ y^w \\ 1 \end{bmatrix} \tag{2-13}$$

由于尺度 s 可以任意选取，可设 $\boldsymbol{H}=\lambda\boldsymbol{K}[\boldsymbol{r}_1 \quad \boldsymbol{r}_2 \quad \boldsymbol{t}]=\begin{bmatrix} h_{11} & h_{12} & h_{13} \\ h_{21} & h_{22} & h_{23} \\ h_{31} & h_{32} & 1 \end{bmatrix}$，使式(2-13)转化为下式：

$$s\begin{bmatrix} u \\ v \\ 1 \end{bmatrix} = \boldsymbol{H}\begin{bmatrix} x^w \\ y^w \\ 1 \end{bmatrix} \tag{2-14}$$

其中，$\boldsymbol{H}$ 称为单应性矩阵。令列向量 $\boldsymbol{H}_v=[h_{11} \quad h_{12} \quad h_{13} \quad h_{21} \quad h_{22} \quad h_{23} \quad h_{31} \quad h_{32} \quad 1]^T$，则上式整理可得：

$$\begin{bmatrix} x^w & y^w & 1 & 0 & 0 & 0 & -x^w & -y^w & -u \\ 0 & 0 & 0 & y^w & x^w & 1 & -x^w & -y^w & -v \end{bmatrix} \boldsymbol{H}_v = 0 \tag{2-15}$$

由于单应性矩阵 $\boldsymbol{H}$ 具有 8 个自由度，所以每个二维标定图像中给定四组对应点即可求出，对于超定方程，可以使用最小二乘法求得 $\boldsymbol{H}_v$，即单应性矩阵 $\boldsymbol{H}$。

(2) 计算摄像机内参数和外参数：设在第一步中解得 $\boldsymbol{H}=[\boldsymbol{h}_1^* \quad \boldsymbol{h}_2^* \quad \boldsymbol{h}_3^*]$，由式 $\boldsymbol{H}=\lambda\boldsymbol{K}[\boldsymbol{r}_1 \quad \boldsymbol{r}_2 \quad \boldsymbol{t}]$ 和旋转向量 $\boldsymbol{r}_1$ 和 $\boldsymbol{r}_2$ 是单位正交性质，可得：

$$\begin{cases} \boldsymbol{h}_1^{*\mathrm{T}}\boldsymbol{K}^{-\mathrm{T}}\boldsymbol{K}^{-1}\boldsymbol{h}_2^* = 0 \\ \boldsymbol{h}_1^{*\mathrm{T}}\boldsymbol{K}^{-\mathrm{T}}\boldsymbol{K}^{-1}\boldsymbol{h}_1^* = \boldsymbol{h}_2^{*\mathrm{T}}\boldsymbol{K}^{-\mathrm{T}}\boldsymbol{K}^{-1}\boldsymbol{h}_2^* \end{cases} \tag{2-16}$$

因为内参数矩阵 $\boldsymbol{K}$ 包含 5 个未知参数，每个单应矩阵可以得到上述两组方程，每张标定图像对应一个单应矩阵 $\boldsymbol{H}$，所以需要至少 3 张不同位置的标定图像才能求解摄像机的内参数。

令 $\boldsymbol{B}=\boldsymbol{K}^{-\mathrm{T}}\boldsymbol{K}^{-1}=\begin{bmatrix} B_{11} & B_{12} & B_{13} \\ B_{21} & B_{22} & B_{23} \\ B_{31} & B_{32} & B_{33} \end{bmatrix}$，由于 $\boldsymbol{B}$ 为对称矩阵，只有 6 个自由度，因此记 $\boldsymbol{b}=[B_{11} \quad B_{12} \quad B_{22} \quad B_{13} \quad B_{23} \quad B_{33}]^{\mathrm{T}}$，可得：

$$\boldsymbol{h}_i^{*\mathrm{T}}\boldsymbol{B}\boldsymbol{h}_j^* = \boldsymbol{v}_{ij}^{\mathrm{T}}\boldsymbol{b} \tag{2-17}$$

其中 $\boldsymbol{v}_{ij}=[h_{i1}h_{j1} \quad h_{i1}h_{j2}+h_{i2}h_{j1} \quad h_{i2}h_{j2} \quad h_{i3}h_{j1}+h_{i1}h_{j3} \quad h_{i3}h_{j2}+h_{i2}h_{j3} \quad h_{i3}h_{j3}]^{\mathrm{T}}$，可以将上述关系改写为

$$\begin{bmatrix} \boldsymbol{v}_{12}^{\mathrm{T}} \\ (\boldsymbol{v}_{11}-\boldsymbol{v}_{22})^{\mathrm{T}} \end{bmatrix} \boldsymbol{b} = \boldsymbol{0} \tag{2-18}$$

通过多组图像所对应的单应矩阵即可使用最小二乘法求出 $\boldsymbol{b}$，然后对 $\boldsymbol{B}$ 使用 Cholesky 分解即可求得内参数矩阵 $\boldsymbol{K}$。

根据式 $[\boldsymbol{h}_1^* \quad \boldsymbol{h}_2^* \quad \boldsymbol{h}_3^*]=\lambda\boldsymbol{K}[\boldsymbol{r}_1 \quad \boldsymbol{r}_2 \quad \boldsymbol{t}]$，可以求出外参数矩阵 $[\boldsymbol{R} \quad \boldsymbol{t}]$ 如下：

$$\boldsymbol{r}_1=\frac{1}{\lambda}\boldsymbol{K}^{-1}\boldsymbol{h}_1^*, \quad \boldsymbol{r}_2=\frac{1}{\lambda}\boldsymbol{K}^{-1}\boldsymbol{h}_2^*, \quad \boldsymbol{r}_3=\boldsymbol{r}_1\times\boldsymbol{r}_2, \quad \boldsymbol{t}=\frac{1}{\lambda}\boldsymbol{K}^{-1}\boldsymbol{h}_3^* \tag{2-19}$$

(3) 计算畸变系数：为了提高标定精度，需要使用畸变模型对实际图像中存在的径向畸变和切向畸变进行拟合。使用单应性矩阵和世界坐标系坐标计算出的标定点坐标作为未畸变坐标，真实标定点坐标作为畸变后坐标，代入之前的畸变模型，可得一组关于畸变系数 k_1,k_2,p_1,p_2 的方程组，畸变系数可使用最小二乘法求取。

(4) 参数联合优化：由于上述过程只是对摄像机内参矩阵 $\boldsymbol{K}$、第 i 张标定图像对应的外参矩阵 $\boldsymbol{T}_i$ 和畸变系数 k_1,k_2,p_1,p_2 的几何近似估计，为了得到更精确解，需要对参数整体进行优化，张正友标定法中使用了最大似然估计，目标函数如下：

$$\sum_i \sum_j \| \boldsymbol{p}_{ij} - \hat{\boldsymbol{p}}(\boldsymbol{K}, \boldsymbol{d}, \boldsymbol{R}_i, \boldsymbol{t}_i, \boldsymbol{p}_{ij}^{\mathrm{w}}) \|^2 \tag{2-20}$$

其中，$\boldsymbol{p}_{ij}$ 为第 i 张标定图像中，第 j 个标定点在图像坐标系下的坐标，$\hat{\boldsymbol{p}}(\boldsymbol{K}, \boldsymbol{d}, \boldsymbol{R}_i, \boldsymbol{t}_i, \boldsymbol{p}_{ij}^{\mathrm{w}})$表示在内参矩阵为 $\boldsymbol{K}$，畸变系数为 $\boldsymbol{d}$，外参矩阵为 $[\boldsymbol{R}_i \quad \boldsymbol{t}_i]$，世界坐标为 $\boldsymbol{p}_{ij}^{\mathrm{w}}$ 的点在图像平面上的估计投影坐标。由于该方程为非线性方程，使用非线性优化的方法求解，其初始值为前 3 步的计算结果，最终可以得到对摄像机模型参数更加精准的估计。

5. 视觉标定应用

视觉标定广泛应用于工业视觉系统中，工件测量、三维重建等应用首先都需要进行视觉标定，如图 2-18 所示。在实际应用中以广泛应用的张正友标定法为例，视觉标定主要分为 4 步：拍摄标定图像、选择标定模型、摄像机标定和检验标定结果。

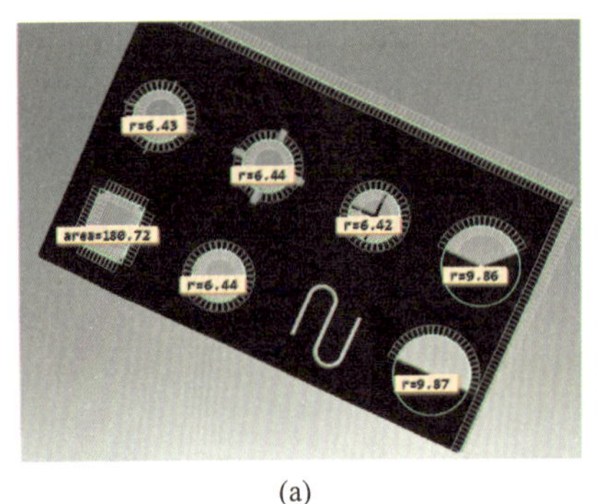

(a)

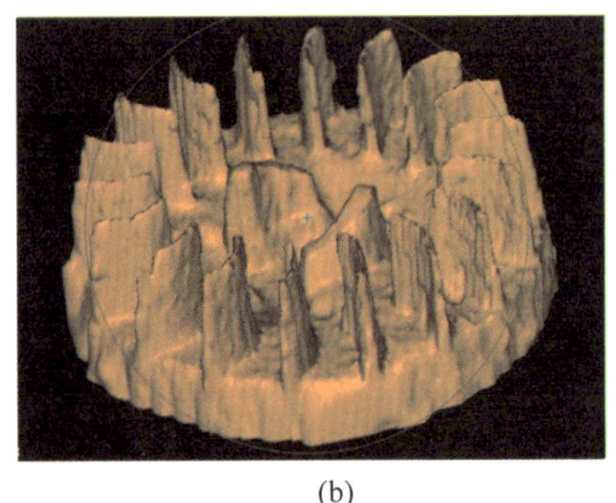

(b)

图 2-18 视觉标定应用场景

(a) 工件测量；(b) 三维重建

拍摄标定图像：传统方法需要使用已知尺寸、精度较高的标定板作为标定目标。为了保证标定算法的精度和鲁棒性，需要从尽可能多的角度采集二维标定板的图像，获取标定板在不同位姿下的图像，如图 2-19(a)、(b)、(c)所示。

选择标定模型：摄像机模型需要根据镜头种类选择，绝大多数普通摄像机都可以使用针孔摄像机模型，可以根据实际精度需求选择畸变模型的参数个数，一般选择 2 参数的径向畸变和切向畸变模型即可。

摄像机标定：标定过程中首先需要计算标定的参考点，一般通过视觉算法实现。例如在棋盘格标定板中使用 Harris 角点检测算法得到参考点坐标，在圆形标定板使用椭圆拟合得到标定图案的圆心，如图 2-19(d)、(e)所示 。在此基础上建立世界坐标系，通过张正友标定法即可求得摄像机的模型参数。

检验标定结果：由于标定图像可能受到噪声的干扰，导致标定精度不佳，标定之后需要进行参数的检验。参数是否正确一般通过重投影误差判断，可以将重投影误差较大的图像删除，以保证标定结果的精度。

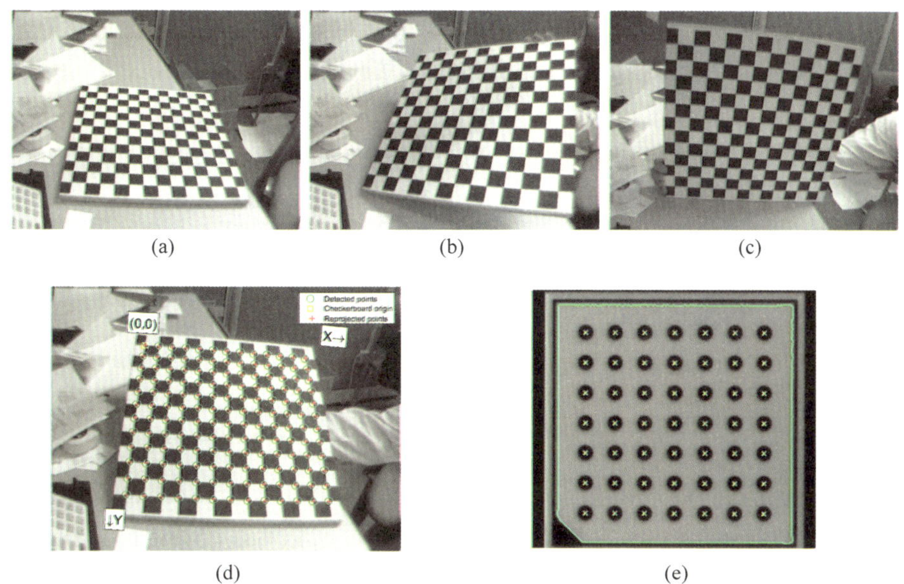

(a)　(b)　(c)

(d)　(e)

图 2-19　不同标定板参考点检测

(a) 俯视标定板；(b) 侧视标定板；(c) 正视标定板；(d) 标定板-棋盘格；(e) 标定板-圆形

最终的标定参数包括内参矩阵、畸变系数和每张标定图像的外参矩阵。

2.2.3　视觉定位

视觉定位(visual positioning)指在目标图像中搜索并定位模板图像的过程。视觉定位作为许多视觉任务的前提基础，广泛应用于目标识别、三维重建、目标跟踪等领域。在智能制造领域中，可通过对工件进行快速、精确、稳定的视觉定位，实现机器人抓取、良品工件统计等操作。在医疗领域中，可通过视觉定位对多张超声波图像进行拼接获得完整的医学图像，提高确诊率。在军事领域中，可利用无人机航拍图像进行目标定位以侦察敌情。

图像匹配算法是实现视觉定位的主要方法。在图像采集过程中，同一对象的成像结果会随着光照、视角等因素的变化而发生改变。图像匹配算法的主要任务是，通过查找在不同条件下获得的两幅或多幅图像之间的对应关键点以建立图像之间的对应关系，即获得模板图像在目标图像中的位置(x,y)、方向θ、尺度s等信息，如图 2-20 所示。

在理想的图像匹配过程中，模板图像与目标图像之间不存在差异性，图像匹配难度较低。但在实际的图像匹配过程中，由于旋转、尺度、光照、噪声、模糊、视角等干扰的影响，同一目标在不同图像中的差异较大，使得图像匹配难度较大。一个良好的图像匹配算法需要在具有多种干扰情况的复杂场景下实现高精度、高速度、高鲁棒性的定位任务。精度是指图像匹配算法输出的模板图像在目标图像中的位置

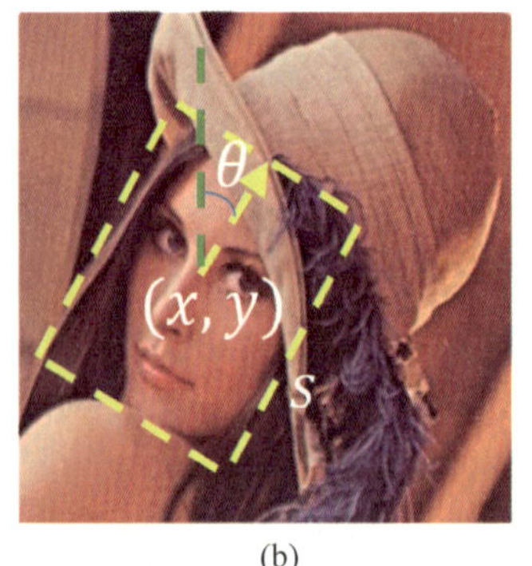

图 2-20　图像匹配
(a) 模板图像；(b) 待搜索图像

精度，现有视觉定位任务的精度需求一般为像素级或亚像素级；速度是指图像匹配算法完整执行一次搜索定位任务所需的时间，该指标与匹配算法的复杂度及算法实现的硬件平台紧密相关，现有的视觉定位任务一般要求匹配算法具有实时性的处理速度；鲁棒性是指图像匹配算法在多干扰情况下进行稳定定位而不受干扰影响的能力，现有的视觉定位任务一般要求匹配算法具有较高的鲁棒性，即图像特征应对旋转、尺度、光照、视角等图像变换具有不变性。

1. 图像匹配三要素

图像匹配算法的三大要素包括特征、相似性度量和搜索策略。在图像匹配过程中，需要根据图像的灰度、纹理、结构、语义等信息提取图像特征，并定义出特征之间的相似性度量规则，按照某种搜索策略在目标图像特征空间中搜索与模板图像特征最相似的特征。

匹配特征可根据图像信息分为灰度特征、梯度特征、频域特征、点特征等。灰度特征直接以图像像素的灰度信息作为特征，具有复杂度低、易于实现的特点，但这类特征极易受到光照条件变化的影响。梯度特征通常描述了图像灰度的变化幅度和方向，这类特征相比于灰度特征具有较强的抗光照变化能力，但噪声的存在会导致梯度的幅值与方向发生变化。频域特征依据频域特性，适用于具有纹理的目标匹配，具有高精度和较高的抗噪声、模糊能力。点特征等几何特征通常适用于具有清晰边缘、纹理的目标匹配，这类局部特征不仅可以实现多种干扰不变性，还可以避免计算图像所有像素的特征以减少匹配计算量。

相似性度量准则通常根据匹配特征而定。主流的相似性度量准则包括 L_1 距离、L_2 距离、余弦距离、汉明距离等。其中，L_1 距离和 L_2 距离一般用于浮点型特征的相似性度量，余弦距离一般用于归一化浮点型特征的相似性度量，而汉明距离一般用于二值特征的相似性度量。在不同的图像匹配算法中，相似性度量准则会随着匹配特征的特性而发生变化，但一种良好的相似性度量准则需要具有不失真地反映特征之间真实相似性的能力。

搜索策略可直接影响匹配过程的可靠性与速度。最常见的搜索策略为遍历搜索,即在整幅图像的特征空间中进行遍历,这种策略具有较高的可靠性,但大大增加了匹配过程的时间。为了进一步提高匹配速度,基于 Kd 树[13]的最近邻搜索方法被提出。基于 Kd 树的最近邻搜索策略需要对目标图像的特征建立 Kd 树,采用分而治之的思想在特征空间中对特征进行划分。Kd 树是一个二叉树,其节点代表一个空间范围,查询点的最近邻搜索过程可表示为通过二叉树搜索最相似的特征的过程。

2. 图像匹配算法研究现状

图像匹配算法自 20 世纪 70 年代起至今经过几十年的发展,已取得了一定的研究成果。现有的图像匹配算法依据匹配特征可分为四大类:基于灰度特征的图像匹配算法、基于梯度特征的图像匹配算法、基于局部描述子的图像匹配算法和基于频域特征的图像匹配算法。

(1) 基于灰度特征的图像匹配算法

基于灰度特征的图像匹配算法主要有平均绝对差匹配(mean absolute differences,MAD)算法[14]、绝对误差和匹配(sum of absolute differences,SAD)算法[7]、误差平方和匹配(sum of squared differences,SSD)算法[16]、归一化互相关匹配(normalized cross correlation,NCC)算法[17]、色调映射匹配(matching by tone mapping,MTM)算法[18]等。其中,MAD、SAD 和 SSD 这类算法以模板图像与目标图像的窗口间的对应像素灰度差值作为基础度量单元,并进一步对灰度差值的绝对值或平方值进行求和操作,根据最小值的窗口位置确定最终模板图像在目标图像中的定位结果。由于采用灰度差值作为相似性度量的准则,这类方法对光照变化比较敏感。为了提高算法的抗光照干扰能力,NCC 算法将模板图像与目标图像窗口的归一化相关性作为相似性度量准则,提高了算法的光照鲁棒性,但该方法仍不能较好地抵抗非线性光照变化。MTM 算法在 NCC 算法的基础上,基于色调映射进一步提高了算法在存在非线性光照下的鲁棒性。

基于灰度特征的图像匹配算法一般采用全局的灰度信息进行匹配,具有一定程度的抗噪声、模糊的能力,但这类方法在目标图像中采用和模板图像等大的滑动窗口进行匹配,无法有效抵抗旋转、尺度、视角变换、遮挡等干扰。

(2) 基于梯度特征的图像匹配算法

基于梯度特征的图像匹配算法主要有广义霍夫变换匹配(general Hough transform,GHT)算法[19]、基于边缘点梯度方向的匹配(shape-based matching,SBM)算法[16]、基于梯度主方向直方图的匹配(scale-invariant template matching using histogram of dominant gradients,SITM-HDG)算法[20]等。GHT 算法首先通过图像的梯度方向信息,建立关于边缘点位置、尺度、旋转角度的四维霍夫空间查找表,然后通过滑动窗口遍历目标图像的所有位置进行投票,根据投票结果进行定位。GHT 算法具有抗非线性光照的特点，但在噪声的情况下容易失效。SBM 算法将图像间对应边缘点的梯度方向夹角作为该点的相似度，并将模板图像与滑动窗口所有对应边缘点的相似度累加作为最终的相似性度量准则。SBM 算法对光照变化、局部遮挡等干扰具有较好的鲁棒性。SITM-HDG 算法对输入图像进行子图划分，在每个子图中计算像素梯度并统计梯度幅值直方图，对所有子图的梯度幅值直方图进行串联以获得最终的图像梯度特征，通过衡量模板图像与目标图像滑动窗口的直方图特征相似度进行定位。SITM-HDG 算法采用全局的直方图统计信息，导致其在目标遮挡的情况下性能较差。

基于梯度特征的图像匹配算法采用图像的梯度信息进行匹配，具有较高的抗光照变化能力，但基于灰度差异的梯度信息对噪声较为敏感，从而导致梯度的幅值和方向发生较大的改变。

(3) 基于局部描述子的图像匹配算法

基于局部描述子的图像匹配算法主要包括特征点检测、特征点描述、特征点匹配和单应性矩阵估计 4 个部分。特征点检测是指对输入图像进行局部关键点提取的过程；特征点描述是指对关键点邻域信息进行描述并生成特征描述子的过程；特征点匹配是指根据图像间特征描述子的相似度寻找最近邻的过程；单应性矩阵估计是指根据匹配点对计算两幅图像间的单应性矩阵以获得模板图像在目标图像中定位结果的过程。主流的基于局部描述子的图像匹配算法包括 SIFT[21]、SURF[22]、BRIEF[23]、ORB[24]等。SIFT 算法对输入图像建立高斯微分尺度空间，并在该尺度空间内进行非极大值抑制以提取关键点，根据每个关键点的尺度获得该点的邻域区域，并通过邻域内的梯度直方图信息计算该点的主方向，将该邻域旋转至主方向以实现旋转不变性，将旋转后的邻域区域划分成 4×4 的子块，并在每个子块上提取 8 个维度的梯度直方图特征，将所有子块的直方图进行串联并归一化后可获得具有尺度、旋转、光照不变性的 SIFT 描述子。由于关键点属于局部特征，SIFT 算法还具有较好的抗遮挡、抗变形能力。但该算法存在复杂度较高、内存占用较大的不足。SURF 算法在 SIFT 算法的基础上被提出，利用 Haar 小波响应代替梯度计算，并根据 Haar 小波响应的特点引入积分图像进行加速，在保持性能的前提下进一步提高了算法的计算速度。为了进一步提高局部描述子的计算速度和匹配速度，降低内存占用，BRIEF、ORB 等二值描述子被提出。这类方法通过对关键点邻域内的随机点对进行二值测试获得二值描述子，即将每个点对的强度差二值化为 0 或 1。二值描述子一般采用汉明距离进行相似性度量，具有较高计算速度和较低内存需求。

SIFT 特征匹配实例

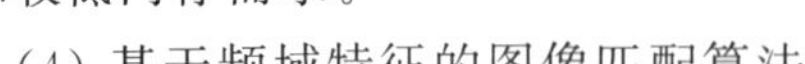
(4) 基于频域特征的图像匹配算法

基于频域特征的图像匹配算法主要有相位相关法[25]、Fourier-Mellin 变换[26]、不对称相关[27]等。这类方法通过傅里叶变换获得图像幅值和相位信息，并根据频域峰值进行目标定位。相位相关法利用图像间的相位信息进行匹配；

Fourier-Mellin 变换基于对称相位滤波生成具有旋转、平移不变性的描述子以进行精确匹配；不对称相关方法将图像在频域空间进行不对称归一化，具有较高抗光照、噪声能力。

基于频域特征的图像匹配算法具有较好的计算精度，并对噪声、模糊等干扰具有较好的容忍性，但在出现目标遮挡或背景杂乱的情况下匹配效果较差。

3. 经典匹配算法

(1) 归一化互相关匹配算法

归一化互相关匹配(normalized cross correlation，NCC)算法属于基于全局灰度特征的图像匹配算法。给定一个分辨率为 $m\times n$ 的模板图像 $\boldsymbol{T}$ 和一个分辨率为 $M\times N$ 的目标图像 $\boldsymbol{S}$，其像素点的灰度值分别表示为 $g_{\boldsymbol{T}}(c,r)$ 和 $g_{\boldsymbol{S}}(x,y)$。如图 2-21 所示，在目标图像中设置一个与模板图像尺寸相同的滑动窗口，并假设该窗口相对于目标图像原点的位置为 (i,j)，则模板图像与该窗口内图像的归一化互相关系数如下所示：

$$\begin{cases} R(i,j)=\dfrac{\sum\limits_{(c,r)\in \boldsymbol{T}}\left[g_{\boldsymbol{T}}(c,r)-\mu_{\boldsymbol{T}}\right]\left[g_{\boldsymbol{S}}(i+c,j+r)-\mu_{\boldsymbol{S}}(i,j)\right]}{\sqrt{\sum\limits_{(c,r)\in \boldsymbol{T}}\left[g_{\boldsymbol{T}}(c,r)-\mu_{\boldsymbol{T}}\right]^2\left[g_{\boldsymbol{S}}(i+c,j+r)-\mu_{\boldsymbol{S}}(i,j)\right]^2}}, \quad (i,j)\in \boldsymbol{S} \\ \mu_{\boldsymbol{T}}=\dfrac{1}{mn}\sum\limits_{(c,r)\in \boldsymbol{T}} g_{\boldsymbol{T}}(c,r) \\ \mu_{\boldsymbol{S}}(i,j)=\dfrac{1}{mn}\sum\limits_{(c,r)\in \boldsymbol{T}} g_{\boldsymbol{S}}(i+c,j+r) \end{cases} \tag{2-21}$$

其中，$\mu_{\boldsymbol{T}}$ 表示模板图像 $\boldsymbol{T}$ 的均值，$\mu_{\boldsymbol{S}}(i,j)$ 表示目标图像 $\boldsymbol{S}$ 在 (i,j) 位置处的滑动窗口内的均值。在目标图像上令滑动窗口遍历全图后，可在每一个位置上根据上述函数获得相应的互相关值，拥有最高峰值的滑动窗口的所在位置即可作为最终的定位结果。

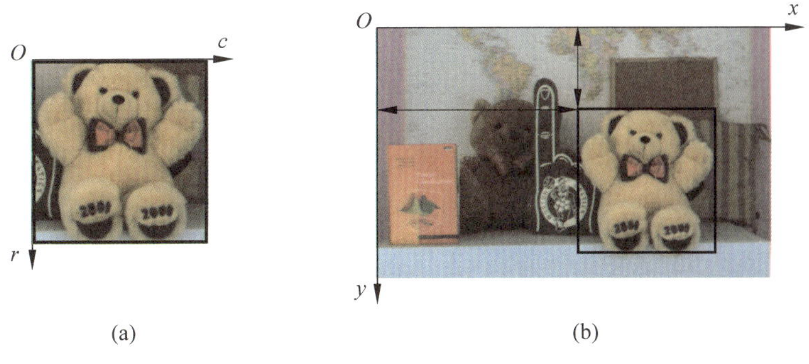

图 2-21　在目标图像中滑动搜索模板图像的过程

(a) 模板图像；(b) 目标图像

NCC 算法通过计算模板图像与目标图像滑动窗口之间的归一化灰度互相关系数进行匹配，可较好地应对存在线性光照变化干扰的情况，从而具有良好的定位效果。在实际的定位任务中，同一场景下的同一目标在不同的图像中可能会存在尺度缩放、旋转等情况。NCC 算法作为一种基于全局特征的匹配算法，无法直接应对这类干扰。为了使 NCC 算法在这种情况下仍可较好地完成定位任务，需要对模板图像进行缩放和旋转以适应尺度变化和旋转变化，这不仅增加了定位过程的计算量和所需的时间，还增加了制作模板的过程，进一步加大了存储需求。

（2）广义霍夫变换匹配算法

广义霍夫变换匹配（general Hough transform，GHT）算法属于基于梯度特征的图像匹配算法。GHT 算法利用图像边缘点的梯度信息进行匹配定位，避免了遍历搜索的过程，具有较快的定位速度。广义霍夫变换匹配算法主要由两个阶段组成：离线生成 R-Table 阶段和在线投票搜索阶段。

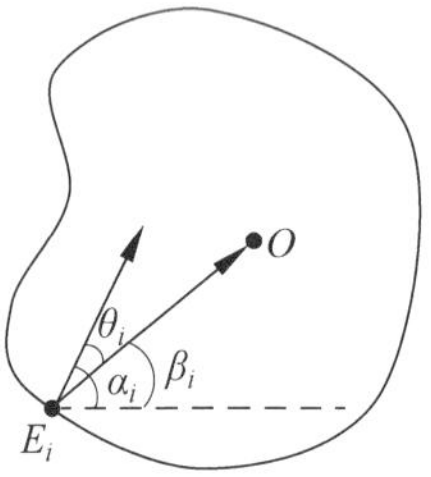

图 2-22　边缘点梯度方向信息计算示意图

离线生成 R-Table 阶段。在模板图像上采用 Canny 边缘检测算法进行边缘点检测，并计算每个边缘点的梯度方向。如图 2-22 所示，假设所有边缘点的重心为 O，第 i 个边缘点为 E_i，且其梯度 G_i 对应的方向角为 α_i，向量 $\overrightarrow{E_iO}$ 与水平方向的夹角为 β_i，则边缘点 E_i 的梯度方向角与向量 $\overrightarrow{E_iO}$ 的夹角为：

$$\theta_i = \alpha_i - \beta_i \tag{2-22}$$

令向量 $\overrightarrow{E_iO}$ 的模长为 $|\overrightarrow{E_iO}|$，则对于每个边缘点可得到一组 α_i、θ_i 和 $|\overrightarrow{E_iO}|$。对于模板图像中所有的边缘点，以 α_i 为索引建立 R-Table 查找表，如表 2-4 所示。由于不同位置的边缘点可能具有相同的梯度方向，因此对于每一个梯度方向 α_i，可能存在多个关于 θ_i 和 $|\overrightarrow{E_iO}|$ 的对应关系。

表 2-4　R-Table 查找表

序号	1	2	…	n
$\boldsymbol{\alpha_i}$	α_1	α_2	…	α_n
$\boldsymbol{\theta_i}$	$\theta_{11},\theta_{12},\cdots$	$\theta_{21},\theta_{22},\cdots$	…	$\theta_{n1},\theta_{n2},\cdots$
$\lvert\overrightarrow{\boldsymbol{E_iO}}\rvert$	$\lvert\overrightarrow{E_{11}O}\rvert,\lvert\overrightarrow{E_{12}O}\rvert,\cdots$	$\lvert\overrightarrow{E_{21}O}\rvert,\lvert\overrightarrow{E_{22}O}\rvert,\cdots$	…	$\lvert\overrightarrow{E_{n1}O}\rvert,\lvert\overrightarrow{E_{n2}O}\rvert,\cdots$

在线投票搜索阶段。在目标图像上采用 Canny 边缘检测算法进行边缘点检测，对于每个边缘点 P_i'，假设其坐标为 (x_i, y_i)，根据其梯度方向角 α_i 在离线生成的模板图像 R-Table 表中进行查找，若该方向角对应 K 组 θ_i 和 $|\overrightarrow{E_iO}|$ 值，则根据第 k（$k \in (1,2,\cdots,K)$）组查找值 θ_{ik} 和 $|\overrightarrow{E_{ik}O}|$ 计算边缘点 P_i' 的第 k 个投票点 (x_{ik}, y_{ik}) 的计算公式如下：

$$\begin{cases} x_{ik} = \text{round}(x_i + |\overrightarrow{E_{ik}O}| \cdot \cos(\alpha_i - \theta_{ik})) \\ y_{ik} = \text{round}(y_i + |\overrightarrow{E_{ik}O}| \cdot \sin(\alpha_i - \theta_{ik})) \end{cases} \tag{2-23}$$

其中 round(・)表示为四舍五入运算。将每个投票点的投票个数作为该点定位结果的可能性度量。根据模板图像的 R-Table 表对目标图像上所有的边缘点进行投票，选取投票峰值点的位置作为最终的定位结果。

GHT 利用图像的梯度方向信息进行匹配，并采用投票的方式获得最终的定位结果，对光照变化、局部遮挡具有较好的鲁棒性。

4. 视觉定位应用

在工业领域中，视觉定位被广泛应用于生产线以提高工业的自动化程度。在电子元器件生产的过程中，对电子元器件进行快速准确计数至关重要。在快速运动的生产线上进行电子元器件计数之前，先对单个电子元器件进行拍摄获得其模板图像，再通过高速摄像机在快速运输的生产线上捕获包含多个电子元器件的目标图像，将模板图像与目标图像传输至相应的软件平台进行视觉匹配定位，根据最终的定位结果可获得生产线上与给定模板中电子元器件同类型电子元器件的个数，如图 2-23 所示。由于生产线上可能同时存在多个同类型的电子元器件，需要图像匹配算法可实现多目标定位的任务，这可以通过设定相似度阈值进行筛选实现。

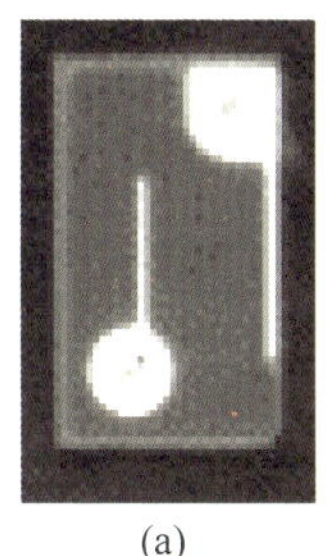
(a)

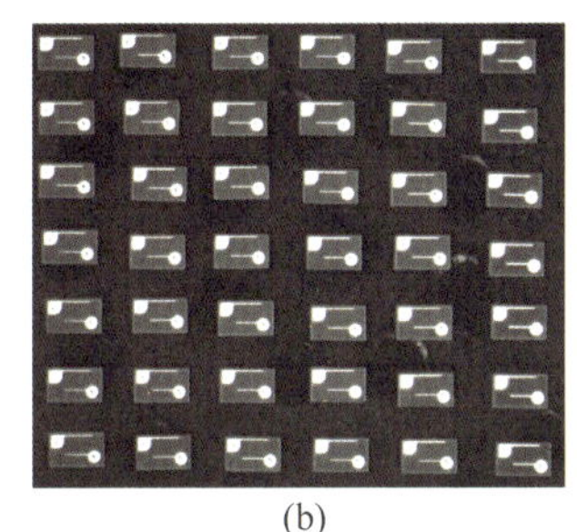
(b)

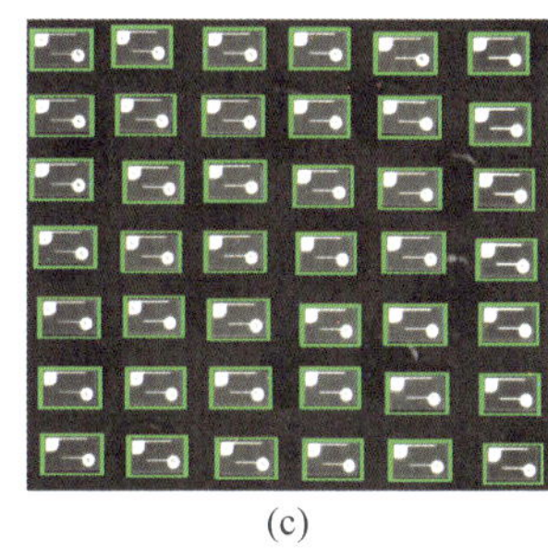
(c)

图 2-23　电子元器件定位计数应用

(a) 模板；(b) 目标图像；(c) 定位结果

2.2.4　视觉检测

1. 视觉检测背景介绍

工业制造过程中，由于繁杂的制造工艺流程，常会在制造的工业产品中产生各种不同的表面缺陷，同时这些产品表面通常表现出不同的纹理模式，如钢铁[27]、纺织物[28]和薄膜晶体管液晶显示器(thin film transistor-liquid crystal display，TFT-LCD)[29]等。这些局部的纹理结构破坏即为纹理表面缺陷，如图 2-24 所示。产品中存在这些缺陷会严重影响使用体验，即为不合格产品。为了保证产品质量，检测其中缺陷至关重要，这是工业生产过程的重要保障。

(a)

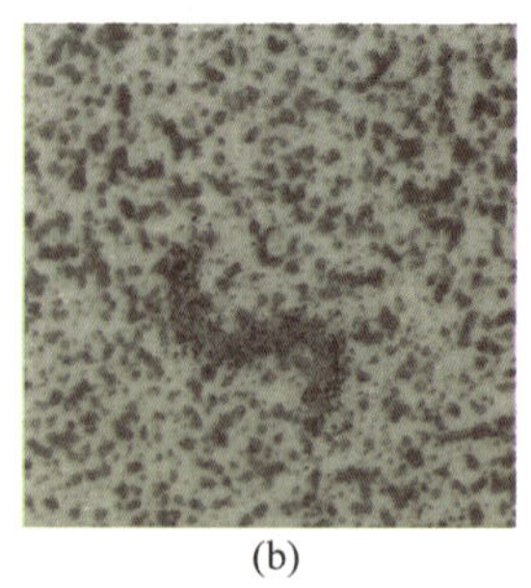
(b)

(c)

图 2-24 各种纹理表面缺陷

(a) 织物；(b) 瓷砖；(c) 木材

视觉检测(visual inspection)指通过机器视觉系统对不同工业制造产品使用不同的处理算法提取图像特征并进行判别，最后根据结果判断检测产品是否存在缺陷。视觉检测是智能制造的关键技术，首先用工业摄像机获取待测产品的图像信息，然后利用数字图像处理、机器学习、深度学习等方法对采集的图像进行分析检测并得出结论，对自动化生产具有重要意义。

自动光学检测[30](automated optical inspection，AOI)采用机器视觉相关技术对待测物体进行在线检测，判断其中是否存在缺陷。其检测流程主要由 4 个阶段组成：①利用工业摄像机对目标进行成像，需要使用点灯控制模块控制合适的光照，且使用的摄像机需要具有高分辨率、高动态范围等特性以获得清晰的目标图像；②提取待检测区域，并对待检测区域进行诸如滤除噪声、图像增强等预处理操作；③使用基于图像处理或机器学习的缺陷检测算法对待检测区域中的缺陷区域进行精确分割检测；④对检测出的缺陷进行进一步分类，如裂纹、污点等，从而回溯制造过程，改进工艺流程。AOI 方法与传统人工检测的方法相比，存在重大技术革新，主要有以下 3 方面优势：①准确性高，高分辨率、高动态范围的工业摄像机对待测物体表面进行清晰成像，保留表面细节信息且灰度等级高，即使对于难以察觉的细微缺陷也能够很好地检出。②稳定性好，人工检测过程中易受到外界因素干扰以及个人主观情绪影响，同时人眼自身会产生疲劳现象，综合导致检测结构不稳定，而基于 AOI 的缺陷检测方式，可长时间不间断地稳定运行，同时保证检测结果的一致性。同时，这种非接触的检测方法不会与待测物体表面接触从而引起污染而造成误检测。③成本低，基于机器视觉的 AOI 方法较传统的人工检测方法，人力成本更加低廉，同时时间消耗也会大幅降低。

AOI 方法因其上述优点被广泛应用于工业产品制造流程中。表面缺陷检测算法作为 AOI 中最为关键的算法备受研究人员关注。尽管不同的检测算法不断被提出，如基于图像处理与机器学习的算法，以及近些年随着深度学习迅速发展，基于深度学习方法的检测算法等，但正确检测工业生产过程中出现的各种各样的表面缺陷仍是一个巨大的挑战。

2. 视觉检测技术挑战

AOI 检测系统在自动化工业生产过程中扮演着重要的角色，作为其中的核心部分，表面缺陷检测算法直接影响了检测系统的稳定性和可靠性。在实际的工业生产场景下，由于场景的复杂性，容易产生各种各样的噪声及光照不均匀等现象影响表面缺陷的正确检测。实际纹理背景复杂多变，没有规律，且纹理表面缺陷具有如下特性：①缺陷种类繁多，如破裂、孔洞、污点等，且在实际生产场景下，不同种类的缺陷难以预测；②缺陷对比度低、亮度不均匀，缺陷常出现在局部区域，易受到光照影响，导致其难以察觉；③缺陷形状、尺度多变，生产过程中产生的缺陷没有规则的形状和固定的大小，但是不同大小的缺陷均会产生不良影响；④缺陷样本少，由于实际生产过程中缺陷样本非常稀缺，导致检测系统中样本出现严重的不均衡。综合以上几点特性，如何对复杂纹理背景中不可预测的缺陷进行精确分割一直是自动化检测的关键和挑战。

3. 视觉检测研究现状

在过去几十年间，针对各种各样的工业产品如金属表面、纺织品、TFT-LCD 等的视觉检测需求，国内外学者针对纹理表面缺陷检测，研究出了一系列算法。这些缺陷检测算法大致分为两大类：传统方法和基于深度学习的方法。其中，早期对纹理表面缺陷检测的研究主要集中在传统方法，这些检测算法利用基于人工先验设计的模型或特征对采集的图像进行处理，实现对表面缺陷的检测。这类算法对于某些场景下的产品具有较好的检测效果，但由于手工特征表达的泛化能力弱，该类方法往往难以应对不同的检测场景。而基于深度学习的方法由于卷积神经网络对图像具有很强的特征提取能力和泛化性，对工业产品进行的特征表述及建立的模型具有较好的鲁棒性及不同工业产品间的适应性。但此类算法的模型训练过程需要使用大量数据，训练数据量的多少直接决定了其性能的好坏。

传统的纹理缺陷检测方法一般通过纹理分析进行检测，该类方法需要手工设计特征，因此传统方法大多数都是在解决如何提取有用的纹理特征以及进行不同的纹理分析。

由于纹理图像存在一定的重复灰度，大量基于统计的纹理特征被提出来，该类方法利用了从一阶到高阶的不同统计信息，例如直方图统计、共生矩阵和自相关等。Broadhurst 等[31]提出了一种局部图像区域的直方图统计方法用于分割医学图像，Vujasinovic 等[32]利用灰度共生矩阵对乳腺瘤图像进行纹理分析，Wood 等[33]利用自相关性来检测纺织品存在的表面缺陷，虽然此类基于统计的检测方法对于规则纹理表面上对比度较高的缺陷检测效果好，但是对于非规则的纹理表面缺陷难以很好检测。同时由于纹理具有一定的周期性，基于频谱分析的方法同样对纹理能够起到很好的效果。Tsai 等[34]利用傅里叶变换来重构纺织物纹理从而实现对其中的缺陷进行检测，在频域中使用一维的霍夫变换将高频的频域信息置零，从而将线缺陷滤除，因此重构的图像与原图之间的残差即为中间过程中滤除的缺陷。Aiger 等[35]将图像变换到频域后，仅保留频域图中的相位信息并转换回空域，从而检测出纹理中不规则的缺陷。Gabor 变换和小波变换也是频域中常见的方法，Pang 等[36]利用实值 Gabor 函数来进行缺陷检测，基于频谱的方法在频域中进行全局分析，因此对规则纹理表面缺陷能够很好检测，但是无法适用于非规则纹理情况。

传统的视觉检测算法主要采用基于人工先验设计特征来对特定的待测产品进行有针对性的分析，因此一般只能适用于特定的场景，无法扩展到其他场景的检测以及多种不同场景的检测，泛化能力不足。相比于传统方法，基于深度学习的神经网络无论是在特征提取或是数据表达上都超过了一般的传统方法，因此能够在传统方法的基础上进一步提高检测精度。而这些方法中，根据是否需要标签数据进行模型的训练，大致可分为两类：有监督方法与无监督方法。

有监督方法需要大量的数据与标签进行训练学习，主要用于目标检测与语义分割等领域，随着该类方法的发展，研究人员开始将其用于缺陷检测。Liu 等[37]提出了检测胶囊表面缺陷的区域卷积神经网络方法，通过提取候选框以及使用卷积网络在候选框中检测缺陷，Dong 等[38]提出了 PGA-Net 网络结构，利用一个金字塔特征处理不同尺度的缺陷，并与全局语义信息注意力机制网络进行融合，以对表面缺陷进行像素级分割。而在实际工业场景中很难收集大量的缺陷样本，即使能够收集，其标注过程将耗费大量的人力和时间，限制了有监督方法的应用，而不需要大量标记缺陷样本的无监督方法，降低了人工及时间成本，更适用于实际工业生产场景，因此无监督的缺陷检测方法近些年成为了研究的热点话题。Lv 等[39]提出一种基于背景重构的缺陷检测算法，通过原图与重构图像的残差来检测手机屏幕保护玻璃的表面缺陷，Bergman 等[40]将结构相似性引入自编码模型中，与重构损失联合约束模型训练，保证纹理结果重构的正确性，其中使用亮度、对比度和结构信息进行结构相似性计算。

目前基于深度学习的视觉检测的算法中，有监督学习方法需要大量的标注缺陷样本，以实现很好的检测效果，无监督学习方法不需要标注样本，但如何仅利用无缺陷样本实现对未知缺陷的高精度检测仍需要进行不断的探索与研究。

4. 传统视觉检测算法

传统的视觉检测算法采用人工先验设计的特征或模型进行纹理中缺陷的分析。下面以一种典型的基于频域变换缺陷检测算法——纯相位变换（phase only transform，PHOT）[35]为例进行介绍。基于频域变换的缺陷检测算法是一种经典的缺陷检测方法，这类方法主要将图像从空域转换到频域中进行相关的滤波或分析后，再转换回到空域实现对缺陷的检测，其基本思想是在频域中对包含缺陷的纹理图像进行处理，分析不同的频域成分从而区分纹理和缺陷。

大部分基于频域变换的纹理缺陷检测算法一般在频域中对图像进行处理，而

PHOT 方法的核心之处在于其在频域中对幅值及相位的处理。

$$F(u,v)=\sum_{x=0}^{M-1}\sum_{y=0}^{N-1}f(x,y)\exp\left\{-2\pi \mathrm{j}\left(\frac{ux}{M}+\frac{vy}{N}\right)\right\} \tag{2-24}$$

对于一幅给定的图像，首先通过式(2-24)的离散傅里叶变换将其转换到频域中，得到频域中的一个复数矩阵 $F(u,v)$，其由幅值和相位组成：

$$F(u,v)=R(u,v)+\mathrm{j}I(u,v) \tag{2-25}$$

$$F(u,v)=M(u,v)\exp\{\mathrm{i}\Phi(u,v)\} \tag{2-26}$$

$$M(u,v)=\sqrt{R^2(u,v)+I^2(u,v)} \tag{2-27}$$

$$\Phi(u,v)=\arctan\frac{I(u,v)}{R(u,v)} \tag{2-28}$$

在频域中通过式(2-29)对矩阵中的各个复数元素用其对应的幅值进行归一化，以获得输入图像对应的纯相位矩阵，并且通过该归一化操作处理所有的频率成分以消除原图中的规则成分，将有一定规律的纹理成分去除，而保留没有规律的缺陷异常成分。转换到纯相位矩阵后通过式(2-30)离散傅里叶反变换将其转换回空域，通过对处理后的空域图像进行高斯平滑后，求图像的均值与方差，通过一定的阈值来自适应地判断缺陷区域，图 2-25 给出了一个检测实例。

$$F_{\mathrm{PHOT}}(u,v)=\frac{F(u,v)}{M(u,v)} \tag{2-29}$$

$$f_{\mathrm{PHOT}}(x,y)=\frac{1}{MN}\sum_{x=0}^{M-1}\sum_{y=0}^{N-1}F_{\mathrm{PHOT}}(u,v)\exp\left\{2\pi \mathrm{j}\left(\frac{ux}{M}+\frac{vy}{N}\right)\right\} \tag{2-30}$$

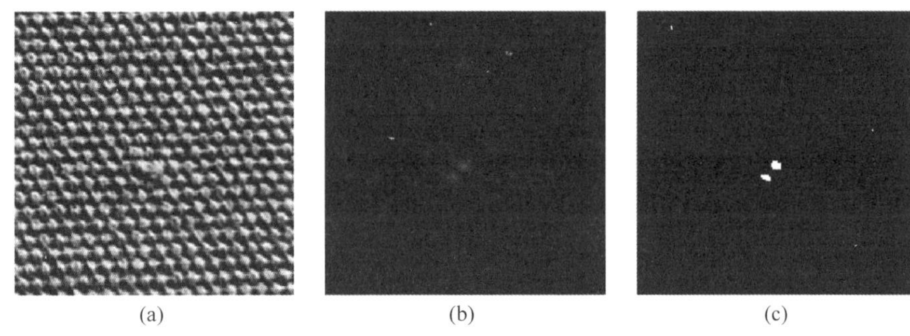

(a)　(b)　(c)

图 2-25　PHOT 检测示例

(a) 输入图像；(b) 变换结果；(c) 分割结果

(图源于：Aiger D, Talbot H. The phase only transform for unsupervised surface defect detection.)

5. 基于深度学习的视觉检测算法

相对于传统的视觉检测算法，基于深度学习的视觉检测算法通过卷积神经网络模型来检测缺陷。这里以无监督的卷积自编码算法，基于结构相似性的自编码网络(structural similarity based autoencoders, SSIM-AE)[40]为例进行介绍。

SSIM-AE 视觉检测算法利用无缺陷图片训练卷积自编码网络，训练后的自编码模型可对输入待测图像进行背景重构，且重构误差对无缺陷图片响应较小，但对缺陷或异常区域的响应很大，据此判断出缺陷位置，并进行精确分割。由于传统的卷积自编码网络采用式(2-31)的输入图像 $\boldsymbol{x}$ 与重构图像 $\hat{\boldsymbol{x}}$ 间的均方误差 L_2 损失来约束网络进行训练，这种方式仅能表达整体的重构误差，而无法体现出输入图像与重构图像中的结构信息，导致对图像背景中的结构细节无法很好地重构，易产生缺陷漏检。对此，SSIM-AE 在原有的均方误差损失的基础上采用了结构相似性的度量约束，从两图像结构上进行相似性重构约束，该结构相似性包括亮度、对比度和结构信息，如式(2-32)～式(2-35)所示，其中 $\mu_{\boldsymbol{p}}$、$\mu_{\boldsymbol{q}}$ 与 $\sigma_{\boldsymbol{p}}$、$\sigma_{\boldsymbol{q}}$ 分别表示图像均值和标准差，$\sigma_{\boldsymbol{pq}}$ 表示两图像的协方差，c_1、c_2 为常数。将计算得到的三种信息融合成为结构相似性度量指标，并与原 L_2 损失结合从而保证重构精度，提高缺陷的检出率的同时降低误检率。

$$L_2(\boldsymbol{x}-\hat{\boldsymbol{x}})=\sum_{i=0}^{M-1}\sum_{j=0}^{N-1}(\boldsymbol{x}(i,j)-\hat{\boldsymbol{x}}(i,j))^2 \tag{2-31}$$

$$\text{lum}(\boldsymbol{o},\boldsymbol{w})=\frac{2\mu_{\boldsymbol{o}}\mu_{\boldsymbol{w}}+c_1}{\mu_{\boldsymbol{o}}^2+\mu_{\boldsymbol{w}}^2+c_1} \tag{2-32}$$

$$\text{con}(\boldsymbol{o},\boldsymbol{w})=\frac{2\sigma_{\boldsymbol{o}}\sigma_{\boldsymbol{w}}+c_2}{\sigma_{\boldsymbol{o}}^2+\sigma_{\boldsymbol{w}}^2+c_2} \tag{2-33}$$

$$\text{str}(\boldsymbol{o},\boldsymbol{w})=\frac{2\sigma_{\boldsymbol{ow}}+c_2}{2\sigma_{\boldsymbol{o}}\sigma_{\boldsymbol{w}}+c_2} \tag{2-34}$$

$$\text{SSIM}(\boldsymbol{o},\boldsymbol{w})=\frac{(2\mu_{\boldsymbol{o}}\mu_{\boldsymbol{w}}+c_1)(2\sigma_{\boldsymbol{ow}}+c_2)}{(\mu_{\boldsymbol{o}}^2+\mu_{\boldsymbol{w}}^2+c_1)(\sigma_{\boldsymbol{o}}^2+\sigma_{\boldsymbol{w}}^2+c_2)} \tag{2-35}$$

6. 视觉检测应用

由于视觉检测具有高准确性、高稳定性、低人力时间成本等诸多优点，其在实际工业生产场景得到了迅速的发展与应用，如在纺织品、零件及新型显示器件等的工业生产制造过程中得到了广泛的应用。

纺织品的生产加工过程中，由于大部分采用自动产线进行快速加工，其中易出现一些细小的问题，导致产生诸如破裂、孔洞、污点等缺陷，从而严重影响纺织品质量，而产品质量是生产企业生存的命脉，因此采用视觉进行快速准确的质量检测是其生产中极其重要的环节，能够及时发现生产设备中存在的问题并进行修复，从而控制残次品的大量生产所造成的成本升高。由于机械加工中一般需要对金属零件进行高速切削、铣削、打磨等操作，其中产生的热量和振动容易对零件产生影响，若存在操作不当时，则零件表面会产生裂纹、刮痕等缺陷，尤其是大型零件的加工更易发生此类情况。而存在缺陷的金属零件无法按照设计承受外界力的作用，容易造成设备故障，严重时甚至产生事故，因此需要在零件加工的过程中对其中可能产生的缺陷进行视觉无接触检测，从而保证零件的正确加工制造，防止后续发生危险。由于新型显示器件的生产环境要求严格，生产流程多，工艺非常复杂，任何细小的失误都会在产品上产生诸如颗粒缺陷、点缺陷、线缺陷、凹坑缺陷、划痕缺陷和Mura缺陷（低对比度显示不均）等，这些缺陷导致产品不合格，严重影响企业生产利润和消费者体验，因此对其中的缺陷进行视觉检测十分重要，能够在保证良品率的同时对工艺进行溯源，综合提升制造企业生产效益。

2.2.5　视觉识别

视觉识别（visual identity）是指在给定图像或图像序列中识别与分析物体所包含信息的过程，可用于分析物体类别、尺寸、颜色、表面损伤程度等。在工业物联网领域中，视觉识别主要用于识别物体（identity document，ID）信息，相比于直接将ID信息以可读字符方式标记于物体表面，将其编码为抗干扰、高信息密度的条形码、二维码形式更有助于算法进一步处理（如无特殊标注，下文中出现的“ID码”默认为包含产品ID信息的条形码或二维码）。目前，条形码和二维码已广泛应用于物流、仓储、制造等领域。

1. 条形码与二维码发展背景

条形码以“条”“空”切换的方式储存并表达信息，诞生于20世纪20年代的美国，当时期望用来实现邮政单据的自动分拣工作，如图2-26(a)所示。研究者先后尝试了光敏电阻感应、电影底片感应等技术对条形码进行识别，但效果均不够理想，直到1974年基于激光技术的读码设备问世，才使得条形码能够达到一定的识别率，真正在市场上得到应用。当时条形码已经开始统一使用UPC标准，主要应用于超市商品编号，后来又扩展至汽车零部件制造行业，将条形码应用于流水线上的汽车部件编号。现在条形码标准已经扩展至40余种，常见的有UPC标准、Codabar标准、Code 39标准、Code 93标准、Code 128标准、EAN 13标准、MSI标准，读码方式也已经开始由基于激光技术向视野范围更广、识别率更高的基于视觉成像技术转变，应用领域也拓展至医疗、质检等更通用领域，目前条形码技术已经在这些领域中成为不可或缺的关键技术。

二维码是在条形码单维度储存信息基础上拓展添加另一维度形成的、使用黑白矩形图案表示“1”“0”二进制信息的图形编码方式，如图2-26(b)所示。相比于条形码，二维码加入了纠错机制，使得二维码在码区信息缺损情况下依然可以正确还原预先编码信息。常见的二维码标准有QR Code标准、Data Matrix标准、PDF 417标准、Aztec Code标准。其中，Data Matrix标准由美国国际资料公司于1989年提出，该标准二维码最多可容纳3116个数字字符或235个数字字符。

虽然可编码数据容量巨大，但并不代表Data Matrix标准二维码具有冗长的表示形式，其高密度的编码模式使得该标准二维码可实现在面积仅有25mm^{2}的区域上编码30个汉字，并且相比于其他标准，该标准二维码还具备最少27.6%、最多62%的高纠错能力。基于以上特性，Data Matrix标准二维码在工业领域应用最

(a)

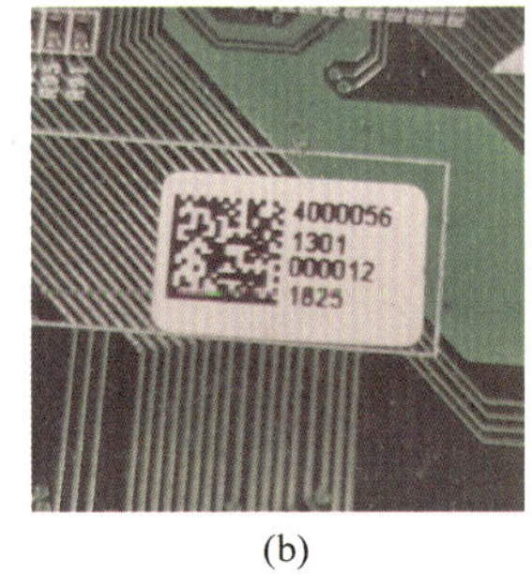

(b)

(c)

图 2-26　条形码与二维码

(a) 条形码；(b) Data Matrix 标准二维码；(c) DPM 技术刻印码

为广泛，并在电子元器件制造行业中有着不可替代的地位。

直接零件标记(direct part mark，DPM)技术是一种不借助间接标签，直接在产品表面标记条形码或二维码的技术。DPM 技术主要采用激光打标、机械点刻、化学蚀刻、喷墨的方式打印码区，实现牢固标记零件目的，如图 2-26(c)所示。该技术生成的码区通常可与零件等寿命，使 ID 码成为产品的固有部分。使用 DPM 技术标记的产品中小型零部件居多，因为小型零部件可标记面积有限，通常将高信息密度的 Data Matrix 标准二维码采用 DPM 技术印在产品表面，目前使用 DPM 技术刻印 Data Matrix 标准二维码已成为业内通识。但在实际使用过程中，基于 DPM 技术刻印的 ID 码的识别很大程度受刻印设备精度、待刻印产品表面质量影响，ID 码识别率难以保证。市场上大部分读码设备并不支持识别直接印刻 ID 码，少数设备可支持在特定情况下识别，但无法做到稳定识别。

2. 条形码与二维码识别挑战

在实际工业应用中，由于各种不可控因素影响，条形码与二维码的识别具有许多潜在问题与挑战。按原因不同可将其分为：①ID 码自身可识别度低的问题；②环境干扰严重的问题；③读码设备拍摄质量差的问题。

ID 码自身可识别度低是指由于 ID 码本身质量较差，无法被通用译码算法识别。该情况主要包括：码区表面畸变、意外污染损伤造成条形码“条”“空”信息、二维码黑白矩阵块信息被破坏；打印问题使得条形码“条”信息、二维码黑矩阵块出现墨迹断续、少墨、多墨情况；待识别产品表面覆有不完全透光塑料薄膜使得条形码与二维码码区出现不可消除的反光、不规则纹理；DPM 技术不够成熟，DPM 技术在生成码区时产生无规则强烈干扰。

环境干扰严重是指在识别过程中环境因素严重不利于读码设备拍摄或识别的情况，主要包括：识别环境光照射不均匀导致码区图像对比度不均匀；识别环境光照射过亮或者过暗导致条形码、二维码图像过曝光与欠曝光；识别环境中粉尘过多导致条形码、二维码信息在图像中被严重干扰；识别环境信息复杂，背景环境中存在过多与条形码、二维码相近的特征元素，造成识别混淆。

读码设备拍摄质量差是指读码设备感光器件限制或拍摄方式不当导致码区采集图像质量差，无法被通用译码算法识别。该情况主要包括：读码设备拍摄景深不足导致条形码、二维码拍摄图像带有离焦模糊；读码设备与产品之间发生振动导致条形码、二维码拍摄图像带有运动模糊；读码设备与产品之间运动过快导致未拍摄到完整的条形码、二维码。

以上均是基于视觉识别技术的读码设备在工业应用中可能遇到的问题，也是目前在条形码、二维码识别领域面临的严峻技术挑战。

3. 条形码与二维码识别现状

1973 年，美国统一编码委员会成立，并决定将条形码规范为 UPC 标准使其作为美国市场上通用的条形码标准，国外开始条形码的大规模研究。最早的条形码自动识别方法采用判定反射光信号强弱对应条形码“条”“空”信息的方式对条形码进行识别，但噪声干扰严重，识别效果不稳定。后来激光技术兴起，采用激光技术对条形码与二维码进行识别可以做到在理想条件下稳定识别，但无法做到在背景复杂情况下、码区污染严重情况下识别。

目前基于视觉识别技术的条形码与二维码识别正在兴起，国内外对基于视觉识别的条形码与二维码识别投入了大量研究工作。现有算法对少干扰条件下的识别已达到一定准确率，但对于多干扰、强干扰情况下的识别，准确率依然不高。对条形码和二维码的识别算法可分为：①基于传统方法的识别算法；②基于深度学习方法的识别算法。

（1）基于传统方法的识别算法

基于传统方法的识别算法是指针对条形码和二维码本身特征，利用传统的基于梯度或基于频域滤波等图像处理方法对待识别图片进行处理，逐步分离出条形码与二维码区域，提出条形码的“条”“空”比例信息、二维码的“1”“0”矩阵信息，对处理结果根据对应标准进行译码，最终得到产品 ID 信息的过程。

针对条形码在平行“条”方向上灰度均匀无梯度变化，在垂直“条”方向上灰度变化梯度变化明显的特性，王颢[41]计算图片垂直向梯度与水平向梯度对条形码进行定位识别，但在图像信息干扰严重时无法识别；针对条形码区域“条”“空”切换频繁，灰度信息密度大的特点，Kaur 等[42]借助底帽变换与不同尺寸卷积核闭操作结合的方法对条形码进行定位识别，但实际应用过程中调参困难，且耗时较长；Chai 等[43]针对条形码灰度对比度差异特征，采用阈值分割的方法对条形码图像在预定扫描线上的“条”“空”跳变进行检测，提取比例信息进行译码得到识别结果，但应用于光照不均等低图像质量图片识别效果不佳；Gallo 等[44]针对条形码编码规则提出了一种基于模板匹配的条形码识别算法，由于使用条形码扫描线与可变模板匹配的方式，该方法可实现低分辨率模糊解码，但耗时较长。

二维码以黑白矩阵图案储存信息，以每种标准规定下各不相同的定位图案辅助检测，通常来讲每种二维码均对应一种独特的定位与识别方法。针对二维码数据区矩形黑白灰度特征，Karol 等[45]提出了结合灰度直方图特征与形态学操作对二维码定位与识别的算法，但对环境光照敏感，且存在定位不完全现象；针对 Data Matrix 标准二维码 L 形定位图案特征，李东等[46]提出了一种基于 Hough 变换及最小二乘拟合的迭代加权算法，实现了轻度畸变下二维码精确定位；针对球面、广角畸变下 QR code 标准二维码变形难识别问题，赖坤财等[47]基于二次曲线分割方法对畸变二维码进行矫正，并可实现对矫正后二维码有效识别；针对在金属表面采用 DPM 技术的 Data Matrix 标准二维码因环境光差、背景复杂等因素难识别问题，郭改放等[48]结合 LSD 直线段检测与水平集算法实现了对金属表面 Data Matrix 标准二维码的定位与识别，但算法耗时较长，且只能满足简单条件下识别需求。

(2) 基于深度学习的识别算法

深度学习开始被广泛关注始于 2012 年深度学习网络算法取得 ImageNet 竞赛冠军。在此之前通常认为模型误差的波动范围与模型的复杂度成正比，但深度学习却表现出模型越复杂样本越多，预测误差越低的特性，这让人们震惊的同时，也让深度学习渗入到各个研究领域。在条形码与二维码识别领域基于深度学习的识别算法也取得了较为不错的效果。

Daniel 等[49]使用 YOLO 网络实现了条形码定位，并采用一个 6 层卷积网络对定位到的条形码进行矫正，实现了复杂背景下条形码的高准确率识别，但对于光照变化、畸变等强干扰情况条形码识别率不高；针对条形码畸变及遮挡干扰叠加导致条形码难识别问题，针对畸变、遮挡与光照不均造成的条形码难识别问题，Thao 等[50]提出了一个多数字识别卷积网络，实现在自制数据集上有较高识别率。

针对 QR Code 标准二维码因运动模糊和离焦模糊难识别问题，蒲海涛等[51]建立图像运动模糊模型的同时结合了一个 6 层双卷积网络对退化后的二维码图像进行解模糊，该算法可实现较大模糊下二维码识别；针对二维码在非均匀畸变和不规则畸变情况下难识别问题，Kazuya 等[52]设计了一个 5 层卷积网络用于定位，并基于 Agent 划分模块网格，实现了非均匀畸变和不规则畸变情况下二维码的有效识别；针对条形码与二维码因畸变、光照不均导致的难识别问题，赵祈杰等[53]设计了一个双金字塔网络进行识别，实现在自生成的 3000 张数据图片中有一个较高的识别率。针对强畸变及离焦模糊导致的条形码及二维码难识别问题，翟广涛等[54]提出了一种基于区域检测的端到端回归层网络用于条形码和二维码分类，并结合多尺度融合方法提升对复杂情况下小尺度码的检测精度，已在部分公共数据集和自制数据集上实验取得较好效果。

4. Code 128 标准条形码识别算法

由于条形码具有近乎相同的图像特征，在识别时通常只需要考虑不同编码标准对应的不同译码方法。本书简要介绍一种基于梯度信息的条形码识别算法。

以 Code 128 标准条形码为例，如图 2-27 所示，在图像空间以行方向为 X 轴正方向，列方向为 Y 轴正方向建立图像坐标系。首先对图像在 X 轴方向和 Y 轴方向分别进行 Sobel 算子滤波，以精度 1°在 $\theta \in [0,180°)$ 范围内记录并统计梯度方向，则统计峰值对应的梯度方向 $a_{\max}$ 为条形码主方向，以主方向转正码区，重新建立图像坐标系 X-Y，并对矫正图像再进行对于 X 坐标轴的 Sobel 滤波，将得到的滤波结果以列像素为单位累加结果投影至 X 轴，通过观察投影图像可知，设定合理阈值即可确定条形码边界。从背景中提出干净条形码码区，并根据投影图中峰值间像素距离即可确定条空比例信息，按 Code 128 码 3 种子编码方式反译码即得到识别结果，完成识别流程。

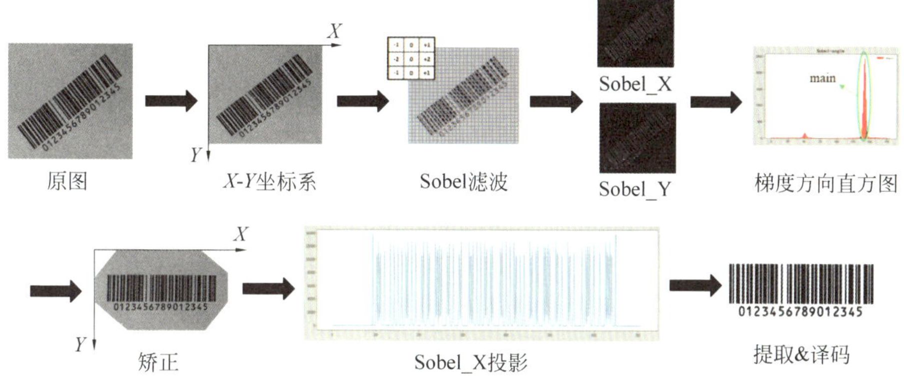

图 2-27　Code 128 标准条形码解码流程

5. Data Matrix 标准二维码识别算法

二维码的识别通常基于二维码标准规定的定位图形以及编码特征来进行，Data Matrix 标准二维码的定位图形即为最外侧两条实边组成的“L”边。这里简要介绍一种基于 Hough 变换定位“L”边的 Data Matrix 标准二维码的识别算法。

Hough 变换直线检测是一种抗干扰能力较强的全局直线检测算法，其核心思想是利用点-线在不同空间中的对应关系，将图像空间中的直线转换为参数空间的点，通过在参数空间中对点进行简单的累加统计，检测提取图像空间中的直线。

以 Data Matrix 二维码为例，如图 2-28 所示，在图像空间以行方向为 X 轴正方向，列方向为 Y 轴正方向建立图像坐标系，任意点 (x, y) 可通过式(2-36)转换到参数空间。其中 ρ 为原点到该点的距离，θ 为该点和原点连线与 X 轴正方向夹角。

$$\rho = x\cos\theta + y\sin\theta \tag{2-36}$$

首先使用 Canny 算子对图像进行边缘滤波，得到边缘点集合 E，将 E 中所有点及不同的 θ 值代入极坐标(2-36)，即可求得 E 在参数空间中极坐标曲线集合 Q，这里取 $\theta \in [0,180°)$，精度为 1°，统计参数空间中每条曲线上点的情况，累计出现频率最高的两点即为所求“L”边直线，次高频率两点为定位虚边直线，找到以上 4 点在图像空间中的对应直线 l_1, l_2, l_3, l_4，求上述 4 条直线两两依次相交形成的点集合即为 Data Matrix 标准二维码 4 个角点 a_1, a_2, a_3, a_4。

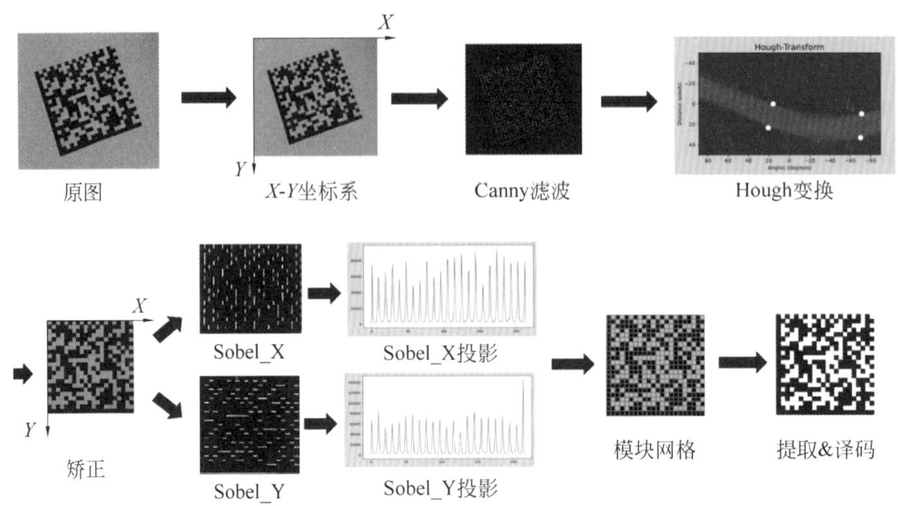

图 2-28 Data Matrix 标准二维码解码流程

对定位到的图像根据角点 a_1, a_2, a_3, a_4 进行透视变换，得到 Data Matrix 标准二维码矫正图像。对矫正图像分别进行 X 轴和 Y 轴 Sobel 算子滤波，两轴累加统计结果，得到每轴峰值集合 N_i，即为数据区黑块白块分界点集合。以此为依据划分模块网格，对网格内黑白信息提取转换为“1”“0”信息，根据 Data Matrix 编码标准进行反译码即得到识别结果，完成识别流程。

条码检测应用案例

6. 条形码与二维码识别应用

条形码与二维码因为编码方式不同，在工业生产中的应用也不相同。条形码因为其编码规则简单，易于制作与识别的特性，通常被应用在物流领域对产品进行编号。二维码因其信息密度大、识别容错率高的特点，在工业领域中常用来实现如 PCB 板上电子元器件、精密机械零部件等小型零部件编码工作。

对条形码的研究起步较早，初期设计目标是用于实现邮政行业的自动分类捡拾工作，但最初应用条形码却是在食品生产及零售行业，实现对食品产品安全溯源的同时方便对已经独立包装的产品进行管理。目前条形码已经应用于仓储、邮政、汽车制造、医疗健康等多领域。仓储管理领域是条形码应用较多且成熟的领域，通过对仓库内产品或原料进行数字化编号，即可省去由人工记录带来的误差及时间冗余，实现高准确率、大规模仓储管理；邮政领域中条形码主要应用在邮件运输过程中登记与溯源工作，为方便各部门之间交接与调度，采用条形码替代传统人工登记既保证了全国邮政均可依照统一标准调度邮件，又使得邮件运输效率大幅提升；汽车制造领域中，每一台输出的汽车成品都要标明其规格、型号等信息，发动机、气缸等主要零部件配置时也要标明其对应的产品型号。通过在生产线上使用条形码，有效提升生产效率的同时可以实现对汽车零部件装配全流程跟踪。

二维码因其容量、纠错性能均高于条形码，多数情况下可替代条形码功能，在实际生产中应用也较条形码广泛。目前因 Data Matrix 标准的信息密度高于其他二维码标准，在工业应用中占比要明显高于 QR Code、PDF 417 等标准。同样由于其高信息密度的特性，Data Matrix 标准二维码通常应用于电子元器件等小型零部件制造领域，并且为了节省空间，通常将已生成的 Data Matrix 标准二维码采用 DPM 技术直接刻印在零部件表面，将 ID 信息与零部件产品固连实现产品零障碍溯源；此外，在仓储物流领域，已有企业借助自动导航机器人(automated guided vehicle，AGV)与 Data Matrix 标准二维码结合让机器人在工作工位间准确往复，实现真正意义上的无人化仓储管理。

2.3 多维力/位置感知

2.3.1 电子皮肤技术

当前，机器人技术的发展特点和趋势是智能化以及人与机器人的交互共融。传感器系统是实现智能机器人应用的关键和难点技术之一，我国发表的《机器人产业发展规划(2016—2020 年)》将传感器的开发列为五大关键零部件技术之一。机器人智能电子皮肤作为非常重要的可穿戴设备之一，直接关系到下一代机器人、医疗设备、人体假肢和可穿戴设备等载体的智能化和多功能化，受到了多学科研究人员的高度重视，成为当今国际学术研究的热点问题之一。机器人智能电子皮肤是一种类似于人类皮肤的多模态智能传感系统综合体，它能够将外部环境中的压力、应变、温度、湿度等物理刺激转化为电信号，并通过后端智能信号处理系统分析并提取刺激特征，提供外部环境与机器人的交互信息以辅助实时反馈操作，从而为实现机器人智能认知、智能决策提供底层支持。近年来，机器人向具有类似人体的物理形态和机械特性的趋势发展，特别是随着软机器人、类人机器人和服务机器人的快速发展，具有类似人体皮肤功能的柔软触觉感知系统将极大地推动机器人与环境、机器人与人的和谐交互与互动协助。可以预见，智能电子皮肤在机器人领域有巨大的应用前景。

仿生机械手

机器人智能电子皮肤系统源自于 20 世纪 80 年代发展而来的机器人触觉系统[55-56]，主要通过与物体的直接接触来测量接触参数从而实现对环境的感知，重点研究基于不同感知机理的实验装置和传感器原型。随着柔性和可拉伸电子技术的发展，进入 21 世纪 10 年代后，具有柔性和可拉伸性能的传感器件实现了大面积制备，为柔性传感器件与机器人技术的融合、为机器人系统提供类人感知解决方案创造了条件，触觉系统才真正发展成了电子皮肤。电子皮肤传感器采用柔性或可拉伸材料为基底，传感功能材料与电连接均采用具备柔性或可拉伸性能的材料，或通过结构设计实现系统的柔性和可拉伸性。此外，自修复功能材料也被应用到电子皮肤，从而实现与人体皮肤近似的自愈合功能。

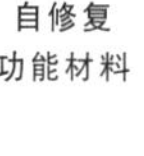
自修复功能材料

电子皮肤系统的关键实现技术包含柔性和可拉伸传感器件的设计与制造、信号处理系统的设计与集成，以及传感器数据智能融合算法，具体包括感知原理、基底与传感功能材料制备、器件结构设计与制造、传感器信号处理系统及集成方案、多模态多传感器信息融合处理算法等相关领域，涉及机械、材料、化学、电子、信息等多学科交叉研究。近年来，不同研究领域的学者们分别针对以上关键技术开展了相应的研究工作。

电子皮肤传感器的拉伸性能可以通过应力分离与可拉伸结构设计等方式实现，以美国西北大学的John Rogers研究组为代表的众多研究团队在相关领域开展了广泛的研究工作。Rogers研究组早期报道的大面积基于无机材料如硅或砷化镓等脆硬性材料的器件在可拉伸系统中的集成主要采用岛-链接桥的结构[57]。基于晶体硅的CMOS器件通过薄高分子材料层的桥结构实现电连接及机械连接。这种应力分离结构在CMOS结构上产生的应力仅为0.01%，却能为整个阵列系统提供17%的拉伸能力[58]。Zhou等设计了一种可以在极软PDMS基底材料上沉积蜿蜒形金连接线的工艺，整个系统的可拉伸性达到60%。Lee等展示了一种对电子器件阵列的多层包裹封装结构，通过有限元方法分析了层间的应力和提高系统可拉伸能力的方法，拉伸性可达20%[59]。Jeong等开发了一种泡沫结构的可拉伸基底，并利用传统的电镀和倒装焊接的方法集成了可延展性LED阵列，整个发光阵列系统的可延展性可以达到24%[60]。Guo和DeWeerth将多层电连接结构集成到PDMS基底内部，为高密度柔性封装提供了参考解决方案[61]。

类似于人体皮肤在受到外界机械损伤时能够主动愈合、修复感知的功能，电子皮肤的另外一个重要特征是其自修复功能。自修复功能的实现依赖于具有自修复功能材料的合成，学者们开发出三种自修复聚合物：基于胶囊的自修复聚合物、基于导管的自修复聚合物和固有自修复聚合物。前两种自修复材料的缺点是修复时间较长，过程较为复杂。固有自修复聚合物通常基于分子间作用力，如氢键、π-π堆积作用和金属配位键，具有更短的自修复时间，并可以多次修复。2012年，美国斯坦福大学鲍哲楠研究组[62]利用一种具有压阻特性的自修复材料首次实现了电子皮肤的自修复功能。该复合材料由含有氢键网络的尿素基团和花状纳米结构的镍纳米颗粒(μNi)合成，这种纳米结构填充物的薄氧化层能够增强氢键的键合强度，并通过增强量子隧道效应实现材料的导电性，使材料在受到损伤后15s内导电率可以修复到起始值的90%，并在大约10min后恢复到初始值。但这种压阻材料的导电性较差(仅有40S/cm)且传感灵敏度较低。

2.3.2 电子皮肤测量性能

1. 灵敏度

灵敏度是传感器的重要属性，为了实现类似于人体皮肤的感知性能，研究者们在提高电子皮肤传感器的灵敏度方面做了大量工作，也取得了很多优秀的成果。2011年，斯坦福大学鲍哲楠课题组开发了利用介电弹性体微结构制备的大面积灵敏性能极佳的电容压力传感器，其最小检测压力只有3Pa，能够灵敏地检测到一个苍蝇降落的压力，同时这种压力传感器具有前所未有的高压力灵敏度($0.55kPa^{-1}$)和较短的响应时间(小于 1s),如图 2-29 所示[63]。基于这种传感原理与结构,鲍哲楠团队 2016 年又在 *Science* 上发表了能够完整实现将机械刺激信号转换为生物体神经信号的高灵敏度传感器,从而为实现完整的将外界刺激转化为生物体神经信号并反馈到神经中枢提供了可行的技术方案[64]。2013 年,美国佐治亚理工学院的王中林教授课题组报道了基于压电效应的传感器,可将压力信号直接转换为光信号,其压力传感空间密度达到了 8464cm^{-2},远远超过人体皮肤。同时,该传感器在低压区域(小于 10kPa)具有非常高的灵敏度,如图 2-30 所示[65]。2016 年,美国康奈尔大学的 Robert F. Shepherd 等在 *Science Robotics* 上发表了利用具有延展性的光波导来进行应变感知的柔软体机器人,该波导传感器具有易于制备、化学惰性强、回滞小和高精度的特点[66]。2017 年,加州理工学院的 Chiara Daraio 教授课题组在 *Science Robotics* 上发表了基于果胶材料的可拉伸温度传感器,其对温度的检测范围是 5～50℃,检测精度达到了 0.01℃[67]。

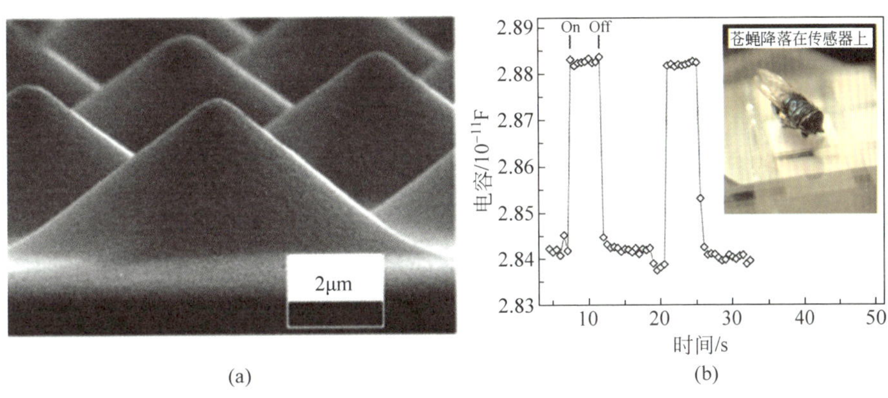

图 2-29　电容压力传感器

(a) 柔性压力传感器介电弹性体的微结构电镜图;(b) 苍蝇降落时传感器的输出信号[63]

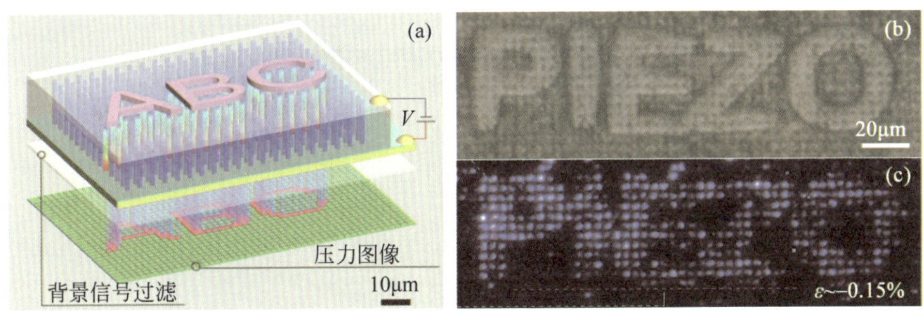

图 2-30　基于压电效应的传感器

(a) 结构示意图;(b) 按压用凸模照片;(c) 对应的压力分布图像[65]

2. 多模态

人体皮肤无疑可以感知多种环境参数,为了进一步实现类似人体皮肤的感知性能,近年来学者们开发了能够同时测量多模态刺激(如压力、应变、温度以及湿度等)的电子皮肤系统。2014 年,韩国首尔国立大学的 Dae-Hyeong Kim 课题组以单晶硅纳米带为敏感材料制作出了具有压力、温度以及湿度检测功能的传感器阵列所构成的多模态传感器系统。他们通过蜿蜒曲线设计解决了脆硬性无机单晶硅材料可拉伸性较差的问题,使得传感系统共形集成在了仿生假肢上并应用于感知实验中,如图 2-31 所示[68]。SynTouch 是美国南加州大学开发的一种集成了触觉传感器的类人指尖[69]。这种系统可以集成测量正压力和剪切力的阻抗式传感器、测量振动和物体表面纹理的压力传感器以及温度传感器,如图 2-32 所示。其中压力传感器件被流体包裹,这种布置将力信号传播到较远的位置,从而保护脆弱的传感器免受环境损害。传感器间距小于 2mm,力响应范围为 0.1～30N,具有优良的集成度和灵敏度,更加近似于人体皮肤。

SynTouch 类人指尖

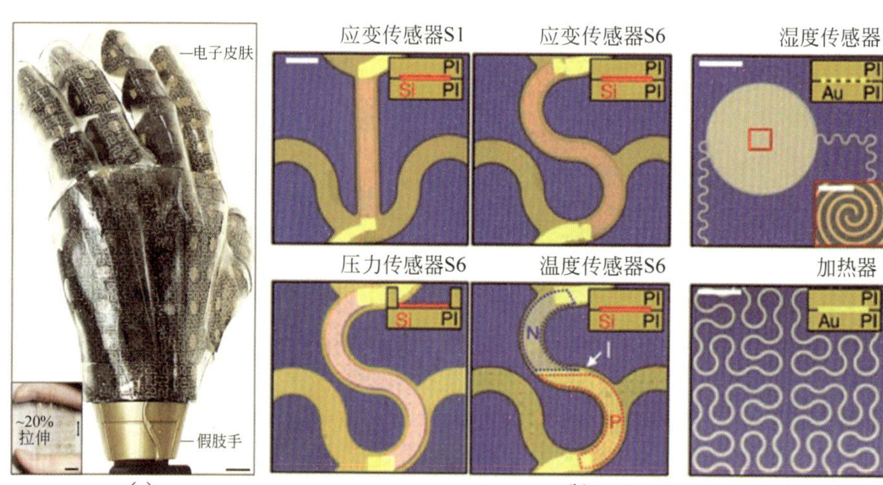

图 2-31　基于单晶硅纳米带的多模态电子皮肤光学照片

(a) 标尺均为 1cm; (b) 各种传感单元的结构示意图[68]

图 2-32　SynTouch 类人指尖结构示意图(a)与去除外壳后的内部结构光学照片(b)

2.3.3 电子皮肤的挑战与研究趋势

电子皮肤触觉传感技术经过近年来的快速发展，已经取得了一系列的成果。然而电子皮肤的制造仍然面临着多方面的挑战，许多传感器技术相比于人体皮肤还存在着一些不足之处，具体如下。

(1) 柔性。人体皮肤是具有复杂曲面的柔软器官，以其为目标的电子皮肤也因此需要具备优良的柔性，从而可以承受弯曲、拉伸、挤压和扭转等复杂变形。研究结果表明，要想实现类似人体关节部位的活动，电子皮肤的弹性范围应该在20%左右[24]，这无疑对电子皮肤的柔性提出了很高的要求。对于电子皮肤传感器而言，使其在大变形状态下稳定工作是研究的重点与难点。目前研究人员主要通过材料的选择与合成及结构的设计与制造来提高电子皮肤传感器的柔性，但是能够贴合于复杂曲面、承受较大的变形并能稳定完成测量任务的电子皮肤传感器还比较少，有待进一步发展。

(2) 可拓展性。人体皮肤是有着大面积和复杂曲面的器官，而想要达到类似的性能，电子皮肤就需要具备良好的可拓展性，从而可以按需设计和拼接以适应三维曲面。经过研究者们的不断努力，单个电子皮肤传感器的线性度、灵敏度和柔性已经得到了巨大的提升，但为了实现类似人体皮肤的传感性能，电子皮肤往往需要设计成大面积、高密度阵列的形式。电子皮肤阵列不仅需要拼合各个传感单元的电连接层，还需要保证信号层之间互不串扰，并根据实际需求对阵列形状和引线位置进行合理设计与优化，保证信号可以稳定传输至采集与处理电路。这对电子皮肤的设计与制造提出了很高的要求，相关工艺和设备有待进一步发展和完善。

(3) 制造成本。尽管电子皮肤传感器为柔性器件，其制造工艺大多还是基于传统的微纳加工技术，包括光刻、离子刻蚀、电子束蒸镀和磁控溅射等，相应的设备价格高昂；此外，制造电子皮肤传感器的材料包含贵金属和纳米材料，成本普遍较高；同时复杂的工艺和较高的质量要求也增加了制造成本。这些都限制了电子皮肤传感器的批量化生产。

上述诸多挑战并没有阻碍电子皮肤的发展。近年来，得益于新材料和新工艺的出现，电子皮肤的性能在多方面已能媲美人体皮肤，其研究成果已逐渐应用于工艺生产、智能家居、康复医疗等领域。未来，电子皮肤应结合多学科知识，向更接近人体皮肤的方向发展，并通过高性能信号处理电路和人工智能算法，进一步提高机器人的环境感知能力，实现更自然、更深度的人机交互。具体而言，电子皮肤触觉技术的发展趋势体现在以下5个方面。

1) 大变形能力

随着机器设备智能化程度的提高，其外形越来越复杂，末端执行器也越来越灵活。对于电子皮肤而言，想要共形集成在智能设备表面，就需要有优良的变形能力，以适应其复杂的三维表面和灵活的运动关节，并在设备运动中保持稳定的测量。由此可见大变形能力是电子皮肤可以稳定工作的前提和保障。

2）高灵敏度

灵敏度是衡量电子皮肤性能的重要指标，决定了其感知能力的上限。电子皮肤想要获得类似人体皮肤的感知能力，其灵敏度就必须达到或超越人体皮肤的水平。尽管电子皮肤传感器在压力和温度等部分领域做到了超越人体皮肤的灵敏度，但在多维力传感、滑觉、材质识别等综合感知能力方面还有所欠缺。解决这个问题不仅需要传感原理和结构的改进与突破，更是需要传感灵敏度的进一步提升，使得电子皮肤的感知能力全面达到乃至超越人体皮肤。

3）多模态

现有的电子皮肤传感器大多功能单一，且主要集中在压力测量方面。为了更加接近乃至超越人体皮肤的感知性能，开发能够同时测量压力、应变、温度以及湿度等多模态刺激的电子皮肤系统是今后需要重点研究和发展的方向。

4）模块化测量电路

在传感器信号预处理系统的设计上，原位信号处理(sense and process at same time)在有效防止串行干扰、提高信号的信噪比及减少连接线的复杂度等方面具有基础性的重要意义。对传感信号的原位预处理包括信号放大、滤波、模/数转换等。为了增强触觉感知系统的集成度，近年来学者们开发的感知系统较多地采用模块化的设计理念，将传感器和信号调理、传输模块集成在传统的硬质印制电路板上。模块化传感系统带来的效益包括灵活性、可移植性、可扩展性、可靠性等。

5）数据融合与人工智能算法

在智能电子皮肤系统中，多种模态传感信息在时间、空间和量化特征等方面存在着广泛的内在联系，对不同模态传感器采用单独孤立的分析方法隔断了信息有机组合所蕴含的重要信息，而多模态传感器数据融合方法通过合理选择、组织、融合系统中的传感信息，能够有效克服将单模态传感信息直接叠加的不足，得到关于操作环境和目标对象的更完备信息。近年来机器学习和深度学习算法推动了多传感器数据融合技术的快速发展，但将其应用到电子皮肤类传感系统最近几年才得到相关领域学者的注意。深度学习方法包括深度神经网络(deep neural network，DNN)，卷积神经网络(convolutional neural network，CNN)和循环神经网络(recurrent neural network，RNN)等，这类方法的精度一般较传统的机器学习方法高，且不需要人工特征提取，模型能够主动实现特征提取、融合与识别。

2.4 本章小结

传感器是工业互联网的基础和核心，工业互联网的发展一方面促进了传感器技术发展，另一方面也对传感器提出了新的要求，对灵敏度、稳定性、鲁棒性等方面的要求会更高。同时，工业互联网的普及使得传感器无处不在，大量使用对传感器提出轻量化、低功耗、低成本的要求，同时也要求其实现网络化、集成化、智能化。本章围绕工业物联网发展，重点介绍了 RFID 感知技术、工业视觉技术、多维力/位感知技术。

参考文献

[1] HE X,YE D,PENG L,et al. Indoor Localization Using the Reference Tags and Phase of Passive UHF-RFID Tags[J]. International Journal of Business Data Communications and Networking,2017,13(2): 69-82.

[2] NI L M,YUN H L,YIU C L,et al. LANDMARC: indoor location sensing using active RFID[J]. Wireless Networks,2004,10(6): 701-710.

[3] YANG L,CHEN Y,LI X,et al. Tagoram: Real-time tracking of mobile RFID tags to high precision using COTS devices[C]. ACM Annual International Conference on Mobile Computing and Networking,Maui,HI,United States,2014: 237-248.

[4] MOTRONI A,BERNARDINI F,NEPA P,et al. Towards a Multi-antenna approach for UHF-RFID tag 3D localization with a Synthetic Aperture Radar Method[C]. International Conference on Smart and Sustainable Technologies,Piscataway,NJ,USA,2019: 1-7.

[5] SOONSHIN H,HYUNGSOO L,JANGMYUNG L. An efficient localization scheme for a differential-driving mobile robot based on RFID system[J]. IEEE Transactions On Industrial Electronics,2007,54(6): 3362-3369.

[6] KIM M,CHONG N Y. Direction sensing RFID reader for mobile robot navigation[J]. IEEE Transactions on Automation Science and Engineering,2009,6(1): 44-54.

[7] DEYLE T,HAI N,REYNOLDS M S,et al. RFID-guided robots for pervasive automation [J]. IEEE Pervasive Computing,2010,9(2): 37-45.

[8] GUEAIEB W,MIAH S. An intelligent mobile robot navigation technique using RFID technology[J]. IEEE Transactions On Instrumentation and Measurement,2008,57(9): 1908-1917.

[9] ABDEL-AZIZ Y I,KARARA H M,HAUCK M. Direct Linear Transformation from Comparator coordinates into object space coordinates in close-range photogrammetry[J]. Photogrammetric Engineering & Remote Sensing,2015,81(2): 103-107.

[10] FAIG W. Calibration of close-range photogrammetric systems: Mathematical Formulation [J]. Photogrammetric Engineering and Remote Sensing,1975,41(12).

[11] TSAI R. A versatile camera calibration technique for high-accuracy 3D machine vision metrology using off-the-shelf TV cameras and lenses[J]. IEEE Journal on Robotics and Automation,1987,3(4): 323-344.

[12] ZHANG Z. A flexible new technique for camera calibration[J]. IEEE Transactions on Pattern Analysis and Machine Intelligence,2000,22(11): 1330-1334.

[13] CHANZY P,DEVROYE L,ZAMORA-CURA C. Analysis of range search for random k-d trees[J]. Acta Informatica,2001,37(4): 355-383.

[14] 丁明跃,彭嘉雄,万发贯. 平均绝对差算法捕获概率的估计[J]. 华中理工大学学报,1989,17(5): 71-76.

[15] ATALLAH M J. Faster image template matching in the sum of the absolute value of differences measure[J]. IEEE Transactions on Image Processing,2001,10(4): 659-663.

[16] NISHIGUCHI H, NOMURA Y. A study on SSD calculation between input image and subpixel-translated template images and its applications to a subpixel image matching problem[J]. Proceedings of SPIE,2009,7252.

[17] LEWIS J P. Fast template matching[C]. Proceeding of Vision Interface,1995,32(4): 351-361.

[18] HELOR Y,HELOR H,DAVID E. Matching by tone mapping: Photometric invariant template matching[J]. IEEE Transactions on Pattern Analysis and Machine Intelligence, 2013,36(2): 317-330.

[19] BALLARD D H. Generalizing the hough transform to detect arbitrary shapes[J]. Pattern Recognition,1981,13(2): 111-122.

[20] STEGER C. Occlusion, clutter, and illumination invariant object recognition [J]. International Archives of Photogrammetry Remote Sensing and Spatial Information Sciences,2002,34(3): 345-350.

[21] YOO J,HWANG S S,KIM S D,et al. Scaleinvariant template matching using histogram of dominant gradients[J]. Pattern Recognition,2014,47(9): 3006-3018.

[22] LOWE D G. Distinctive image features from scale-invariant keypoints[J]. International Journal of Computer Vision,2004,60(2): 91-110.

[23] BAY H, ESS A, TUYTELAARS T, et al. Speeded-Up robust features (SURF)[J]. Computer Vision and Image Understanding,2008,110(3): 346-359.

[24] CALONDER M, LEPETIT V, STRECHA C, et al. BRIEF: Binary robust independent elementary features [C]. European Conference on Computer Vision, 2010, 63 (14): 778-792.

[25] ZHUO L, GENG Z, ZHANG J, et al. ORB feature based web pornographic image recognition[J]. Neurocomputing,2016,173(3): 511-517.

[26] WANG H,ZHANG J,TIAN Y,et al. A simple guidance template-based defect detection method for strip steel surfaces[J]. IEEE Transactions on Industrial Informatics, 2018, 15(5): 2798-2809.

[27] ZHANG K, YAN Y, LI P, et al. Fabric defect detection using salience metric for color dissimilarity and positional aggregation[J]. IEEE Access,2018,6: 49170-49181.

[28] YANG H,SONG K,MEI S,et al. An accurate mura defect vision inspection method using outlier-prejudging-based image background construction and region-gradient-based level set[J]. IEEE Transactions on Automation Science and Engineering, 2018, 15 (4): 1704-1721.

[29] BERGMANN P, FAUSER M, SATTLEGGER D, et al. MVTec AD--A Comprehensive real-world dataset for unsupervised anomaly detection [C]. Proceedings of the IEEE Conference on Computer Vision and Pattern Recognition,2019: 9592-9600.

[30] YANG H, MEI S, SONG K, et al. Transfer-learning-based online Mura defect classification[J]. IEEE Transactions on Semiconductor Manufacturing, 2017, 31 (1): 116-123.

[31] BROADHURST R, STOUGH J, PIZER S, et al. Histogram statistics of local image

regions for object segmentation [C]. International Workshop on Deep Structure Singularities and Computer Vision，2005.

[32] VUJASINOVIC T，PRIBIC J，KANJER K，et al. Gray-level co-occurrence matrix texture analysis of breast tumor images in prognosis of distant metastasis risk[J]. Microscopy and Microanalysis，2015，21(3)：646-654.

[33] WOOD E J. Applying fourier and associated transforms to pattern characterization in textiles[J]. Textile Research Journal，1990，60(4)：212-220.

[34] TSAI D M，HSIEH C Y. Automated surface inspection for directional textures[J]. Image and Vision computing，1999，18(1)：49-62.

[35] AIGER D，TALBOT H. The phase only transform for unsupervised surface defect detection[M]. Emerging Topics In Computer Vision And Its Applications，2012.

[36] GRANTHAM P. Fabric defect segmentation using multichannel blob detectors[J]. Optical Engineering，2000，39(12)：3176-3190.

[37] LIU R，GU Q，WANG X，et al. Region-convolutional neural network for detecting capsule surface defects[J]. Boletín Técnico，2017，55(3)：92-100.

[38] DONG H，SONG K，HE Y，et al. PGA-Net：Pyramid feature fusion and global context attention network for automated surface defect detection [J]. IEEE Transactions on Industrial Informatics，2019：1-1.

[39] LV C，ZHANG Z，SHEN F，et al. A fast surface defect detection method based on background reconstruction [J]. International Journal of Precision Engineering and Manufacturing，2020，21(3)：363-375.

[40] BERGMANN P，LOWE S，FAUSER M，et al. Improving unsupervised defect segmentation by applying structural similarity to autoencoders [C]. International Joint Conference on Computer Vision Imaging and Computer Graphics Theory and Applications，2019：372-380.

[41] 王颢. 复杂背景中条码图像的定位与识别方法研究[D]. 大连：大连理工大学，2015.

[42] KAUR S，MAINI R. Implementation of barcode localization technique using morphological operations[J]. International Journal of Computer Applications，2014，97(13)：42-47.

[43] CHAI D，HOCK F. Locating and decoding EAN-13 barcodes from images captured by digital cameras[C]. International Conference on Signal Processing，2005：1595-1599.

[44] GALLO O，MANDUCHI R. Reading 1D barcodes with mobile phones using deformable templates[J]. IEEE Transactions on Pattern Analysis and Machine Intelligence，2011，33(9)：1834-1843.

[45] KAROL C，ANNA F. Detection of QR-Code in digital images based on histogram similarity[J]. Image Processing & Communication，2015，20(2)：41-48.

[46] 李东，郭浩铭，田劲东，等. 改进的 DataMatrix 码 L 形边精确定位方法[J]. 深圳大学学报(理工版)，2018，35(02)：45-51.

[47] LAY K，WANG L，HAN P，et al. Decoding of QR Codes printed on spheres [C]. International Symposium on Next Generation Electronics，2016：1-3.

[48] 郭改放，何卫平，李夏霜，等. 基于边缘和水平集的复杂背景金属零件二维条码精确定位方法[J]. 上海交通大学学报，2017，051(001)：90-97.

[49] DANIEL K，KAMAL N. Real-time barcode detection and classification using deep learning

[J]. International Joint Conference on Computational Intelligence, 2017: 1-3.

[50] DO T, TOLCHA Y, JUN T J, et al. Smart inference for multidigit convolutional neural network based barcode decoding[J]. arXiv preprint arXiv: 2004.06297, 2020.

[51] PU H, FAN M, YANG J, LIAN J. Quick response barcode deblurring via doubly convolutional neural network[J]. Multimedia Tools and Applications, 2019, 78(1): 897-912.

[52] NAKAMURA K, KAMIZURU K, KAWASAKI H, ONO S. Multi-agent-based two-dimensional barcode decoding robust against non-uniform geometric distortion[J]. International Journal of Computer Information Systems and Industrial Management Applications, 2017, 9(2017): 60-70.

[53] ZHAO Q, NI F, SONG Y, et al. Deep dual pyramid network for barcode segmentation using barcode-30k database[J]. arXiv preprint arXiv: 1807.11886, 2018.

[54] ZHANG J, JIA J, ZHU Z, et al. Fine Detection and classification of multi-class barcode in complex environments[C]. International Conference on Multimedia and Expo, 2019: 306-311.

[55] YOUSEF H, BOUKALLEL M, ALTHOEFER K. Tactile sensing for dexterous in-hand manipulation in robotics-A review[J]. Sensors and Actuators A: physical, 2011, 167(2): 171-187.

[56] DAHIYA R S, METTA G, VALLE M, et al. Tactile sensing—from humans to humanoids [J]. IEEE Transactions on Robotics, 2010, 26(1): 1-20.

[57] KIM D H, ROGERS J A. Stretchable electronics: materials strategies and devices[J]. Advanced Materials, 2008, 20(24): 4887-4892.

[58] ZHOU C, BETTE S, SCHNAKENBERG U. Flexible and stretchable gold microstructures on extra soft poly (dimethylsiloxane) substrates[J]. Advanced Materials, 2015, 27(42): 6664-6669.

[59] LEE C H, MA Y, JANG K I, et al. Soft core/shell packages for stretchable electronics[J]. Advanced Functional Materials, 2015, 25(24): 3698-3704.

[60] JEONG G S, BAEK D H, JUNG H C, et al. Solderable and electroplatable flexible electronic circuit on a porous stretchable elastomer[J]. Nature Communications, 2012, 3: 977.

[61] GUO L, DEWEERTH S P. High-Density Stretchable Electronics: Toward an Integrated Multilayer Composite[J]. Advanced Materials, 2010, 22(36): 4030-4033.

[62] TEE C K, WANG C, ALLEN R, et al. An electrically and mechanically self-healing composite with pressure- and flexion-sensitive properties for electronic skin applications [J]. Nature Nanotechnology, 2012, 7(12): 825-832.

[63] MANNSFELD S C B, TEE B C K, STOLTENBERG R M, et al. Highly sensitive flexible pressure sensors with microstructured rubber dielectric layers[J]. Nature materials, 2010, 9(10): 859-864.

[64] TEE B C K, CHORTOS A, BERNDT A, et al. A skin-inspired organic digital mechanoreceptor[J]. Science, 2015, 350(6258): 313-316.

[65] PAN C, DONG L, ZHU G, et al. High-resolution electroluminescent imaging of pressure distribution using a piezoelectric nanowire LED array[J]. Nature Photonics, 2013, 7(9):

752-758.

[66] ZHAO H,O'BRIEN K,LI S,et al. Optoelectronically innervated soft prosthetic hand via stretchable optical waveguides[J]. Science Robotics,2016,1(1): eaai7529.

[67] DI GIACOMO R,BONANOMI L,COSTANZA V,et al. Biomimetic temperature sensing layer for artificial skins[J]. Science Robotics,2017,2(3): eaao9251.

[68] KIM J,LEE M,SHIM H J,et al. Stretchable silicon nanoribbon electronics for skin prosthesis[J]. Nature Communications,2014,5: 5747.

[69] WETTELS N,SANTOS V J,JOHANSSON R S,et al. Biomimetic tactile sensor array [J]. Advanced Robotics,2008,22(8): 829-849.

[70] CODY F,IDREES R,SPILIOTI D X,et al. Tactile spatial acuity is reduced by skin stretch at the human wrist[J]. Neuroence Letters,2010,484(1): 71-75.

第3章

面向工业互联网的互联互通技术

通用电气公司提出，工业互联网是全球工业系统与高级计算、分析、传感技术及互联网的高度融合，是新一代信息通信技术与现代工业技术深度融合的产物。中国国务院报告《深化"互联网＋先进制造业"发展工业互联网的指导意见》明确指出："工业互联网作为新一代网络信息技术与现代工业融合发展催生的新事物，是实现生产制造领域全要素、全产业链、全价值链连接的关键支撑，是工业经济数字化、网络化、智能化的重要基础设施，是互联网从消费领域向生产领域、从虚拟经济向实体经济拓展的核心载体。"显然，工业互联网是支撑智能制造的一套使能技术体系，而这套技术体系的基础在于全要素、全产业链、全价值链的互联互通。因此，本章将从面向工业互联网互联互通的体系架构、具体通信技术、开放接口技术、具体车间控制技术以及整体安全体系五个维度进行阐述。

3.1 面向工业互联网的互联互通体系框架

3.1.1 互联互通参考模型

如图3-1所示，在《国家智能制造标准体系建设指南(2015版)》中，工业互联网

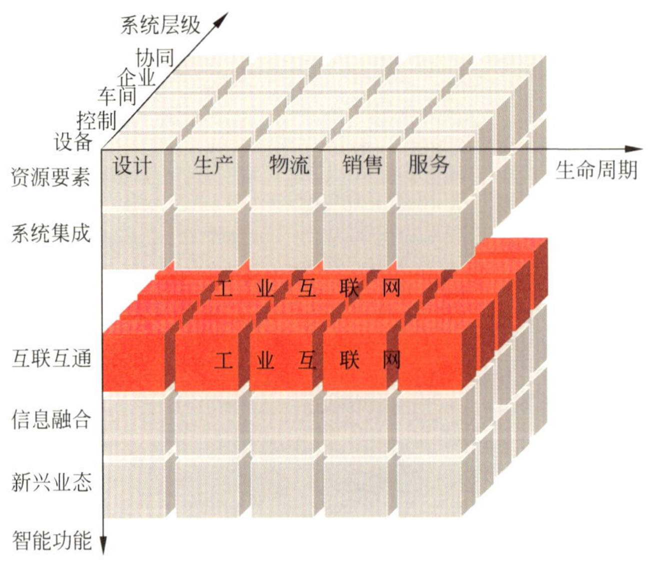

图3-1 工业互联网在《中国制造2025》标准体系中的位置

位于智能制造系统架构生命周期的所有环节，在系统层级上有设备、控制、车间、企业和协同五个层级，以及智能功能层级上互联互通等环节。然而中国制造 2025 标准体系没有展开描述层次关系[1]。

从图 3-2 中可以看出，工业互联网产业联盟提出的三层式工业互联网参考架构（IIRA）中工业互联网的特征之一就是去中心化（decentralization）。在工业互联网场景中的互联互通可以简化为：边缘设备间联通、平台间互联互通、业务间互联互通以及在边缘—平台—业务间的互联互通[2]。其和工业 4.0（I4.0）的参考架构模型的水平、垂直和价值互联互通其实是殊途同归的。

当前企业大多数采用的仍是基于 ISO 62264/ISA-95 的自动化集成模型，分为 5 层体系构架，如图 3-3 所示。

1. 边缘层互联互通

边缘层互联互通为车间内设备间的互联互通。实现设备间的互联互通可采用 M2M 技术。M2M 是一种理念，也是所有增强机器设备通信和网络能力的技术总称。人与人之间的沟通很多也是通过机器实现的，例如通过手机、固定电话、计算机、传真机等设备之间的通信来实现人与人之间的沟通。另外一类技术是专门为机器与机器建立通信而设计的，如很多智能化仪器都带有 RS-232 接口和 GPIB 通信接口，以增强机器与机器之间、仪器与计算机之间的通信能力。而 M2M 通信就是建立一种统一规范的通信接口和标准化的传输内容。M2M 涉及 5 个重要的技术部分：机器、M2M 硬件、通信网络、中间件、应用。其具体技术结构如图 3-4 所示。

1）智能化机器

实现 M2M 的第一步就是从机器/设备中获得数据，然后把它们通过网络发送出去。通俗地讲，就是使机器“开口说话”（talk），让机器具备信息感知、信息加工（计算能力）、无线通信能力。让机器具备“说话”能力的基本方法有两种：生产设备的时候嵌入 M2M 硬件；对已有机器进行改装，使其具备通信/联网能力。

2）M2M 硬件

M2M 硬件是使机器获得远程通信和联网能力的部件。M2M 硬件产品可分为 5 种。

（1）嵌入式硬件。嵌入式硬件嵌入在机器里面，使机器具备网络通信能力。常见的产品是支持 GSM/GPRS 或 CDMA 无线移动通信网络的无线嵌入数据模块。典型产品有：Nokia 的 12 GSM 嵌入式无线数据模块；Sony Ericsson 的 GR48 和 GT48；Motorola 的 G18/G20 for GSM，C18 for CDMA；Siemens 的用于 GSM 网络的 TC45、TC35i、MC35i 嵌入模块。

（2）可组装硬件。在 M2M 的工业应用中，厂商拥有大量不具备 M2M 通信和联网能力的设备仪器，可组装硬件就是为满足这些机器的网络通信能力而设计的。实现形式也各不相同，包括从传感器收集数据的 I/O 设备（I/O devices）；完成协议转换功能，将数据发送到通信网络的连接终端（connectivity terminals）。有些 M2M 硬件还具有回控功能。典型产品有 Nokia 30/31 for GSM 连接终端。

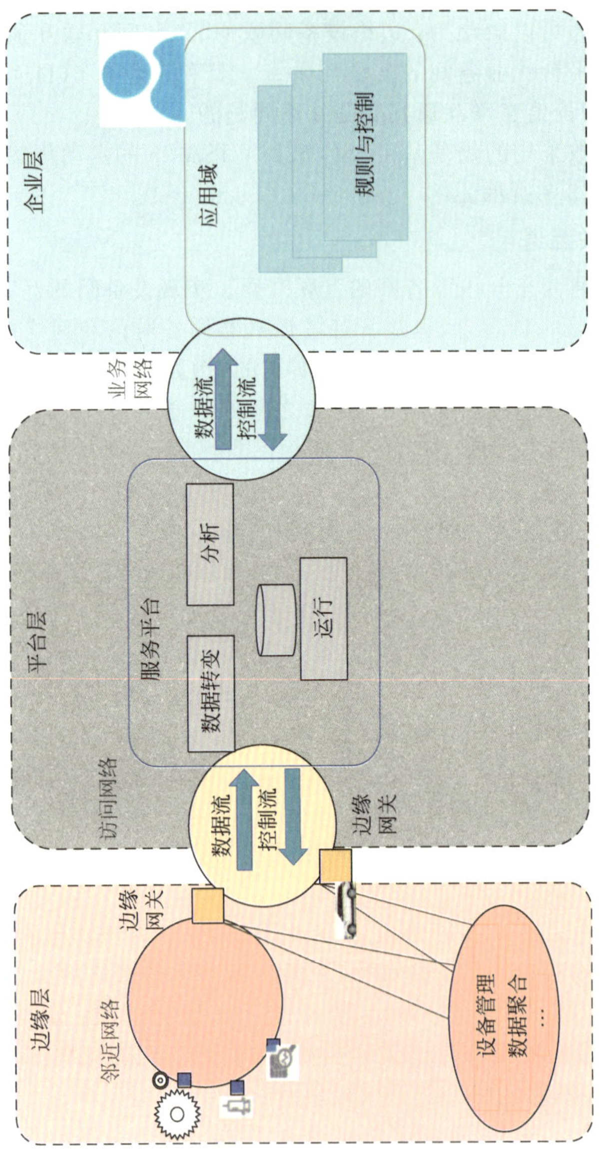

图 3-2　三层式工业互联网系统架构

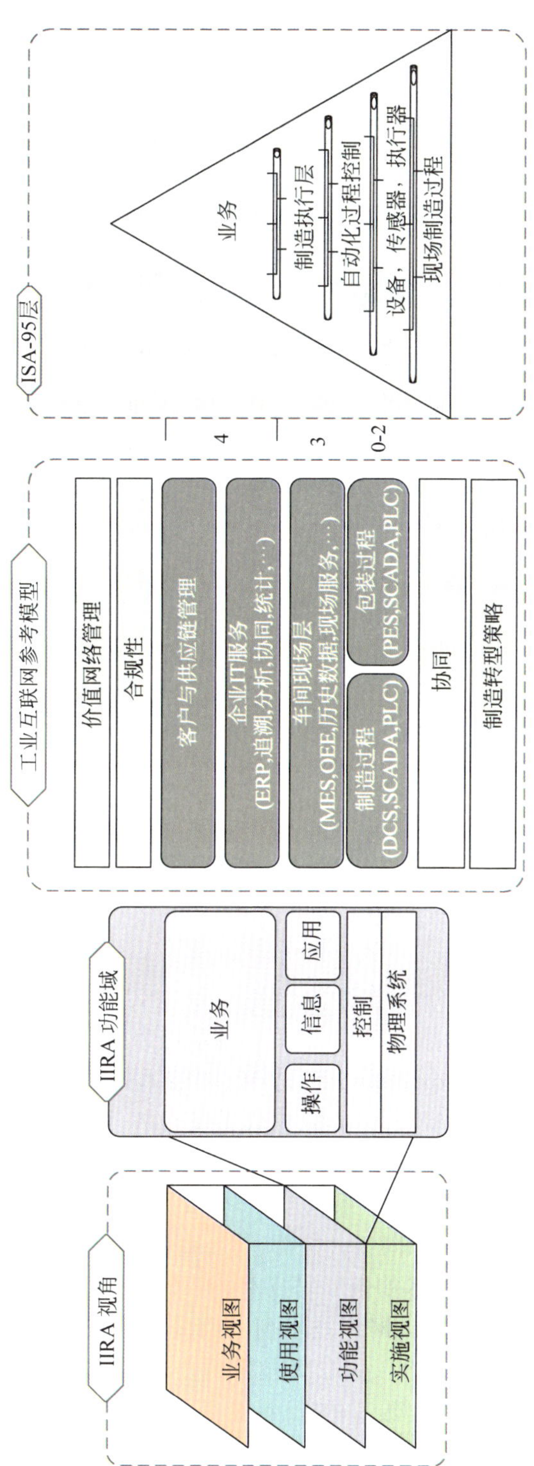

图 3-3　工业互联网与 ISA-95 对比

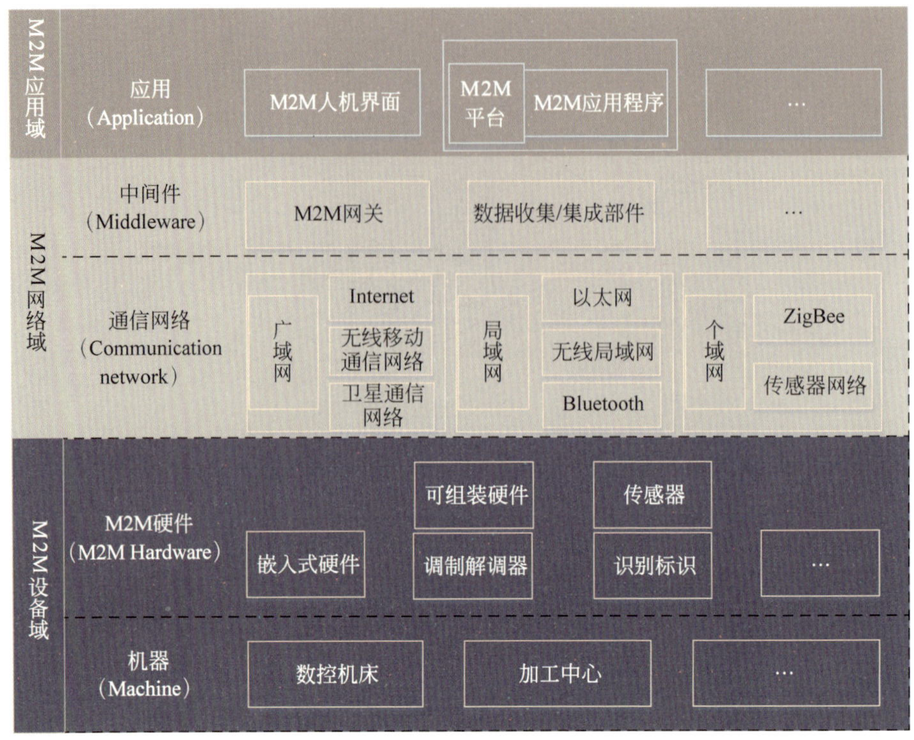

图 3-4　M2M 技术结构

(3) 调制解调器。上面提到的嵌入式模块将数据传送到移动通信网络上时，就是当作调制解调器(modem)用。如果要将数据通过公用电话网络或者以太网送出，则分别需要相应的 modem。典型产品有：BT-Series CDMA、GSM 无线数据 modem 等。

(4) 传感器。传感器可分为普通传感器和智能传感器两种。智能传感器(smart sensor)是指具有感知能力、计算能力和通信能力的微型传感器。由智能传感器组成的传感器网络(sensor network)是 M2M 技术的重要组成部分。一组具备通信能力的智能传感器以 Ad Hoc 方式构成无线网络，协作感知、采集和处理网络覆盖的地理区域中感知对象的信息，并发布给观察者。也可以通过 GSM 网络或卫星通信网络将信息传给远方的 IT 系统。

(5) 识别标识。识别标识如同每台机器、每个商品的"身份证"，使机器之间可以相互识别和区分。常用的技术如条形码技术、RFID 技术等。标识技术已经被广泛用于商业库存和供应链管理。网络技术彻底改变了我们的生活方式和生存面貌，我们生活在一个网络社会，今天，M2M 技术的出现，使得网络社会的内涵有了新的内容。网络社会的成员除了原有的人、计算机、IT 设备之外，数以亿计的非 IT 机器/设备正要加入进来。随着 M2M 技术的发展，这些新成员的数量和其数据交换的网络流量将会迅速地增加。

3）通信网络

通信网络在整个M2M技术框架中处于核心地位，包括广域网（无线移动通信网络、卫星通信网络、Internet、公众电话网）、局域网（以太网、无线局域网（WLAN）、Bluetooth）、个域网（ZigBee、传感器网络）。

在M2M技术框架中的通信网络中，有两个主要参与者，分别是网络运营商和网络集成商。尤其是移动通信网络运营商，在推动M2M技术应用方面起着至关重要的作用，他们是M2M技术应用的主要推动者。第三代移动通信技术除了提供语音服务之外，数据服务业务的开拓是其发展的重点。随着移动通信技术向5G的演进，必定将M2M应用带到一个新的境界。国外提供M2M服务的网络有AT&T Wireless的M2M数据网络计划，Aeris的MicroBurst无线数据网络等。

4）中间件

中间件包括两部分：M2M网关、数据收集/集成部件。网关是M2M系统中的“翻译员”，它获取来自通信网络的数据，将数据传送给信息处理系统。其主要功能是完成不同通信协议之间的转换。典型产品如Nokia的M2M网关。

5）应用

数据收集/集成部件是为了将数据变成有价值的信息，其对原始数据进行不同的加工和处理，并将结果呈现给需要这些信息的观察者和决策者。这些中间件包括：数据分析和商业智能部件，异常情况报告和工作流程部件，数据仓库和存储部件等。

2. 平台间互联互通

平台间互联互通可以粗略地看成通用的垂直互联互通，是设备与系统、系统与系统间的互联互通。其主要包括设备与制造管理系统和设备与企业管理系统间的互联互通[3]。

(1) 设备与制造管理系统互联互通的其中一方面是连接，也就是工业通信，这是工业控制中十分基础的一部分，没有工业通信就无法达到控制的目标。首先是设备的连接，其中包括使用现场总线将加工设备、物流设备、仓储设备有机地联系在一起；其次是设备与控制之间的联系，此处主要是控制层对设备层的影响，这是至关重要的一部分，只有实现了设备层各种现场总线的兼容，才能让控制层做出的控制有效地在设备层得到实现，因而两层之间的连接采用工业以太网的形式进行；最后是控制层与大数据平台进行数据的相互传输，鉴于工厂车间的实际情况，采用工业以太网进行实现。另一方面是控制，现在工业领域主流的控制方法包括PLC，DCS，PCS，SCADA等。其互联互通体系如图3-5所示。

整个控制层主要实现对下层（设备层）的具体优化，提高下层运行的效率和安全性；提高对上层（车间层）的命令的响应，从而实现车间层乃至企业层对设备层的间接控制。首先是大数据平台从设备层获得大量的数据，经过数据智能分析决策后，经由企业层和车间层的人工审核，将得到的改进信息传递给工业控制系统，

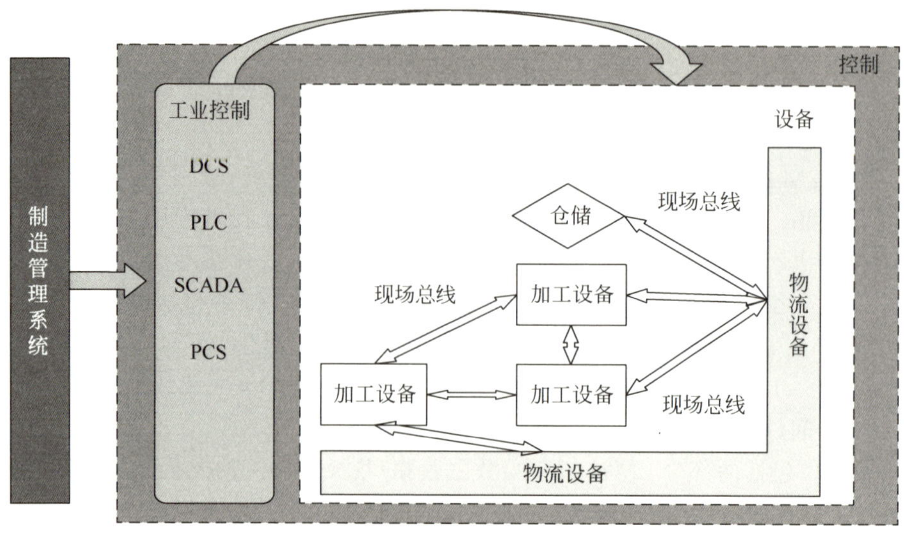

图 3-5 设备与制造管理系统的互联互通体系

工业控制系统再对底层的设备进行自动化、精确化控制；同时工业控制系统会将控制过程中产生的数据反馈至大数据中心，进行进一步分析处理，从而实现智能制造下的智能车间的模块控制。

(2) 设备与企业管理系统间的互联互通体系是最重要的一层，在此层中制造执行系统起到承上启下的关键作用。设备与企业管理系统互联互通体系如图 3-6

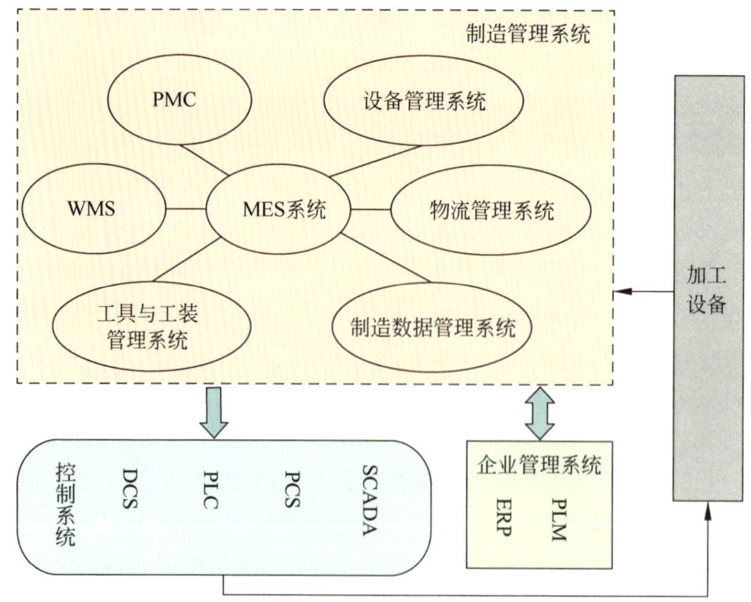

图 3-6 设备与企业管理系统互联互通体系

所示，其中主要的系统是 MES 系统，它可以实现设备管理、物流管理、工具与工装管理、制造数据管理、生产过程监控、仓库管理以及物料控制（product material control，PMC）等功能，这既上承了企业层的经营管理和技术优化，又是制造过程中的最高管理系统，对车间的生产制造有直接的指导意义。

在加工设备阶段会产生海量的制造数据以及信息，比如物料短缺、设备故障、人员缺勤、加工信息等，这些数据和信息会汇总传输到大数据平台，通过大数据平台的大数据分析技术、大数据挖掘技术与云计算等手段以及深度学习的理念对车间层进行指导生产。同时 MES 系统为主的车间层会向第二层的控制层进行优化信息传输，使控制层接收上层信息并向设备层发出控制信息。

3. 边缘—平台—业务间的互联互通

图 3-7 所示为边缘—平台—业务间的互联互通体系图，其中，边缘技术是指用网络、计算、存储、应用核心能力为一体的开放平台，就近提供最近端服务。其应用程序在边缘侧发起，产生更快的网络服务响应，以满足行业在实时业务、应用智能、安全与隐私保护等方面的基本需求。边缘计算处于物理实体和工业连接之间，或处于物理实体的顶端。而云端计算，仍然可以访问边缘计算的历史数据。

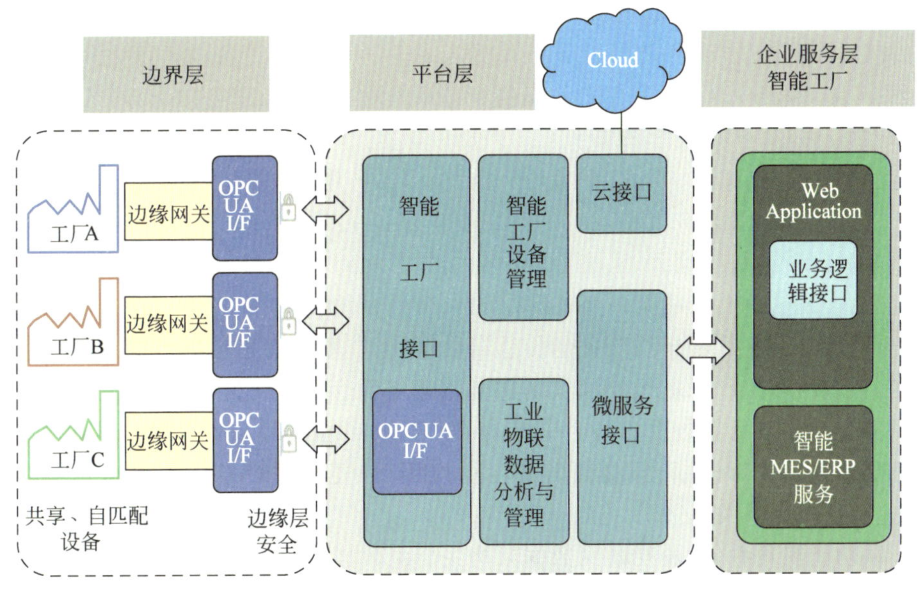

图 3-7 边缘—平台—业务间的互联互通体系

OICT（operational，information，communication technology，即运营、信息、通信技术）需要融合互通，而其计算对象则主要定义了四个领域。第一个是设备域。纯粹的 IoT 设备与自动化的 I/O 采集设备相比较而言，有不同之处但也有相同之处。那些可以直接用于在顶层优化，而并不参与控制本身的数据，可以直接放在边缘侧完成处理。第二个是网络域。在传输层面，直接的末端 IoT 数据与来自自动化生产线的数据,其传输方式、机制、协议都会有不同,因此,这里要解决传输的数据标准问题。当然,在 OPC UA 架构下可以直接访问底层自动化数据,但是,对于 Web 数据的交互而言,这里会存在 IT 与 OT 之间的协调问题。尽管有一些领先的自动化企业已经提供了针对 Web 方式数据传输的机制,但是,大部分现场的数据仍然存在这些问题。第三个是数据域。数据传输后的数据存储、格式等问题,以及数据查询与数据交互的机制和策略问题,都是在这个领域里需要考虑的问题。最后一个,是最难的应用域。这可能是最难以解决的问题,针对这一领域的应用模型尚未有较多的实际应用。

3.1.2 互联互通数据交换体系

工业互联网的互联互通数据交换是基于工业大数据来实现的[4]。工业大数据是指在工业领域信息化应用中所产生的数据,是工业互联网的核心,是工业智能化发展的关键。工业大数据基于网络互联和大数据技术,贯穿于工业化的设计、工艺、生产、管理、服务等各个环节,使工业系统具备描述、诊断、预测、决策、控制等智能化功能的模式和结果。工业大数据主要分为现场设备数据、生产管理数据和外部数据等类型。现场设备数据是指来源于工业生产线设备、机器、产品等方面的数据,多由传感器、设备仪器仪表、工业控制系统进行采集产生,包括设备的运行数据、生产环境数据等。生产管理数据是指传统信息管理系统(如 SCM、CRM、REP、MES 等)中产生的数据。外部数据是指来源于工厂外部的数据,主要包括来自互联网的市场、环境、客户、政府、供应链等外部环境的信息和数据。其数据交换体系如图 3-8 所示。

工业大数据具有五大特点。一是数据体量巨大,随着大量机器设备的高频数据和互联网数据持续涌入,大型工业企业的数据集将达到 PB 甚至 EB 级别。二是数据分布广泛,分布于机器设备、工业产品、管理系统、互联网等各个环节。三是结构复杂,既有结构化和半结构化的传感器数据,也有非结构化数据。四是数据处理速度需求多样,生产现场级要求实现实时时间分析达到毫秒级,管理与决策应用需要支持交互式或批量数据分析。五是对数据分析的置信度要求较高,相关关系分析不足以支撑故障诊断、预测预警等工业应用,需要将物理模型与数据模型相结合,追踪挖掘因果关系[5]。

从功能视角看,工业互联网数据架构主要由数据采集与交换、数据预处理与存储、数据建模、数据分析和数据驱动下的决策与控制应用四个层次五大部分组成。

数据采集与交换层主要实现工业各环节数据的采集与交换,数据源既包括来自传感器、SCADA、MES、ERP 等内部系统的数据,也包括来自企业外部的数据,该层具有对象感知、实时采集与批量采集、数据核查、数据路由等功能。

数据预处理与存储层的关键目标是实现工业互联网数据的初步清洗、集成,并将工业系统与数据对象进行关联,该层具有数据预处理、数据存储等功能。

数据建模层根据工业实际元素与业务流程,在数据基础上构建用户、设备、产

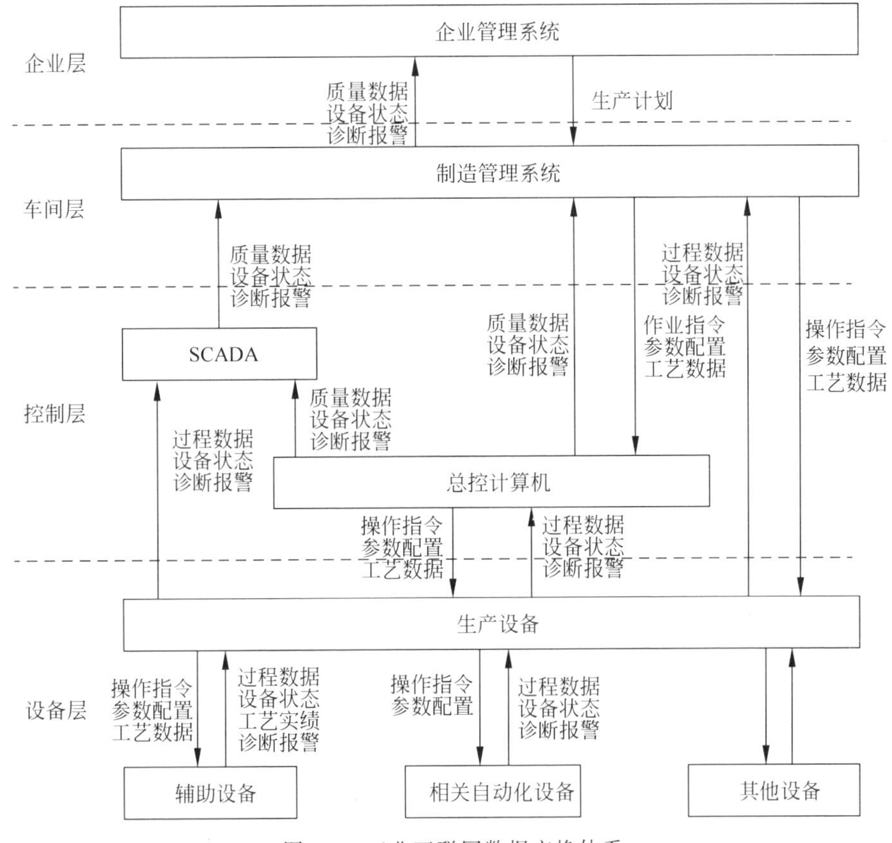

图 3-8　工业互联网数据交换体系

品、产线、工厂、工艺等数字化模型,并结合数据分析层提供数据报表、可视化、知识库、数据分析工具及数据开放功能,为各类决策的产生提供支持。

决策与控制应用层主要是基于数据分析结果,生成描述、诊断、预测、决策、控制等不同应用,形成优化决策建议或产生直接控制指令,从而实现个性化定制、智能化生产、协同化组织和服务化制造等创新模式,并将结果以数据化形式存储下来。最终构成从数据采集到设备、生产现场以及企业管理持续优化闭环。

工业大数据的应用覆盖工业生产的全流程和产品的全生命周期。工业大数据的作用主要表现为状态描述、诊断分析、预测预警、辅助决策等,在智能化生产、网络化协同、个性化定制和服务化延伸四类场景下发挥着核心的驱动作用。

3.2　面向工业互联网的通信技术

3.2.1　工业互联网通信技术概述

工业互联网是实现物理世界、虚拟世界、数字世界与人类社会间交互的手段[5]。工业互联网通信模式主要分为“物与物”通信和“物与人”通信。“物与物”通信,主要实现“物”与“物”在没有人工介入情况下的信息交互,如“物”能够监控其他“物”,当发生应急情况时,“物”能够主动采取相应措施。“M2M”技术就是“物与物”通信的一种形式。“物与人”通信主要实现“物”与人之间的信息交互,如人对“物”的远程控制,或者“物”主动向人报告自身的状态信息和感知信息。

在工业互联网中,通信系统的主要作用是将信息安全可靠地传送到目的地。由于工业互联网具有异构性的特点,就使得工业互联网所采用的通信方式和通信系统也具有异构性和复杂性。

在信息传输方面,工业互联网虽然采用的是以数据为主的通信手段,但在承载平台上却采用了不同模式的有线、无线通信方式;在所采用的通信协议方面,网络传送层采用了基于 IP 的通信协议,但在感知控制层却采用了多种通信协议,如 X.25 协议、基于工业总线的接口和协议、ZigBee 等。因此,可以说工业互联网的感知控制层的通信方式最为复杂。

按照工业互联网的框架结构,互联网的通信系统可大体分为两个层级,即感知控制层通信和网络传输层通信。其基本结构如图 3-9 所示。

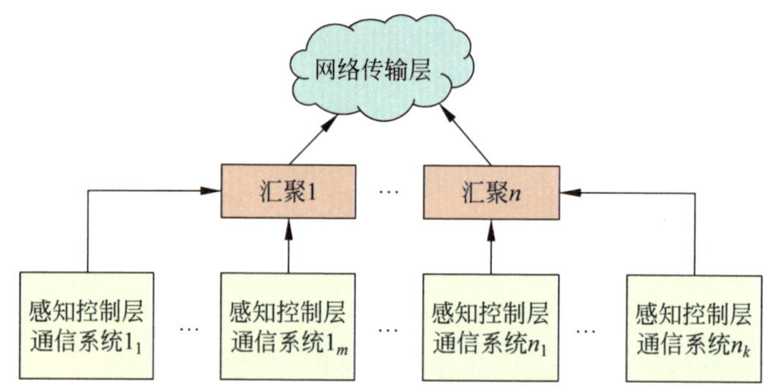

图 3-9　工业互联网通信系统结构

在图 3-9 中,感知控制层通信系统表示感知控制设备所具有的通信能力。一般情况下,若干个感知控制设备负责某一个区域,整个工业互联网可划分为众多感知控制区域,每个区域都通过一个汇聚设备接入到互联网中,即接入到网络传输层。

对于工业互联网的网络传输层而言,其通信系统主要是为了支持工业互联网而构成的数据业务传送系统,一般由公众通信网络及专用通信网络构成,主要功能是保证工业互联网的有效运行。

1. 感知控制层通信系统

感知控制层的通信目的是将各种传感设备(或数据采集设备以及相关的控制设备)所感知的信息在较短的通信距离内传送到信息汇聚系统,并由该系统传(或互联)到网络传输层。其通信的特点是传输距离近,传输方式灵活多样。感知控制层通信系统所采用的技术主要分为短距离有线通信、短距离无线通信和无线传感器网络。感知控制层的短距离有线通信系统主要是由各种串行数据通信系统构成的，目前采用的技术有 RS-232/484、USB、CAN 工业总线以及各种串行数据通信系统。感知控制层的短距离无线通信系统主要由各种低功率、中高频无线数据传输系统构成，目前主要采用蓝牙、红外、超宽带、无线局域网、GSM、3G 等技术来完成短距离无线通信任务。无线传感器网络(wireless sensor network，WSN)是一种由部署在感知区域内的大量的微型传感器节点通过无线传输方式形成的多跳的自组织系统。它是一种网络规模大、自组织、多跳路由、动态拓扑、可靠性高、以数据为中心、能量受限的通信网络，是“狭义”上的工业互联网，也是工业互联网的核心技术之一[6]。

2. 网络传输层通信系统

网络传输层是由数据通信主机(或服务器)、网络交换机、路由器等构成的，在数据传送网络支撑下的计算机通信系统，其基本结构如图 3-10 所示。

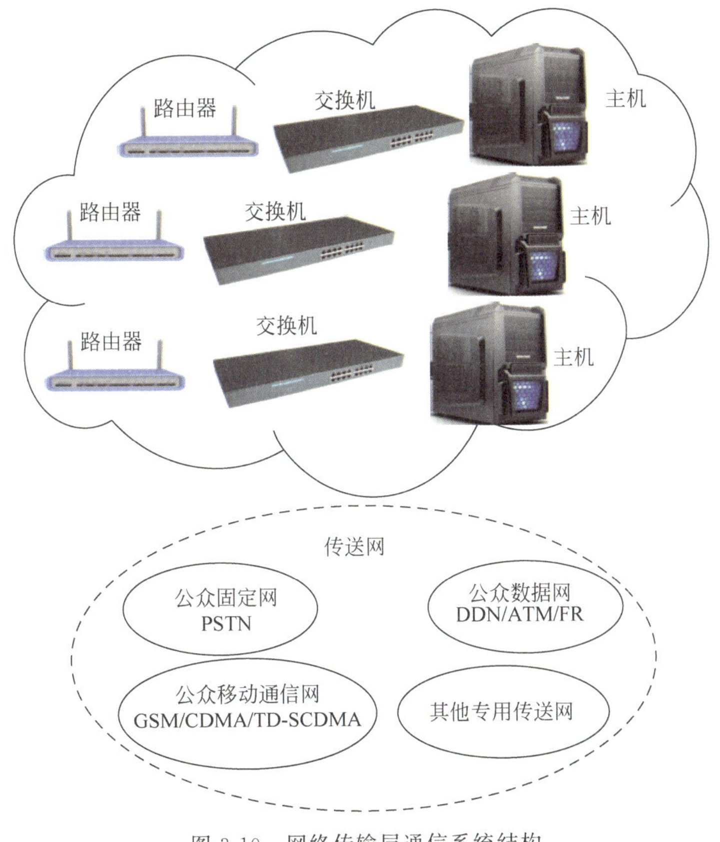

图 3-10　网络传输层通信系统结构

网络传输层通信系统中支持计算机通信系统的数据传送网可由公众固定网、

公众移动通信网、公众数据网及其他专用传送网构成。目前的公众固定网、公众移动通信网及公众数据网主要有公用电话交换网(public switched telephone network,PSTN)、全球移动通信系统(global system for mobile communications,GSM)、码分多址(code division multiple access,CDMA)、时分同步码分多址(time division synchronous code division multiple access,TD-SCDMA)、数字数据网(digital data network,DDN)、异步传输模式(asynchronous transfer mode,ATM)、帧中继(frame—relay,FR)等,它们为互联网的网络层提供了数据传送平台。

由公众移动网和其他专用传送网构成的数据传送平台是工业互联网网络传输层的基础设施,主机、网络交换机及路由器构成的计算机网络系统是互联网网络传输层的功能设施,它们不仅为互联网提供了各种信息存储、信息传送、信息处理等基础服务,还为工业互联网的综合应用层提供了信息承载平台,保障了互联网各专业领域的应用。

工业互联网作为一种新兴的信息技术,是在现有的信息技术、通信技术、自动化控制技术等基础上的融合与创新[7]。现阶段对互联网的研究,不论从理论方面,还是从实践方面,均处于起步阶段,而工业互联网通信技术更是如此。就目前而言,尚不能较清楚地看到工业互联网通信技术发展的趋势,但可从目前的研究方向看出端倪。下面分别介绍传统和新一代的工业互联网通信技术。

3.2.2 传统的工业互联网通信技术

1. 工业现场以太网通信技术

以太网(Ethernet)出现于1975年,1982年成为IEEE 802.3标准的第一版本。1990年2月,该标准正式成为ISO/IEC 8802.3标准(国际标准)。在商用数据通信领域,以太网技术发展成为互联网的基础通信技术,导致了一场全球信息技术的革命。进入21世纪以来,以太网技术开始应用于工业自动化控制网络,它在商用以太网(IEC 8802.3标准)的基础上进行改进,以适应不同工业控制系统的功能和性能需求,适应各种恶劣环境的高可靠性数据交换。

2007年12月,IEC出版了IEC 61158现场总线第四版国际标准,包括EPA实时以太网在内的9种类型的工业以太网进入新版标准。它标志着工业以太网技术成为与现场总线技术并列的工业自动化控制系统网络通信解决方案。由于以太网技术标准开放性好,应用广泛,使用透明、统一的通信协议,以太网将成为工业控制领域唯一的统一通信标准。工业以太网与商业以太网都符合OSI(开放系统互联)参考模型,但针对工业控制实时性、高可靠性的要求,工业以太网在链路层、网络层增加了不同的功能模块,在物理层增加了电磁兼容性设计,解决了通信实时性、网络安全性、抗强电磁干扰等技术问题。目前工业以太网已逐步应用于电力、交通、冶金、煤炭、石油化工等工业领域中。作为新兴产业,全球工业以太网行业目前正处于产业发展的导入期,最近十年的增长速度远高于互联网和现场总线的增长速度。以太网的成功之处在于实现了便捷的网络互联，通过以太网连接的网络和设备可以是不同类型的网络、运行不同网络协议的设备和系统，联网的设备可以方便地实现互联、互通与互操作[8]。

1）工业以太网的技术优势

工业以太网具有价格低廉、稳定可靠、通信速率高、软硬件产品丰富、应用广泛以及支持技术成熟等优点，已成为最受欢迎的通信网络之一。近些年来，随着网络技术的发展，以太网进入了控制领域，形成了新型的以太网控制网络技术。这主要是由于工业自动化系统向分布化、智能化控制方面发展，开放的、透明的通信协议是必然的要求。以太网技术引入工业控制领域，其技术优势主要有以下5点。

（1）Ethernet 是全开放、全数字化的网络，遵照网络协议，不同厂商的设备可以很容易实现互联。

（2）以太网能实现工业控制网络与企业信息网络的无缝连接，形成企业级管控一体化的全开放网络。

（3）软硬件成本低廉。由于以太网技术已经非常成熟，因此支持以太网的软硬件受到厂商的高度重视和广泛支持，有多种软件开发环境和硬件设备供用户选择。

（4）通信速率高。随着企业信息系统规模的扩大和复杂程度的提高，对信息量的需求也越来越大，有时甚至需要进行音频、视频数据的传输。当前，通信速率为 10Mb/s、100Mb/s 的快速以太网开始广泛应用，千兆位以太网技术也逐渐成熟，10Gb/s 以太网正在研究，其速率比现场总线快很多。

（5）可持续发展潜力大。在这信息瞬息万变的时代，企业的生存与发展将很大程度上依赖于一个快速而有效的通信管理网络，信息技术与通信技术的发展将更加迅速，也更加成熟，由此保证了以太网技术不断地持续向前发展。

2）工业以太网的发展趋势

传统的工业以太网解决方案，往往采用主控 CPU 连接物理层接口芯片，在主控器内编写以太网通信协议。这种方法需要编写烦琐的程序并且耗费大量的时间调试，由于网络协议一般都比较大，写入软件后稳定性欠佳，不利于系统的快速开发与稳定运行。而且客户时常会有新的需求，这种用软件实现的方式就很难满足频繁更新升级的要求。因此，一种解决方式就是将网络协议的处理独立于系统处理器之外，让应用程序与资料的输入/输出分别执行于不同的硬件，来适应多方面的条件。它将网络协议的处理分成一个由特定处理器执行的控制部分和一个硬件线路部分，这种方式的优点是具有较短的开发周期与较高的弹性，而且能够增加稳定性并有效降低主 CPU 负担，模块化的设计也便于以后系统的升级。

工业以太网在工业设备联网中的可持续性和可拓展性是工业互联网的重点。

随着工业 4.0 时代的到来,在实际工业生产中不可避免地要面对海量数据。在大数据时代,云计算、分布式数据存储和处理的需求使得工业互联网接入因特网成为日益迫切的需求,在目前的工业以太网框架中,所使用的第二代互联网 IPv4 技术面临着网络地址资源有限的挑战。在采用 A、B、C 三类编址方式后,可用的网络地址和主机地址的数目大打折扣,以至于 IP 地址已于 2011 年 2 月 3 日分配完毕。其中北美占有 3/4,约 30 亿个,而人口最多的亚洲只有不到 4 亿个,截至 2010 年 6 月,中国 IPv4 地址数量达到 2.5 亿个。在工业互联网时代,车间底层的海量终端都需要分配唯一的地址,从而实现和云端设备的通信,那么必然会对互联网目前捉襟见肘的 IPv4 协议产生冲击。在这样的环境下,IPv6 应运而生。单从理论上来说,IPv6 所拥有的地址容量是 IPv4 的约 8×10^{28} 倍,达到 2^{128} 个。这不但解决了网络地址资源数量的问题,也为车间底层的通信设备互联互通,车间底层终端(智能设备、人员、控制系统)和云端服务器、控制终端之间的通信数量限制扫清了障碍。

总而言之,工业以太网架构本身的特性决定了它能给客户带来更多的收益,以太网的可持续性和可扩展性,为设备未来升级改造提供了极大的便利性;以太网的透明性,可以实现网络设备的互访和交换。

2. 工业现场无线网络通信技术

近年来,以太网、互联网等网络架构已越来越广泛地应用于自动化工业领域,取代传统的串口通信将成为自动化系统通信的主流。无线网络利用无线电波来为各种智能现场设备、移动机器人以及各种自动化设备之间的通信提供高带宽的无线数据链路和灵活的网络拓扑结构,在一些特殊环境下有效地弥补了有线网络的不足,进一步完善了工业控制网络的通信性能,是现代数据通信系统发展的一个重要方向。

无线网络技术在工业控制中的应用,主要包括数据采集、视频监控等,可以帮助用户实现移动设备与固定网络的通信或移动设备之间的通信,且坚固、可靠、安全。它适用于各种工业环境,即使在极恶劣的情况下也能够保证网络的可靠性和安全性。目前,在工业自动化领域中无线通信技术协议主要有:对于可用于现场设备层的无线短程网,采用的主流协议是 IEEE 802.15.4;而对于适应较大传输覆盖面和较大信息传输量的无线局域网,采用的是 IEEE 802.11 系列;对于较大数据容量的短程无线通信,工业界广泛采用的是蓝牙标准。无线网络通信技术分为无线传感器网络通信技术、无线局域网络通信技术、蓝牙通信技术。

1) 无线传感器网络通信技术

无线传感器网络(wireless sensor networks)是一种自组织网络,通过大量低成本、资源受限的传感节点协同工作完成某一特定任务。随着微机电系统的快速发展,制造小体积、低功耗、低成本的传感器节点成为可能。这些节点集成了传感器单元、微处理单元、通信单元及电源模块等部分,并可附加定位功能和移动功能。

无线传感器网络综合了传感器技术、无线通信技术、嵌入式技术等各项技术，可进行实时的检测、数据采集，通过自组织无线网络进行互联，实现对区域的动态协同控制。无线传感器网络扩展了人们获取信息的能力，它将客观世界的物理信息通过传输网络连接在一起，在下一代网络中为人们提供最直接、最有效、最真实的信息，这将是信息领域的一场革命。随着计算机网络技术、无线技术以及智能传感器技术的相互渗透、结合，产生了基于无线技术的网络化智能传感器的全新概念。这种基于无线技术的网络化智能传感器，使得工业现场的数据能够通过无线链路直接在网络上传输、发布和共享。这些智能化的传感器与 PLC、读卡器或其他设备互相连接，形成一个无线传感器控制网络，作为信息系统内管理、收集数据的工具。IEEE 802.15.4 是描述低速率无线个人局域网的物理层和媒体接入控制协议，目前 ZigBee、WirelessHART 和 MiWi 是遵循该协议的三项短程通信技术。本节以应用最为广泛的 ZigBee 网络为例，介绍无线传感网络通信技术。

ZigBee 通信技术具有功耗低、数据传输可靠性高、网络容量大、时延小、兼容性好、安全性高、实现成本低 7 大特点。①功耗低。工作周期较短、收发信息功耗较低且采用休眠模式。②数据传输可靠性高。采用了碰撞避免机制，同时为需要固定带宽的通信业务预留了专用时隙，避免了发送数据时的竞争和冲突。③网络容量大。一个 ZigBee 网络可以容纳最多 65536 个从设备和一个主设备，一个区域内可以同时存在最多 100 个 ZigBee 网络。④时延小。针对时延敏感的应用做了优化，通信时延和休眠状态激活的时延都非常短。设备搜索时延典型值为 30ms，休眠激活时延典型值为 15ms，活动设备信道接入时延为 15ms。⑤兼容性好。可以与现有的控制网络标准无缝集成。通过网络协调器(coordinator)自动建立网络，采用 CSMA-CA 方式进行信道存取。为了可靠传递，提供全握手协议。⑥安全性高。ZigBee 提供了数据完整性检查和鉴权功能，加密算法采用 AES-128，同时各个应用可以灵活确定其安全属性。⑦实现成本低。模块的初始成本较低。其网络拓扑结构可根据应用的需要组织成星状网络，如图 3-11 所示，也可以组织成点对点网络。在星状结构中，所有设备都与中心设备 PAN 网络协调器通信。在这种网络中，网络协调器一般使用持续电力系统供电，而其他设备采用电池供电。星状网络适合家庭自动化、个人计算机的外设以及个人健康护理等小范围的室内应用。

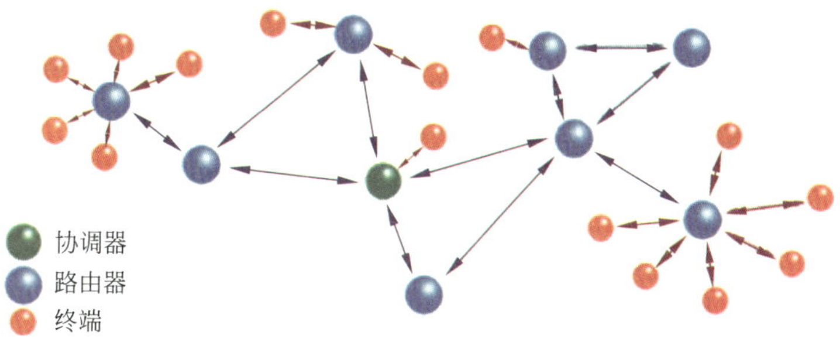

图 3-11　典型星状网络拓扑结构

与星状网不同，在点对点网络中，只要彼此都在对方的无线辐射范围之内，任何两个设备之间都可以直接通信。点对点网络中也需要网络协调器，负责实现管理链路状态信息、认证设备身份等功能。点对点网络模式可以支持 ad-hoc 网络，允许通过多跳路由的方式在网络中传输数据。不过一般认为自组织问题由网络层来解决，不在 IEEE 802.15.4 标准讨论范围之内。点对点网络可以构造更复杂的网络结构，适合于设备分布范围广的应用，比如在工业检测与控制、货物库存跟踪和智能农业等方面有非常好的应用前景。

2）无线局域网络通信技术

自从 1977 年第一个民用网系统 ARC net 投入运行以来，有线局域网以其广泛的适用性和技术价格方面的优势，获得了成功并得到了迅速发展。然而，在工业现场，一些工业环境禁止、限制使用电缆或很难使用电缆，有线局域网很难发挥作用，因此无线局域网（wireless LAN）技术得到了发展和应用。随着微电子技术的不断发展，无线局域网技术将在工业控制网络中发挥越来越大的作用。在工业自动化领域，有成千上万的感应器、检测器、计算机、PLC、读卡器等设备，需要互相连接形成一个控制网络，通常这些设备提供的通信接口是 RS-232 或 RS-485。无线局域网设备使用隔离型信号转换器，将工业设备的 RS-232 串口信号与无线局域网及以太网信号相互转换，符合无线局域网 IEEE 802.11b 和以太网 IEEE 802.3 标准，支持标准的 TCP/IP 网络通信协议，有效地扩展了工业设备的联网通信能力。

无线网通信协议可采用 IEEE 802.3 来实现点对点传输方式，或采用 IEEE 802.11 实现一点对多点传输方式，也可以在普通局域网基础上通过无线集线器、无线接入站、无线网桥、无线调制解调器及无线网卡等来实现，其中现场以无线网卡使用最为普遍。

利用无线局域网组建自动化工业网络，具有有线固定网络无法比拟的优势：①无线网络拓扑更适合工业网络应用。它支持 RS-232 工业设备点到点的连接；支持广播的拓扑，多个 RS-232 工业设备可组成对等网络，相互通信；支持客户机/服务器的拓扑，每个 RS-232 工业设备都可以方便、快捷地接入无线网络中，极大地提高了信息处理能力。②无须布线，省去了施工的麻烦。无线局域网利用无线电波传输数据信号，适合在难以布线的环境中搭建数据传输网络。在工业现场，铺设的线缆容易受到频繁的触碰损坏，无线网络则保证了网络的安全性。③覆盖范围广。无线局域网在开放空间覆盖半径达 550m，室内一般覆盖半径为 300～400m，通过室外无线设备传输距离可以达到几十千米。

无线局域网目前主要应用在远程视频传输、门禁/考勤管理、安防管理、生产设备联网自动化、电信/光纤网络监控、医疗/实验仪器联网自动化、工业/流程联网控管等领域。

3）蓝牙通信技术

蓝牙（bluetooth）是由东芝、爱立信、IBM、Intel 和诺基亚公司于 1998 年 5 月共同提出的近距离无线数字通信的技术标准。蓝牙是一个开放的通信技术,没有版权费,自从提出该标准以来,蓝牙技术的发展异常迅速,从提出到形成实用的标准经历了若干年时间,其标准也在不断改进。蓝牙作为一种新的短距离无线通信技术标准,受到全世界越来越多工业界生产厂家和研究机构的广泛关注。近年来,世界上一些权威的标准化组织也都在关注蓝牙技术标准的制定和发展。例如,IEEE的标准化机构已经成立了802.15工作组,专门关注有关蓝牙技术标准的兼容和未来的发展等问题。其中,IEEE 802.15.TG2主要探讨蓝牙如何与IEEE 802.11b无线局域网技术共存的问题,而IEEE 802.15.3TG3则研究未来蓝牙技术向更高速率(如10~20Mb/s)发展的问题。国内的一些生产厂家与研究部门也准备开始进行蓝牙技术产品的开发。

蓝牙是取代数据电缆的短距离无线通信技术,可以支持物体与物体之间的通信,工作频段是全球开放的2.4GHz频段,可以同时进行数据和语音传输,传输速率可达到10Mb/s,使得在其范围内的各种信息化设备都能实现无缝资源共享。蓝牙技术的应用非常广泛而且极具潜力。它可以应用于无线设备(如PDA、手机、智能电话、无绳电话)、图像处理设备(照相机、打印机、扫描仪)、安全产品(智能卡、身份识别、票据管理、安全检查)、消费娱乐(耳机、MP3、游戏)、汽车产品(GPS、ABS、动力系统、安全气囊)、家用电器(电视机、电冰箱、电烤箱、微波炉、音响、录像机)、医疗健身、建筑、玩具等领域。

蓝牙技术具有功耗低,通信速率高,工作频段不受限制,可靠性高,通信距离短,可灵活组网,自动搜索,成本低廉和技术成熟等特点。

(1) 功耗低。蓝牙技术具有功耗低的特点。蓝牙的链路管理器具有功耗管理功能,可以根据工作状况对功耗进行有效管理。在不通信时,系统自动进入休眠模式,来降低功耗。典型的蓝牙通信峰值电流一般不超过30mA,低功耗蓝牙峰值电流不超过15mA。蓝牙的三种类型的功耗分别为:远距离蓝牙的发射功率为100mW(20dBm),典型蓝牙的发射功率为2.5mW(4dBm),低功耗蓝牙的发射功率为1mW(0dBm)。

(2) 通信速率高。作为一种短距离无线通信技术,蓝牙具有通信速率高的特点。低功耗的蓝牙,其空中的传输速率可达1Mb/s,实际有效数据传输速率可达200kb/s以上;高速蓝牙在空中的传输速率可达3Mb/s,实际有效数据传输速率可达2.1Mb/s。可见,不论低功耗蓝牙还是高速蓝牙均可实现信息的实时传输和通信。

(3) 工作频段不受限制。蓝牙工作在2.4GHz的ISM波段,而全球大多数国家的ISM频段范围在2.4~2.4835GHz,该波段是一种无须许可的工业、科技、医学无线电波段,用户可以在此波段内免费使用无线电频段资源。

(4) 可靠性高。蓝牙通信采用了扩频技术和多种安全模式,因而具有较高的通信可靠性。蓝牙采用跳频扩谱技术,可以降低同频干扰的影响,还由于载波频率不停跳变,使监听设备很难达到载波同步,故而无法侦听。另外,蓝牙还结合了多种纠错技术,提高了数据传输的可靠性。

(5) 通信距离短。蓝牙通信典型的通信距离为 10m,但它是一种通信距离随功率而变的通信技术,有 100mW、25mW 和 1mW 三个典型的发射功率。当发射功率为 100mW 时,其传输距离为 100m;当发射功率为 25mW 时,其传输距离为 10m;当发射功率为 1mW 时,其传输距离为 10cm。蓝牙通信非常适合不同应用场合的短距离无线通信,尤其适用于工业互联网的传感器的数据采集。

(6) 可灵活组网、自动搜索。蓝牙系统支持两种通信模式,即点对点和点对多点的通信模式,形成了两种网络拓扑结构:微微网(Piconet)和散射网络(Scatternet)。在一个 Piconet 中,只有一个主单元(Master),最多支持 7 个从单元(Slave)与 Master 建立通信。Master 通过 4 个不同的跳频序列来识别每个 Slave,并与之通信。若干个 Piconet 形成了一个散射网络,一个蓝牙设备单元在一个 Piconet 中是一个 Master,而在另一个 Piconet 中就可能是一个 Slave。几个 Piconet 可以连接在一起,依靠调频顺序识别每个 Piconet。同一个 Piconet 的所有用户都与这个跳频顺序同步。其拓扑结构可以被描述为"多 Piconet"结构。在"多 Piconet"结构中,在带有 10 个全负载的独立的 Piconet 的情况下,全双工数据速率超过 6Mb/s。

蓝牙还采用了 Plug&Play(即插即用)技术,任意一个蓝牙设备一旦寻找到另一个蓝牙设备,它们之间就可立即建立联系,无须用户进行任何设置,而自动完成搜索、连接功能。

(7) 成本低廉和技术成熟。蓝牙技术经过十多年的发展,在标准制定、芯片的设计与加工、产品的设计与应用等方面都相当成熟。现在的蓝牙模块都采用单芯片集成化,大多数芯片还包含了 MCU、Flash 和 Ram,基本上一个芯片就能完成所有的工作。由于蓝牙设备的使用量大,因此,其价格不断下降。目前,蓝牙芯片已经降到了 1 美元以下,而且功能比以前强大得多。

在近几年发展起来的工业互联网行业中,在感知控制层,大量的工业互联网终端的共享需要大量的短距离无线通信技术通过汇集设备与网络传输层交互。鉴于以上蓝牙技术越来越成熟、速度越来越快,集成度也越来越高的特点,工业互联网的短距离通信得以较好的实现,因此,蓝牙技术将在工业互联网中扮演重要角色。

4) 工业无线网络通信技术的发展趋势

在大数据时代,工业无线网络技术是工业互联网技术领域最活跃的主流发展方向,是影响未来制造业发展的革命性技术。工业无线技术兴起于 21 世纪初,通过支持设备间的交互与互联,提供低成本、高可靠、高灵活的新一代泛在制造信息系统和环境,推动工业信息化系统的功能扩展与提升,是提高生产效率、提升产品质量、节约能源和降低排放的重要使能技术。为此,工业无线网络技术备受全球先进工业国家的关注。

工业无线网络是一种由大量随机分布的、具有实时感知和自组织能力的传感器节点组成的网状网络，综合了传感器技术、嵌入式计算技术、现代网络及无线通信技术、分布式信息处理技术等，具有低耗自组、泛在协同、异构互联的特点。工业无线网络技术是继现场总线之后工业控制系统领域的又一热点技术，是降低工业测控系统成本、提高工业测控系统应用范围的革命性技术，也是未来几年工业自动化产品新的增长点，已经引起许多国家学术界和工业界的高度重视。

无线介质不像有线介质那样处在一种受保护的传输环境之下。在传输过程中，它常常会衰变、中断和发生各种各样的缺陷，诸如频散，多径时延，干扰，与频率有关的衰减、节点休眠、节点隐蔽和与安全有关的问题等。不过这些影响无线传输质量的因素，都可以通过在 OSI 通信 7 层参考模型的各层中采用适当的机制加以克服或减轻。要注意的是，并不是所有的机制都可以与其他的机制相兼容；或者说，有可能对关键性能和属性产生负面影响。因此，通信系统必须根据其具体的应用现实环境，对各层所采用的机制进行组合优化，以求得最好的综合通信性能。

工业无线网络通信技术在工业现场中的应用并不是简单地化有线为无线，它延伸了原有的工业网络的控制范围，并提供了极高的灵活性，成为有线网络、现场总线的一个有效补充。在未来的若干年内，工业无线网络通信将会得到快速的发展，但是无线网络通信并不会彻底取代有线通信，只有将两种通信技术结合起来，使有线的稳定性、可靠性和无线的灵活性、经济性互相补充，才会有效促进我国工业技术的发展。

因此，如何在复杂的工业环境中研究出可靠、保密、克服干扰的无线通信技术，并开发出支持这些无线通信协议的物理层和 MAC 层的收发器芯片，是未来工业无线网络通信技术发展的重中之重。

3.2.3　新一代通信技术

目前在工业生产中应用较多的无线通信技术主要有无线局域网、传感器网络、蓝牙技术以及无线射频识别技术（RFID）等，但这些技术存在通信距离短、控制精度低、时延大、组网容量小等缺点，在大规模工业自动化生产中效率较低，因此本节在对 5G 通信技术进行介绍的基础上，对 5G 在我国的大规模工业化系统中的应用进行分析和展望。

1. 5G 通信介绍

自从 20 世纪 80 年代第一代移动通信商业化以来，每十年移动通信会出现新一代技术，通过关键技术的引入，实现频谱效率和容量的成倍提升，推动新的业务类型的不断涌现。近几年随着 4G 在全球范围内大规模商用，以及应对未来移动数据流量增长、海量的设备连接、不断涌现的各类新业务和应用场景的需要，第五代移动通信（5G）系统应运而生。与前 4 代不同的是，5G 的应用是十分多样化的，峰值速率、体验速率、连接数，以及低时延、高可靠、低功耗等都将成为系统设计的重要因素。应用场景也不只是广域覆盖，还包括密集热点、机器间通信、车联网、大型露天集会、地铁、高铁等具有超高密度、海量连接数、超高移动性特征的场景，也可以为用户提供超高清视频、虚拟现实、增强现实、在线游戏等极致业务体验，这也决定了 5G 技术的应用对象是多元的。

2. 5G 的五大关键技术

未来的网络将会面对以下需求：1000 倍的数据容量增长，10 到 100 倍的无线设备连接，10 到 100 倍的用户速率需求，10 倍长的电池续航时间需求等。4G 网络无法满足这些需求，所以 5G 必须登场。但是，5G 不是一次革命，它是 4G 的延续，相信 5G 在核心网部分不会有太大的变动，5G 的关键技术将集中在无线部分。然而 5G 最终将采用何种技术，目前还没有定论。本节收集了 5 大关键技术，下面分别对这些技术做简要介绍。

1）非正交多址接入技术

非正交多址接入技术（non-orthogonal multiple access，NOMA）不同于传统的正交传输，在发送端采用非正交发送，主动引入干扰信息，在接收端通过串行干扰删除技术实现正确解调。与正交传输相比，接收机复杂度有所提升，但可以获得更高的频谱效率。非正交传输的基本思想是利用复杂的接收机设计来换取更高的频谱效率，随着芯片处理能力的增强，将使非正交传输技术在实际系统中的应用成为可能。NOMA 的思想是，重拾 3G 时代的非正交多用户复用原理，并将之融合于现在的 4G 正交频分复用技术（OFDM）之中。

从 2G、3G 到 4G，多用户复用技术无非就是在时域、频域、码域上做文章，而 NOMA 在 OFDM 的基础上增加了一个维度——功率域。新增这个功率域的目的是，利用每个用户不同的路径损耗来实现多用户复用。如表 3-1 所示为 3G、3.9G/4G 与 FRA 多址方式的比较。

表 3-1　3G、3.9G/4G 与 FRA 多址方式的比较

项　目	3G	3.9G/4G	FRA
多址方式	非正交（码分多址）	正交	非正交多址接入
信号波形	单载波	正交频分复用	正交频分复用
自适应技术	单边部署加速技术	自适应调制编码	功率分配和自适应编码联合自适应
频谱图	F	F	F

NOMA 中的关键技术包含两部分：串行干扰删除、功率复用。

（1）串行干扰删除

在发送端，类似于 CDMA 系统，引入干扰信息可以获得更高的频谱效率，但是同样也会遇到多址干扰（MAI）的问题。关于消除多址干扰的问题，在研究第三代移动通信系统的过程中已经取得很多成果，串行干扰删除（SIC）也是其中之一。NOMA 在接收端采用 SIC 接收机来实现多用户检测。串行干扰删除技术的基本思想是采用逐级消除干扰策略，在接收信号中对用户逐个进行判决，进行幅度恢复后，将该用户信号产生的多址干扰从接收信号中减去，并对剩下的用户再次进行判决，如此循环操作，直至消除所有的多址干扰。图 3-12 所示为下行链路 NOMA 方案示意图。

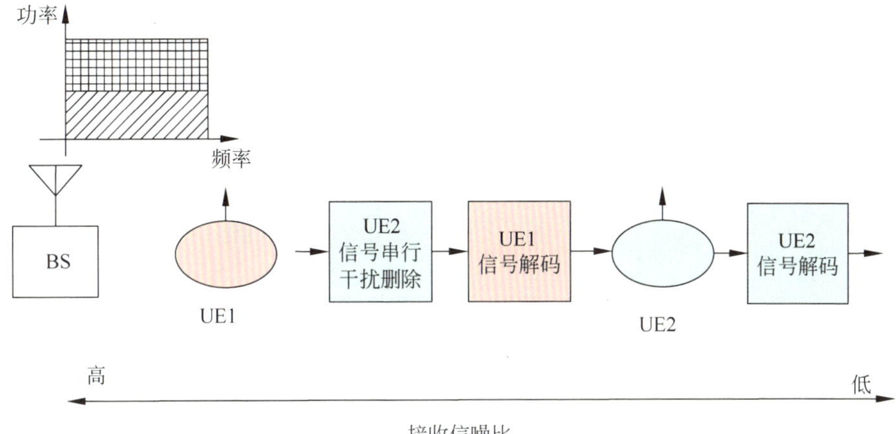

图 3-12　下行链路 NOMA 方案示意图

（2）功率复用

SIC 接收机在接收端消除多址干扰，需要在接收信号中对用户进行判决来排出消除干扰的用户的先后顺序，而判决的依据就是用户信号功率大小。基站在发送端会对不同的用户分配不同的信号功率，来获取系统最大的性能增益，同时达到区分用户的目的，这就是功率复用技术。不同于其他的多址方案，NOMA 首次采用了功率复用技术。功率复用技术在其他几种传统的多址方案中没有被充分利用，其不同于简单的功率控制，而是由基站遵循相关的算法来进行功率分配。在发送端对不同的用户分配不同的发射功率，从而提高系统的吞吐率。另一方面，NOMA 在功率域叠加多个用户，在接收端，SIC 接收机可以根据不同的功率区分不同的用户，也可以通过诸如 Turbo 码和 LDPC 码的信道编码来进行区分。这样，NOMA 能够充分地利用功率域，而功率域在 4G 系统中没有得到充分利用。与 OFDM 相比，NOMA 具有更好的性能增益。

NOMA 可以利用不同的路径损耗的差异来对多路发射信号进行叠加，从而提高信号增益。它能够让同一小区覆盖范围的所有移动设备都获得最大的可接入带宽，这可以解决由于大规模连接带来的网络挑战。

NOMA 的另一优点是，无须知道每个信道的 CSI（信道状态信息），从而有望在高速移动场景下获得更好的性能，并能组建更好的移动节点回程链路。

2）滤波组多载波技术

在 OFDM 系统中，各个子载波在时域相互正交，它们的频谱相互重叠，因而具有较高的频谱利用率。OFDM 技术一般应用在无线系统的数据传输中，在 OFDM 系统中，由于无线信道的多径效应，从而使符号间产生干扰。为了消除符号间干扰（ISI），在符号间插入保护间隔。插入保护间隔的一般方法是符号间置零，即发送第一个符号后停留一段时间（不发送任何信息），接下来再发送第二个符号。在 OFDM 系统中，这样虽然减弱或消除了符号间干扰，但由于破坏了子载波间的正交性，从而导致了子载波之间的干扰（ICI）。因此，这种方法在 OFDM 系统中不能采用。在 OFDM 系统中，为了既可以消除 ISI，又可以消除 ICI，通常保护间隔是由 CP（cycle prefix，循环前缀）来充当的。CP 是系统开销，不传输有效数据，从而降低了频谱效率。

而滤波组多载波技术（FBMC）利用一组不交叠的带限子载波实现多载波传输，FBMC 对于频偏引起的载波间干扰非常小，不需要 CP（循环前缀），较大地提高了频率效率，如图 3-13 所示。

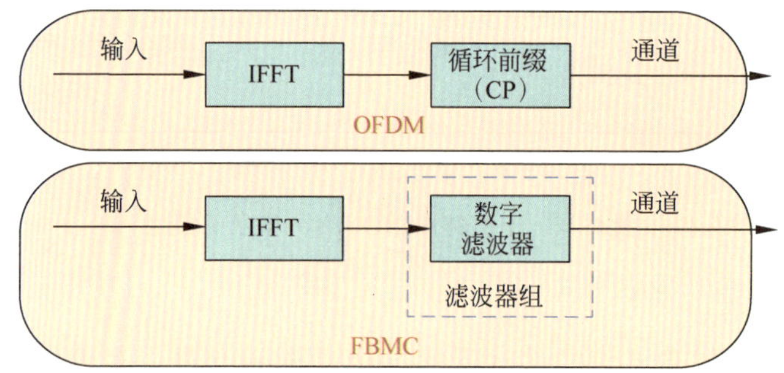

图 3-13　OFDM 和 FBMC 实现的简单框图

3）大规模 MIMO 技术

MIMO 技术已经广泛应用于 Wi-Fi、LTE 等。理论上，天线越多，频谱效率和传输可靠性就越高。具体而言，当前 LTE 基站的多天线只在水平方向排列，只能形成水平方向的波束，并且当天线数目较多时，水平排列会使得天线总尺寸过大从而导致安装困难。而 5G 的天线设计参考了军用相控阵雷达的思路，目标是更大地提升系统的空间自由度。基于这一思想的 LSAS 技术，通过在水平和垂直方向同时放置天线，增加了垂直方向的波束维度，并提高了不同用户间的隔离（如图 3-14 所示）。同时，有源天线技术的引入还将更好地提升天线性能，降低天线耦合造成的能耗损失，使 LSAS 技术的商用化成为可能。

由于 LSAS 可以动态地调整水平和垂直方向的波束，因此可以形成针对用户的特定波束，并利用不同的波束方向区分用户（如图 3-15 所示）。基于 LSAS 的三维波束成形可以提供更细的空域粒度，提高单用户 MIMO 和多用户 MIMO 的性能。

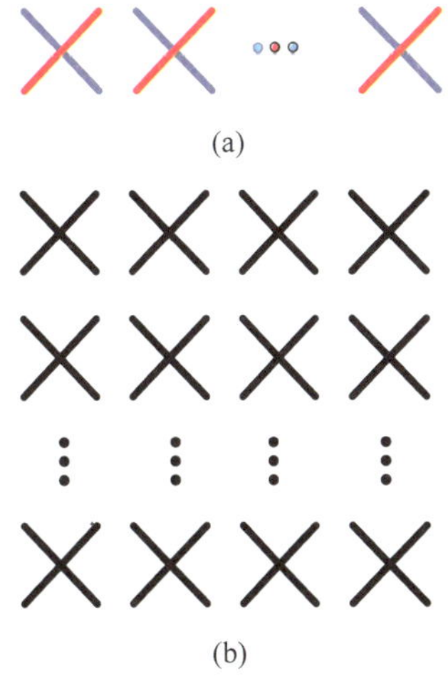

图 3-14　5G 天线与 4G 天线对比
(a) 传统 MIMO 天线阵列排布；
(b) 5G 中基于 Massive MIMO 的天线阵列排布

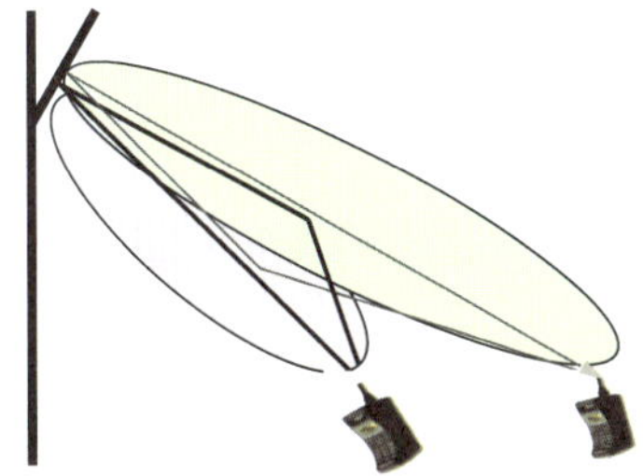

图 3-15　基于三维波束成形技术的用户区分

同时，LSAS 技术的使用为提升系统容量提供了新的思路。例如，可以通过半静态地调整垂直方向波束，在垂直方向上通过垂直小区分裂(cell split)区分不同的小区，实现更大的资源复用(如图 3-16 所示)。

大规模 MIMO 技术可以由一些并不昂贵的低功耗的天线组件来实现，为实现在高频段上进行移动通信提供了广阔的前景，它可以成倍提升无线频谱效率，增强网络覆盖和系统容量，帮助运营商最大限度地利用已有站址和频谱资源。

图 3-16　基于 LSAS 的小区分裂技术

如图 3-17 所示，3D-MIMO 技术在原有的 MIMO 基础上增加了垂直维度，使得波束在空间上三维赋形，可避免相互之间的干扰。配合大规模 MIMO，可实现多方向波束赋形。

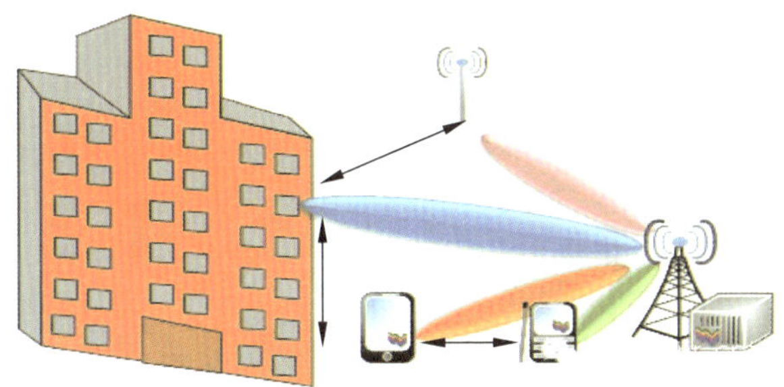

图 3-17　波束在空间上三维赋形

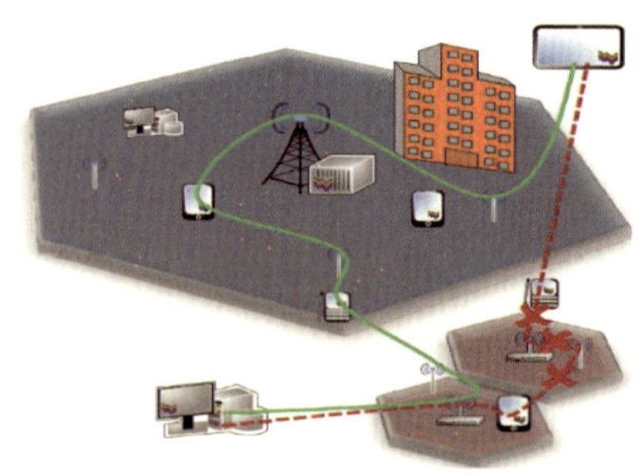

图 3-18 认知无线电技术

4）认知无线电技术

认知无线电技术（cognitive radio spectrum sensing techniques）最大的特点就是能够动态地选择无线信道。如图 3-18 所示，在不产生干扰的前提下，手机通过不断感知频率，选择并使用可用的无线频谱。

5）多技术载波聚合

我们知道，3GPP R12 已经提到这一技术标准。未来的网络是一个融合的网络，载波聚合技术不但要实现 LTE 内载波间的聚合，还要扩展到与 3G、Wi-Fi 等网络的融合。

如图 3-19 所示，多技术载波聚合（multi-technology carrier aggregation）技术与 HetNet 一起，终将实现万物之间的无缝连接。

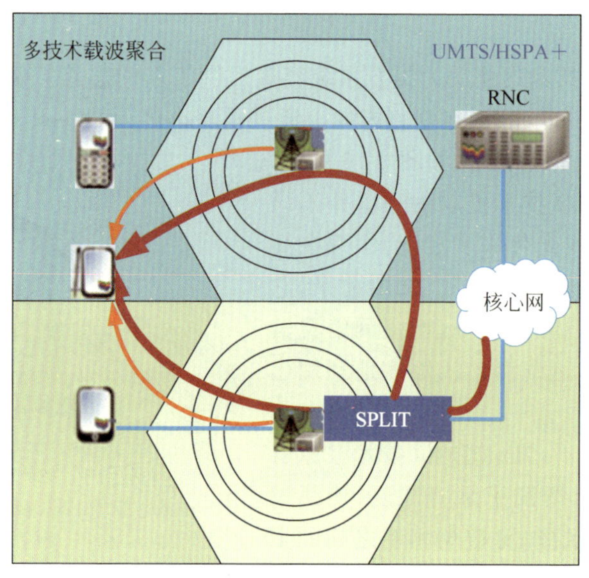

图 3-19 多技术载波聚合

3. 5G 和工业互联网的融合

1）融合的原因

工业互联网应用将会是一种与时俱进的不断发展的高新技术，尤其是大数据和云计算的应用，不仅提高了人们分析数据的范围和处理数据的能力，还能在更大范围内实现工业设备与工业软件的有效对接及数据链的上下贯通；互联网的应用，不仅极大地丰富了神经末梢的智能部件和传感器等设备的应用，也使数据采集、传输、互联互通变得更为精确、更加智能。我国当前的工业互联网由政府引导转向应用需求为主导，企业开始应用工业互联网解决自身所面临的实际问题，比如通过传感器仪器仪表实时监控生产设备、原材料、在制品及工作人员的状态，实现制造过程的智能执行，提高生产效率和产品质量；通过RFID等识别技术建设智能仓储，并与生产过程联结，提高制造原料的高效配置；耐用性的设备产品通过感知手段获取数据实现预测性预警、远程维护等服务，提高设备产品的附加值。工业互联网在工业制造领域各环节的深入应用，有助于改善产能过剩、成本压力增加等诸多状况。然而，从工业互联网已经走过的轨迹来看，其发展的脉络几乎一直局限在制造领域，传统的工业互联网只是包括工业领域制造业的专用网络系统，属于行业私有网，虽然可以使整个工业制造体系中的所有网络互联互通、共享数据与信息，可以应用工业大数据和工业私有云，但组网的专业性和私有性完全局限了网络的应用只能在工业制造领域，缺乏与互联网或无线互联网互联的物理渠道和交互平台，不能通过网络与消费者沟通，更不能为消费者提供自由选择的环境，只能通过网络窗口展示样品供消费者选择，仍然是一种直销方式的大批量同质化生产订单模式，无法克服传统制造业的产量过剩问题，不能高效实现可以贴切用户需求的个性化小批量异质化生产定制方式，束缚了工业互联网的应用潜能。因此，需引入软件定义网络(SDN)、网络功能虚拟化(NFV)和内容分发网络(CDN)等面向5G的新技术，利用5G系统与社会衔接，方可挣脱工业领域自身局限的束缚。

2）融合方式

5G不仅是一个云网络架构支撑下的云服务体系，对应的高速率、低时延和高带宽特征还会使其成为物联网、车联网、远程控制、城市交通实时管控等未来网络中非常重要的接口，成为未来信息社会的重要基础设施，成为所有信息网络交互通信与应用的综合平台。5G因其能够满足更高端、更复杂的各种通信性能需求，满足更精确、更快速的各种应用标准，因而能够服务于更多用户、更多终端设备和更多的目标场景，所以5G完全有能力在传输领域和互联网领域承载即将到来的工业互联网的诸多应用，能够直接或间接地影响工业互联网，甚至催生出全新的生产、生活思维方式，成为支撑工业互联网的网络基础。工业互联网只有利用5G系统与社会衔接，才能挣脱工业领域自身局限的束缚。5G系统与工业互联网的融合具体可体现在以下方面。

(1) 5G移动终端与工业互联网的融合

5G移动终端将会是促进工业互联网衍生更多、更新应用的重要推手。5G时代的超大集成技术将会普遍采用7nm线宽，芯片的集成度更高，具有超强的计算、存储和处理能力，完全可以利用大数据和云计算，使终端在超强的网络平台中，功能更多、效率更高、功耗更低，成为可以直接接入网络服务的智能手机、虚拟现实(VR)眼镜或可穿戴设备。5G是未来的移动互联网，通信服务将以消费者为主体。5G系统中的用户与具备连接功能的终端将会成为信息产生与交互的主体，使智能终端的平台属性更为突出，甚至将个性化定制的云服务植入终端，完全有能力支持工业互联网丰富的客户端应用，使5G技术融入工业互联网，促进工业互联网发展。

（2）5G开放和统一的综合性平台与工业互联网的融合

5G开放和统一的综合性平台特征有益于工业互联网制定跨企业标准。5G不是一种全新的专有的技术，而是一种综合了现有技术和一些可应用于挑战性场景的新设计，一种在现有成熟技术的基础上增添了许多创新技术的综合技术。5G是一个开放的、统一的、可跨多种标准的综合性平台技术。所以，5G在物理底层考虑采用不同的帧结构和子带宽来应对不同的应用场景。工业互联网中跨企业标准制定同样可以从底层寻求适应不同行业标准间的互联技术，借鉴5G综合性平台特征技术，使其在产业链环节之间、车间之间、生产线之间、流水线之间等多个层面实现统一的互联互通，利用网络化技术在工业领域的应用，促进制定跨企业标准的科学建立。

（3）5G高速率、高带宽和高品质与工业互联网的融合

5G网络的高速率、高带宽和高品质可助力工业互联网融入移动互联网领域。工业制造系统的高度网络化和智能化，要求网络体系具备高带宽、高速率和高可靠性，保证工业生产中各环节衔接和自动控制中操作的精度，尤其是在移动互联网环境中，用户与位于各工厂中的机器的互联互通，其可靠性高度依赖移动网络的高品质。作为未来移动互联网的5G系统，新技术大多集中在无线信道的高带宽、高速率和高可靠性，如非正交多址接入、大规模MIMO天线、毫米波通信和同时频全双工等，分别采用时分、频分、空分、码分等信道资源扩大带宽、提高速率，采用分集技术提高传输的可靠性。所以，5G网络对工业互联网融入移动环境的影响将是巨大的。

（4）SDN与工业互联网的融合

SDN将会使工业互联网中的异构网络互联更简单、更方便、更易于控制。SDN的设计思想是通过软件化、集中化，使网络变得更加开放、灵活、高效，表现为将网络的控制平面与转发平面分离，使控制平面为用户标准编程接口，集中部署网络管控应用，使转发平面保留在硬件中，通过标准协议接口接收、执行转发策略。工业互联网将工业制造界不同领域的众多工业网络互联起来，使分布在不同制造领域中的优异技术为整个业界共享，做到强强联合，既能提高整个工业制造的整体质量，还能促进各项制造技术形成良性竞争环境。SDN技术从底层可以使工业界各专业子网的互联更简单、方便，且无须企业耗费更多的维护与管理成本。

（5）NFV与工业互联网的融合

NFV将会成为推进软件定义机器技术发展的动力。NFV技术用标准服务器软件实现传统网络设备功能，使网络设备虚拟化、程序化，使网络维护智能化、可调化，使网络整体架构可以根据业务量的变化自动动态伸缩，既可节约网络的硬件成

本,又可提高临时组网的灵活性。工业互联网中的软件定义机器技术,用标准硬件作为机器的基础设备,用智能软件作为设备的虚拟机器,在工业互联网中用软件编程来虚拟智能机器。显然,软件定义机器可借助 NFV 技术思想,先将制造设备分类,再对每类设备的功能细分,用相同标准硬件中的不同软件虚拟不同的机器功能。可以预见,NFV 技术对工业互联网中的软件定义机器将会产生较大影响。

3）融合的影响和前景

（1）对推进技术发展的影响

5G 和工业互联网同为当今的前沿技术,虽然分别服务于通信领域和工业领域,但技术的关联性仍然会使它们紧密相联。工业互联网依赖于高速发展的互联网技术,性能优异的 5G 网络将会有力促进互联网应用的高速发展,也必将对工业互联网的应用产生深远的影响。未来对工业互联网的需求会不断增长,支持未来万物互联的两个最重要的核心是海量的链接和极速的响应,目前的工业互联网络对此尚无法给予支撑,但未来 5G 网络由于具有低时延、广域覆盖、超密集组网、海量链接等技术特点将可满足工业互联网的需求。目前 5G 的标准尚未最后形成,真正商用还需要几年时间,但是在未来,5G 网络的高灵活性使其能够处理工业互联网产生的多样化数据,同时工业互联网也提供优化的 5G 网络有效配置满足终端用户的需求。5G 通信技术和工业互联网将协同发展,相互促进,促使大数据时代的工业互联网真正迎来井喷式发展。

（2）对拓展业务形式的影响

5G 系统作为一个包括有线和无线的通信综合网络平台,在当前的开放性环境中,不可能不对工业互联网应用产生积极而深刻的影响。5G 系统的最大特点是将通信的可移动性、连接的广域性、业务与应用的多样性相结合,可将人和物通过通信方式有机地联系起来,使人可以随时随地监视、控制和管理物,也可以使物随时随地影响人,可以方便、快捷、准确、安全地完成生活、工作、商务、学习和娱乐等方面的人与人、人与物、物与物之间的信息交流和操作上的互联互通。工业互联网是一个可将工业制造领域绝大多数个性化应用通过网络互联起来的工业制造体系,一个可动态演进的工业生态模式,其发展范围之广、涉猎内容之多、影响行业之泛,可能会超出一般的习惯性想象。

传统的工业制造受计算技术和通信能力的局限,制造流程和设计理念只能局限在有限的范围中,简单有限的交互功能也仅能提供较少的信息流动,使得工厂、企业由模式固定、标准统一、设计僵化的传统方式生产的大量同质化产品,越来越难以满足消费者思想活跃、想象丰富的多样化和个性化需求。云计算和大数据可支持工业制造实现体验拟人化、设计多样化和制造个性化,互联网和 5G 网络作为工厂之间、企业之间、工业制造与消费者之间互联的基础,将会有力地推动工业互联网理念从狭义走向广义,使传统、单一的制造系统融入现代电子商务的大潮中。“一人难如百人意”将成为古训,5G 环境下的工业互联网技术,将会成就工业制造产品人人满意的夙愿。

可以预见,5G 系统的研究与商用,会对工业互联网应用产生积极而深远的影响,在推动工业互联网在较多领域并行发展的同时,催生大量的技术创新,推动新产品和解决方案由孵化走向应用和成熟,使工业生产从传统的以计算机为基础的设备自动化生产模式向以互联网为基础的网络化和智能化生产模式转化,使工业互联网应用涉及的领域从单一的工业制造业向智慧城市、医疗、金融、商贸、大学和科研院所等其他完全不同的领域覆盖,会在工业化与信息化融合的基础上与互联网、物联网、云计算、大数据、5G 和先进的智能化技术一起,构建新型的、更适合消费者的工业生产、流通和消费形式,形成新型的人与人、人与物、物与物之间广泛互联的万物互联的新时代。

3.3 工业互联网的开放接口技术

车间内装备一般来自不同的厂商,搭载不同控制系统,不同系统之间采用不同的数据类型和格式,导致了设备系统间的异构性。异构设备之间信息的类型、格式和语义方面的差异对设备间的数据交换和通信造成障碍,并产生"信息孤岛"。统一信息标准规范的缺乏亦导致数字化车间推广成本过高,在实际运行中难以实现有效的网络集成,阻碍了数字化车间网络化智能化协同的实现,制约了数字化制造向智能制造的升级。设备和机器不同协议间的互操作性,成为激发工业互联网最大潜能需要解决的一大挑战[9]。

解决数字化车间内的信息孤岛问题,实现设备间互联互通和互操作以及设备模型到生产线和车间信息模型的继承拓展,是实现智能制造的重要基础,具有严格规范的标准化信息模型则是解决这一问题的关键。PLCopen 和 OPC 正在开展合作,定义一组功能块,将 IEC 61131-3 工业控制编程全球标准映射到 OPC UA (object linking and embedding for process control united architecture)信息通信模式。OPC UA 协议是一种跨平台的、具有更高的安全性和可靠性的通信协议,可以满足制造车间与企业之间信息的高度联通及互操作需求。MTConnect 标准有助于联网制造设备数据的标准化收集。消息队列遥测传输(message queuing telemetry transport,MQTT)是一种支持在各方之间异步通信的消息协议,它致力于为工业互联网开发人员实现适当的平衡[10]。

3.3.1 PLC open

传统上,工业机器人等复杂工业设备使用复杂的专有语言编程,对外人来说是很难的,只有专业程序员才能理解。运动控制器现在应用广泛多样,通常使用 PC 库或其他专有语言来编程,PLC、运动控制器和复杂工业设备需要紧密集成。但每种组件需要通过它们的专有语言才能呈现自己的特征,越来越多的最终用户要求把复杂工业设备、运动控制器和可编程控制器都用熟悉的 PLC 语言进行编程。这些语言对于机器制造商的程序员而言更容易理解，也使最终用户的服务人员更容易维护。为了减少复杂性，协调这三个不同的平台的外观、感觉和功能，PLCopen 工作组为运动控制已经设计了一套标准化工具，能在 PLC 编程环境下直接对运动控制编程[11]。

PLC 的角色定位永远是设备和自动化生产线的控制器，因此在未来实现智能制造和智慧工厂的过程中，PLC 仍然处于基础自动化的层次。不过，由于它将控制的是工业 4.0 时代的具有感知、决策和执行功能的智能制造设备，因此未来 PLC 应该具备与品种更广泛的感知设备和执行设备的接口，具备执行更强大的智能算法和更复杂逻辑控制的能力，还应该具备更高效运行的通信能力。未来 PLC 作为直接与生产过程打交道的控制器，还负责将最基本的生产信息上传给上位管理系统，并接收上位管理系统发来的指令和数据。简而言之，PLC 作为智能制造装备的控制器，将在智慧工厂所要求的软硬件横向集成和产品信息纵向集成中发挥关键节点的作用。

1. PLCopen 的软硬件横向集成

PLC 的软硬件集成技术以 PLCopen 国际组织为先导，一直在为满足工业 4.0 和智能制造日益清晰的要求做准备。图 3-20 显示了 PLCopen 历年来所开发的各种规范（运动控制、安全控制、OPC UA 通信、XML 等）在工业 4.0 参考架构模型（RAMI 4.0）相应制造环境的软硬件功能层级维度及其层级中的位置，可以明显地看到，PLCopen 国际组织长期以来不断地为提高自动化效率所做的卓有成效的工作，使得人们可以拥抱未来技术。

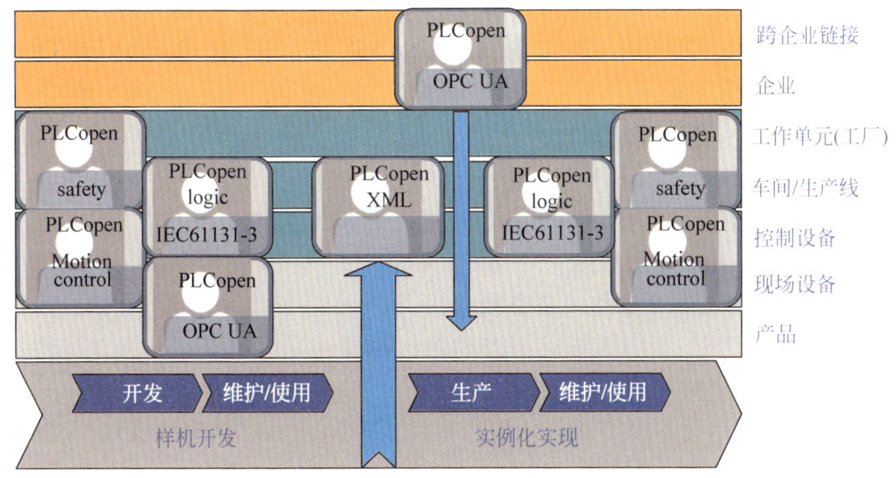

图 3-20　PLCopen 各规范在 RAMI 4.0 中的位置

例如，PLCopen 与 OPC 基金会联合开发的 IEC 61131-3 的 OPC UA 信息模

型和相应的OPC UA的客户端和服务端的功能块规范，就可以用在产品层和现场设备层，乃至控制设备层、车间层、工厂层、企业层，以及跨企业连接层中，起到符合工业4.0所要求的软硬件分布式、扁平化的通信作用。值得注意的是，为了使OPC UA能够满足M2M的实时通信要求，近年来正在引入广泛应用于现场总线和工业以太网实时通信的发布方/订阅方的通信机制。同时也在开发符合IEEE时间敏感网络TSN规范的OPC UA TSN。这是OPC基金会计划用OPC UA取代工业以太网的又一举措。而PLCopen的运动控制规范则在现场设备层和控制设备层中广泛运用。基于IEC 61131-3国际标准的逻辑控制和顺序控制以及面向对象的控制编程运用于现场设备层、控制设备层、车间层等。机械安全规范完全可以用在工厂层、车间层和设备层。而PLCopen的IEC 61131-3的XML模式规范已经成功地运用在工厂工程设计平台AutomationML中和许多控制系统统一工程设计、运行维护和服务的平台中，作为不同功能设计引擎的数据交换和图形交换的有效软件工具。

对PLCopen来讲，要让其多年所积累的软硬件技术迅速地融入工业4.0，一个可行的途径是参与产品描述。工业4.0需要组织极大数量不同类型的标准化数据元件，PLCopen的专业范围就是这些不同类型中很重要的与PLC技术相关的一类。过去许多年它已经定义了许多不同的功能块集合，可以以其为基础进行扩展，定义有关的功能性或软件，建立潜在功能性的抽象层，再映射至功能层。

2. PLCopen的产品信息纵向集成

对于将物理实体资产经过数字化的途径映射为相关资产的产品描述(数据性能)的标准化过程，一种可行的方法是按照国际标准化组织制定的国际标准ISO 29002-5，即《工业自动化系统和集成特征数据交换》的第五部分“标识方法”，利用分类产品描述的软件包eCl@ss Version9.1，用URI和URL进行唯一资源标识和唯一资源定位。ISO 29002-5规定了唯一标识管理项的数据元素和语法。管理项可以是概念词典中的一个概念或概念信息元素。概念信息元素包括的术语内容有名称、缩略词、定义、图片、符号等，将一个概念归类于某个相同概念类(概念类型)，以及参照于源文件。

图3-21描述的就是这种统一的格式。标识符是URL，为每一种资产提供唯一的识别符，并与该资产对应的信息空间对应，该标识符既参照该资产的物理分类，又可链接该资产的信息空间，而信息空间的虚拟描述完全建立在其物理特性和相关数据之上。

图3-22示出的许多标准可作为信息空间中产品信息纵向集成领域/子模型的样板。例如信息空间可遵照IEC TR 62794和IEC 62832数字工厂；标识可参照ISO 29005或URI唯一ID；通信可遵照IEC 61784工业通信规约第二章“以太网”；能效依据ISO/IEC 20140-5；信息安全参照IEC 62443网络和系统的信息安全，等等。显然，PLCopen在PLC这一大类产品的产品信息纵向集成这一方向上

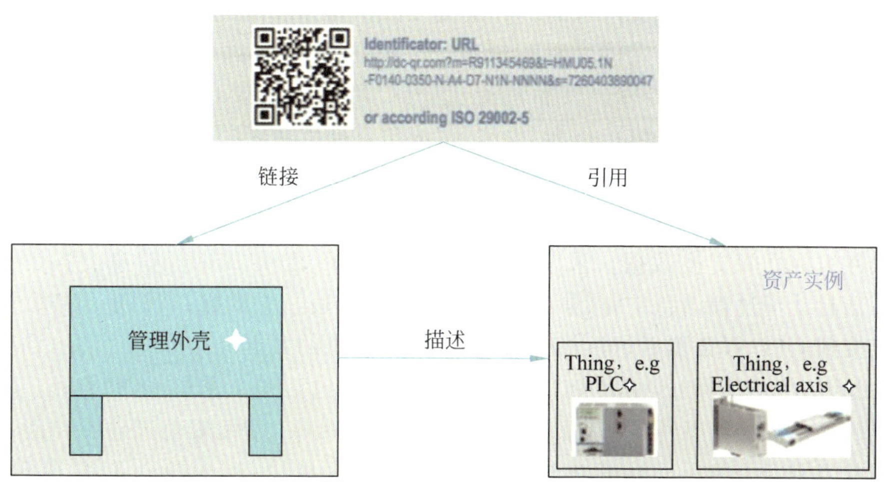

图 3-21　利用 URL 唯一标识工业 4.0 基本单元

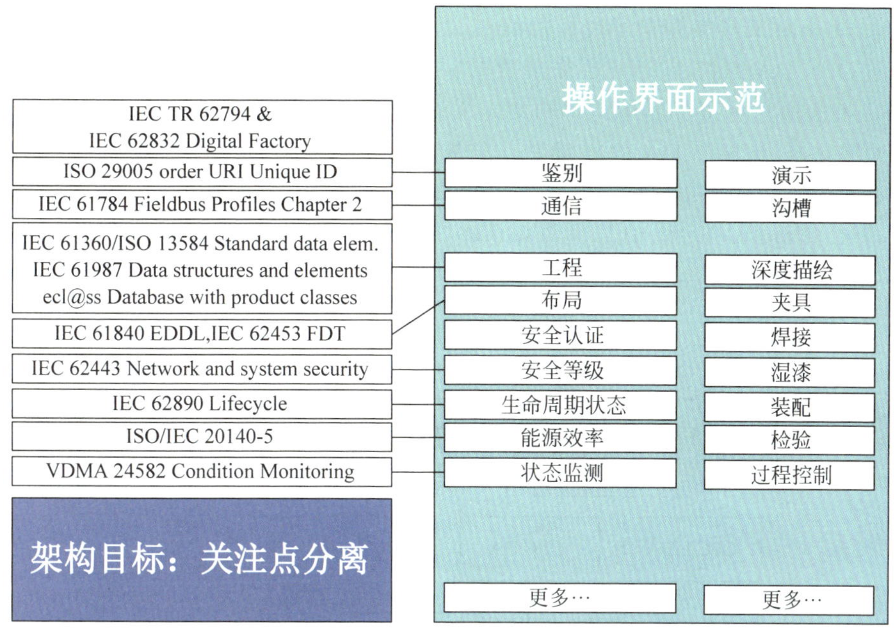

图 3-22　信息空间的领域/子模型的样板标准

具有不可推卸的责任和义务，并取得了一定的成果。目前正在开展实施的可行性和技术路线的研究。

3.3.2　OPC UA

对象链接与嵌入的过程控制(OLE for process control，OPC)是自动化行业及其他行业用于数据安全交换时的一种主流互操作性标准，是由行业供应商、终端用户和软件开发者共同制定的一系列规范。它独立于平台，并确保来自多个厂商的设备之间信息的无缝传输。其目的是把 PLC 特定的协议（如 Modbus、Profibus 等）抽象成为标准化的接口，作为“中间人”的角色把其通用的“读写”要求转换成具体的设备协议，以便 HMI/SCADA 系统可以对接。我们所熟知的 OPC 规范一般指经典 OPC。OPC 经典规范基于 Microsoft Windows 技术，使用 COM/DCOM 在软件组件之间交换数据。采用客户端/服务器（C/S）方式进行信息交换。OPC 服务器封装了过程信息来源（如设备），使信息可以通过它的接口访问。OPC 客户端连接到 OPC 服务器后，可以访问和使用它所提供的数据。

如图 3-23 所示为经典 OPC 规范的组成概览，包括三个主要 OPC 规范：数据访问（DA）、报警和事件（A&E）、历史数据访问（HDA）。DA 规范描述了访问过程数据的当前值。A&E 规范描述了基于事件的信息接口，包括过程报警确认。HDA 规范描述了访问历史数据的函数。所有接口提供通过地址空间浏览的方法，并提供可用数据的信息。OPC 安全规定如何控制客户端访问服务器，以保护敏感信息，防止对工艺参数未经授权的修改。OPC 复杂数据、OPC 批次和 OPC 数据交换是 OPC DA 的扩展。OPC 复杂数据定义了如何描述和传输复杂结构类型的值。OPC 批次通过为服务器中的客户端定义客户端行为和配置接口，指定 DA 服务器的数据交换，扩展了 DA 的批量操作特定需求。OPC 命令则定义了通过 OPC 来调用方法或执行程序的机制。因为该规范直到 OPC UA 规范发布后才完成，故经典 OPC 规范中未发布，但其内容和功能后来也被完全纳入 UA 规范中。

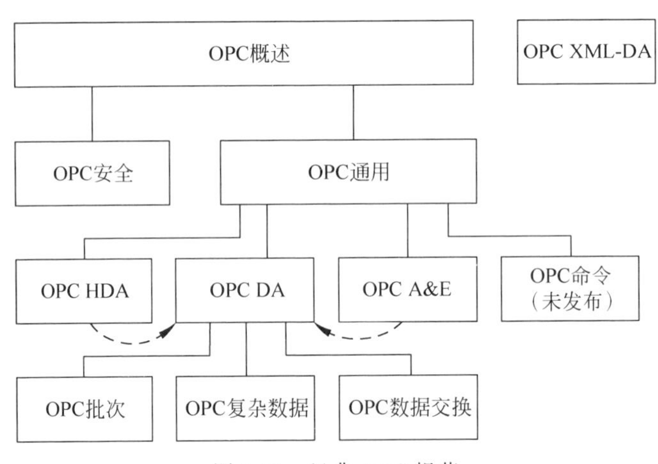

图 3-23　经典 OPC 规范

随着技术的发展，企业对 OPC 规范的需求也在增长。经典 OPC 规范虽然可以很好地服务于工业企业，但是由于其采用微软的 COM/DCOM 技术，导致 OPC 只能在 Windows 平台上运行，缺乏跨平台的通用性。而且 COM/DCOM 采用二进制数据，不易与基于 XML、HTML 的 Internet 程序集成，也不易通过企业防火墙。因此在 2008 年，OPC 基金会发布了 OPC 统一架构（OPC Unified Architecture，OPC UA)，这是一个独立于平台的面向服务的架构，集成了现有 OPC 规范的所有功能，并且兼容经典 OPC 规范。为满足工控领域以服务为导向的需求，OPC UA 协议把不同规范定义的信息模型重新归类设计成一系列服务集的形式供用户使用，实现了广泛互联。如图 3-24 所示为 OPC UA 规范架构图，它是一套集信息模型定义、服务集与通信标准为一体的标准化技术框架，总共分为 13 部分技术规范。相比于经典 OPC 规范，OPC UA 具有更加安全的通信性能、标准安全的信息模型、统一的访问方式，开发具有高度的可靠性和冗余性等特点，并且实现了跨平台。

OPC UA
工作原理

图 3-24　OPC UA 规范组成

1. OPC UA 的典型通信架构

OPC UA 采用一种典型的客户端/服务器架构，如图 3-25 所示。服务器端把各制造资源的数据封装在一个统一的地址空间内，使得客户端可以以统一的方式去访问服务器。客户端通过自身的接口与客户端通信栈交互，客户端通信栈再把消息传达给服务器通信栈，服务器调用相应的服务集如节点管理服务集、监视服务集等对服务器端通信栈传入的请求进行分析处理，对网状结构的地址空间进行相应查询、操作，最后将结果传递回客户端。

OPC UA 客户端由客户端应用程序、客户端 API、通信栈 API 三部分组成；服务器由真实对象、硬件驱动程序、地址空间、发布/订阅实体、监控项、服务器 API、通信栈组成。通信栈完成数据的编码、加密与数据传输，此模块一般使用 OPC 基金会提供的 UA 开发包设计。

OPC UA 具有优秀的信息建模能力，采用集成地址空间将各个规范的地址空间集成在一个平台上，这样可以使不同规范在同一地址空间中调用服务。地址空

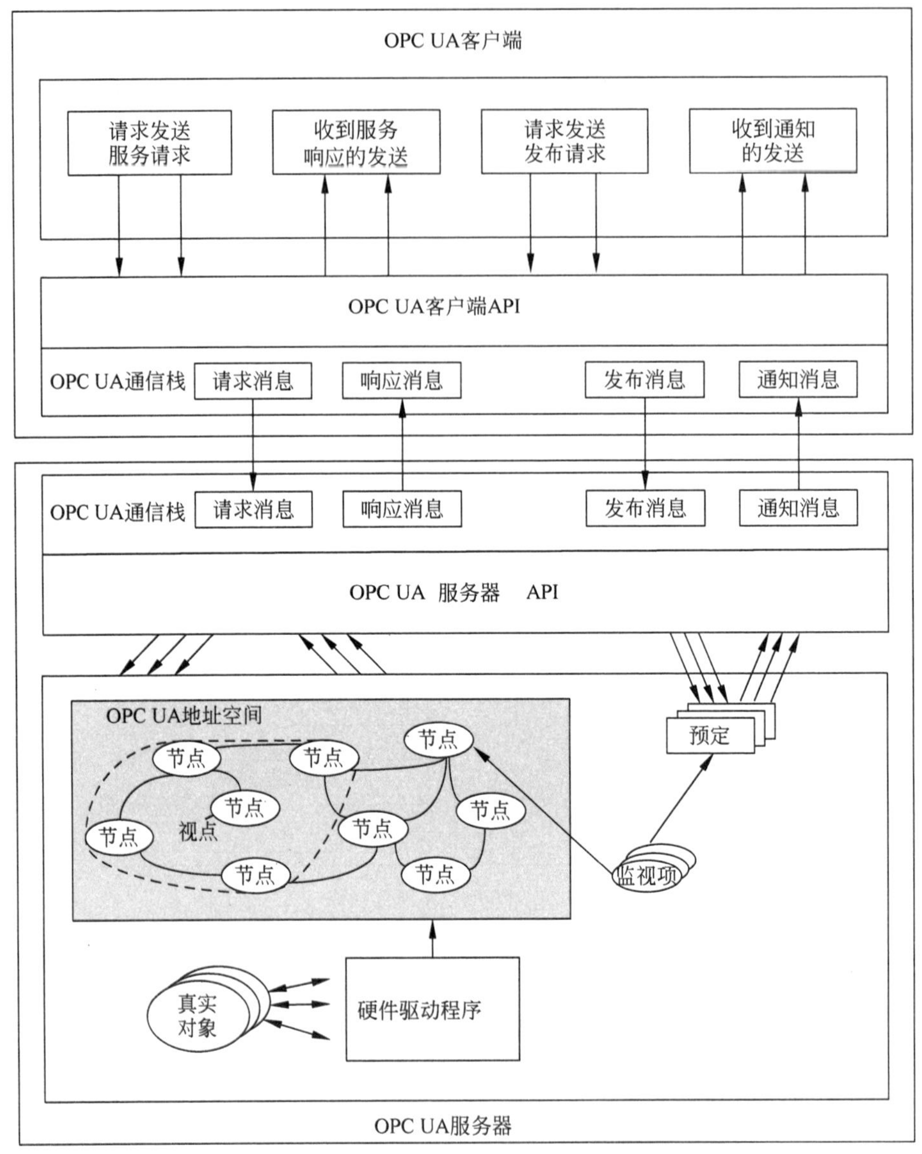

图 3-25 OPC UA 的客户端/服务器体系结构

间是整个 OPC UA 系统的基础，地址空间的基本组成单位是节点，节点是一个实际设备在地址空间中的映射，描述了工业现场中的实际对象。地址空间中最重要的节点类别是对象，对象将变量、方法等组织在一起，并生成事件。变量是对象的数据属性，包括数据值、时间戳、质量等性质。

方法定义了可以被客户端调用的操作，由服务器执行并向客户端返回结果。事件则记录用户进行的操作以及数据异常情况，例如温度值超限产生的高温报警等。

视点是地址空间节点中的又一重要概念,它大大简化了客户端对地址空间的访问流程。服务器可以通过视点的筛选器属性,根据不同的任务筛选相应的引用类型构成的区域,称之为视域。视域是地址空间的一个子集,服务器可以通过视域限制特定用户或任务可见的地址空间的范围,并隐藏不必要的数据。视点是一个根节点,它是视域的入口地址,默认为整个地址空间。

节点由属性和引用两部分组成,属性是用来描述节点的一些特性,客户可以通过读、写、查询存取属性值。引用用来指向另一个与之相关的节点。引用是节点间关系的反映,定义了引用的源节点、目标节点、引用语义、引用方向。OPC UA 通过节点间广泛的相互引用使地址空间组织成了一个层次化节点网络,允许信息以各种形式访问。

不同的工业组织可以在服务器地址空间中表示其特定的信息模型,地址空间为不同的实际设备提供了一个统一的抽象模型,利用这个统一的模型,便于对节点的管理及服务集实现对其统一的访问方式。同时利用引用可以通过基本的节点搭建出复杂的节点模型,满足实际设备需要多样性的描述的要求。如图 3-26 所示为一设备提供商提供的温度传感器,该装置具有一些配置参数和测量值,测量值可能因配置的不同而不同。传感器信息体现的键值关系在地址空间中会被映射成一个具有层次结构的数据节点。

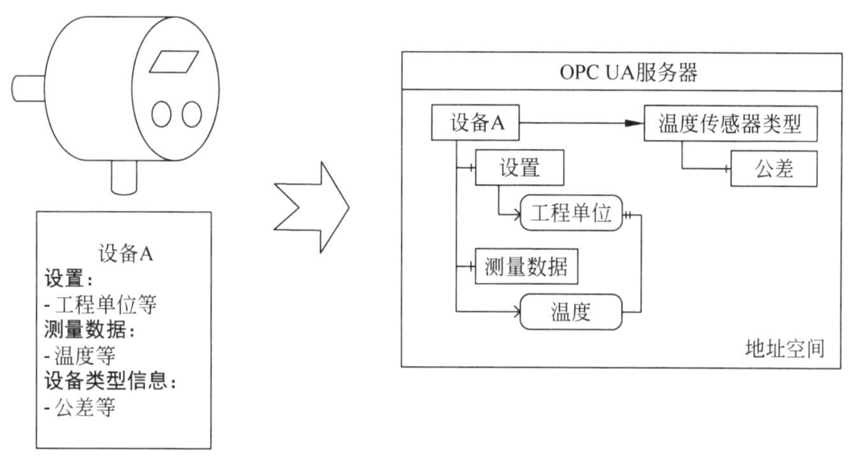

图 3-26　温度传感器信息在 OPC UA 地址空间映射

现有的 OPC UA 规范逻辑上集成了很多功能模块,包括一系列的服务集(安全信息服务集、会话服务集、节点管理服务集),这些服务集一边对地址空间进行操作,一边对 OPC UA 通信栈传入的请求进行分析,并调用相应的服务集处理请求。服务集中比较常用的是属性服务集和监视项服务集。属性服务集(attribute service set)用于读写属性值。监视项服务集(monitored item service set)用于客户创建、维护监视项。监视项用于监视变量、属性和事件通知器(event notifiers),当预定制定的监视项探测到数据变化或者事件/警报发生时,监视项生成的一个通知

(比如报警、数据值变化、事件和程序的执行结果)发送给预定,并由预定发送给客户。

2. OPC UA 数据访问方式

OPC UA 服务定义的是应用程序级的数据通信。服务以方法的形式提供给OPC UA 客户端使用,用于访问 OPC UA 服务器提供的信息模型的数据,如图 3-27 所示为一种基于 OPC UA 的分布嵌入式控制器数据传输架构。而客户端与服务器之间传递的消息组成如图 3-28 所示,服务的定义使用 Web 服务已知的请求、应答机制,每个服务都由请求和响应消息组成,每个服务的调用都是异步进行的。

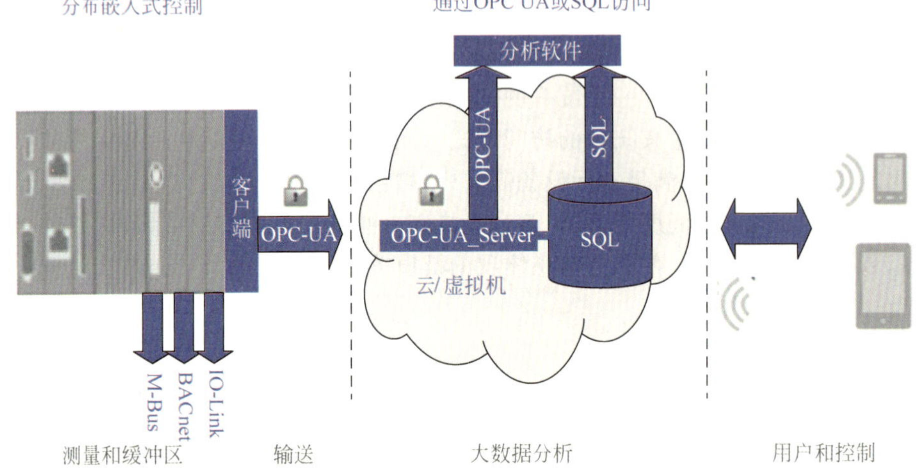

图 3-27　基于 OPC UA 的分布嵌入式控制器数据传输架构

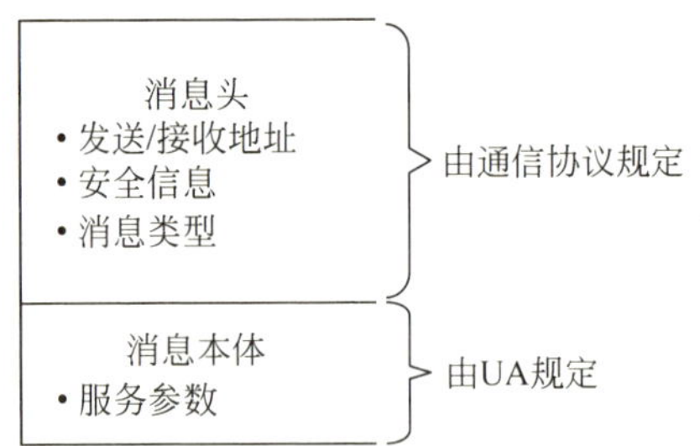

图 3-28　客户端与服务器间交互消息组成

OPC UA 客户端读取数据主要采用三种方式。

(1) 同步通信。客户程序向服务器进行请求时,客户程序必须等到服务器对应的响应全部完成以后才能返回,在此期间客户端将一直处于等待状态。因此在同步通信时,如果有大量数据进行读操作或者有很多客户程序同时对同一个服务器进行读操作,必然会引起客户端阻塞。因此同步通信仅适用于客户端较少且数据量较小的场合。

(2) 异步通信。客户程序对服务器进行请求时,不管服务器的读操作是否完成,只要发送请求一结束立即返回,不等待服务器的响应,服务器完成响应后再通知客户程序,把读结果传送给客户程序。因此相对于同步通信,异步通信的效率更高。

(3) 订阅方式。客户程序对服务器进行请求时,请求发送结束不等待服务器立刻返回,客户程序此时可以进行其他操作。当订阅的数据项内有数据发生改变时,自动根据订阅发布时设置的更新周期刷新相应的客户端数据。客户端只向服务器发送一次请求,之后就不需要再对服务器进行请求。

以上三种数据访问方式适用的场合不同,根据开发的目的和用途不同需要合理选择。在应用中如果写数据用于控制,一般采用同步方式。若从访问性能方面比较的话,较大数据量和客户请求会使同步访问性能下降,而对异步访问性能的影响不大。从程序开发的角度考虑,同步访问程序的处理比较简单,而异步访问由于发出请求和访问事件处理是分别进行的,开发难度较大。对于读取更新频率较高的数据如传感器数据,一般采用订阅方式。

3.3.3 MTConnect 技术

1. MTConnect 通信架构

MTConnect 是由美国制造技术协会(The Association for Manufacturing Technology,AMT)于2006年提出的一种用于不同装置、设备和系统之间的互联标准。MTConnect 标准基于 HTTP 与 XML,提供了一个词汇表和一组定义的词,使机床能够以被应用程序识别的公共语言来“表达自己”,实现机床设备的互联互通。OPC UA 则定义基础数据类型、地址空间、存取机制和会话机制,并通过与全球各种行业性、专业性技术组织的合作来为各个领域的信息模型提供参考标准。事实上,MTConnect 和 OPC UA 虽然存在差异,但它们的长远目标是一致的。OPC 基金会与 AMT 于2010年开始合作,于2013年将两种互联协议进行兼容,并于2013年11月发布 MTConnect-OPC UA 结合规范草案。该规范保证了 MTConnect 和 OPC UA 之间的互操作性和一致性,给出了在 OPC UA 中共享 MTConnect 提供的广泛的现有信息模型的方法。

如图3-29所示,MTConnect 基于客户端/服务器模式通过 HTTP 请求与应答机制实现 XML 格式数据的交互。MTConnect 标准的典型体系结构由客户端和代理两个软件部分组成,由于目前大多数数控机床厂家还未设计出针对 MTConnect 标准的数据采集接口,故需要专门定制适配器作为数据转换单元对目前采集接口的复用与扩展。

1) 适配器

MTConnect 使用一种需专门定制的适配器程序(adapter)作为不同 CNC 机床数据结构的“翻译器”,与以往数控设备间互联不一样的是,每种数控系统只需设计

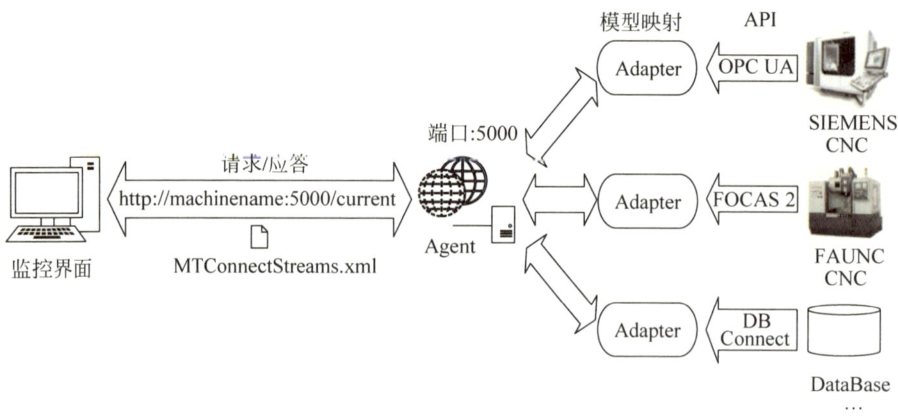

图 3-29 MTConnect 标准的典型体系结构

一个符合 MTConnect 标准的软件适配器，连接上标准的代理后就可以和其他 MTConnect 系统设备、网络或相应的应用程序相连接。从本质上来说，一个适配程序连接器实际上就是一个专门定制的程序，以便为其附属的特别代理程序连接器，将特定的加工设备数据转换成其相对应的 MTConnect 系统定义术语。现阶段，针对不同来源的数据（如传感器数据、数据库数据）需要分别设计和开发一套适配器程序。

一般来说，适配程序连接器安装在加工设备的控制单元上，例如安装在机床的 CNC 系统上，当然也可以安装到一台联网的 PC 或服务器上。连接装置通常提供有处理器，用于适配程序连接器以及传感器的运行，监控加工设备或其他硬件生成读数或信号。适配器具有翻译转换功能，是系统一个非常重要的连接枢纽，它会将从设备采集到的数字信号整合转换成 MTConnect 系统可理解的术语数据流，如图 3-30 所示。

- **Samples and Events**
  <timestamp>|<data_item_name>|name 1|value 1|name 2|value 2|name 3|value 3|…
  2016-06-15T00:00:00.00000|pover|ON|execution|ACTIVE|line|412|Xact|-1.1761875153|Yact|1766618937
- **Conditions**
  <timestamp>|<data_item_name>|<level>|<native_code>|<native_severity>|<qualifier>|<message>
  2016-09-29T23:59:33.460470z|htemp|WARNING|HTEMP|1|HIGH|Oil Temperature High
- **Messages**
  <timestamp>|<data_item_name>|<native_code>|<message>
  2016-09-29T23:59:33.460470Z|message|CHG_INSRT|Change Inserts
- **Time Series**
  <timestamp>|<data_item_name>|<count>|<sample rate>|<message>
  2016-09-29T23:59:33.460470z|current|10|100|1 2 3 4 5 6 7 8 9 10

图 3-30 MTConnect 适配器转换数据流示例

适配器是位于现场硬件设备和上层监控管理系统间的通用服务系统，有着标准的程序接口，负责设备与上层系统的通信和联系。它可以屏蔽软硬件平台、通信协议、操作系统和各硬件接口的异构性，实现不同硬件和系统平台上的数据共享和互操作。

2）代理器

代理程序连接器是一种 Web 服务器，需要从一智能终端上提取数据，并将那些数据按照统一的信息模型进行编码转换成现成的网络格式，使其能够在网络上提供和传输。一个代理可以同时存储多个数控系统信息，通过不同数控系统的适配器 IP 地址和端口进行区分。如图 3-31 所示，代理将满足 MTConnect 标准的数据保存在一个适当的缓冲存储器中并为网络提供接口，等待应用程序提出读取请求。缓冲存储器内只存储一定数量的数据信息，以一种类似队列的形式增删数据。

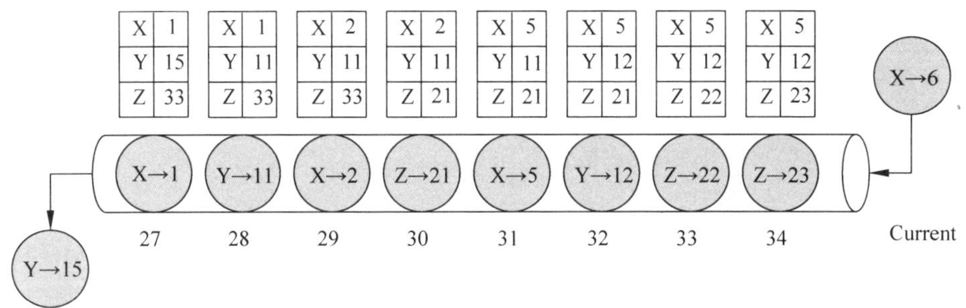

图 3-31　MTConnect 代理缓存区原理示意图

不同数据源采集到的数据可以分为结构化数据（如数字、符号）、非结构化数据（如文本、图片、音频、视频、超媒体、地理位置、加工日志、质检报告等）和半结构化数据（如 XML、HTML 格式文件等）。对于结构化数据而言，其表现为二维形式的数据，即以属性和值的键值对的形式存在，一般采用关系型数据库来描述和存储。对于非结构化数据，一般采用二进制的数据格式整体进行存储。

随着计算机技术的发展，计算机开始支持对不同类型数据进行分析。采用机器学习的方法不仅可以提取传统的数字信号中能够体现现实价值的重要信息，还可以获得文本和图片等非结构化信息中蕴含的潜在信息。可扩展标记语言（XML）是一种半结构化数据，对于结构化数据和非结构化数据进行存储时，只需要将其作为节点保存在 XML 中即可。因此，如果把 XML 等半结构化信息格式应用于制造过程信息的存储，将可以解决制造过程信息标准化问题。当然 XML 仅仅是数据存储的工具，对于纷繁复杂的制造数据而言，各种数据在不同时刻既独立又互相耦合，因此需要一个合理的信息模型。

MTConnect 采用 XML 描述制造过程数据，以此来搭建机床数据的层次化结构。XML 本身的可扩展性使得数据模型的搭建更加灵活，不同信息源产生的数据可按照一种标准的数据模型进行描述。不同于长期以来数控设备以自身物理结构为导向的数据模型，这种以功能为导向的数据模型逻辑性更强，更加直观。MTConnect 只规定了设备工具数据的存储规范，而不做完全的标准约束，即如果监控需求有变动，开发者无须对源程序做太大改动，而只需更换一个满足 MTConnect 语义要求的本地化设备参数描述文件即可，所以 MTConnect 具有更好的通用性和灵活性。代理为网络提供一个接口，这样外部的应用程序就能够存取其所需的数据。数控系统的数据采集通过客户端与代理间的请求/应答实现，当应用程序通过 HTTP 传输协议向代理提出数据请求时，代理将返回相应 XML 数据流。客户端查询请求由适配器 IP、查询类型及查询约束组成，查询类型主要有 probe、current、sample、asset 四种基本类型，除此之外还有 debug、version、storesample 等查询类型。如表 3-2 所示，针对客户端不同类型的查询请求，代理会返回五种 XML 数据流。

表 3-2　MTConnect 查询请求类型及内容

查询类型	请求内容	应答内容(XML 文档)
Probe	设备的组件结构和数据项描述	MTConnectDevices
Current	设备当前或最近时刻数据项	MTConnectStreams
Sample	设备一段时间内的数据项	MTConnectStreams
Assets	设备资产(如刀具、工件夹紧系统、固定装置)的当前或最近状态	MTConnectAssets
	以上任何内容查询出错	MTConnectError

3）MTC 客户端

适配器可以使现有的车间加工设备与 MTConnect 系统“对话”，而代理程序连接器则能够将 MTConnect 系统的信息和数据文件通过一个网络传送到与 MTConnect 系统兼容的应用程序中。MTC 客户端可以简单地理解为一个网络浏览器，它可以将收集到的 XML 文件进行解析并可视化。

2. 基于 MTConnect 的制造信息模型

针对复杂系统的信息建模，往往会涉及模型的集成，模型内不同信息既彼此独立，有时又会因为功能需求进行耦合。面向对象建模机制具有很好的封装性和拓展性，非常适合制造信息的建模，而 MTConnect 就引入了面向对象机制来描述信息间关系。例如机床数据模型是由机床组件和一个个具体的数据项组成的。通过比较各类机床的结构特征和功能特征，MTConnect 使用组件来表述各种数据源之间的层叠、嵌套关系。与加工紧密相关的信息包括机床型号、主轴运行信息(转速、加速度、驱动功率)、在制品信息、当前刀具号和刀具长度等，按照不同变化频率，信息可以被分为连续型数据和非连续型数据两种。连续型数据(采样型，如 X、Y、Z 轴坐标值，主轴驱动功率等)变化频率较高，数值类型为实数。而非连续型数据又可被分为状态型和事件型两种，状态型数据用于描述开关状态和逻辑值，事件型数据则用于描述取值跳变的状态，如加工程序名、主轴运转模式以及报警信息等。

图 3-32 所示为数控加工机床的 MTConnect 信息模型。数控机床作为一个设备，由轴组件、控制器组件和系统组件三部分组成。其中，控制器组件包含机床此时正在使用的刀具的索引，用于关联查询机床本体以外的刀具资产的详细信息。

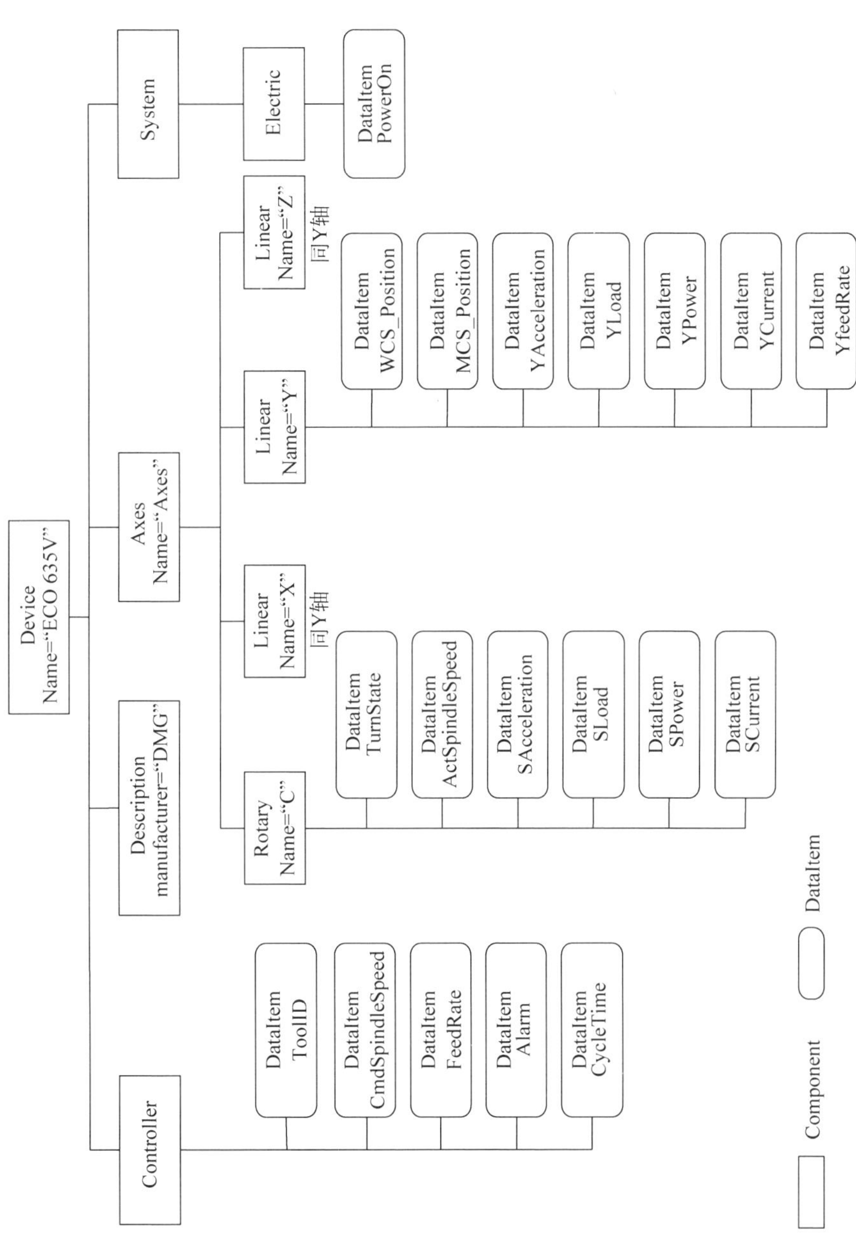

图 3-32　数控机床数据存储结构模型

资产虽不属于设备本身的组件，但在机床加工周期中需要用到，与加工过程密切相关，在不影响机床功能情况下可以移除，例如刀具就是一种典型的机床资产。刀具磨损对机床实时数据以及在制品表面质量影响极大，若按照常规组件的分类方法进行分类，数据的逻辑关联性较差，采用《切削刀具数据的表达与交换》(ISO 13399)对数控刀具进行标准化描述。该标准规定了用于识别和描述切削刀具组件的数字代码的通用格式，采用具有相同含义的相同术语和数字以减少模糊性。如图 3-33 所示，按照 ISO 13399 标准把刀具分为切削组件(cutting item)、刀具组件(tool item)、适应组件(adaptive item)、辅助组件(assembly item)四个部分。

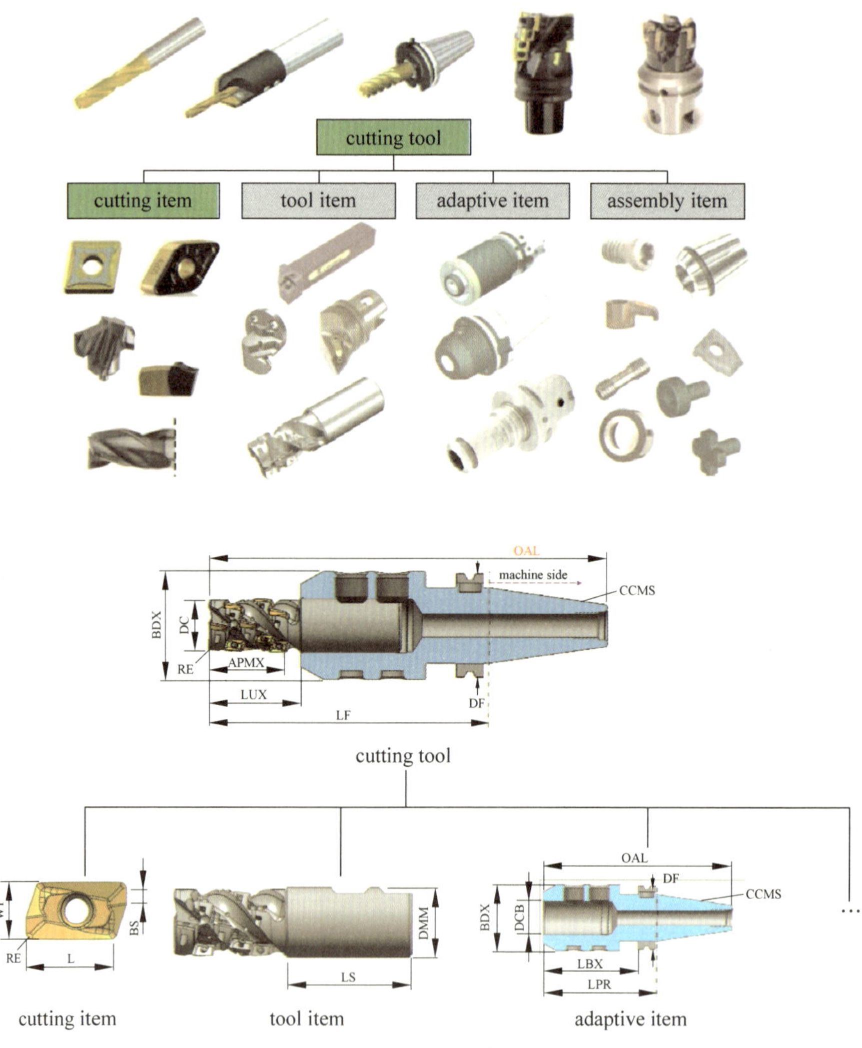

图 3-33　刀具的一般组成

图 3-34 所示为一把铣刀的 MTConnect 信息存储模型。为了检测刀具生命周期，模型把刀具信息分为两部分描述，即 Description 和 Cutting Tool Life Cycle，它综合了机床在线数据和刀具数据库数据，按照 ISO 13399 重点对刀具的生命周期进行描述。

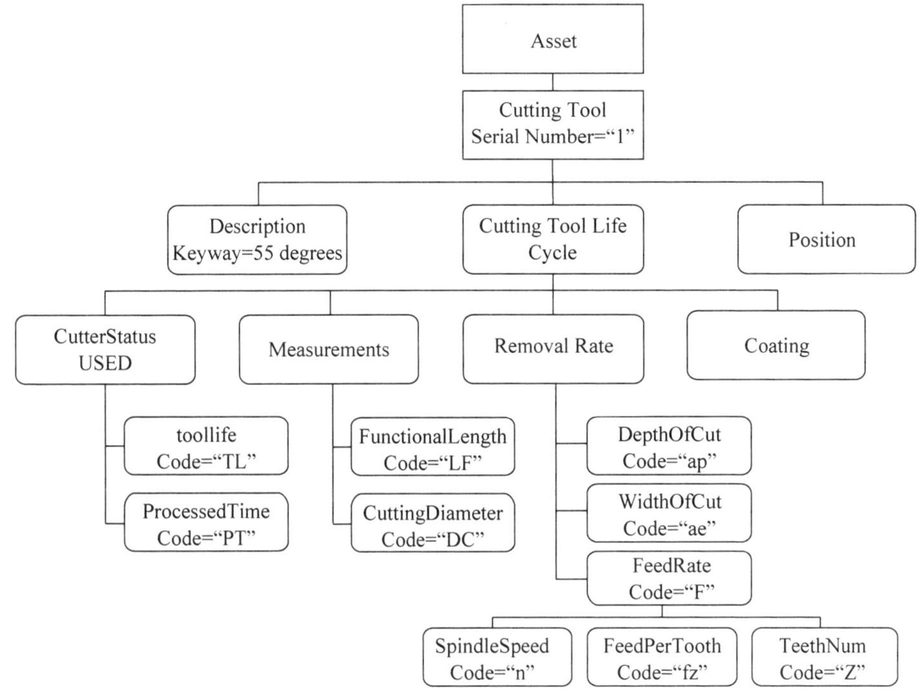

图 3-34　铣刀数据存储结构模型

3.3.4　MQTT 技术

工业互联网并不仅仅是一种网络，而是一个新的工业生态环境，它描述的本质是越来越多的使工业设备通过网络连接在一起并可使用单个或者多个终端设备对它们进行各种控制和使用。众所周知，工业互联网是在传统互联网基础上延伸和扩展而出的概念，用户端从传统的计算机延伸和扩展到了任何设备与设备之间，而设备则通过各种传感器进行信息采集，然后通过计算设备进行网络信息交换与通信[12]。但是当前工业互联网正处于起步阶段，很多时候无法提供可靠的网络保障，因此，IBM 主导并提出了消息队列遥测传输（message queuing telemetry transport，MQTT）协议，致力于解决这一方面的问题。

MQTT 是一种支持在各方之间异步通信的消息协议。异步通信消息协议在空间和时间上将消息发送者与接收者分离，因此可以在不可靠的网络环境中进行扩展。虽然叫作消息队列遥测传输，但它与消息队列毫无关系，而是使用了一个发布和订阅的模型,最初是为了在卫星之类的物体上使用。虽然HTTP是互联网连接着人与人的信息流标准,但随着工业互联网技术的发展,大规模机器设备之间的沟通就需要不同的模式:之前的请求/回答模式不再合适,取而代之的是发布/订阅模式,这是轻量级、可扩展的MQTT可以施展拳脚的舞台。作为一种轻量级、灵活的网络协议,MQTT致力于为工业互联网开发人员实现适当的平衡,具体体现在:这个轻量级的协议可在严重受限的设备硬件和高延迟、带宽有限的网络上实现;它的灵活性使得为工业互联网设备和服务的多样化应用场景提供支持成为可能。

1. MQTT协议的优势和安全性

1) MQTT协议的优势

(1) MQTT的独特之处在于,它的每个消息标题可以短至2B。MQ和HTTP都拥有高得多的每消息开销,对于HTTP而言,为每个新请求消息重新建立HTTP连接会导致重大的开销。MQ和MQTT所使用的永久连接显著减少了这一开销。

(2) 对不稳定网络的容忍。MQTT和MQ能够从断开等故障中恢复,而且没有进一步的代码需求。但是,HTTP无法原生地实现此目的,需要客户端重试编码,这可能增加幂等性问题。

(3) 低功耗。MQTT是专门针对低功耗目标而设计的。HTTP的设计没有考虑此因素,因此增加了功耗。

(4) 推送通知。为了及时地将通知传递给客户,必须采用某种定期问询或推送方法;从能源、系统负载和带宽角度讲,推送是最佳解决方案。现在的制造企业可能需要在没有第三方中介的情况下发送敏感的信息,这降低了特定于操作系统的解决方案(比如Apple IOS、Google Play通知)作为主要传输机制的价值。HTTP只允许使用一种称为COMET的方法,使用持久的HTTP请求来执行推送。从客户端和服务器的角度讲,此方法都很昂贵。而MQ和MQTT都支持推送,这是它们的一个基本特性。

(5) 客户端平台差异。HTTP和MQTT客户端都已在大量平台上实现。MQTT的简单性有助于以极少的精力在额外的客户端上实现。

(6) 防火墙容错。一些制造企业防火墙将出站连接限制到一些已定义的端口。这些端口通常被限制为HTTP(80端口)、HTTPS(443端口)等。HTTP显然可以在这些情况下运行,但MQTT可封装在一个WebSockets连接中,显示为一个HTTP升级请求,从而允许在这些情况下运行。

2) MQTT协议的安全性

MQTT(及通常的工业互联网设备)的安全性是一个相当大的主题,它涉及两个主要的安全性功能:身份验证与加密。

(1) 身份验证是通过在MQTT连接包中发送用户名与密码来实现的,几乎所有消息代理与客户端在实现时都支持这一功能。但由于信息很容易被拦截,因此应当尽可能地使用安全传输层协议(TLS)。

(2) 协议本身未提供加密功能,但由于 MQTT 是在 TCP 上层运行的,我们可以很容易地利用 TLS 来提供加密连接。但这确实增加了发送与接收信息的计算复杂性,不但在约束系统中会造成问题,还会影响消息代理的性能。

2. 协议原则及发布与订阅模型

1) 协议原则

由于工业互联网的环境是非常特别的,所以 MQTT 遵循以下设计原则:

(1) 精简,不添加可有可无的功能。

(2) 采用发布/订阅(pub/sub)模式,方便消息在传感器之间传递。

(3) 允许用户动态创建主题,零运维成本。

(4) 把传输量降到最低以提高传输效率。

(5) 把低带宽、高延迟、不稳定的网络等因素考虑在内。

(6) 支持连续的会话控制。

(7) 理解客户端计算能力可能很低。

(8) 提供服务质量管理。

(9) 假设数据不可知,不强求传输数据的类型与格式,保持灵活性。

2) 发布与订阅模型

MQTT 协议在网络中定义了两种实体类型:一个消息代理和一些客户端。代理是一个服务器,它从客户端接收所有消息,然后将这些消息路由到相关的目标客户端,客户端能够与代理交互来发送和接收消息的任何事物。客户端可以是工业现场的传感器,或者是数据中心内处理工业大数据的应用程序。

发布/订阅,通常也被称为 pub/sub 模式,它是 MQTT 的核心,除了基于同一个消息代理的发布者和订阅者之外,还有一些其他节点围绕着该消息代理呈星形拓扑分布。这个模型与标准的客户端/服务器迥然不同,它提供的去耦能力在很多情况下都有巨大的优势。客户端将消息和主题发送给代理,发布某个主题范围内的消息,然后代理将消息转发给所有订阅该主题的客户端。因为 MQTT 消息是按主题进行组织的,所以应用程序开发人员能灵活地指定某些客户端只能与某些消息交互。例如,传感器将在 sensor_data 主题范围内发布读数,并订阅 config_change 主题。将传感器数据保存到后端数据库中的数据处理应用程序会订阅 sensor_data 主题,管理控制台应用程序能接收系统管理员的命令来调整传感器的配置,比如灵敏度和采样频率,并将这些更改发布到 config_change 主题,如图 3-35 所示。

同时,MQTT 是轻量级的。它有一个用来指定消息类型的简单标头,有一个基于文本的主题,还有一个任意的二进制数据有效负载。应用程序可对有效负载采用任何数据格式,比如 JSON、XML、加密二进制数据或 Base64,只要目标客户端能够解析该有效负载即可。

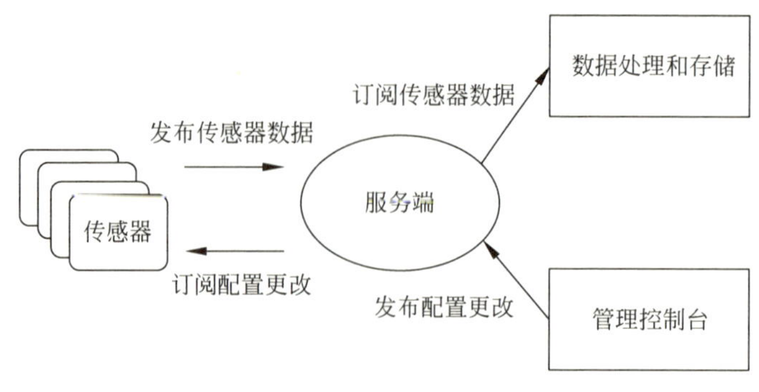

图 3-35　发布订阅模型

3. 服务质量等级和应用场景

为了满足不同的工业应用场景，MQTT 支持三种不同级别的服务质量(quality of service，QoS)为不同场景提供消息可靠性，如图 3-36 所示。

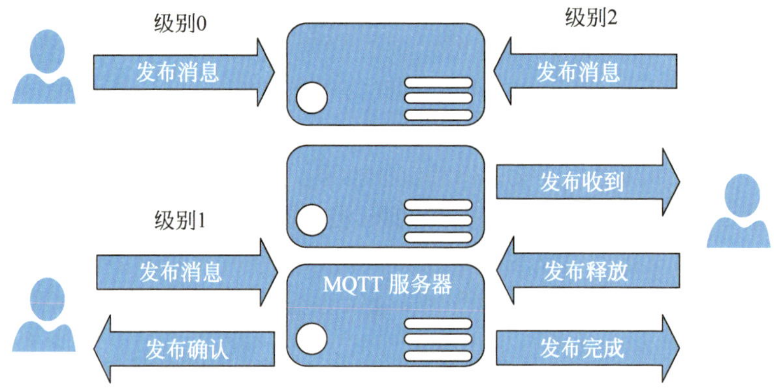

图 3-36　MQTT 中的服务质量水平划分

级别 0：至多一次。这是最简单的级别，无须客户端确认。其可靠性与基础网络层 TCP/IP 一致，消息发布完全依赖底层 TCP/IP 网络，会发生消息丢失或重复。

级别 1：至少一次。确保至少向客户端发送一次信息，不过也可发送多次，在接收数据包时，需要客户端返回确认消息(ACK 包)。这种方式常用于传递确保交付的信息，但开发人员必须确保其系统可以处理重复的数据包。消息接收者如果没有知会或者知会本身丢失，消息发送者会再次发送以保证消息接收者至少会收到一次，当然可能造成重复消息。

级别 2：恰好一次。这是最不常见的服务质量级别，确保消息发送且仅发送一次。这种方法需要交换 4 个数据包，同时也会降低消息代理的性能。由于相对比较复杂，在 MQTT 实现中通常会忽略这个级别，需确保在选择数据库或消息代理前检查这个问题。采用这种语义肯定会减少并发或者增加时延，在计费系统中，消息重复或丢失会导致不正确的结果。

级别2所提供的不重不丢在很多情况下是最理想的，不过往返多次的确认一定会对并发和延迟带来影响。级别1提供的至少一次语义在日志处理这种场景下是完全适用的。级别0可用于丢失一次读记录无所谓的情况，因为不久后还会有第二次发送。

进一步地，如图3-37所示，运用MQTT协议，设备可以很方便地连接到互联网云服务，管理设备并处理数据，最后应用到各种业务场景，如质量监测、工艺优化、远程运维、预防性维护等。

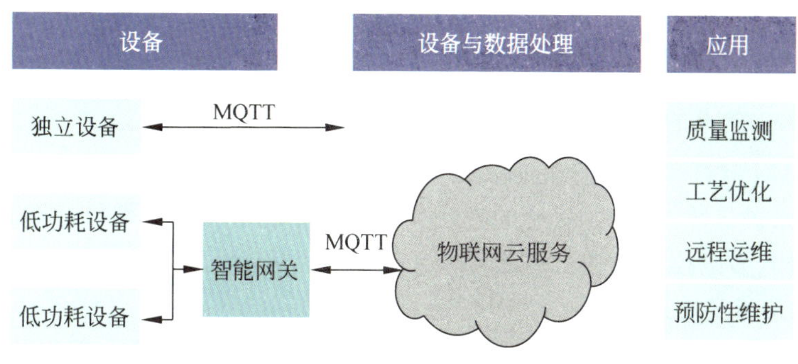

图3-37 MQTT协议应用场景

3.4 工业互联网车间控制技术

在大数据时代的工业互联网中，车间的高度自动化使得海量的制造底层数据（如设备启停时间、数控设备加工程序号、设备报警信息等）被源源不断地采集，然后通过车间的通信网络与控制网络对数据进行预处理并传输到企业的数据存储系统中。在这些高度自动化的车间中，数据的采集、传输、存储已经形成了完整的传输存储结构，这为制造业的大数据分析与决策提供了良好的数据基础。云计算、分布式网络化制造等技术的成熟为工业互联网时代的车间联网通信提出了新挑战。在车间的数据采集和指令控制方面，各个设备的工作状态数据通过OPC的方式统一地采集上来，从而实现生产线数据的实时采集；在机加工车间中，联网的机床通过DNC系统实现机床之间的联网协同、数据通信和可视化监控；在流程控制工业中，DCS系统实现了设备的控制和数据通信，过程工业中的大量开关量和模拟量开关量通过DCS实现了计算机控制。在大数据时代的工业互联网中，这些数据通过工业以太网的形式被传输到云端，以实现大数据的存储、分析、可视化和应用[13]。

3.4.1 DNC 控制技术

DNC(distributed numerical control)称为分布式数控,是网络化数控机床常用的制造术语,其本质为:计算机与具有数控装置的机床群使用计算机网络技术组成的分布在车间中的控制系统。DNC 系统解决方案为企业搭建车间设备联网管理平台,将设备统一联网管理,取代了低效纸质数控程序的传递和手动的程序输入,可以大大缩短设备的程序准备时间和传输时间,实现高效、准确的程序传输,使设备发挥最大价值。该系统将多种通用的物理和逻辑资源进行整合,动态地分配数控加工任务给任一加工设备,可大幅提高设备利用率,降低生产成本,是未来制造业的发展趋势[14]。

1. DNC 技术的控制结构

由 CAM 软件系统后置处理器完成的 NC 数据程序需要通过 DNC 系统传送到数控机床进行数控加工,常见的数控程序传输控制结构有纸带机旁路式结构、一般控制结构、多级控制结构。

1) 纸带机旁路式结构

纸带机是普通数控装置的一个组成部分。用蚊钉在穿孔带上编码的所有机床指令都通过读带机送给机床数控装置。在纸带机旁路式结构中,对数控机床所做的唯一改变,是用中央计算机的远程通信线路,并与数控机床连接,取代读带机功能来传输 NC 程序,如图 3-38 所示。

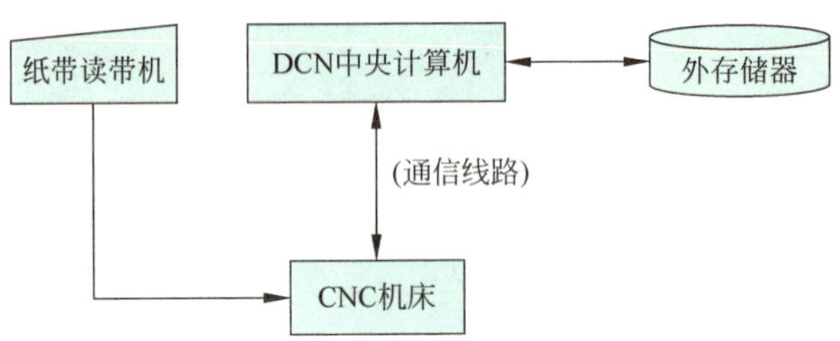

图 3-38 纸带机旁路式结构简图

这种结构稳定性高,也较易实现,并且当中央计算机发生故障时,利用读带机使数控装置仍可独立使用。其缺点是数控装置并未简化,硬件成本高。

2) 一般控制结构

一般控制结构的 DNC 系统通常具有两级计算机分级结构,即中央计算机和 NC 或 CNC 系统群。DNC 主机从大容量外存中调用零件程序指令,并在需要的时候将它们发送给机床,它也接收从机床反馈的数据。这两路信息流是实时产生的,每台机床对指令的要求几乎同时被满足。同样,DNC 主机对多台 NC 系统进行分时控制,分配 NC 程序,还要实现操作指令下达和状态信息反馈等功能,且随时作出响应。其结构简图如图 3-39 所示。

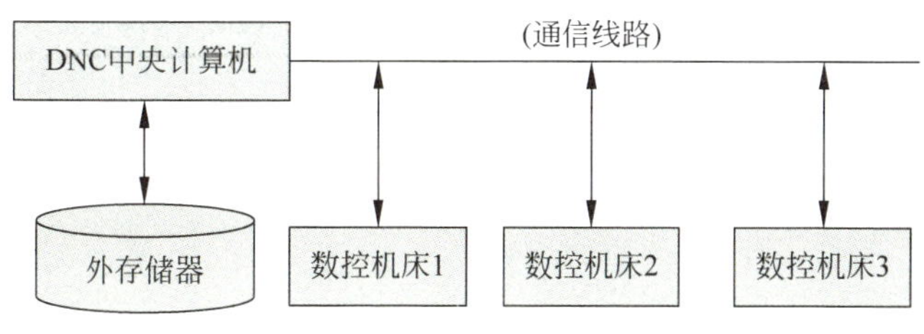

图 3-39　一般控制结构简图

3）多级控制结构

多级 DNC 结构通常为树形结构。底部的能力主要是面向应用的，具有专用能力，用于完成规定的特殊任务。而顶部则具有通用能力，控制与协调整个系统。DNC 系统的结构与系统的规模有关，可能有二、三、四级的结构，常用的是二、三级结构。

在多级结构中，最高一级是小型计算机或者是高档微机，并且包括自动编程语言系统或图形交互编程系统。这一级还承担系统的管理、生产计划和物料需求计划等功能。中间一级是微型计算机，接收来自上一级系统的信息，也可根据下一级的设备状态进行任务分解和调度，实时向各个设备分配加工任务及系统状态信息的反馈。底层的一级一般是机床数控单元。它接收来自上一级的加工指令和控制信息，实现机床各坐标轴的运动及有关辅助功能的协调工作，也向上一级反馈工况信息。多级控制结构简图如图 3-40 所示。

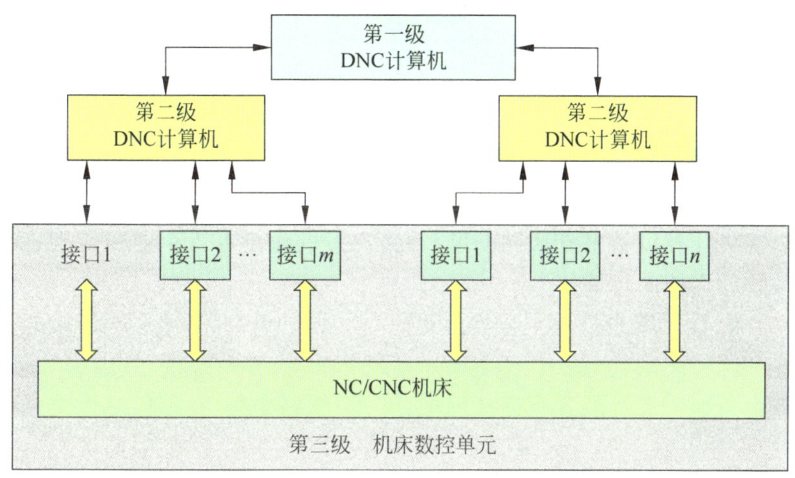

图 3-40　多级控制结构简图

2. 典型的 DNC 功能结构

DNC 最初利用计算机网络向多台数控机床传送数控程序，数控程序可以保存在数控机床的存储器中并能独立工作。DNC 逐渐演化成为对车间生产设备进行联网通信及管理的信息系统，能够快速实现各类数控设备和传统设备的联网通信，并及时反馈设备状态、作业进度及质量问题等信息，提高生产自动化水平以及关键设备的综合利用率。目前，典型的 DNC 系统可以实现数控机床的通信与联网、DNC 代码管理、DNC 机床采集、DNC 统计分析、机床的状态可视化监控等功能。目前，制造业常见的 DNC 软件主要有我国的 CAXA DNC、美国的盖勒普 DNC 系统和丹麦的 CIMCO DNC 等。

1) CAXA DNC 系统

CAXA 是国内领先的 DNC 系统开发商，其网络 DNC 系统的架构图如图 3-41 所示。

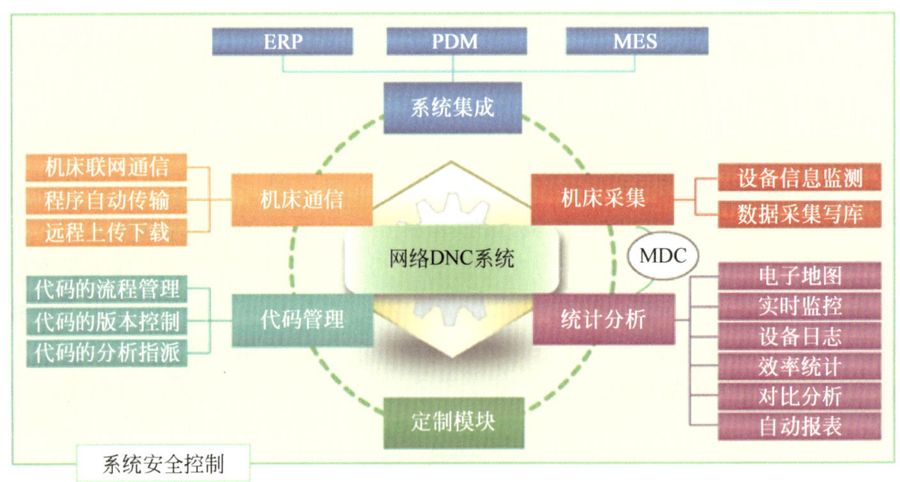

图 3-41　CAXA DNC 系统功能架构图

(1) DNC 机床通信模块负责底层的物理连接，机床的加工代码传输，机床的相关文件传输(如刀补文件、报警信息、机床参数等)。它主要使用串口/网卡混合通信模式来解决数控设备基础联网问题，并将离散的设备并入企业局域网，实现代码及机床参数等文档的传输。

(2) DNC 代码管理模块主要完成代码与文档的管理，其常常与 PDM、BOM 管理系统等平台一同构建，如图 3-42 所示。它以产品结构为核心，组织和管理数控加工过程中与加工有关的各类设计图纸、工艺、代码文档，它可以解决文档的共享、查询、安全控制及版本管理问题，可以减少企业在查找代码时所花费的时间，减少由于版本不统一造成的差错。

(3) DNC 机床采集模块的作用是将企业的数控设备的运行参数及加工状态通过相关硬件和软件的配合，自动采集到网络 DNC 的数据库中。

(4) 如图 3-43 所示，DNC 统计分析模块通过分析采集设备的历史数据，将设备运行状态、设备工作负荷等数据进行汇总分析，得到有关设备运行状态、设备运行效率的报表，并根据客户设定的查询条件进行丰富多样的图文展示。可以通过

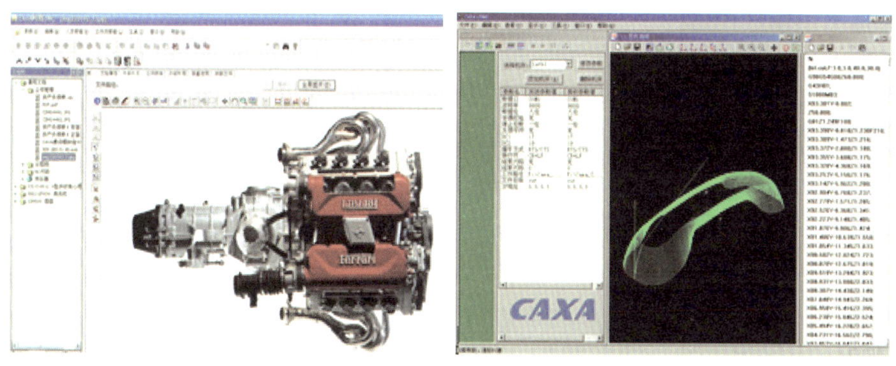

图 3-42　CAXA DNC 系统代码管理模块

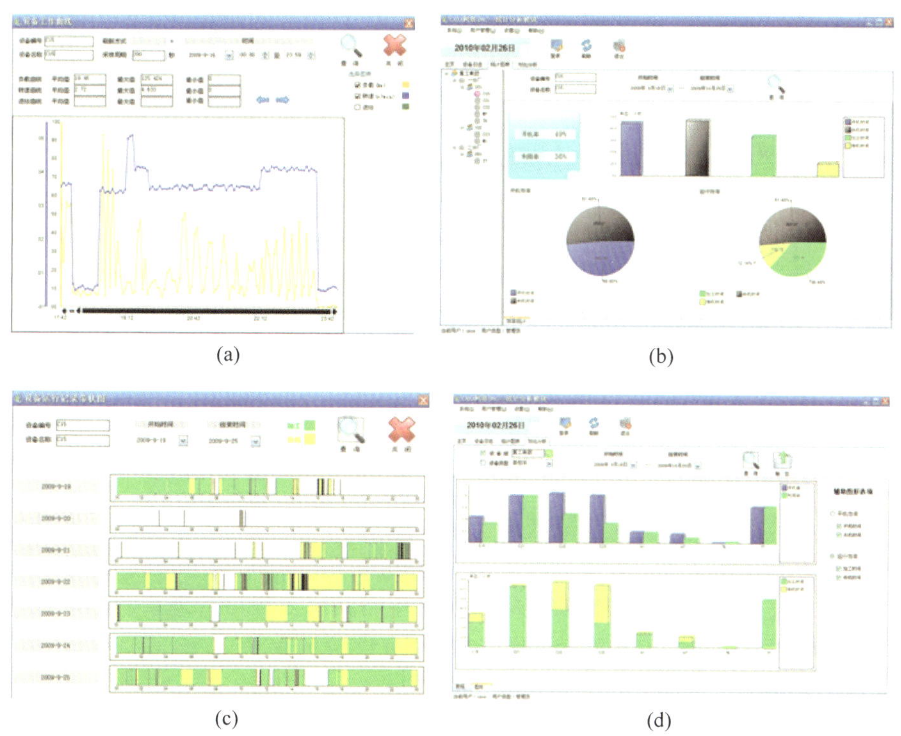

(a)　(b)

(c)　(d)

图 3-43　CAXA DNC 统计分析模块

(a) 设备工作曲线；(b) 设备利用率统计；(c) 设备日志；(d) 设备利用率分析

设备实时监控界面，从办公室监控所有生产设备状态；通过设备利用率计算，评估实时准确的产能，找到设备瓶颈，以提高生产效率；通过全天连续的设备日志，查找不合理的设备使用情况，提高设备与刀具使用寿命。

2) CIMCO DNC 系统

软件系统为 DNC 系统，包括通信模块、程序管理模块、程序编辑仿真模块、机床数据采集监控模块。

(1) 通信模块

如图 3-44 所示，通信模块主要用于将各种厂家不同操作系统、不同性能的设备通过该模块制定的协议连接起来，以实现设备与服务器的数据通信。通信模块的基本功能是实现数控加工程序在服务器与联网机床之间双向并发通信，如加工程序在机床端方便、稳定可靠地上传，远程调用，远程比较，列表查看，强制上传等，除此以外还可以实现机床参数备份等功能。

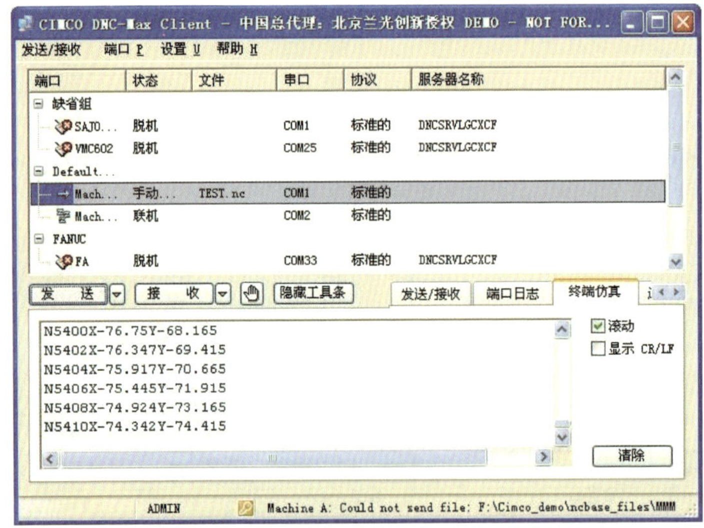

图 3-44　CIMCO DNC 使用界面

(2) 程序管理模块

如图 3-45 所示，程序管理模块是一种充分考虑到数控加工行业特点而开发的数控程序专业管理系统。程序管理系统平台构架在客户端/服务器体系结构上，产品数据集中放置在服务器中以实现数据的集中和共享。程序管理系统的功能包括产品结构树的管理、数控程序的流程管理、人员权限的管理、安全管理、版本管理、产品及机床管理。

(3) 程序编辑仿真模块

如图 3-46 所示，程序编辑仿真模块主要负责程序的刀具轨迹和实体模拟，以方便编程技术人员进行程序模拟，检查刀具轨迹是否正确等。

(4) 机床数据采集监控模块

采集监控模块负责机床实时信息的采集，如图 3-47 所示，包括远程监控设备状态(运行、空闲、故障、关机、维修等状态)，实时获知每台机床当前加工的工件和工件生产数量。它可以为 MES 系统提供准确、及时的生产完工信息，以及所有机床状态信息等，这是科学制订生产计划的重要基础。

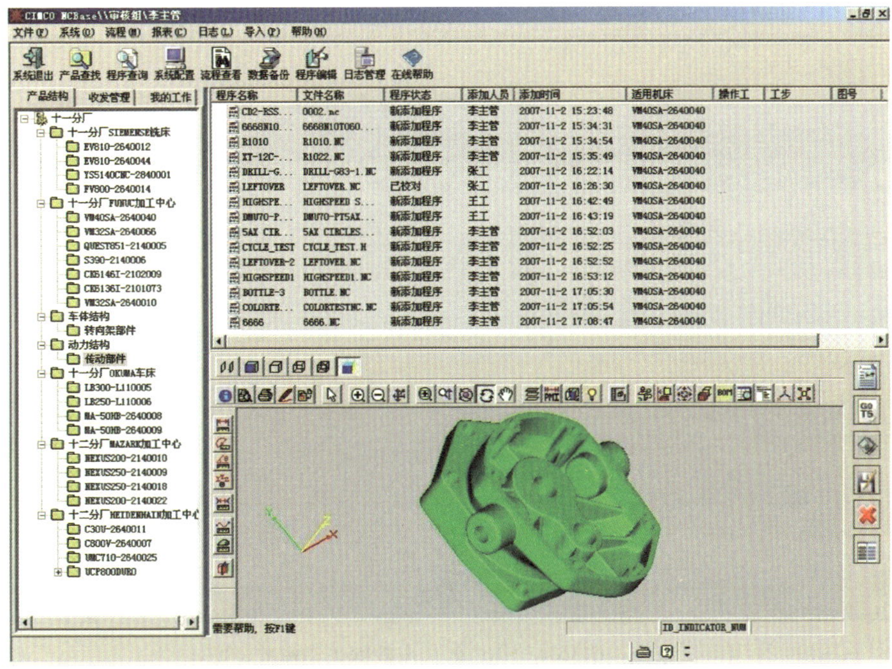

图 3-45　CIMCO DNC 的程序管理界面

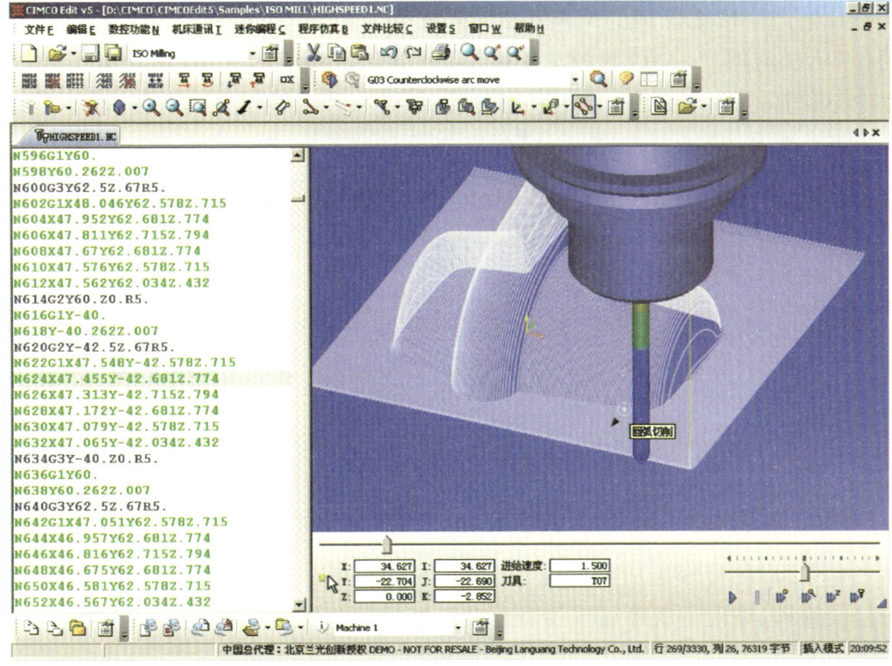

图 3-46　CIMCO DNC 的程序编辑仿真界面

图 3-47 CIMCO DNC 的机床数据采集监控界面

3）盖勒普 DNC 系统

如图 3-48 所示，盖勒普 DNC 是基于 32 位和 64 位操作系统开发的自动化制造设备及生产信息化管理的网络平台，它赋予工业 DNC 更深、更广的应用意义。盖勒普 DNC 能够使 CNC 数控加工中心、智能化工业机器人、自动化生产线 PLC 工作中心和其他的所有工业设备联网在线，同时有效地管理生产设备、加工程序和工位信息。此外，盖勒普 DNC 不但可以与盖勒普其他系列产品管理系统无缝集成，还可以和企业第三方信息化管理系统及工具软件 MRPII、ERP、PDM、CAPP、MES、CAD、CAM 等集成。

3. DNC 技术的优点

现在的企业面对的是一个多变的需求环境，因而车间层控制系统面对的加工任务也是多变的[15]。部署 DNC 系统可以大幅提升数据装备的管控水平，其主要有以下 6 个优点。

(1) 实现车间的完全网络化管理，为不同车间生产需求搭建多样的车间网络系统，消除车间数控设备之间的信息孤岛；彻底改变以前数控设备的单机通信方式，全面实现数控设备的集中管理与控制。

(2) NC 程序管理更加规范化。DNC 系统具有完善的程序传输流程、严谨的用户权限管理、方便的程序版本管理以及良好的可追溯性，可以实现对 NC 程序全生命周期的跟踪管理。

(3) 大幅提高数控设备利用率，减少数控设备准备时间。DNC 系统具有方便、

图 3-48　盖勒普 DNC 系统简图

可靠、全自动的 NC 程序传输功能，可最大限度地提高数控设备的有效利用率。

（4）产品质量得到进一步提高，明显降低产品废品率。DNC 系统可以最大限度避免程序错误，从管理手段与措施上使产品质量有了根本的保障。

（5）明显降低工作人员的劳动强度。服务器端无人值守、设备端全自动远程传输，操作者不用离开设备就能完成程序的远程调用、远程比较和远程上传等工作，明显减少了操作者因程序传输而在车间现场来回奔波的时间。

（6）车间现场更加整洁。DNC 系统实现了 NC 程序的集中管理与集中传输，车间现场不再需要大量的台式计算机及桌椅板凳，取而代之的是少量美观大方的现场触摸屏，整个车间显得更整洁，更符合车间精益生产管理的要求。

在制造业的大数据时代，设备的数字化、信息化得到进一步的普及，大量的设备（数控机床、测量设备、定位设备等）得到数字化改造或提升，因此 DNC 不只要实现数控机床的联网通信，如何实现种类杂、数量多的工业底层设备的联网、通信是 DNC 进一步发展的方向。

3.4.2　DCS 控制技术

20 世纪 70 年代中期，过程工业发展很快，但由于设备大型化、工艺流程连续性要求高、要控制的工艺参数增多，而且条件苛刻，要求显示操作集中等，使已经普及的电动单元组合仪表不能完全满足要求。在此情况下，工业界经过市场调查，确定开发以模拟量反馈控制为主，辅以开关量的顺序控制和模拟量开关量混合型的批量控制（针对精细化工等行业的批量生产方式）的流程工业控制系统，后来逐渐统一称为分散型控制系统（distributed control system，DCS）。这些控制系统在原来采用中小规模集成电路而形成的直接数字控制器(DDC)的自控和计算机技术的基础上,结合阴极射线管(CRT)、数据通信技术,以集中显示操作、分散控制为特征,可以覆盖炼油、石化、化工、冶金、电力、轻工及市政工程等大部分行业。

在以后的20多年中,DCS产品虽然在原理上并没有多少突破,但由于技术进步、外界坏境变化和需求的改变,共出现了3代DCS产品。1975年至20世纪80年代前期为第一代产品,80年代中期至90年代前期为第二代产品,90年代中期至21世纪初为第三代产品。三代产品的区别,可从DCS的三大部分,即控制站、操作站和通信网络的发展来判断。

1. DCS控制站

DCS系统中,控制站继承了直接数字控制(direct digital control,DDC)技术,它是一个完整的计算机,实际运行中可以在不与操作站或网络相连的情况下,完成过程控制策略,保证生产装置正常运行。从计算机系统结构来说,控制站属于过程控制专用计算机,其特点是第一代采用8位微处理器,第二代采用16位微处理器,第三代采用32位微处理器,这对于中小型DCS控制器来说比较确切。大型DCS控制站对中央处理器要求较高,必须为专用的处理器,准16位和准32位运算方式;第二代DCS控制站采用精减指令系统(reduced instruction set computer,RISC);第三代DCS控制站采用多CPU,用于控制运算、冗余切换、通信等操作。

控制站作为一个完整的计算机,它的主要I/O设备为现场的输入、输出处理设备,以及过程输入/输出(PI/O),包括信号变换与信号调理,A/D、D/A转换。它在第二代和第三代产品中已陆续采用了嵌入式技术,并采用单片机等完成量程调整、远程I/O数据传输、小型化、减少PI/O卡硬件规格等功能,直至连接智能化的现场变送器或接收采用现场总线技术的数字信号。在信号变换过程中采用隔离技术以防止来自现场的干扰信号,这是至关重要的;与现场连接的端子及输入、输出信号的物理位置的方便确认也是用户非常关心的。这些在DCS控制站的更新换代中,都有很大改进。在这方面,原来生产自动化仪表的厂家表现尤佳,所以说DCS是继承了自动化仪表技术的计算机系统。

关于DCS控制站的系统软件,原则上也有实时操作系统、编程语言及编译系统、数据库系统、自诊断系统等,只是完善程度不同而已。第一代DCS控制站的功能更近似于多回路调节器,而且每个控制站都可以配置人机界面和备用操作器;第二代DCS控制站的实时操作系统及程序编译系统比较完整,编程语言有面向过程语言和高级语言,控制策略的组态由操作站或工作站在与控制站联机的情况下,完成编译和下装;第三代DCS控制站的系统软件齐全,操作站或工程师站可以完成离线组态及在线修改控制策略。

为了完成控制策略,实现对应功能模块及模块之间连接的功能,可构成反馈控制回路,这在三代DCS控制站中变化不大,而且是不断积累完善的过程,如PID算法等典型的数值计算就是如此。目前典型的功能模块有50多种,这是DCS厂家的专有技术。对于顺序控制和批量控制组态编程，各种DCS控制站采用不同的方法，直到近年来才向IEC 61131-3编程语言标准靠拢。

DCS系统的数据主要来自现场的信号和各种变量，在控制站中表现为与工位号对应的相关测量值(PV)、设定值(SV)、操作输出值(MV)及回路状态等。这些数据被采集到DCS控制站相应的存储器中，构成实时数据。其他属于与工位号有关的组态信息，如量程、工程单位、回路连接信息、顺序控制信息等，也在控制站中存储，但同时必须在操作站或工程师站中存储，而且有映像关系。至于历史数据存储，一般不在DCS控制站完成。

在完善直接数字控制技术中，对A/D、D/A转换及控制算法，分别引入扫描周期和控制周期概念，在第二代、第三代DCS控制站中，扫描周期可以比默认值1s更短，如可以选用0.2～0.5s，以满足少数快速反应的控制对象的要求。

针对第一代、第二代DCS控制站，为了完成回路控制以外的顺序控制、批量控制及数据采集，分别开发了不同型号、规格的控制站产品；而第三代控制站因为其功能很强大，对开关量和模拟量处理能力很强，所以一般不做区分。大型DCS的一台控制站可以完成上百个回路的控制，其容错技术完善，可靠性、安全性强，所以"分散控制以消除危险"的初衷已很难体现。当然，对于一个有多套工艺装置和一个中控室的工厂，每套装置就近安装一台控制站的大系统来说，这也是一种分散型控制，只是对控制站的可靠性要求更高了。

中小型DCS控制站，以控制16～32回路为限，分散性较易为人们所接受。目前小型DCS所占有的市场，已逐步与PLC、IPC、FCS共享，今后小型DCS可能首先与这3种系统融合，而且"软DCS"技术将首先在小型DCS中得到发展。

控制站是整个DCS的基础，它的可靠性和安全性最为重要，死机和控制失灵的现象是绝对不允许的，而且冗余、掉电保护、抗干扰、构成防爆系统等方面都应很有效而可靠，才能满足用户要求。多年的实践经验证明，绝大多数厂家的DCS控制站是能够满足用户要求的。

2. DCS操作站

DCS操作站具有操作员功能、工程师功能、通信功能和高级语言功能等，其中工程师功能中包括系统组态、系统维护、系统通用(utility)功能。

实际的DCS操作站是典型的计算机，它与控制站不同，有着丰富的外围设备和人机界面。20世纪70年代中期，CRT显示器技术已成熟，以外部存储器温氏硬盘为特征。第二代DCS操作站还具有如下特点：操作站和工程师站(或称工作站)分开，也有公司将操作站的历史数据存储用硬盘(历史模件)和高级语言应用站(应用模件)分别独立挂在通信网络上；操作系统除采用DOS系统以外，有的产品采用UNIX等操作系统；实时数据库储存性能逐渐完善；在人机界面方面，逐渐过渡为以GUI图形用户界面为平台并采用鼠标，组态时制作流程图和控制回路图等采用菜单、窗口、CAD技术等，人机界面友好。第三代DCS操作站是在个人计算机

(PC)及 Windows 操作系统普及和通用监控图形软件已商品化的基础上诞生的，面对用户要求的 DCS 系统应具有开放性、便于系统集成和操作、与 Windows 一致等。目前大多数 DCS 操作站已采用高档 PC 或工控机，Windows 操作系统，客户机/服务器(C/S)结构，DDE(动态数据交换)或 OPC(用于过程控制对象链接嵌入)接口技术，使用以太网接口与管理网络相连。在采用通用监控图形软件(如 iFIX、Intouch 等)这一点上，各 DCS 厂家做法不一，有的以此为平台，形成“软 DCS”操作站，这多用于中小型 DCS，或以此类软件为核心，进行二次开发；大多数 DCS 厂家对原来的组态软件进行改造，使之符合上述特点，满足系统开放要求。操作站要实现其多项功能，必须完成数据组织和存储两方面任务，如与工位号相关的一些数据，在操作站中要对由控制站某端与现场仪表相连的、由物理位置而决定的工位规定工位号(即特征号或标签 Tag)和工位说明(可以用汉字)，使之与工艺对象一致，以保证工艺操作人员的操作。工位号可以在整个 DCS 系统中通用。其他还有系统配置、操作标记、趋势记录、历史数据管理、总貌画面组态、控制站组态、工艺单元或区域组态等，这些均组织成文件，最终形成数据库，存储在硬盘的相应区域，使数据具有独立性和共享性，保证数据的完整性和安全性。

DCS 系统组态、操作站组态、控制站组态均有相应软件，为 DCS 用户的工程设计人员提供人机界面。在工程设计中，第一代、第二代 DCS 均采用先让 DCS 用户的工程设计人员填写工作单或绘制组态图(或称 SAMA 图)，再在操作站或工程师站上输入生成，形成应用软件，同时复制于软盘的方式。在第三代 DCS 中，逐步向无纸化和在 PC 上完成工程设计的方式过渡。

操作员的操作主要依靠流程图画面和标准的总貌画面、分组画面等，采用标准键盘、鼠标和操作员专用键盘，这是 DCS 的特点，工艺操作人员要经过专门培训才能接受。在多屏幕的情况下，操作的最后有效原则、各屏幕画面等同化显示及按工位号调用或按专用键调出画面的速度或画面定时刷新问题，报警按时序显示记录问题，都陆续得到解决。操作站死机现象时有发生，当然这与 DCS 制造工艺、用户使用操作等都有关系，但从操作站的操作系统上解决问题才是彻底的方法。目前，这个问题已经不严重，但要彻底解决还有待时日。

3. DCS 数据通信及网络

在 DCS 系统诞生时，主要用于解决一个生产装置中几个控制站和一个或几个操作站之间的数据通信问题；第二代 DCS 则解决多个装置的 DCS 互联问题；第三代 DCS 则解决一个工厂的多个车间互联及与全厂计算机管理网络互联的问题，这是总的设计思想。

在实际应用中，如石化行业，DCS 一直多用在一个生产装置范围内的多机通信系统中，而且控制站和操作站均集中放置在控制室内。电力行业、冶金行业、自来水行业则将控制站分散放在楼上、楼下、生产线上或分散的地域处，与集中放置操作站的控制室总距离一般也多在 1km 以内。由于计算机网络系统技术的发展，全厂各生产车间用 DCS 的通信总线相连的实例较少，所以在第三代 DCS 中，DCS 通信功能的发展是与全厂管理网络(以太网)技术相融合，逐渐实现通信网络由多重结构向扁平化过渡，因此，第三代 DCS 的通信系统的特点是具有开放性。

DCS 系统的规模与通信能力有关系，但是用其作为划分第一、二代 DCS 的方法还不妥，应该说第一、二代 DCS 的信道和传输速率有变化，即第一代 DCS 采用双绞线信道或同轴电缆，速率在 1Mb/s 以下，第二代 DCS 采用同轴电缆或光纤，通信速率为 1～10Mb/s。也有人认为，第一代 DCS 通信为数据高速公路，第二代 DCS 通信为局域网。有些 DCS 厂家还把 DCS 系统构成多种总线互联的结构，如 Honeywell 公司把 20 世纪 70 年代的 DHW(data high way)总线经 HG 与 LCN 相连，UCN 总线经 NIM 与 LCN 相连，近来又将 LCN 改造成 TPN(TPS 过程网络)，这样同时解决了 70—90 年代产品的互联问题，既保证了系统的扩展性，又保护了用户的初期投资。

至此，已经看出 DCS 通信问题的复杂性，在 20 世纪 70 年代中期，数字通信已开始普及，但仅限于电信行业，工业用户迫切要求成套地提供 DCS 系统，而当时只有一些大的计算机厂家提出数据传输规程(协议)，并无统一的数据通信标准，所以各 DCS 厂家都以专利形式发表(或购买)DCS 通信技术。因为数据通信标准牵涉网络结构、通信介质(信道)、通信协议、不同用户行业的行规等方面，所以直至目前也没有工业(或过程工业)网络的完整的统一标准。当然到目前为止，IEEE 802.4 令牌总线传输方式和 IEEE 802.5 令牌环网传输方式的通信协议在 DCS 系统中应用最广；国际标准化组织(ISO)提出的开放系统互联(OSI)参考模型即 ISO/OSI 7 层参考模型，规定了通信过程分段和网络功能分层，为第三代 DCS 通信向以太网开放奠定了良好的基础。

说到开放性，它的基本特征是开放系统应具有可移植性、互操作性、广泛性和可得可用性，拿这个特征来衡量以太网及它形成的 Internet 和 Intranet，可以说它基本具有开放性。所以目前 DCS 应该在与其互联上下功夫，使之在系统集成的大环境下，摘掉 DCS“孤岛”的帽子。

在 DCS 中采用数字通信技术，在控制站内采用站内通信总线及远程 I/O 总线，以及在第三代 DCS 的控制站内增加了连接 PLC、分析仪和现场智能仪表的接口卡，使 DCS 与现场仪表之间的接线减少，并对现场仪表进行设备管理，这为 DCS 向下兼容并与现场总线通信技术融合打下了基础。

在制造业大数据时代，计算机集成技术和现场总线的发展，将对 DCS 的结构产生重大影响。目前 DCS 的结构将受到上下肢解，上层工作站将与 CIPS 紧密结合，DCS 将演变成 CIPS 的低层部分；在现场级，现场总线的应用将使传统的 DCS I/O 结构彻底改变。现场通信技术将对自控领域带来深刻影响，工业控制系统的体系结构将以统一的现场总线为纽带构成，现场控制系统(FCS)将是 21 世纪的开放控制系统。

3.4.3 M2M 控制技术

工业互联网的应用目前越来越广泛，可以说是无处不在。互联网的基础是每一个内部互相协作的个体，因而互联网的核心部分就是个体之间的互联、互通。工业互联网以机器为基础，通过 M2M 技术实现机器之间的信息交流，从而减少了人在机器协作中的参与，可以完成以机器为主的车间内部自组织、自控制，提高车间的生产效率。

1. M2M 的概念和内涵

广义上说，M2M 是所有增强机器设备通信和网络能力技术的统称，即 Machine to Machine，Men to Machine 和 Machine to Mobile，即将机器之间的通信、机器控制通信、人机交互通信、移动互联通信等不同的通信技术有机地结合在一起，让设备、应用处理过程和后台信息系统共享信息，并与操作者共享信息。狭义上讲，M2M 是指机器对机器，其核心是机器与机器之间的通信。由于 M2M 的主体的领域范围具有多样性，因此其范围难以确定，定义也就难以统一。

工业互联网基础上的 M2M 技术是指那些具有相同类型和特定应用程序的设备之间通过有线或无线的网络实现相互通信的技术。典型的 M2M 技术主要由三部分组成：M2M 终端设备、M2M 通信网络以及 M2M 总控管理系统。其中 M2M 终端设备是 M2M 技术的承担者以及受惠者，既需要执行自己的任务，又要协调完成整体任务；M2M 通信网络是一个关键的角色，它完成了设备与设备之间以及设备与其相匹配的应用之间的 M2M 关系的组建；M2M 总控管理系统包括 M2M 服务以及应用部分，其服务部分可以独立地实现一些通用的功能，进而按照一定的逻辑融合成各种具体的应用，如图 3-49 所示。

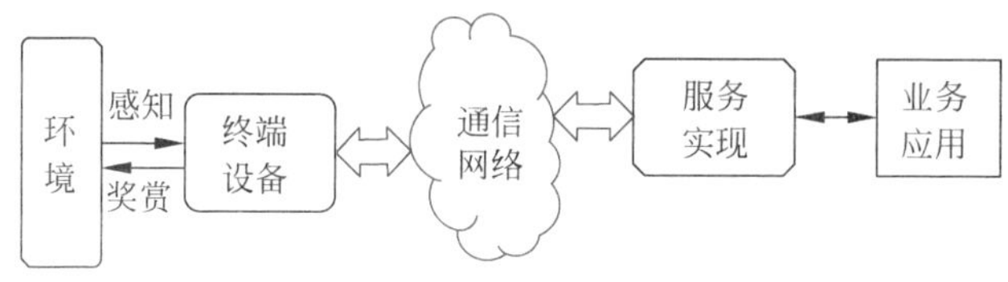

图 3-49 实现 M2M 本质

这一实现流程可以用来进行远程监控以及管理各种资源，并将运行过程以及各种资源整合起来，其中都取决于企业自身的需求。M2M 技术的实现需要如下的系统构件。

(1) M2M 终端设备。M2M 设备具有感知和奖赏的能力。M2M 连接和服务的终端设备具有广泛的实现形式，从简单的传感器节点到具有多通道传感器功能的高端复杂设备，都可以部署在 M2M 的整个架构中。

(2) 通信网络。该网络主要实现 M2M 终端设备和服务器之间的远程连接。

有多种不同类型的通信网络，比如广域网（WANs）、局域网（LANs）以及 M2M 区域网络等。其中典型的网络有广域网中的公共蜂窝移动网络、固定专用网络以及卫星网络。

（3）M2M 服务实现。该部分主要是实现一些通用的功能，即在许多不同的应用程序中一些常见的功能。其主要为了降低实现成本以及方便应用程序的开发，目前以服务实现为基础组成一个独立的系统，成为实现 M2M 以及工业互联网的一种趋势。

（4）M2M 业务应用。M2M 架构中的应用部分主要是对更加细致的监控过程的一种具体实现。将这些应用进一步进行集成，即形成企业的整体运行的系统。远程监管的对象有多种形式，例如，远程管理挖矿机械的状况或者远程管理电表中的数据。

目前，M2M 的组织架构已经逐渐由单垂直式部署转为多垂直式部署进而转向水平部署。水平 M2M 组织架构是一种简单可发展的和递增可扩展的组织形态。“水平”表示一个贯穿业务领域、网络和设备，连贯的有效框架。该架构由一系列能够功能分离的技术、体系结构和过程组织而成，特别是应用层和网络层，如图 3-50 所示。

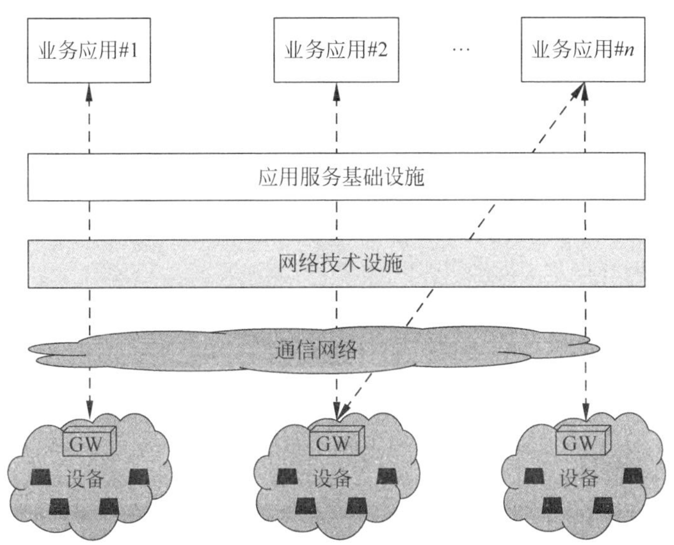

图 3-50　M2M 水平架构——M2M 服务层的出现

这样的 M2M 架构将依靠一系列以软件模块为形式的功能，向 M2M 应用提供软件模块可以促进它的发展、测试以及可扩展性部署。

2. M2M 内核

M2M 内核是 M2M 技术研究的主要内容，也是 M2M 中的任务承担者，它将所有的执行过程都封装在一起，向下起到控制终端设备通信的作用，向上提供应用程序的开发接口,是 M2M 技术中最基本的部分之一。

M2M 案例

如图 3-51 所示,M2M 内核是多种功能的集合体,包括应用支持、远程实体管理(终端管理)等功能。具体的功能如下。

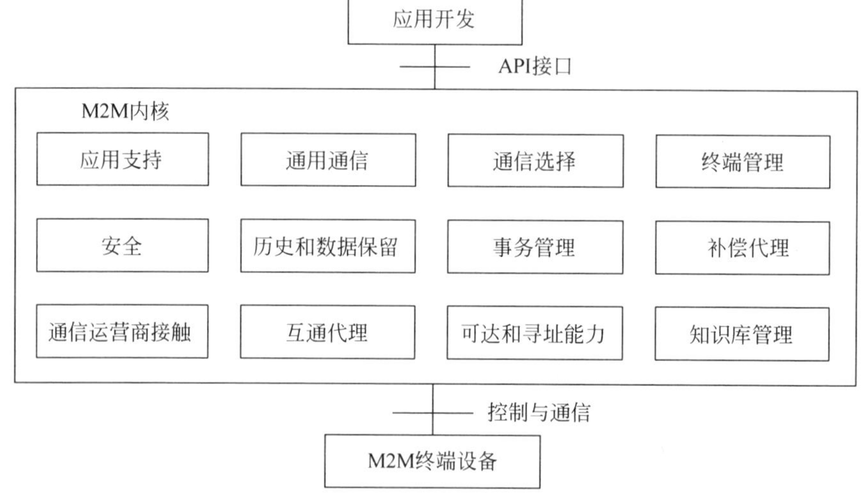

图 3-51　M2M 内核的功能实体

(1) 应用支持：提供了一个连接应用程序的单独 API 接口。

(2) 通用通信：管理所有方面,包括相关安全传输会话的建立和拆除,以及由核心网络提供的与承载服务的连接。

(3) 通信选择：通过多个网络或者多个连接承载而完成的设备或网关提供了网络和网络的承载选择,如 Wi-Fi 和 GPRS。

(4) 终端管理：提供有关的设备/网关生命周期的管理,比如设备配置、诊断和监控、固件管理、设备拓扑管理。

(5) 安全：实现引导、身份认证、授权和密钥管理。除了提供保护 M2M 服务层完整性的安全策略外,还通过 API 向 M2M 应用程序提供更多的安全服务。M2M 安全策略通过用于上层安全域的 API 提供可配置的安全性服务,从而在合适的时机利用或启用其他安全域的功能。

(6) 历史和数据保留：存储有关 M2M 用法的记录,用于执法的目的,如隐私保护等。

(7) 事务管理：用于管理事务,比如群和成员管理、批处理管理、群订阅/通知等。

(8) 补偿管理：用于管理代表使用的补偿交易,特别是在 M2M 终端设备协作其他设备完成任务时的补偿管理。

(9) 通信运营商接触：通过通信接入,以相同的 API 接入传统的网络运营商服务。M2M运营商间的通信流程，描述M2M节点支持M2M间过程的操作行为，包括始发域中始发M2M节点的操作、接收节点在始发域中的操作、接收节点在目标域中的操作。

(10) 互通代理：实现不同标准监制下的M2M终端设备间的互联互通接口的融合。

(11) 可达和寻址能力：实现获取和管理地理位置信息，包含3种位置信息的方式，分别为Network-based、Device-based、Sharing-based，通过Location Source属性实现设置，同时实现位置信息的周期更新，并实现应用或业务信息(包括所有资源、子资源)搜索。

(12) 知识库管理：用于管理注册时的记录，处理注册实体到另一个服务器的注册请求，只有注册后才能使用注册服务器上的资源。完成注册后，可以在注册服务器的资源根节点下创建注册资源。

3. M2M调度与协同

M2M构架确保了智能机器终端相互之间的互联互通以及工业互联网的构建，工业互联网通过多个M2M系统组织形成，以工业互联网为基础的智能制造也就要求M2M智能终端能够自主调度以及协同完成相关任务。

M2M调度和协同主要由两部分内容组成，一是M2M系统内部资源的配置，二是M2M系统对外部资源的调配。关于M2M系统内部的资源配置，主要是能源的消耗以及网络节点的负载和路由的选择。以工业互联网为基础的工业新模式促使工业走向绿色化、可持续化，要求企业的能耗使用率达到最高，因此对于终端设备节点的能源消耗模式需要相应的策略，如采用富状态信息——以终端设备的状态确定能源消耗策略等。通过对网络节点的负载的控制以及进行正确的路由选择，既能够提高通信的效率，也能够提高实时性。

M2M系统通过对终端设备的整体调控，实现任务的具体分配，规划整体的实现方案；同时终端设备之间在互联互通的基础上实现设备间的协同，完成相应的任务，提高任务的完成率以及准确率。例如，终端设备之间基于博弈论的协商机制，通过双边单议题多阶段的谈判模式实现整体调度与局部优化相结合的调度协同方案。

目前，车间内部的设备构成很复杂，既有单一加工能力的普通数控机床，又有多种加工能力的加工中心，充分利用好每台机床的功能，是提高车间效率的手段之一。如图3-52所示，采用M2M的控制技术，可以使得每台机床自组织形成一个个具有独立功能的设备群体，具有多种加工功能的设备可以动态加入相应的群体，实现群体功能的集中管理，提高车间的加工功能的最大化利用。

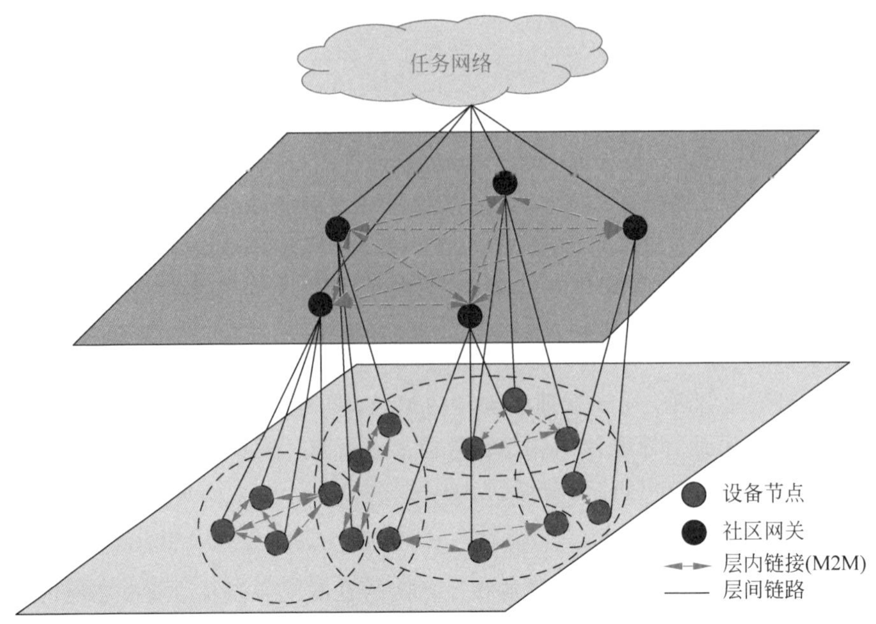

图 3-52　M2M 在车间的应用情景

3.4.4　基于工业大数据的车间控制技术

随着互联网技术的发展，车间数据会结合互联网平台实现信息化和工业化层面的深度融合，进而推动车间数据对车间生产制造及经营管理方面的有效应用。利用工业大数据来改善生产调度和过程控制则是实现智慧车间控制的技术核心。因此，有必要研究基于机器设备且面向垂直或横向集成的工业大数据技术，包括互联互操的设备集成工业以太网整合技术、机器与机器通信技术以及基于统一架构标准的垂直集成语义互操作性实现技术等。在工业大数据时代，以流程型制造作为突破口并兼顾离散型制造，能够在保障信息安全的前提下关注设备异常监控与预测、生产工艺监控与优化、良品率与保修分析等深层问题。最终，实现智慧车间生产过程的精益性与稳定性[16]。

1. 工业大数据

在工业 4.0 时代，智能分析与互联网的紧密结合将改变现有的生产管理和设备运行方式。机器运转过程中产生的大量工业数据被传感器等装置及时存储和提取，还能够挖掘机器产生的历史数据。所有的数据经过合并，整合成“大数据”，转化平台将海量的大数据转换成信息[17]。

在车间控制过程中，海量的大数据经过智能提炼后，将少量的信息转化成有用的实际处理信息，这是智慧车间的关键。

车间工业大数据作为工业相关要素的数字化描述和在信息物理系统中的映

射，首先符合大数据的 4V 特征，即大规模（volume）、速度快（velocity）、类型杂（variety）、低质量（veracity）。相对于其他类型的大数据，车间大数据还具有反映车间加工逻辑的多模态、强关联、高通量等新特征。

多模态是指工业大数据必须反映工业系统的系统化特征及其各方面要素，包括车间加工中“光、机、电、液、气”等多学科、多专业信息化软件产生的不同种类的非结构化数据。比如三维产品模型文件不仅包含几何造型信息，还包含尺寸、工差、定位、物性等其他信息。

强关联反映的是车间加工过程中的系统性及其复杂动态关系，不是数据字段的关联，本质是指物理对象之间和过程的语义关联。包括产品部件之间的关联，生产过程的数据关联，产品生命周期设计、制造、服务等不同环节数据之间的关联以及在产品生命周期的同一阶段涉及的不同学科不同专业的数据关联。

高通量即工业传感器要求瞬时写入超大规模数据。嵌入了传感器的智能互联产品已成为工业互联网时代的重要标志，用机器产生的数据代替人产生的数据，实现实时的感知。从工业大数据的组成体量上来看，互联网数据已成为工业大数据的主体。

2. 基于大数据驱动的车间控制

1）数据集中显示与可视化

数据可视化系统服务于智能制造和工业大数据环境，它可以对机器运行状况进行实时、直观的表述。数据可视化系统的信息支持 ERP 系统具有优化生产管理、维修调度以及保证机器安全的功能。数据可视化系统应用于生产线中的信息流和供应链管理，使企业的产业化经营更加透明化和组织化。此外，监测系统有利于降低劳动力成本，并为操作人员和管理者提供了一个更好的工作环境。监测系统还能够通过节能措施降低成本，实现优化检修计划和供应链管理。

2）设备状态的自我评估

根据获得的车间加工过程中的大数据及其相关算法，机器能够评估自身健康水平及其在物理世界中的表现。在自适应学习和数据挖掘算法的基础上，机器健康自我评估能够实时反馈机器性能和机器的健康水平。随着新的数据的大量增长，机器健康的大数据也同步增长，其保真度以及应对现实复杂工作的能力也同时提高。机器在收集发出的数据后，采用适当的数据挖掘算法，在比较横向数据（机器设备对机器设备）和纵向数据（时间对时间）的基础上，实现机器健康的自我评估。在预设的预测算法基础上，对特定机器的健康信息评估也极为重要，智能控制系统将从其数据库中提取必要的信息，然后进行相应机器的健康评估。

3）设备自我维护的决策分析

机器设计、控制和决策的主要目标是满足其生产目标，以及保持生产计划、设备维修及生产调度的高效率。在现实生产中，设备停机以及机器故障大都是由系统性能引起的，它们会降低生产效率以及运营效率。提高机器系统性能的两种有效方法为：①减少非计划停机时间，提高机器的运营效率；②检测影响生产的瓶颈组件，高效利用系统的有限资源，提高机器的应用效率。

3. 基于工业大数据的晶圆生产车间应用实例

针对半导体企业（中芯国际）晶圆制造车间在产品、设备与系统三个性能维度的运行优化需求，考虑车间数据具备的大数据“4V”特征，基于“分析＋预测＋调控”的大数据思维对车间中的设备异常、晶圆良率、晶圆工期展开研究。在构建面向晶圆制造车间大数据分析平台的基础上，分别实现数据驱动的机台先进过程控制、数据驱动的晶圆良率在线预测、数据驱动的批次完工时间预测与调控。开发大数据驱动的晶圆制造车间运行优化原型系统，在半导体企业晶圆制造车间部署实施。

晶圆制造车间的运行分析与决策需要满足晶圆制造工期预测与调控、晶圆良率预测、机台先进过程控制等多方面的业务需求。虽然这些业务在具体应用需求上存在差异性，但是它们之间存在着明显的数据交互，如机台运行数据既可以用于机台异常侦测与分类，也可以用于晶圆良率预测。同时，它们都基于大数据处理分析与应用流程，满足具体业务需求。因此，在晶圆制造车间中，针对从机台监控系统、车间信息系统、历史数据库等对象中获取的海量多源异构晶圆制造车间大数据，首先构建统一的大数据处理与分析平台，平台为晶圆制造车间大数据提供通用预处理技术，构建晶圆制造车间大数据仓库，同时还针对不同性能优化问题提供专用预处理技术，满足具体业务的数据需求。在此基础上，应用层根据不同应用场景，完成机台异常侦测与分类、订单交货期调控、晶圆良率预测等具体业务的开发，满足定制化业务需求，如图 3-53 所示。

1）海量高维多源异构制造数据融合方法

对于以数据为中心的应用系统，数据的收集和数据质量对决策的优劣至关重要。晶圆生产过程是一个持续过程，其产生的数据是一组顺序、大量、快速、连续到达的数据序列。因此，研究基于流处理技术的数据传输与采集方法，联网获取生产线上机台的实时监测数据。由于在生产过程中会出现各种各样的异常状况，在这些异常状况下采集到的数据不能客观准确地反映生产过程的基本特征，因此需要对原始数据进行必要的取舍，研究多级过滤结构的数据筛选机制，重点关注核心机台参数。同时，不同过程变量具有不同的量纲，如温度、质量、压力等。绝对数值大小差异很大，要共同计算所有变量的测量结果，要求所有变量具有同等的重要性，因此需要对每个变量进行标准化处理，从而满足后续数据分析、机台监控的数据共享要求。

从晶圆制造生产线上采集或历史数据库中查询到的原始数据是按照机台或某种数据类型组织的，仅反映了某一方面的特性，不能立即用于统计分析和控制。另外，晶圆生产过程中的各项技术指标、生产数据、控制参数相互关联、相互制约、相互影响。因此，针对数据来源多样和相互关联的特点，研究基于列存储和关系管理

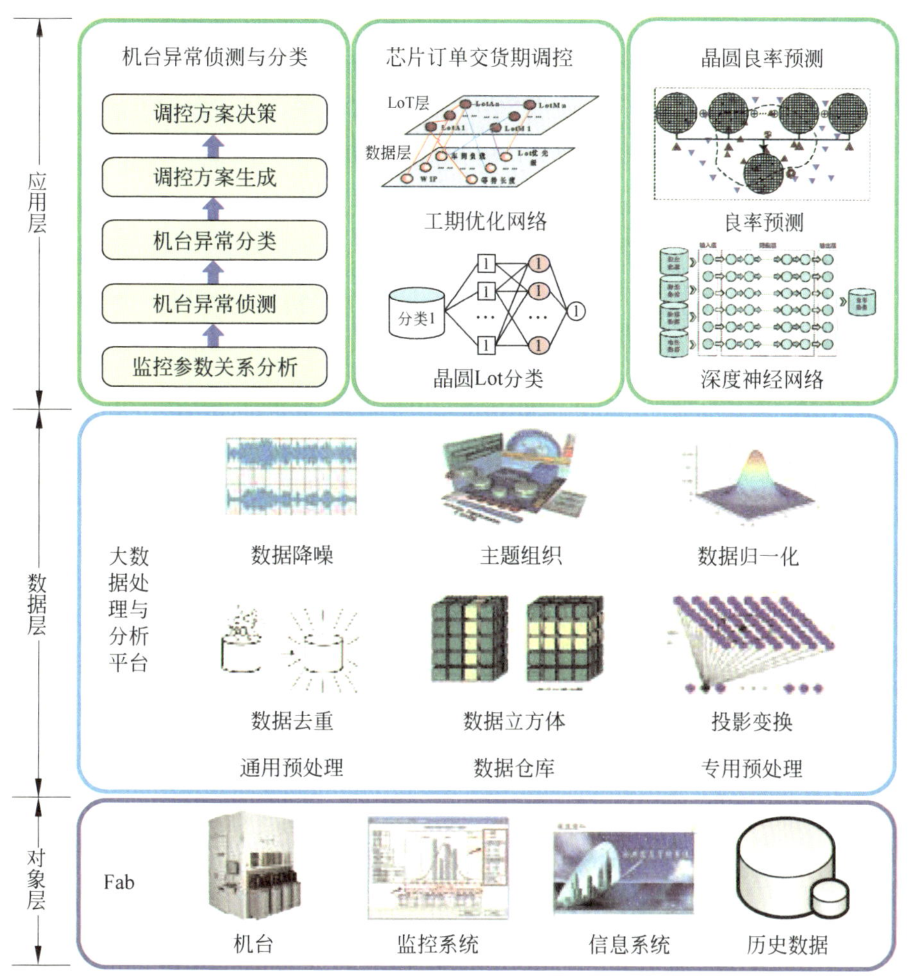

图 3-53　晶圆制造车间运行分析与决策项目整体解决方案

的统一数据服务，为上层应用提供可靠数据来源。研究由传统的 SQL 数据库向列存储数据库的转化方法，有效、可靠的存储生产过程数据及其相互间的关联关系；研究单一查询在异构系统和数据库中的分解方法，按照数据间关联关系将查询请求合理地优化分解为子查询任务，分配到各数据库节点中执行；研究查询结果的组合筛选方法，返回合理的查询结果；在此基础上研究数据整合方法，建立并完善机台生产及工程数据仓库，提供数据查询与引用，对机台运行数据进行科学、高效管理，实现数据库间无障碍数据交互，提高数据库使用效率。

针对晶圆制造过程中不同应用系统（如 ERP、CAD、CAPP 等）之间数据的集成需求，基于 OWL 本体语言构建数据的领域描述，并基于元数据管理模型设计数据集成中间件框架，通过研究数据抽取与全局统一建模规范实现对多源异构数据在晶圆制造车间的统一集成。定义数据转换规范，基于列存储数据库设计规范，将现有的 SQL 数据库数据字典转换为列簇,外键定义转换为关联关系,完成数据抽取规范设计。然后进行数据抽取。利用并行查询技术,将查询请求合理地优化分解为子查询任务,从机台传感器、MES 等多种数据来源中抽取数据,导入列存储数据库中。对经过初步处理的数据,研究基于分布式文件系统(HDFS)的数据文件存储方法,实现大量数据的有效存储和快速读取;研究机台数据立方体的构建方法,设计数据仓库建立准则,建立按主题组织的机台制造数据仓库。通过基于 HDFS 的数据分布式存储方法对数据进行存储,通过机台制造数据立方体描述方法对数据进行描述,通过基于主题的数据组织方法对数据进行组织。最后进行数据统一建模,整合既往机台资料,使用基于 Pig 的批处理方法和 Hive 的数据组织形式,将现行数据库数据资料根据数据分析需求建立数据查询模型,提供数据查询和预处理服务。

2）动态制造数据多尺度时序分析方法

针对晶圆制造车间制造数据的时序特性,本项目拟建立车间运行过程多维数据时序模型,研究时间维多尺度下不同维度成员间数据的自相关作用,揭示制造数据随时间的变化规律。

根据具体算法对数据的要求,在数据仓库的基础上,视具体情形开发基于并行处理的数据快速筛选、打包方法,归一化方法,平顺化方法等,为上层业务逻辑提供有效数据。针对晶圆加工过程中机台过程数据具备的明显时序特性,通过增量式索引更新机制在晶圆制造大数据多维数据库中快速查询晶圆加工过程中的机台加工数据;并针对各机台中不同传感器的采集频率差异,通过尺度离散化和尺度均匀化等手段实现时序模型在不同时间尺度间的转换,构建尺度一致的各机台过程数据时序模型;在此基础上,分析各机台加工过程数据时序模型的时变特征,根据时变特征对各机台加工过程数据进行聚类分析,获得机台过程数据的时变特征。

3）制造大数据的关系网络模型与耦合作用机理

产品、工艺、装备、系统运行等制造数据相互影响,使得智能车间生产过程呈现出复杂的运行特性。本项目利用大数据处理和分析方法,研究工艺参数、装备状态参数等制造数据之间的关联关系描述方法,借助复杂网络理论,构建制造数据关系网络模型,分析制造数据之间的耦合机理。

根据机台加工过程数据时序模型聚类分析结果,对机台过程数据的时变特征相似性进行评价,在此基础上提取各机台加工过程中的特征数据;通过对晶圆制造过程的定性分析,构建晶圆制造车间的大数据关系网络,网络以机台加工数据为节点,通过机台加工数据的集聚过程,构建它们与良率数据间的关联关系;在网络中利用 Logit 回归分析方法,分析机台加工数据与良率数据之间的相关性系数,提取对晶圆良率产生影响的关键机台过程数据。

此外,晶圆制造机台异常侦测与分类主要与机台参数以及异常状态有关。因此主要突破两大关键技术:首先是机台监控参数间关系分析,应用关联规则挖掘方法从所有机台监控参数集合中挖掘出强关联规则。根据强关联规则分析出某些参数同时出现的规律，进而对这些参数进行监控。其次是机台监控参数与机台异常关联关系分析，建立机台监控参数与机台异常间的关系网络，分析其关联关系。最终得到机台关键参数与异常间的耦合作用机理。

4）车间性能演化规律与预测方法

在大数据驱动的车间运行“预测＋调控”模式下，制造数据耦合机理的揭示为车间运行过程的优化控制提供了理论依据，而利用大数据分析方法挖掘车间性能的演化规律，则为高效预测方法的设计提供了理论支撑。针对晶圆制造机台运行的时变特性，需要分析机台加工的动态特性与运行机制，揭示车间异常的演化规律，研究设备可用性能预测方法。

在对晶圆制造车间中晶圆制造工艺进行分析的基础上，以晶圆制造工艺中晶圆侦测环节的良率数据评价晶圆制造车间质量性能；根据晶圆制造过程中在设备层、单元层、整线层和车间层产生的各类质量监控数据，构建以关键机台过程数据为输入、晶圆良率为输出的多隐藏深度神经网络，对晶圆良率进行预测，网络中隐藏层根据晶圆制造过程的层次性具备实际物理含义，并且其训练过程加入各类质量监控数据，以充分利用晶圆制造车间大数据构建多层次数据关系网络模型；在此基础上，利用深度学习理论训练晶圆良率预测模型，在通过逐层训练对隐藏层进行预训练后，利用误差反向传播算法，根据晶圆良率预测误差对隐藏层参数进行修正，实现晶圆良率准确预测。

此外，研究机台监控参数的分类、组合和管控方法，挖掘控制目标的特性，建立组合 KPI，提炼过程数据并图形化显示，实现制造设备和生产过程的直观呈现和有序管理，并为下一步的异常侦测和分类提供数据支持。运用基于多示例学习机制的异常侦测方法，从大量机台数据中筛选异常信息，即时监测和分析设备及制造过程的状态，发现设备异常、产品缺陷或制造系统的异常状况，分析异常演变规律，并转交异常分类模型进一步处理。研究大数据背景下的异常数据分类方法，从大批量、低密度、多类型数据中，通过模型提取数据特征片段，与既往异常数据进行模式匹配，对设备运行异常数据进行分类，辅助晶圆制造车间进行过程控制系统决策。

5）基于定量调控机制的车间运行决策方法

在晶圆制造机台异常分析的基础上，将设备可用性能的预测值与目标决策值进行实时比对，以“预测＋调控”的决策模式实现设备可用性能的优化。

基于晶圆良率预测模型，通过晶圆制造过程中质量监控数据的默认值补充与历史均值分析，实现对在加工晶圆良率的在线预测；同时根据质量监控数据可行区间的分析与设定，实时发现出现质量问题的晶圆批次，及时对相关批次晶圆进行处理，并通过在相关隐藏层进行相关性分析，发现晶圆加工质量问题的起因；根据晶圆良率侦测值与期望值之间的差值，利用误差负反馈调节手段，对晶圆制造过程中的机台加工过程数据进行调整，以提高晶圆良率。

此外,通过对以往历史数据和案例的挖掘分析,针对侦测到的异常生成调控方案,建立评价体系,通过仿真的方式对方案进行评价,进行方案决策。首先通过数据挖掘方法建立历史经验知识库,为调控方案生成提供原始方案来源。利用调控方案生成机制生成调控方案。其次通过建立基于极限学习机的预测模型,实现对调控方案性能的预测;利用已知 Fab 数据对调控结果进行对比分析。然后使用基于偏差的方案支持度分析法和基于证据理论的方案选择决策方法,决定最终采用的调控方案。最后运行效果评价:通过建立 eM-Plant 模型对调控方案运行效果进行仿真分析,建立组合 KPI 对效果进行评价。

3.5 工业互联网安全体系

2017 年 11 月,国务院印发了《关于深化“互联网+先进制造业”发展工业互联网的指导意见》,标志着我国工业互联网顶层设计正式出台,对于我国工业互联网发展具有重要意义。安全是工业互联网发展的前提和保障,只有构建覆盖工业互联网各防护对象、全产业链的安全体系,完善满足工业需求的安全技术能力和相应管理机制,才能有效识别和抵御安全威胁,化解安全风险,进而确保工业互联网健康有序发展[18]。

3.5.1 工业互联网安全防护范围

如图 3-54 所示,工业互联网从防护对象可分为现场设备、工业控制系统、网络基础设施、工业互联网应用、工业数据五个层级,各层所包含对象纳入工业互联网安全防护范围[19]。分别有:①设备安全。指工业智能装备和智能产品的安全,包括操作系统与相关应用软件安全以及硬件安全等,具体涉及设备及运维用户的身份鉴别、访问控制,以及设备的入侵防范、安全审计等。②控制安全。指生产控制安全,包括控制协议安全与控制软件安全等,具体涉及控制协议的完整性保护、控制软件的身份鉴别、访问控制、入侵防范、安全审计等。③网络安全。指工厂内有线网络、无线网络的安全,以及工厂外与用户、协作企业等实现互联的公共网络安全,具体涉及网络与边界的划分隔离、访问控制、机密性与完整性保护、异常监测、入侵防范、安全审计等。④应用安全。指支撑工业互联网业务运行的平台安全及应用程序安全等,具体涉及工业互联网平台及工业应用程序的访问控制、攻击防范、入侵防范、行为管控、来源控制等。⑤数据安全。指工厂内部重要的生产管理数据、生产操作数据以及工厂外部数据(如用户数据)等各类数据的安全,具体涉及数据机密性保护、完整性保护、数据备份恢复、数据安全销毁等。

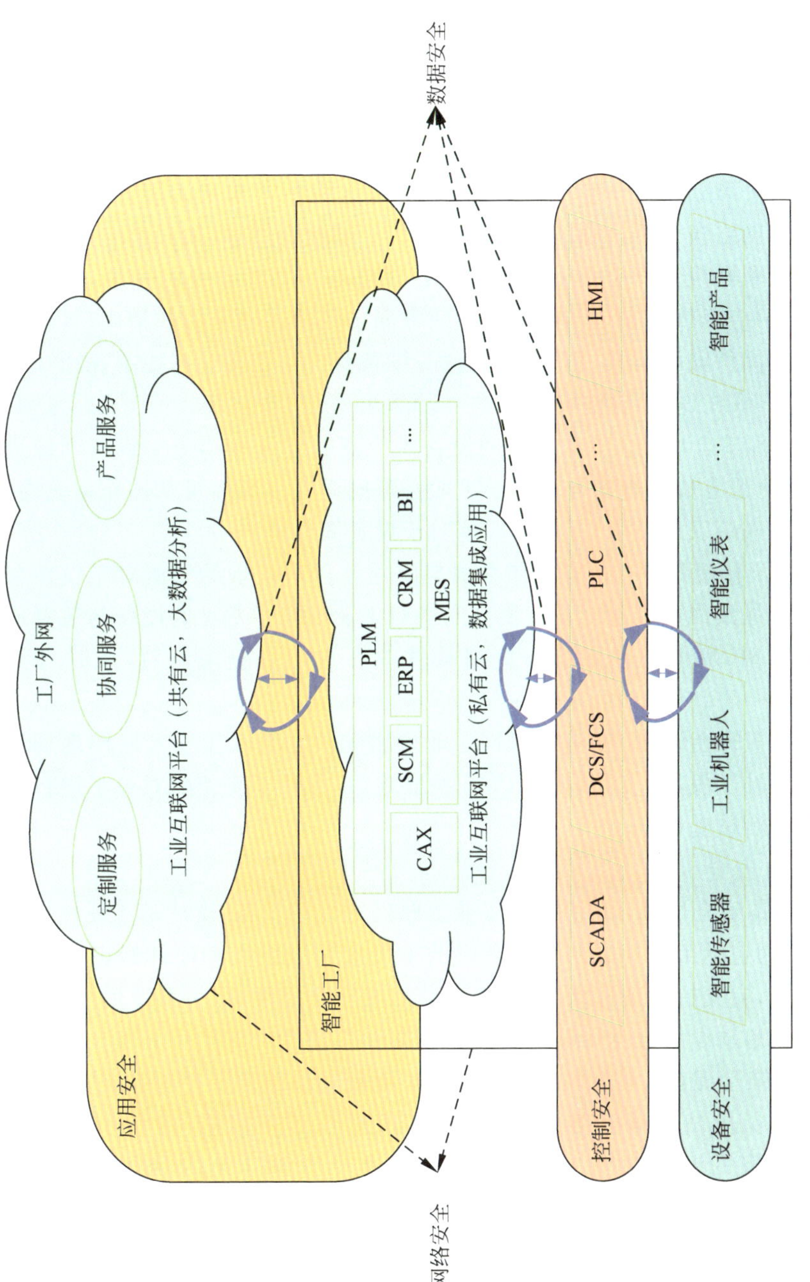

图 3-54　工业互联网安全防护范围

3.5.2 工业互联网安全防护措施

本节针对工业互联网安全的五大防护对象面临的安全威胁，分别介绍可采取的安全防护措施。

1. 设备安全

工业互联网的发展使得现场设备由机械化向高度智能化转变，并产生了嵌入式操作系统+微处理器+应用软件的新模式，这就使得未来海量智能设备可能会直接暴露在网络攻击下，面临攻击范围扩大、扩散速度增加、漏洞影响扩大等威胁。

工业互联网设备安全指工厂内单点智能终端等智能设备的安全，具体应分别从操作系统/应用软件安全与硬件安全两方面出发部署安全防护措施，可采用的安全机制包括固件安全增强、恶意软件防护、设备身份鉴别与访问控制、漏洞修复等。

1）操作系统/应用软件安全

（1）固件安全增强：工业互联网设备供应商需要采取措施对设备固件进行安全增强，阻止恶意代码传播与运行。工业互联网设备供应商可从操作系统内核、协议栈等方面进行安全增强，并力争实现对于设备固件的自主可控。

（2）漏洞修复加固：设备操作系统与应用软件中出现的漏洞对于设备来说是最直接也是最致命的威胁。设备供应商应对工业现场中常见的设备与装置进行漏洞扫描与挖掘，发现操作系统与应用软件中存在的安全漏洞后，及时对其进行修复。

（3）补丁升级管理：工业互联网企业应密切关注重大工业互联网现场设备的安全漏洞及补丁发布，及时采取补丁升级措施，并在补丁安装前对补丁进行严格的安全评估和测试验证。

2）硬件安全

（1）硬件安全增强：对于接入工业互联网的现场设备，支持基于硬件特征的唯一标识符，为包括工业互联网平台在内的上层应用提供基于硬件标识的身份鉴别能力。此外，应支持将硬件级部件（安全芯片或安全固件）作为系统信任根，为现场设备的安全启动以及数据传输机密性和完整性保护提供支持。

（2）运维管理：工业互联网企业应在工业现场网络重要控制系统的工程师站、操作员站和历史站部署运维管控系统，实现对外部存储器、键盘和鼠标等使用USB接口设备的识别，对外部存储器的使用进行严格控制。同时，注意部署的运维管控系统不能影响生产控制。

2. 控制安全

工业互联网使得生产控制由分层、封闭、局部逐步向扁平、开放、全局方向发展。其中在控制环境方面表现为信息技术（IT）与操作技术（OT）融合，控制网络由封闭走向开放；在控制布局方面表现为控制范围从局部扩展至全局，并伴随着控制监测上移与实时控制下移。上述变化改变了传统生产控制过程封闭、可信的特点，造成安全事件危害范围扩大、危害程度加深、信息安全与功能安全问题交织等后果。

对于工业互联网控制安全防护，主要从控制协议安全、控制软件安全及控制功能安全三个方面考虑，可采用的安全机制包括协议安全加固、软件安全加固、恶意软件防护、补丁升级、漏洞修复、安全监测审计等。

1）控制协议安全

（1）身份认证：为了确保控制系统执行的控制命令来自合法用户，必须对使用系统的用户进行身份认证，未经认证的用户所发出的控制命令不被执行。在控制协议通信过程中，一定要加入认证方面的约束，避免攻击者通过截获报文获取合法地址建立会话，影响控制过程安全。

（2）访问控制：不同的操作类型需要不同权限的认证用户来操作，如果没有基于角色的访问机制，没有对用户权限进行划分，会导致任意用户可以执行任意功能。

（3）传输加密：在控制协议设计时，应根据具体情况，采用适当的加密措施，保证通信双方的信息不被第三方非法获取。

（4）健壮性测试：控制协议在应用到工业现场之前应通过健壮性测试工具的测试，测试内容可包括风暴测试、饱和测试、语法测试、模糊测试等。

2）控制软件安全

（1）软件防篡改：工业互联网中的控制软件可归纳为数据采集软件、组态软件、过程监督与控制软件、单元监控软件、过程仿真软件、过程优化软件、专家系统、人工智能软件等类型。软件防篡改是保障控制软件安全的重要环节，具体措施包括以下几种：控制软件在投入使用前应进行代码测试，以检查软件中的公共缺陷；采用完整性校验措施对控制软件进行校验，及时发现软件中存在的篡改情况；对控制软件中的部分代码进行加密；做好控制软件和组态程序的备份工作。

（2）认证授权：控制软件的应用要根据使用对象的不同设置不同的权限，以最小的权限完成各自的任务。恶意软件防护对于控制软件应采取恶意代码检测、预防和恢复的控制措施。控制软件对恶意代码的防护具体措施包括以下几种。

① 在控制软件上安装恶意代码防护软件或独立部署恶意代码防护设备，并及时更新恶意代码防护软件、修复软件版本和恶意代码库，更新前应进行安全性和兼容性测试。防护软件包括病毒防护、入侵检测、入侵防御等具有病毒查杀和阻止入侵行为的软件；防护设备包括防火墙、网闸、入侵检测系统、入侵防御系统等具有防护功能的设备。应注意防止在实施维护和紧急规程期间引入恶意代码。

② 建议控制软件的主要生产厂商采用特定的防病毒工具。在某些情况下，控制软件的供应商需要对其产品线的防病毒工具版本进行回归测试，并提供相关的安装和配置文档。

③ 采用具有白名单机制的产品，构建可信环境，抵御零日漏洞和有针对性的攻击。

(3) 补丁升级更新：控制软件的变更和升级需要在测试系统中经过仔细的测试，并制订详细的回退计划。对重要的补丁需尽快测试和部署。对于服务包和一般补丁，仅对必要的补丁进行测试和部署。

(4) 漏洞修复加固：控制软件的供应商应及时对控制软件中出现的漏洞进行修复或提供其他替代解决方案，如关闭可能被利用的端口等。

(5) 协议过滤：采用工业防火墙对协议进行深度过滤，对控制软件与设备间的通信内容进行实时跟踪。

(6) 安全监测审计：通过对工业互联网中的控制软件进行安全监测审计可及时发现网络安全事件，避免发生安全事故，并可以为安全事故的调查提供翔实的数据支持。目前许多安全产品厂商已推出了各自的监测审计平台，可实现协议深度解析、攻击异常检测、无流量异常检测、重要操作行为审计、告警日志审计等功能。

3) 控制功能安全

要考虑功能安全和信息安全的协调能力，使得信息安全不影响功能安全，功能安全在信息安全的防护下更好地执行安全功能。现阶段控制功能安全的具体措施主要包括以下几种。

(1) 确定可能的危险源、危险状况和伤害事件，获取已确定危险的信息(如持续时间、强度、毒性、暴露限度、机械力、爆炸条件、反应性、易燃性、脆弱性、信息丢失等)。

(2) 确定控制软件与其他设备或软件(已安装的或将被安装的)以及与其他智能化系统(已安装的或将被安装的)之间相互作用所产生的危险状况和伤害事件，确定引发事故的事件类型(如元器件失效、程序故障、人为错误，以及能导致危险事件发生的相关失效机制)。

(3) 结合典型生产工艺、加工制造过程、质量管控等方面的特征，分析安全影响。

(4) 考虑自动化、一体化、信息化可能导致的安全失控状态，确定需要采用的监测、预警或报警机制，故障诊断与恢复机制，数据收集与记录机制等。

(5) 明确操作人员在对智能化系统执行操作过程中可能产生的合理可预见的误用以及智能化系统对于人员恶意攻击操作的防护能力。

(6) 确保智能化装备和智能化系统对于外界实物、电、磁场、辐射、火灾、地震等情况的抵抗或切断能力，以及在发生异常扰动或中断时的检测和处理能力。

3. 网络安全

工业互联网的发展使得工厂内部网络呈现出 IP 化、无线化、组网方式灵活化与全局化的特点，工厂外网呈现出信息网络与控制网络逐渐融合、企业专网与互联网逐渐融合以及产品服务日益互联网化的特点。这就造成传统互联网中的网络安全问题开始向工业互联网蔓延，具体表现为以下几个方面：工业互联协议由专有协议向以太网/IP协议转变，导致攻击门槛极大降低；工厂现有10Mb/s或100Mb/s工业以太网交换机性能较低，难以抵抗日益严重的DDOS攻击；工厂网络互联、生产、运营逐渐由静态转变为动态，安全策略面临严峻挑战等。此外，随着工厂业务的拓展和新技术的不断应用，今后还会面临5G/SDN等新技术引入、工厂内外网互联互通进一步深化等带来的安全风险。

工业互联网网络安全防护应面向工厂内部网络、外部网络及标识解析系统等方面，具体包括融合网络结构优化、边界安全防护、接入认证、通信内容防护、通信设备防护、安全监测审计等多种防护措施，以构筑立体化的网络安全防护体系。

1）优化网络结构设计

在网络规划阶段，需设计合理的网络结构。一方面通过在关键网络节点和标识解析节点采用双机热备和负载均衡等技术，应对业务高峰时期突发的大数据流量和意外故障引发的业务连续性问题，确保网络长期稳定可靠运行。另一方面通过合理的网络结构和设置提高网络的灵活性和可扩展性，为后续网络扩容做好准备。

2）网络边界安全

根据工业互联网中网络设备和业务系统的重要程度将整个网络划分成不同的安全域，形成纵深防御体系。安全域是一个逻辑区域，同一安全域中的设备资产具有相同或相近的安全属性，如安全级别、安全威胁、安全脆弱性等，同一安全域内的系统相互信任。在安全域之间采用网络边界控制设备，以逻辑串接的方式进行部署，对安全域边界进行监视，识别边界上的入侵行为并进行有效阻断。

3）网络接入认证

接入网络的设备与标识解析节点应该具有唯一性标识，网络应对接入的设备与标识解析节点进行身份认证，保证合法接入和合法连接，对非法设备与标识解析节点的接入行为进行阻断与告警，形成网络可信接入机制。网络接入认证可采用基于数字证书的身份认证等机制来实现。

4）通信和传输保护

通信和传输保护是指采用相关技术手段来保证通信过程中的机密性、完整性和有效性，防止数据在网络传输过程中被窃取或篡改，并保证合法用户对信息和资源的有效使用。具体包括：

（1）通过加密等方式保证非法窃取的网络传输数据无法被非法用户识别和提取有效信息。

（2）网络传输的数据采取校验机制，确保被篡改的信息能够被接收方有效鉴别。

（3）应确保接收方能够接收到网络数据，并且能够被合法用户正常使用。

5）网络设备安全防护

为了提高网络设备与标识解析节点自身的安全性，保障其正常运行，对网络设备与标识解析节点需要采取一系列安全防护措施。主要包括：

（1）对登录网络设备与标识解析节点进行运维的用户进行身份鉴别，并确保身份鉴别信息不易被破解与冒用。

（2）对远程登录网络设备与标识解析节点的源地址进行限制。

（3）对网络设备与标识解析节点的登录过程采取完备的登录失败处理措施。

（4）启用安全的登录方式（如SSH或HTTPS等）。

6）安全监测审计

网络安全监测指通过漏洞扫描等方式探测网络设备与标识解析节点的漏洞情况，并及时提供预警信息。网络安全审计指通过镜像或代理等方式分析网络与标识解析系统中的流量，并记录网络与标识解析系统中的系统活动和用户活动等各类操作行为以及设备运行信息，发现系统中现有的和潜在的安全威胁，实时分析网络与标识解析系统中发生的安全事件并告警。同时记录内部人员的错误操作和越权操作，并进行及时告警，减少内部非恶意操作导致的安全隐患。

4. 应用安全

工业互联网应用主要包括工业互联网平台与工业应用程序两大类，其范围覆盖智能化生产、网络化协同、个性化定制、服务化延伸等方面。目前工业互联网平台面临的安全风险主要包括数据泄露、篡改、丢失，权限控制异常，系统漏洞利用，账户劫持，设备接入安全等。对工业应用程序而言，最大的风险来自安全漏洞，包括开发过程中编码不符合安全规范而导致的软件本身的漏洞以及由于使用不安全的第三方库而引起的漏洞等。相对应地，工业互联网应用安全也应从工业互联网平台安全与工业应用程序安全两方面进行防护。对于工业互联网平台，可采取的安全措施包括安全审计、认证授权、DDoS攻击防护等。对于工业应用程序，建议采用全生命周期的安全防护，在应用程序的开发过程中进行代码审计并对开发人员进行培训，以减少漏洞的引入；对运行中的应用程序定期进行漏洞排查，对应用程序的内部流程进行审核和测试，并对公开漏洞和后门加以修补；对应用程序的行为进行实时监测，以发现可疑行为并进行异常阻止，从而降低未公开漏洞产生的危害。

1）平台安全

安全审计主要指对平台中与安全有关的活动的相关信息进行识别、记录、存储和分析。平台建设过程中应考虑具备一定的安全审计功能，将平台与安全有关的信息进行有效识别、充分记录、长时间的存储和自动分析。应对平台的安全状况做到持续、动态、实时的有依据的安全审计，并向用户提供安全审计的标准和结果。

工业互联网平台用户分属不同企业，需要采取严格的认证授权机制保证不同用户能够访问不同的数据资产。同时，认证授权需要采用更加灵活的方式，确保用户间可以通过多种方式将数据资产分模块分享给不同的合作伙伴。

应部署 DDoS 防御系统，以便在遭受 DDoS 攻击时，保证平台用户的正常使用。平台抗 DDoS 攻击的能力应在用户协议中作为产品技术参数的一部分明确指出。

平台不同用户之间应当采取必要的措施实现充分隔离，防止蠕虫病毒等安全威胁通过平台向不同用户扩散。平台不同应用之间也要采用严格的隔离措施，防止单个应用的漏洞影响其他应用甚至整个平台的安全。

应对平台实施集中、实时的安全监测，监测内容包括各种物理和虚拟资源的运行状态等。通过对系统运行参数（如网络流量、主机资源和存储等）以及各类日志进行分析，确保工业互联网平台提供商可执行故障管理、性能管理和自动检修管理，从而实现平台运行状态的实时监测。

工业互联网平台搭建在众多底层软件和组件基础之上。由于工业生产对于运行连续性的要求较高，中断平台运行进行补丁升级的代价较大，因此在平台设计之初就应当充分考虑如何对平台进行补丁升级的问题。

虚拟化是边缘计算和云计算的基础，为避免虚拟化出现安全问题影响上层平台的安全，在平台的安全防护中要充分考虑虚拟化安全。虚拟化安全的核心是实现不同层次及不同用户的有效隔离，其安全增强可以通过采用虚拟化加固等防护措施来实现。

2）工业应用程序安全

代码审计指检查源代码中的缺点和错误信息，分析并找到这些问题引发的安全漏洞，并提供代码修订措施和建议。开发过程中应该进行必要的代码审计，以便发现代码中存在的安全缺陷并给出相应的修补建议。

企业应对工业应用程序开发者进行软件源代码安全培训，包括：了解应用程序安全开发生命周期（SDL）的每个环节，如何对应用程序进行安全架构设计，具备所使用编程语言的安全编码常识，了解常见源代码安全漏洞的产生机理、导致后果及防范措施，熟悉安全开发标准，指导开发人员进行安全开发，减少开发者引入的漏洞和缺陷等，从而提高工业应用程序安全水平。

漏洞发现是指基于漏洞数据库，通过扫描等手段对指定工业应用程序的安全脆弱性进行检测，发现可利用漏洞的一种安全检测行为。在应用程序上线前和运行过程中，要定期对其进行漏洞发现，及时发现漏洞并采取补救措施。

对工业应用程序进行审核测试是为了发现功能和逻辑上的问题。在上线前对其进行必要的审核测试，有效避免信息泄露、资源浪费或其他影响应用程序可用性的安全隐患。

对工业应用程序进行实时的行为监测，通过静态行为规则匹配或者机器学习的方法，发现异常行为，发出警告或者阻止高危行为，从而降低影响。

5. 数据安全

工业互联网相关的数据按照其属性或特征可以分为四大类：设备数据、业务系统数据、知识库数据、用户个人数据。根据数据敏感程度的不同，可将工业互联网数据分为一般数据、重要数据和敏感数据三种。工业互联网数据涉及数据采集、传输、存储、处理等各个环节。随着工厂数据由少量、单一、单向向大量、多维、双向转变，工业互联网数据体量不断增大、种类不断增多、结构日趋复杂，并出现数据在工厂内部与外部网络之间的双向流动共享。由此带来的安全风险主要包括数据泄露、非授权分析、用户个人信息泄露等。对于工业互联网的数据，应采取明示用途、数据加密、访问控制、业务隔离、接入认证、数据脱敏等多种防护措施，覆盖包括数据收集、传输、存储、处理等在内的全生命周期的各个环节。

1）数据收集

工业互联网平台应遵循合法、正当、必要的原则收集与使用数据及用户信息，公开数据收集和使用的规则，向用户明示收集使用数据的目的、方式和范围，经过用户的明确授权同意并签署相关协议后才能收集相关数据。授权协议必须遵循用户意愿，不得以拒绝提供服务等形式强迫用户同意数据采集协议。另外，工业互联网平台不得收集与其提供的服务无关的数据及用户信息，不得违反法律、行政法规的规定和双方约定收集、使用数据及用户信息，并应当依照法律、行政法规的规定和与用户的约定处理其保存的数据及个人信息。

2）数据传输

为防止数据在传输过程中被窃听而泄露，工业互联网服务提供商应根据不同的数据类型以及业务部署情况，采用有效手段确保数据传输安全。例如，通过 SSL 保证网络传输数据信息的机密性、完整性与可用性，实现对工业互联网平台中虚拟机之间、虚拟机与存储资源之间以及主机与网络设备之间的数据安全传输，并为平台的维护管理提供数据加密通道，保障维护管理过程的数据传输安全。

3）数据存储

数据访问控制需要保证不同安全域之间的数据不可直接访问，避免存储节点的非授权接入，同时避免对虚拟化环境数据的非授权访问。

（1）存储业务的隔离

借助交换机，将数据根据访问逻辑划分到不同的区域内，使得不同区域中的设备相互间不能直接访问，从而实现网络中设备之间的相互隔离。

（2）存储节点接入认证

对于存储节点的接入认证可通过成熟的标准技术，包括 iSCSI 协议本身的资源隔离、CHAP(challenge handshake authentication protocol)等，也可通过在网络层面划分 VLAN 或设置访问控制列表等来实现。

（3）避免对虚拟化环境数据的非授权访问

虚拟化环境数据访问控制在虚拟化系统上对每卷定义不同的访问策略，以保障没有访问该卷权限的用户不能访问,各卷之间互相隔离。

工业互联网平台运营商可根据数据敏感度采用分等级的加密存储措施(如不加密、部分加密、完全加密等)。建议平台运营商按照国家密码管理有关规定使用和管理密码设施,并按规定生成、使用和管理密钥。同时针对数据在工业互联网平台之外加密之后再传输到工业互联网平台中存储的场景,应确保工业互联网平台运营商或任何第三方无法对客户的数据进行解密。

用户数据作为用户托管在工业互联网服务提供商的数据资产,服务提供商有妥善保管的义务。应当采取技术措施和其他必要措施,防止信息泄露、毁损、丢失。在发生或者可能发生个人信息泄露、毁损、丢失的情况时,应当立即采取补救措施,按照规定及时告知用户并向有关主管部门报告。工业互联网服务提供商应当根据用户业务需求,与用户签订的服务协议制定必要的数据备份策略,定期对数据进行备份。当发生数据丢失事故时能及时恢复一定时间前备份的数据,从而降低用户的损失。

4) 数据处理

数据处理过程中,工业互联网服务提供商要严格按照法律法规以及在与用户约定的范围内处理相关数据,不得擅自扩大数据使用范围,使用中要采取必要的措施防止用户数据泄露。如果处理过程中发生大规模用户数据泄露的安全事件,应当及时告知用户和上级主管部门,对于造成用户经济损失的应当给予赔偿。在资源重新分配给新的租户之前,必须对存储空间中的数据进行彻底擦除,防止被非法恶意恢复。应根据不同的数据类型以及业务部署情况,采用如下操作方式。

(1) 在卷回收时对逻辑卷的所有位进行清零,并利用“0”或随机数进行多次覆写。

(2) 在非高安全场景,系统默认将逻辑卷的关键信息(如元数据、索引项、卷前10MB等)进行清零;在涉及敏感数据的高安全场景,当数据中心的物理硬盘需要更换时,系统管理员可采用消磁或物理粉碎等措施保证数据彻底清除。

当工业互联网平台中存储的工业互联网数据与用户个人信息需要从平台中输出或与第三方应用进行共享时,应当在输出或共享前对这些数据进行脱敏处理。脱敏应采取不可恢复的手段,避免数据分析方通过其他手段对敏感数据进行复原。此外,数据脱敏后不应影响业务连续性,避免对系统性能造成较大影响。

3.5.3 基于区块链的工业互联网安全方法

工业互联网系统安全首先要求介入网络的任何设备自身是安全的,即任何工业互联网设备必须以工业用途为使用目的,而不是以获取信息或黑客行为需求为使用目的,所有介入设备必须进行高级别的安全认证。其次是网络本身的安全。工业互联网时代的信息不仅分布在云端,也遍布于各地的超级计算终端、移动终端、传感器或其他万物互联设备上,为此既要保证互联网万物互联中各接口的安全，还要保证传输网络的安全，特别是无线传输的安全，所以网络安全监测技术非常重要。最后是完备的包括冗余和恢复机制的系统安全应急措施，当系统受到攻击或因攻击崩溃时，应有强大和快速的应急方案，保证系统在不间断情况下正常工作[19]。针对以上安全需求，本节结合区块链提出一种基于区块链的工业互联网安全方法。

1. 区块链简介

区块链是一种分布式数据库，通过保存不断增加的记录，也就是区块，以至于不会被篡改。其分布式特性意味着没有控制整个链的主计算机，每个参与节点都保存一份记录，数据记录可以无限制新增，如果想要在链上添加交易记录，必须得到网络中所有参与者的认可，用一种算法验证其有效性。区块链系统给出有效的定义，并因系统而有所差异，然后由大多数参与者决定其是否有效。所有有效交易集合到一个区块中，发送给所有网络节点，由它们验证新的区块，每个新的区块对应一个哈希值，也就是前一个区块的独特指纹。区块链的一大优势是其公开性，每个参与者都可以看到存储的交易和区块。当然交易的具体内容受到私钥保护，并不是任何人可以随意查看的。区块链是去中心化的，因此单个机构不可以授权交易或者规则，也就是说在交易验证方面达成共识，形成极大共识。最重要的还是安全性，该数据库只可以扩充，不可以变更，至少变更的成本是极大的。

随着互联网和区块链技术的发展以及各行业对互联网的依赖，区块链技术将得到更广泛的应用。区块链的去中心化能提供安全的环境，实现真正意义上的分布式系统；去信任化以及智能合约增强了互联网中的互信机制，降低了成本；时序数据和数据加密保障了互联网中的数据安全。总之，区块链能够加强互联网应用层、网络层、感知层的安全性。互联网增强了物和物之间的联系，区块链给这种联系提供了安全保障。区块链对互联网安全的更多作用，需要未来更深层次的研究与探索。

2. 区块链的工作原理

区块链是由有序区块连接形成的长链结构。区块是包含相关信息和交易记录等全体数据的容器，每一种区块链的区块结构设计与其他的可能不完全相同，但一般区块主要由包含元数据的区块头部和记录交易过程的区块主体组成，它是形成区块链的基本单元。区块的结构如图 3-55 所示。其中区块头部除版本号元数据外，其余内容可以分成三个部分：①链接到前一个区块的哈希值，用于和上一个区块链接起来，它是区块形成“链”的关键；②与产生交易相关的目标哈希函数、时间戳和随机数，其中时间戳记录本区块生成的时间，随机数是用于工作量证明算法的计算器；③用来总结区块中所有交易并快速检验交易数据存在性和完整性的 Merkle 根。区块体保存区块创建过程中所有发生的经过验证的交易记录。区块与区块之间通过哈希值建立对应的链接关系后，一条完整的区块链就产生了。

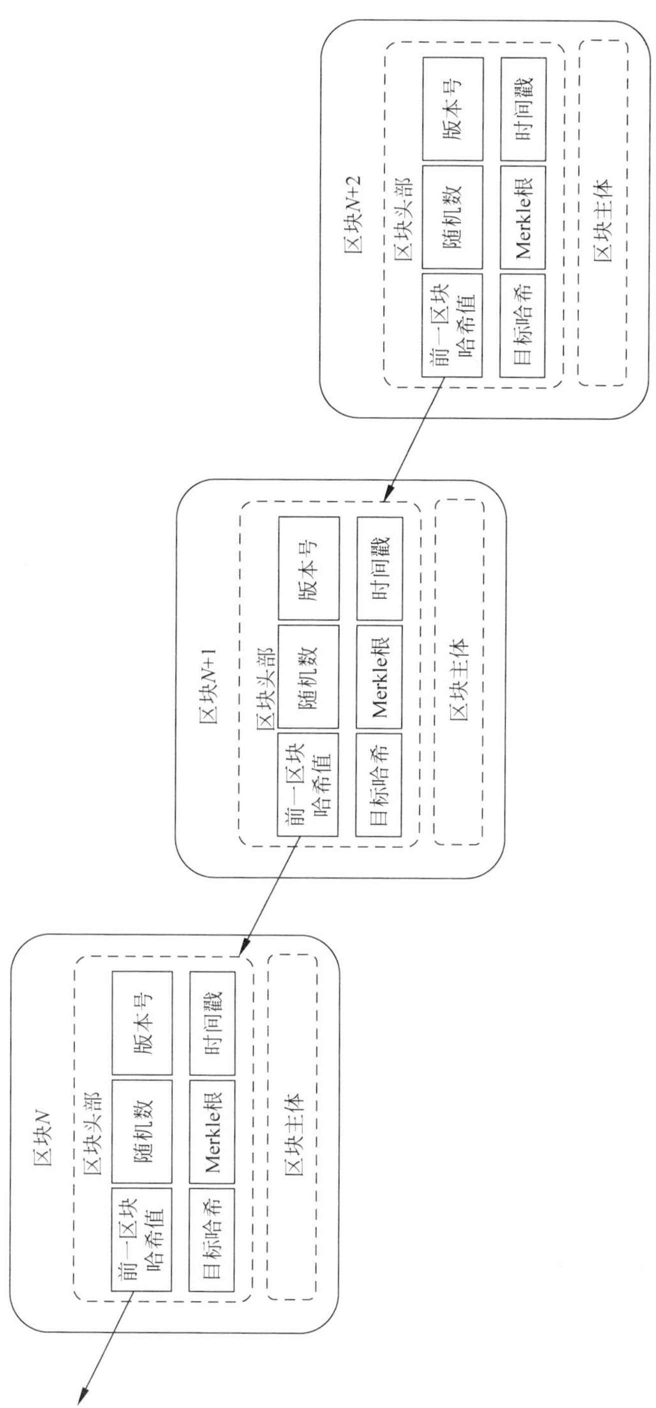

区块N
区块头部
前一区块哈希值
随机数
版本号
目标哈希
Merkle根
时间戳
区块主体
区块N+1
区块头部
前一区块哈希值
随机数
版本号
目标哈希
Merkle根
时间戳
区块主体
区块N+2
区块头部
前一区块哈希值
随机数
版本号
目标哈希
Merkle根
时间戳
区块主体

图 3-55　区块的结构

区块链的工作原理见图3-56。在比特网中，若A要发送比特币给B，其过程如下。

(1) 创建交易单。A用B的公钥加密上一次交易，算出哈希值；再用自己的私钥对该哈希值进行加密得到A的数字签名后，将该数字签名附加到比特币的末尾，制成交易单。

(2) 传播交易单。A将交易单广播至网络，告知其他节点有关交易的信息，每个节点将收到的交易单纳入一个区块中。

(3) 验证交易有效性。全体参与者通过验证哈希值验证交易的有效性，即每个节点反复尝试寻找一个数值，使得该数值、区块链最后一个区块的哈希值以及交易单三个数值经过Hash256算法后能计算出散列值 X，满足一定条件（如前20位均为0），就认为找到解，从而在获得创建新区块的权利的同时也得到比特币的奖励。

(4) 传递验证结果。第一个算出结果的节点得到系统给予的比特币奖励，也向全网广播这个消息。网络中其他节点收到消息后，对区块进行验证，如果得到全部参与者一致认可，则加盖时间戳后被添加到区块链中形成一条永久的记录。

(5) 完成交易。在分布式记账本中对A、B资产分别进行增加，完成交易。

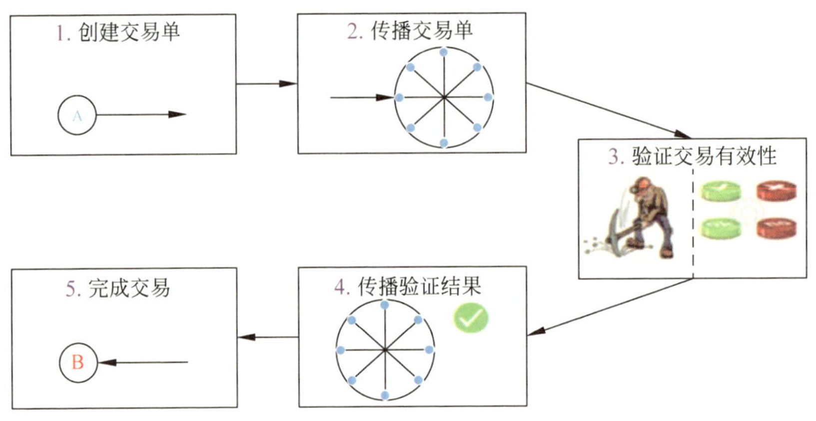

图3-56 区块链的工作原理

相应地，在工业互联网领域，很多专家认为区块链技术可以弥补工业互联网的隐私性、可靠性不足等缺陷。它可以追踪几十亿个互联的设备，支持交易处理、设备对接，为该产业制造商节省大量成本。这种去中心化方式可以消除单点故障，为设备营造良好的运行环境。区块链使用的加密算法可以使用户数据更加安全，区块链账本可以防止恶意篡改，因为它不存在于任何单一地点；中间人攻击也无法奏效，因为任何通信都会被拦截。区块链可以实现去信任的点对点通信，并且已经通过比特币等加密货币证明了它在金融服务行业的价值，提供了无须第三方的安全点对点支付服务，完全颠覆了传统的金融科技的概念。

去中心化、自治、去信任化等区块链特性使其成为工业互联网解决方案的基本元素，因此工业互联网领域采用区块链技术就不稀奇了，区块链可以保存不可篡改的互联网智能设备历史记录，可以保证智能设备的自主性，不需要中心化机构。因此可以说区块链开启了前所未有的工业互联网模式，比如利用区块链技术的工业互联网解决方案可以保证网络的通信安全[20]。区块链最惊人的功能是在网络中实现完全去中心化、可信任的交易账本，这对于工业互联网应用独立于中心化机构，独立实现合规性要求具有不可替代的作用。区块链对工业互联网的意义可总结为三点：搭建信任、减少成本和加速交易。

3. 基于区块链的工业互联网安全应用案例

1）面向 M2M 安全的区块链总体设计

区块链技术的特征和工业互联网中 M2M 的技术要求在一定程度上是相融的，具体体现在以下几个方面。

（1）区块链技术和 M2M 都体现了分布式、去中心化思想。区块链技术中，不存在中心化的数据库，每个节点都保存了区块链的全部信息。机器设备之间（M2M）的互联互通是工业互联网中的关键技术，它可以是机器对机器、机器对机器集群、机器集群对机器集群。不管是哪种形式的 M2M，或者是点对点，或者是点对多点，或者是多点对多点的通信，无不体现了分布式，去中心化思想。

（2）区块链和 M2M 都对安全性要求较高。区块链技术建立的是一种无须任何信任或依赖的系统，采用数字签名、加密技术等确保信息的安全。M2M 系统中，信息在传输和存储过程中的机密性、完整性、可用性、真实性及不可否认性的要求也很高。每个应用领域有其自身的特殊性，如军事系统、电力系统、医疗系统及制造系统，它们对信息安全的要求也有些差别，但就整体而言，信息的安全还是第一要素。

（3）区块链和 M2M 在信息的可溯性与共享上高度一致。区块链技术中，可以通过连接到上一个区块的哈希值查看整个区块链交易过程的信息，历史信息得到有效共享。M2M 系统中，特别是在制造领域，通过追溯历史数据找到可能影响产品质量的关键因素，通过改进工艺提高产品质量；通过筛选历史数据发现容易出现机器故障的生产环节，再通过优化机器保养方法降低机器故障；共享供应链上的相关数据，找出可以减少投入的环节以降低生产成本。

因此，在保证数据吞吐量和数据可扩展的基础上，要做到数据可靠，即数据可用、可信赖、完整、安全和可维护等，则要求数据发送方发送的数据真实、合法、规范，数据发送要保密且发送过程可记录、可查询、可追溯；接收方只能接收从发送方发送的数据，而不能再转发，接收数据过程可记录、可查询。针对工业互联网的 M2M 通信系统，提出如图 3-57 所示的区块链设计。

图 3-57 中，公共网络区是以工业物联网为基础，搭建设备通信平台以保证各类设备正常通信；审核设备注册与访问认证，实现设备之间连接与通信；规范数据

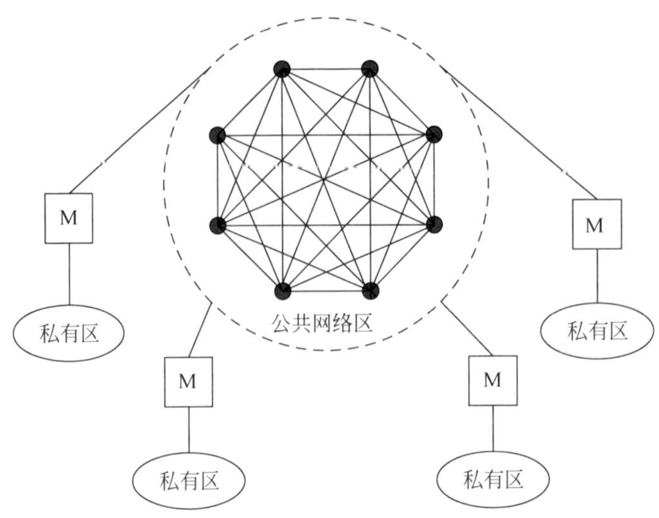

图 3-57　面向 M2M 安全的区块链的总体设计

格式和通信规则；维护公共网络区块，查询通信记录。若因设备故障无法正常工作，须停机更换设备，或因生产需要更新设备时，新设备会以注册新成员的方式接入生产线中。新设备将一个标识自己身份的信息（如数字证书）发送给公共网络区，申请注册。新设备的申请被审核通过后，其注册获得成功。公共网络区将新设备的数字证书与其身份建立对应关系，并将该设备的公钥放入公共网络区的公钥池，同时将该设备作为一个新的区块链接到机器设备区块链（machine & equipment blockchain，M-EB）中；设备区是连接公共网络区和私有区的通道，它接收来自公共网络区的消息，传递来自私有区的查询要求和查询结果。公共网络区接受新设备注册后，用其公钥对加密数字证书进行验证，确认该设备身份后，允许其访问公共网络区，此时，新设备便可参与 M2M 通信；在私有区中可建立记录机器设备间通信过程的区块，保存通信过程的数据，接受对外部的查询或者对外发起查询以获取外部的相关数据。

2）公共网络区的机器设备区块链设计

在 CPS 中，若因设备故障无法正常工作须停机更换设备，或因生产需要更新设备时，新设备会以注册新成员的方式接入生产线中。新设备将一个标识自己身份的信息（如数字证书）发送给公共网络区，申请注册。新设备的申请被审核通过后，其注册获得成功。公共网络区将新设备的数字证书与其身份建立对应关系，并将该设备的公钥放入公共网络区的公钥池，同时将该设备作为一个新的区块链接到机器设备区块链（M-EB）中。机器设备区块链的结构图如图 3-58 所示。公共网络区接受新设备注册后，用其公钥对加密数字证书进行验证，确认该设备身份后，允许其访问公共网络区。此时，新设备便可参与 M2M 通信。

M2M 技术实现的是一种通信机制，其目标是使所有机器设备具有通信能力，

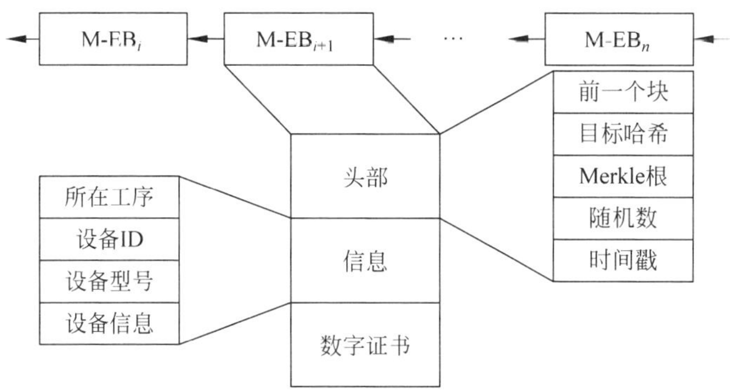

图 3-58　机器设备区块链结构图

旨在实现机器和系统二者之间的智能化、交互式的无缝连接。为了保持数据的完整性和减少数据冗余，公共网络区对 CPS 中的任意 M2M 终端的通信数据格式进行规范化定义，同时对 M2M 间的通信数据类型也有相关的约定：上传信息是指采集本地机器的数据，下行信息是指通信协议、网络的指令和相关参数的设置。

3）私有区的通信区块链设计

私有区负责建立记录机器设备间通信过程的区块、保存数据以及查询相关信息。通信过程的信息是可以被共享的，这就保证了它很难被篡改。

通信区块链（communication blockchain，BC）的区块主要由头部信息和通信信息组成，其中头部信息由以下部分组成：①连接到前一个区块的哈希值；②目标哈希；③Merkle 根节点；④随机数；⑤时间戳等。通信信息由以下部分组成：①通信发送方 ID，识别通信发起方；②通信接收方 ID，识别通信接收方；③信息类型，体现机器设备之间的通信数据类型约定，是上传数据还是下行数据；④数据大小，用以规定数据单元的总字节数；⑤数据，具体要通信数据的类别，需要被保存的数据类别；⑥数据加密类型；⑦数据检验，检验经传输后数据的准确性。通信区块链的结构图如图 3-59 所示。

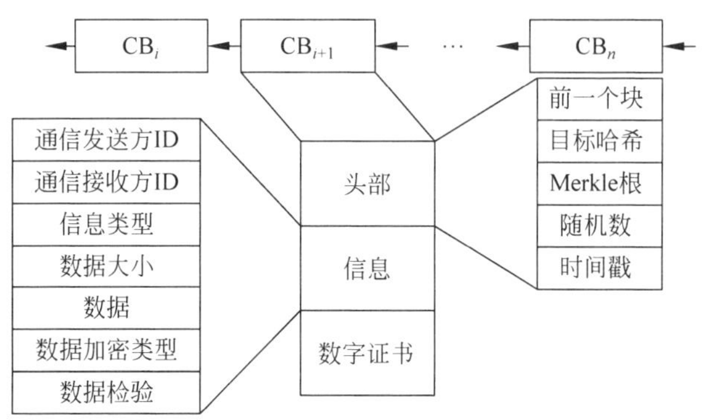

图 3-59　通信区块链结构图

通信区块链主要记录设备间互通的过程。一次互通过程作为一个区块被链接到通信区块链中。互通过程中的数据,包括通信双方的ID、信息类型、数据大小、数据加密类型等内容被保存在区块中。

假设设备M1要查询其与某个设备M2的通信记录,则可发送如图3-60所示格式的查询包到公共网络区,若查询成功,则M2通过公共网络区将查询结果的信息包返回给M1,信息包的格式如图3-61所示;若查询失败,则公共网络区返回查询失败消息给M1。

接收方ID	发送方ID	发送方数字签名	要查询的内容	数据检验

图3-60 查询包的数据格式

接收方ID	发送方ID	发送方数字签名	加密的数据	数据检验

图3-61 信息包的数据格式

整个查询通信过程如图3-62所示,具体步骤如下。

步骤1 M1将查询包发到公共网络区。

步骤2 公共网络区接收到查询包后,解析查询包,根据数据检验信息检验查询包数据是否完整。若不完整,则要求M1重新发送查询包,重新进入步骤1;若查询包数据完整,则进入步骤3。

步骤3 公共网络区根据查询包中M2的ID,在机器设备区块链上查看M2是否存在。若不存在,则返回给查询发送方一个空值,查询失败;若M2存在,则进入步骤4。

步骤4 公共网络区通过M2的设备区,将M1的查询包发送到M2的私有区。

步骤5 M2私有区解析查询包,鉴别M1的数字签名是否合法。如果不合法,则拒绝服务,并通过公共网络区返回一个拒绝服务信息给M1,重新进入步骤1;如果合法,则进入步骤6。

步骤6 M2的私有区根据查询包中要查询的内容,用M1的公钥加密数据并封装相关数据成信息包,通过设备区将信息包发送到公共网络区。

步骤7 公共网络区接收到信息包后,根据信息包中的检验信息检查信息包数据是否完整。如果不完整,则要求M2重新发送,进入步骤6;如果信息包数据完整,则进入步骤8。

步骤8 信息包通过M1设备区发送到M1的私有区。

步骤9 私有区解析信息包检查M2的数字签名,鉴别其合法性。如果不合法,则通过公共网络区发送消息给M2,要求重新发送数据,进入步骤6;如果合法,M1的私有区则用M1的私钥解密信息包获取数据,查询完成。

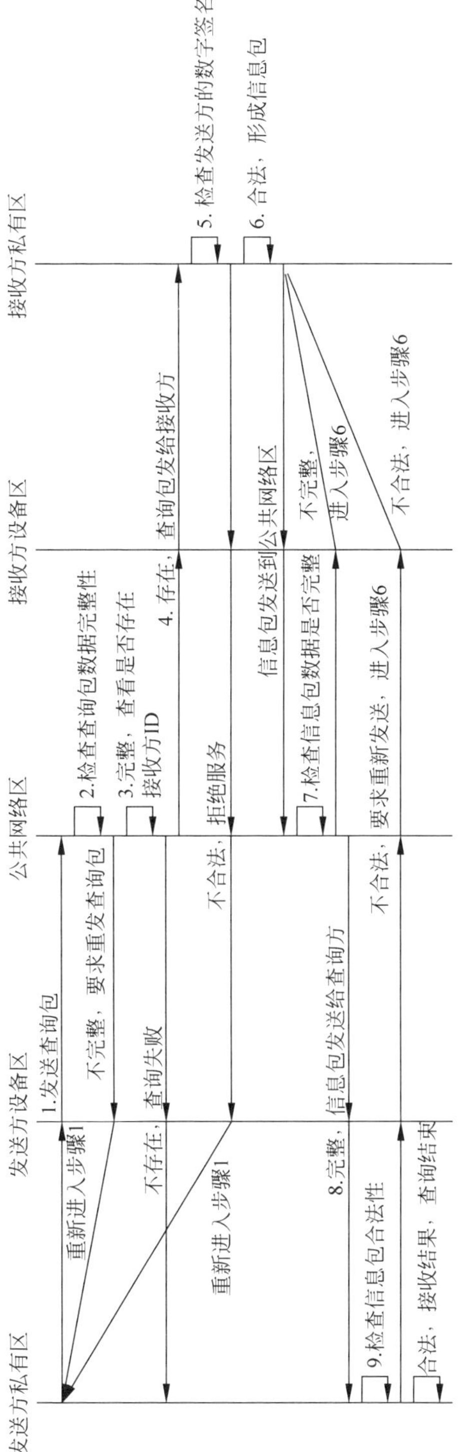

发送方私有区
发送方设备区
公共网络区
接收方设备区
接收方私有区
1.发送查询包
2.检查查询包数据完整性
不完整，要求重发查询包
重新进入步骤1
3.完整，查看是否存在接收方ID
不存在，查询失败
4. 存在，查询包发给接收方
5. 检查发送方的数字签名
不合法，拒绝服务
重新进入步骤1
6. 合法，形成信息包
信息包发送到公共网络区
不完整，进入步骤6
不合法，进入步骤6
7.检查信息包数据是否完整
8.完整，信息包发送给查询方
不合法，要求重新发送，进入步骤6
9.检查信息包合法性
合法，接收结果，查询结束

图 3-62　查询通信过程

参考文献

[1] 庄存波,刘检华,隋秀峰,等.工业互联网推动离散制造业转型升级的发展现状、技术体系及应用挑战[J].计算机集成制造系统,2019,25(12):3061-3069.

[2] SISINNI E, SAIFULLAH A, HAN S, et al. Industrial internet of things: Challenges, opportunities, and directions[J]. IEEE transactions on industrial informatics, 2018, 14(11): 4724-4734.

[3] 余晓晖,刘默,蒋昕昊,等.工业互联网体系架构 2.0[J].计算机集成制造系统,2019,25(12):2983-2996.

[4] 张卫,朱信忠,顾新建,等.工业互联网环境下的智能制造服务流程纵向集成[J].系统工程理论与实践,2021,41(7):1761-1770.

[5] LADE P, GHOSH R, SRINIVASAN S. Manufacturing analytics and industrial internet of things[J]. IEEE Intelligent Systems, 2017, 32(3): 74-79.

[6] SCHNEIDER S. The industrial internet of things (IIoT) applications and taxonomy[M]. Internet of Things and Data Analytics Handbook, New Jersey: John Wiley & Sons, Inc., 2017: 41-81.

[7] 周志勇,任涛林,孙明,等.工业互联网平台体系架构及应用研究[J].中国仪器仪表,2021(06):45-50.

[8] HANSEN E B, BOGH S. Artificial intelligence and internet of things in small and medium-sized enterprises: A survey[J]. Journal of Manufacturing Systems, 2021, 58: 362-372.

[9] JESCHKE S, BRECHER C, MEISEN T, et al. Industrial internet of things and cyber manufacturing systems[M]//Industrial internet of things. Springer, Cham, 2017: 3-19.

[10] BOYES H, HALLAQ B, CUNNINGHAM J, et al. The industrial internet of things (IIoT): An analysis framework[J]. Computers in industry, 2018, 101: 1-12.

[11] 刘阳,韩天宇,谢滨,等.基于工业互联网标识解析体系的数据共享机制[J].计算机集成制造系统,2019,25(12):3032-3042.

[12] 付超,薛旻,占倩珊,等.基于 HCPS 的智能制造可重构性研究:发展现状和趋势展望[J].电子科技大学学报(社科版),2021,23(4):7-19.

[13] 马红燕."5G+工业互联网"推动企业数字化转型探究[J].现代工业经济和信息化,2021,11(4):5-6,16.

[14] PIVOTO D G S, DE ALMEIDA L F F, DA ROSA RIGHI R, et al. Cyber-physical systems architectures for industrial internet of things applications in Industry 4.0: A literature review[J]. Journal of Manufacturing Systems, 2021, 58: 176-192.

[15] UR REHMAN M H, YAQOOB I, SALAH K, et al. The role of big data analytics in industrial Internet of Things[J]. Future Generation Computer Systems, 2019, 99: 247-259.

[16] 褚健,谭彰,杨明明.基于工业操作系统的智能互联工厂建设探究[J].计算机集成制造系统,2019,25(12):3026-3031.

[17] LIAO Y, LOURES E F R, DESCHAMPS F. Industrial Internet of Things: A systematic literature review and insights[J]. IEEE Internet of Things Journal, 2018, 5(6):

4515-4525.

[18] 赵升."互联网＋制造业"背景下我国工业互联网产业发展问题及对策[J].现代商业，2021(9)：56-58.

[19] 王飞跃，张军，张俊，等.工业智联网：基本概念、关键技术与核心应用[J].自动化学报，2018，44(9)：1606-1617.

[20] SISINNI E，SAIFULLAH A，HAN S，et al. Industrial internet of things：Challenges，opportunities，and directions [J]. IEEE transactions on industrial informatics，2018，14(11)：4724-4734.

第4章

工业大数据集成与融合技术

4.1 基于CPS的工业大数据集成技术

4.1.1 CPS的概念及其体系架构

2006年美国总统科技顾问委员会在报告中把信息物理系统(CPS)列为第一优先的研究课题,随后美国国家科学基金会对这一概念进行了详细的描述[1],中国电子技术标准化研究院尝试给出的《中国信息物理系统白皮书(2017)》中指出[2],CPS通过集成先进的感知、计算、通信、控制等信息技术和自动控制技术,构建了物理空间与信息空间中人、机、物、环境、信息等要素相互映射、适时交互、高效协同的复杂系统,实现系统内资源配置和运行的按需响应、快速迭代、动态优化。它通过人机交互接口实现和物理进程的交互,使用网络化空间以远程的、可靠的、实时的、安全的、协作的方式操控一个物理实体。此概念一经提出,就因其多学科融合的前沿性和广阔的应用前景而得到广泛关注和高度重视。

国际上较为认可的CPS架构是一个5C的结构,由Lee提出[3],包括智能互联层(smart connection level)、数据-信息转换层(data-to-information conversion level)、镜像层(cyber level)、认知层(cognition level)、配置层(configuration level),如图4-1所示。

(1) 智能互联层。获取准确可靠的数据是构建信息物理系统的首要前提,可以由传感器测量,或者从控制器、企业信息系统(如ERP、MES、SCM、CMM)中获取机器设备或者其中组件的相关数据。首先,必须考虑不同类型的数据如何实现数据的无缝连接,实现物理系统中数据的采集过程;其次,必须考虑在这个过程中,如何选择不同类型的传感器。

(2) 数据-信息转换层。从采集物理系统中各种数据,到智能分析和决策,必须从感知的数据中推断出有价值的信息。近年来关于预测与健康管理应用算法的研究越来越多,通过估算剩余使用寿命,可以为机器的自我意识带来更多可能。

(3) 镜像层。通过全面采集物理系统各方面的数据,提取附加信息,以便更好

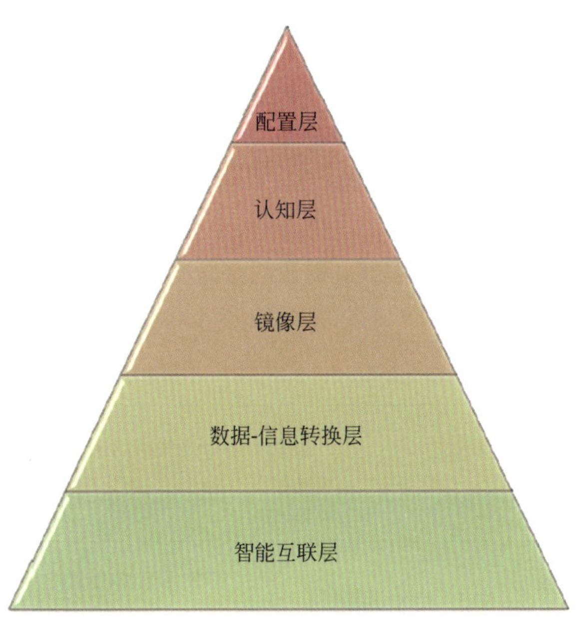

图 4-1　CPS 体系架构[3]

地了解各个机器的状态，然后构建与物理层中各个物理资源的完全同步镜像体。物理资源的相关实际应用行为，可以通过在镜像层对物理资源的数字孪生体进行仿真优化与验证，从而提高实际物理资源运作的效率。

(4) 认知层。通过对可用有价值的信息进行提取，获取相关经验知识，进行协同诊断与决策，并通过适当的图形信息将所获得的知识完全呈献给用户及管理者，是信息物理系统智能化的必要一环。

(5) 配置层。配置层是从信息空间到物理空间的反馈，是在认知层的基础上，作出纠正和预防性的决策，并反馈至物理空间，实现物理资源的自我配置与自适应。

4.1.2　基于 CPS 的制造集成系统

在工业领域，德国“工业 4.0”战略、美国“先进制造”战略和我国“制造强国”战略都强调通过信息技术和传统制造业的深度融合来实现智能制造，而实现融合的核心则是能够连接虚拟数字世界和现实物理世界的 CPS。换言之，CPS 是智能制造的关键技术，是促进工业化与信息化融合的重要抓手，是当前工业革命战略布局的主要方向。

尽管目前关于CPS的定义尚未统一,不同定义所采用的描述方法和关注重点各不相同,但在工业领域中,CPS可以被视为一个由嵌入式系统、网络、软件、数据平台等信息要素与生产设备、传感器件、操作人员等物理实体所构成的"智能联网闭环系统"。基于CPS的制造集成系统是指,借助先进的传感、通信、计算和控制技术实现生产过程中信息单元和物理实体在网络环境下的高度集成和交互,实时传输动态网络环境下海量感知数据至信息层,集成规约多源多模态异构数据,并精准控制混杂动态环境下车间异构制造资源的行为协同,从而实现车间内"人-机-物-环境"全要素的智能感知与互联、高效数据传输与集成、实时交互与控制、智能协作与共融,如图4-2所示[4]。

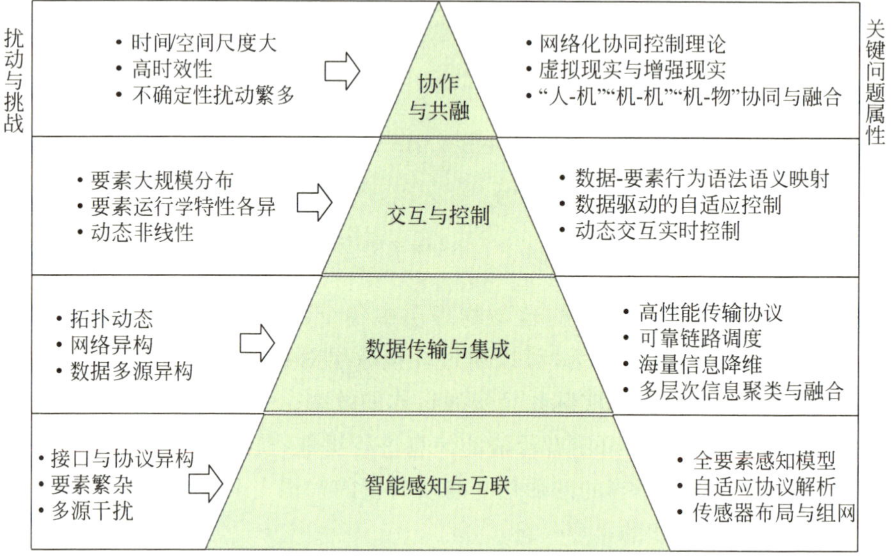

图4-2　基于CPS的制造集成系统[4]

基于CPS的制造集成系统的目标是在实现车间异构要素智能感知和互联、多源异构数据集成基础上,进一步实现:①"人-机"互联与协同——融合机器的准确性与人的灵活性,机器能迅速调整自我工作计划以适应动态变化的生产情况,并响应人通过触摸、声音或手势、软件工具下达的命令;②"机-机"互联与协同——车间制造资源协同作业,具有更好的自我调节适应能力、更好的数据冗余性及鲁棒性;③"机-物"协同——如基于RFID/摄像头的物料/在制品/成品智能感知与定位,高效生产、精准溯源与智能仓储等。

(1)"人-机-物-环境"智能感知与互联(smart connection and interconnection):包括面向混杂动态车间全要素的感知模型,即插即用自适应匹配协议解析方法,多传感器群组优化布局与动态组网机理,多时间/空间尺度协同测量理论等。

(2)“人-机-物-环境”数据智能传输与集成(smart communication and computing):主要需解决高速、高稳定性、低延迟的数据传输协议,实时可靠链路调度技术,多粒度异构数据融合与服务化封装方法,海量信息高维度降维处理,数据流复杂事件实时检测机制,多层次信息聚类与融合技术,分布式存储方法。

(3)“人-机-物-环境”智能交互与控制(smart control and interaction):包括多模态数据与对象行为的语法和语义映射规则,关键工艺过程建模与控制,数据驱动的自适应控制方法,基于模板和模型驱动映射方法的动态交互实时控制理论与方法。

(4)“人-机-物-环境”智能协作与共融(smart cooperation and convergence):包括网络化分布式协同控制理论,虚拟现实与增强现实技术,车间运行模式认知与知识挖掘,面向精准反馈的车间孪生数据驱动的“人-机”“机-机”“机-物”协同控制方法。

此外,根据《中国信息物理系统白皮书(2017)》[2],基于CPS的制造集成系统包含三个层次的内容,分别是单元级、系统级和系统之系统级(SoS级),如图4-3所示。

(1)单元级CPS:单元级CPS是不可分割的CPS最小单元,其本质是通过软件对物理实体及环境进行状态感知、计算分析,并最终控制物理实体,构建最基本的数据自动流动的闭环,形成物理世界和信息世界的交互融合。单元级CPS是具备可感知、可计算、可交互、可延展、自决策功能的CPS最小单元,一个智能部件、一个工业机器人或一个智能机床都可能是一个CPS最小单元。

(2)系统级CPS:在单元级CPS的基础上,通过工业网络(如工业现场总线、工业以太网等),可以实现系统级CPS的协同调配。系统级CPS基于多个单元级CPS的状态感知、信息交互、实时分析,实现局部制造资源的自组织、自配置、自决策、自优化。在单元级CPS功能的基础上,系统级CPS主要实现互联互通、即插即用、边缘网关、数据互操作、协同控制、监视与诊断等功能。如一条含机械臂和AGV小车的智能装配线。

(3)SoS级CPS:在系统级CPS的基础上,可以通过构建CPS智能服务平台,实现系统级CPS之间的协同优化。在这一层级上,多个系统级CPS构成了SoS级CPS,如多条生产线或者多个工厂之间的协作,以实现产品生命周期全流程及企业全系统的整合。CPS智能服务平台能够将多个系统级CPS工作状态统一监测,实时分析,集中监控。利用数据融合、分布式计算、大数据分析技术对多个系统级CPS的生产计划、运行状态、寿命预测统一监管,实现企业级远程监测诊断、供应链协同、预防性维护,实现更大范围内的资源优化配置,避免资源浪费。

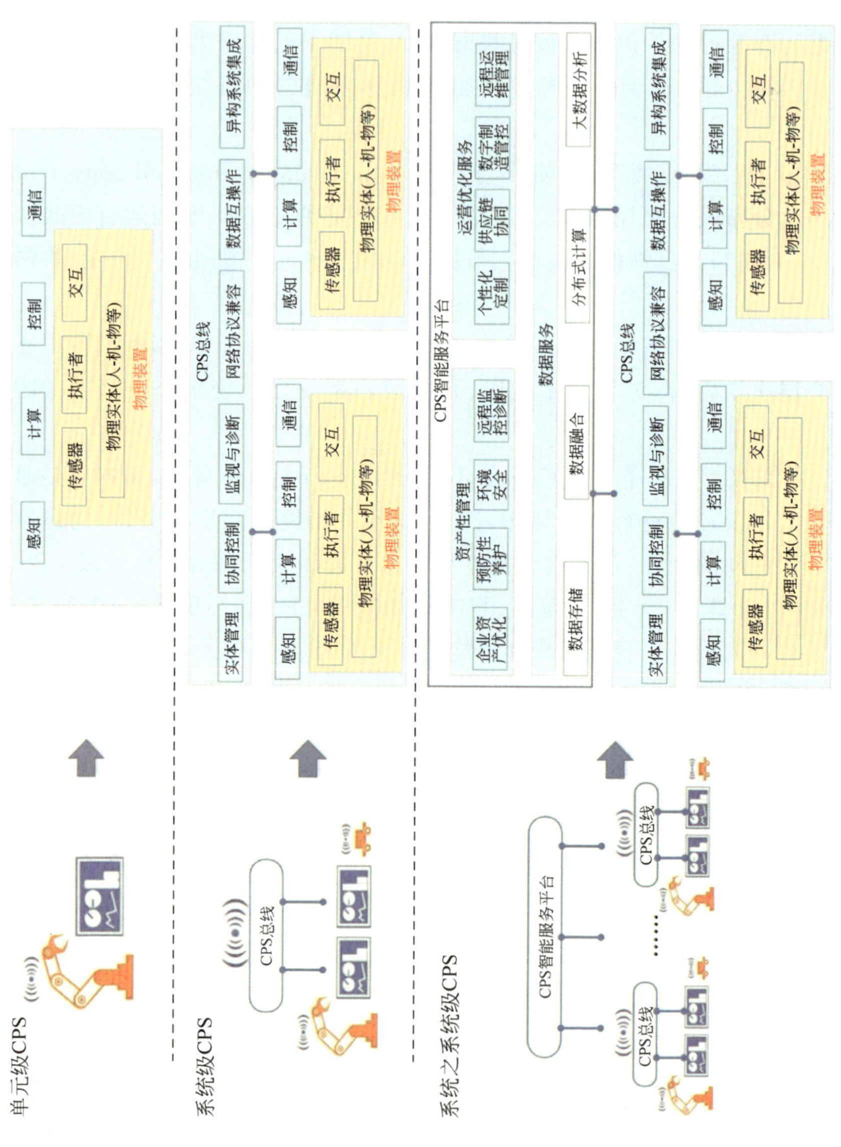

图 4-3 基于 CPS 的制造集成系统机构[2]

4.1.3　基于 CPS 的大数据集成技术

工业制造数据具有规模海量、多源异构、多时空尺度、多维度等特点，具备大数据特征。通过工业大数据建立生产过程和运行决策间的关系，能对制造运行状态进行统计和分析，有助于提升生产效率和产品质量、降低能耗、保障设备健康等。然而，相关研究主要基于生产过程感知数据，实现了信息层面的数据集成融合，但没实现“虚实交互”环境下全业务、全要素、全流程数据的集成与融合。如制造某一手机保护壳，既需考虑外壳样式、颜色、用户评价、材质手感、氧化度等设计数据，又需考虑加工温度、压力、表面粗糙度等物理车间实时加工数据，同时还需考虑加工质量、周期、车间排产任务等订单数据。因此，“全要素、全流程、全业务物理-信息数据融合”的基于 CPS 的大数据集成技术至关重要。

基于 CPS 的大数据集成是指，基于一致性原理，对覆盖全要素、全流程、全业务的相关数据进行生成—建模—清洗—关联—聚类—挖掘—迭代—演化—融合等操作，有效且真实刻画和反映运行状态、要素行为等各类动态演化过程、演化规律、统计学特性等[4]。

(1) 数据“生成—建模—清洗”理论与技术：包括多源、多维、异构、多模态复杂数据分类与建模，非完备信息系统的空值属性估算与特征约简技术，数据溯源方法和数据特征提取，多源数据准确性、完整性、一致性理论与验证。

(2) 数据“关联—聚类—挖掘”理论与技术：包括多学科、多物理量、多尺度信息融合的数据实时生成机制与产生机理，数据与制造运行映射关系，特征级异构对象行为性能模式识别，数据模态更新与模态衍生动态增长规则等。

(3) 数据“迭代—演化—融合”理论与技术：包括实时数据及历史数据的关联、比对和整合方法，基于数据与物理对象映射关系的交互融合与优化，针对相似或不同特征模式多源数据的相关性动态演化，决策级全要素数据演化规律与统计特性分析。

4.2　基于云平台的工业大数据集成技术

4.2.1　面向制造的工业智能云平台组成与架构

近几年，世界各国提出一系列国家层面的制造发展战略，如德国工业 4.0[5-6]，美国工业互联网[7-8]，中国制造 2025、“互联网＋制造”等[9]，然而所有战略计划的一个共同目标是实现智能制造。智能制造的实现对使能平台与工具提出了更高要求。当前，随着传统制造产业的变革及其与互联网的融合与发展，一系列先进制造系统的出现，以及云计算、物联网、大数据、移动互联网等新一代信息技术与制造技术的集成融合不断加剧，面向制造的工业智能云平台应运而生[10]，并成为创新改革发展制造业的关键。

与电子商务平台、社交平台不同，工业制造业平台化所需技术更加复杂，竞争也更加激烈。面向制造的工业智能云平台不是云计算平台，也区别于一般的大数据平台、物联网平台。它是在传统云平台的基础上，借助于物联网、大数据、人工智能等信息技术，及先进的智能生产组织模式，如产品服务系统/工业产品服务系统/面向服务的制造、制造网格、众包生产、云制造等，实现功能和价值倍增[10]。在这一阶段中，制造企业根据自身企业特点，开发了各类面向制造的工业智能云平台，以提供制造服务的形式促进不同行业间跨区域的制造资源和制造能力的整合，体现了“产品+服务”的服务化思想。当前，工业界已陆续推出一系列工业智能云平台，比较典型的有西门子 MindSphere 平台、通用电气 Predix 平台、施耐德电气 EcoStruxure 平台、ABB Ability 平台、海尔 COSMO 平台、微软 Azure 平台等。

基于“数据是基础，服务是核心，应用是关键”的理念，面向制造的工业智能云平台由三部分构成，即由信息技术企业主导建设的基础架构层，由工业企业主导建设的服务层，由工业企业、众多开发者与用户等多主体参与应用开发的应用层，如图 4-4 所示。

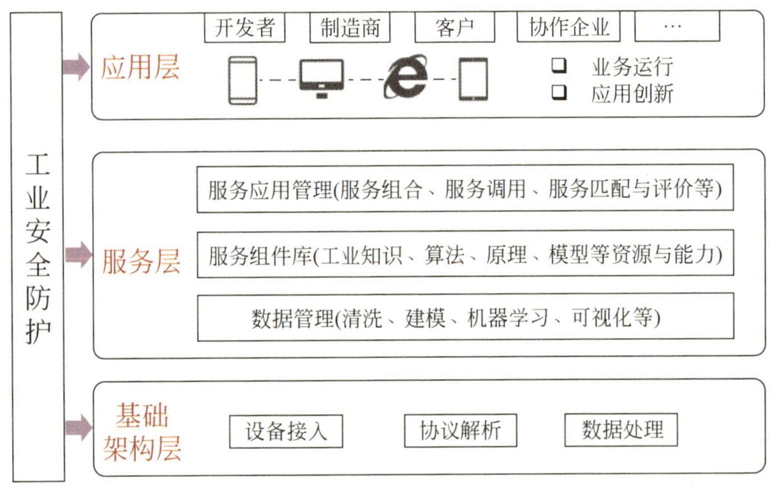

图 4-4　面向制造的工业智能云平台架构

基础架构层将各种工业设备、供应商等互联并接入云端，将采集的数据信息远程传输到云平台中，实现数据信息的实时采集、存储与智能预处理，实现对工业设备的智能感知、设备与网络的互联。其主要功能包括：①将工业现场设备接入平台边缘层，连接机器、数据和人，实现海量数据的采集；②实现数据格式转换和统一，将采集到的数据传输到云端；③对采集的数据进行预处理、存储和智能分析应用。

服务层通过分布式计算、大数据技术、人工智能技术，构建灵活与高性能分析服务。其主要功能包括：①利用数据管理技术构建数据分析能力，实现数据价值的挖掘；②将工业资源、知识和能力等封装成服务功能模块，供平台用户按需使用，用户无须自己构建相应的模型、算法，只需在平台上智能选择想用的服务；

③构建服务应用管理环境，对服务进行有效的管理和调用，如服务匹配、服务组合、服务调度和评价等，从而为工业开发者、用户等提供优化服务。

应用层面向特定行业、特定场景开发在线检测、运营优化和预测性维护等具体应用服务。其主要功能包括：①为用户提供创新型应用服务；②构建良好的创新环境，使开发者基于平台数据及服务实现应用创新。

4.2.2 基于云平台的产品全生命周期数据集成、存储与处理

1. 产品全生命周期数据组成

随着并行工程的产生，产品全生命周期应用扩展到工业领域。从制造的角度，产品全生命周期覆盖概念产生、设计、采购、制造到使用和回收阶段。每一个阶段有其特定的活动，并产生大量的数据[11]。

(1) 在产品概念产生阶段，利用用户需求、市场信息、投资规划等数据形成新的产品概念或产品改进。

(2) 在产品设计阶段，产品设计团队利用产品功能和外观描述数据、产品配置数据、设计参数和测试数据、相似产品的历史数据等进行产品设计。

(3) 在原材料采购阶段，通过制造商数据，如类型、质量、原材料性能等，以及供应商数据，如价格、距离等，形成最佳采购方案。

(4) 在制造阶段，对产品制造工艺的属性、性能、参数和生产要素(如人-机-物-环境)数据进行实时收集并记录以监控生产过程。

(5) 在物流阶段，利用库存数据、订单数据、位置数据等优化物流。

(6) 在售卖阶段，基于订单数据、客户数据、库存数据和供应商数据等及时售出产品，且此阶段的用户偏好、偏好人群、订单分布等信息数据可用于产品设计、生产、物流等阶段。

(7) 在使用阶段，基于产品状态数据、运行环境数据、用户行为数据等进行产品维修和产品设计改进。

(8) 在售后服务阶段，基于失败数据和案例、维修数据、元件质量和状态等数据，预测产品寿命和产品失效。

(9) 在回收/废物处理阶段，基于产品状态数据和历史维修数据，分析和决策何时、何地、如何来回收产品或进行废物处理。

2. 产品全生命周期数据智能化采集

通过分析每个阶段的制造单元，得到制造活动中各单元设备类型，从而依据设备类型设计或集成不同的物联网传感器，实时采集数据，同时将这些传感器以无线或有线的网络方式接入平台中，最终达到数据的智能感知和接入。为了保证数据的有效性，可以采用多种动、静态数据采集并行的方式，从而实现产品生命周期数据的多角度采集，为产品全生命周期的数据处理分析提供数据支撑[12-13]。

(1) 基于物联网的动态实时数据采集。基于具有强感知能力的物联网技术，

产品全生命周期过程中的实时动态数据可以通过部署在不同位置的传感器获取，结合上文对产品生命周期各阶段不同的数据特点，分别采用相应的数据采集方法。

(2) 基于 BOM 的评估系统与企业信息系统集成的数据采集。在信息交互的过程中，企业内的 CAD、CAPP、CAM 等信息系统之间通过 BOM 有效集成，促进企业内部信息的交互与传递。

(3) 基于数据库的静态数据采集。上述两种数据采集方法可用于在产品生命周期过程中动态数据和企业数据的收集，而静态数据则通过构建数据库集成到工业智能云平台中。

3. 产品全生命周期数据工业智能云平台物理架构

基于物联网技术、云计算技术等先进技术，借鉴工业智能云平台，构建产品全生命周期数据工业智能云平台物理架构[12-13]，如图 4-5 所示。

基于产品全生命周期各阶段的制造数据分析，采用多角度的数据采集方式，实现对产品数据的实时采集，同时将这些数据以有线或无线的方式接入平台中，最终达到产品数据的智能感知与接入。此外，为解决数据的存储问题，在平台的底层架构中搭建和部署基于云的服务器，从而为产品全生命周期云服务平台的运转提供保障。同时，为实现产品全生命周期所需的各类资源按需使用，以云服务的形式将其发布到平台中，供各类用户使用。对用户而言，随着新型 IT 技术的发展，企业内部或外部访问服务平台的终端设备也逐步趋向于多样化，不再局限于单一的 PC 访问方式，而是可以支持 PC、手机、iPad 等异构多终端多种访问方式；另外，由于使用该平台的用户类型不一样，产品生命周期所对应的要求也不一样，依据人员所处的企业角色，可以构建产品多阶段的数据处理方式。

4. 产品全生命周期数据智能化集成与管理

针对产品全生命周期数据的集成与管理问题，分析并设计基于工业云平台的数据集成与管理架构[14]，如图 4-6 所示。

在数据的集成与管理方面，现有的企业信息系统之间难以顺畅传递信息，造成了信息孤岛。为有效解决系统之间的数据集成问题，企业往往需要额外支付大量的人力成本手动收集产品生命周期数据，从而加大企业的运营成本。因此需要在分析产品生命周期过程的数据基础上，采用多角度采集的方式，为上层的产品全生命周期的数据处理分析提供数据支撑。

在产品的全生命周期过程中，社会提供者可以提供产品数据集成与处理的各种物料、功能模块、制造工艺等信息，并将其封装为不同的服务加入架构中。此外，在产品生命周期集成、存储与处理过程中，标准件及产品 BOM 等产品信息是十分重要的，其信息数据在云平台中以服务的形式进行管理和维护。另外，云平台的产品服务也继承了企业信息系统运行过程中产品相关数据信息。因此工业智能云平台在企业信息系统与用户、提供者之间建立了一个很好的数据连接。

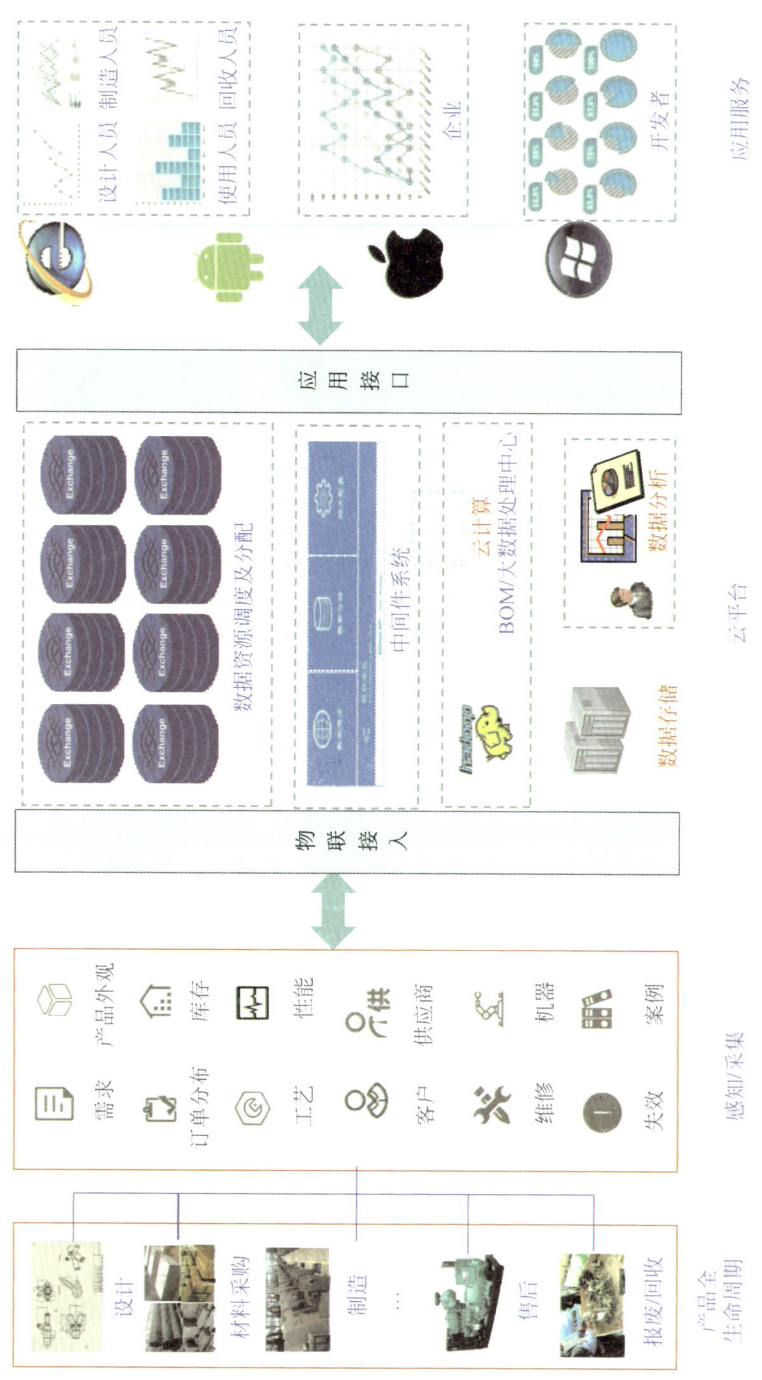

图 4-5　产品全生命周期数据工业智能云平台物理架构

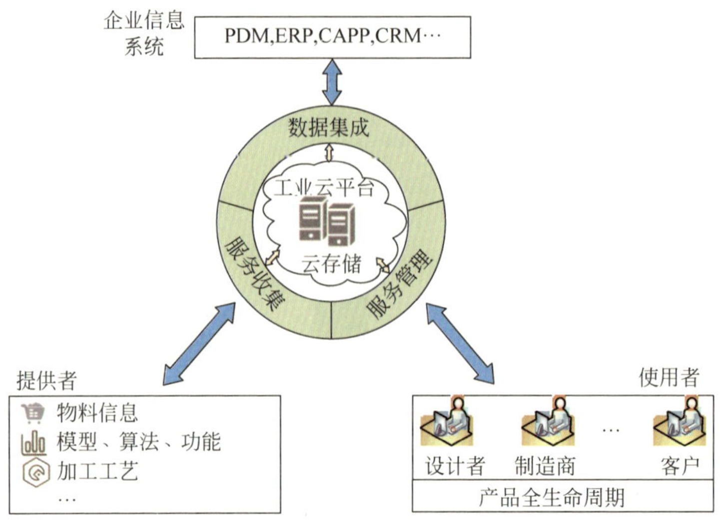

图 4-6 基于工业云平台的产品全生命周期数据集成与管理架构[14]

在产品全生命周期过程中，不同的用户可以通过工业智能云平台来调用和访问所需的产品服务。如在设计阶段，设计者可以基于 Web 浏览器或者是 App 输入选择设计需要的材料信息，这时平台将选择材料的结果返回给该用户，基于数据分析结果，用户就可以在满足功能要求和低成本的情况下进行材料选择，从而选出最佳材料。

4.3 基于服务的工业大数据集成与融合技术

制造业全球化、产品个性化、绿色低碳制造等对制造业企业构成了巨大挑战。在这种背景下，制造企业有效利用全球制造资源并与业务合作伙伴进行有效协作变得越来越重要。这需要建立协作和灵活的制造模式，以促进内部和外部制造资源的有效整合、无缝合作以及不同企业之间的资源共享。已经提出的许多先进制造模式/系统和技术，如敏捷制造、虚拟制造、应用服务提供商和制造网格等，存在着一些问题，如可扩展性、敏捷性和互操作性，即缺乏集中管理机制，缺乏企业信息系统的互操作性，缺乏自适应的结构和程序。随着云计算、物联网等信息技术的快速发展，面向服务的技术（SoA）为克服制造业面临的问题提供了运营模式和技术。

4.3.1 制造服务的概念

在面向服务的智能制造中，产品生命周期中的所有制造资源和能力都被虚拟化，然后封装为服务，用户可以根据他们的需求访问这些服务资源。面向服务的智能制造系统中供应的制造资源，是指产品全生命周期各个阶段所需的各种可用的社会制造资源的集合。这些制造资源根据其存在形式和使用方式的不同，可分为产品全生命周期中的各类制造设备、计算设备、物料等硬制造资源，以及制造活动中所需的各类专业软件、经验模型、领域知识、过程数据等软制造资源[21]。此外，在某一具体的制造活动过程中，制造资源通过被有效地配置和整合可以扩展为某些制造能力，如设计能力、仿真能力、生产加工能力和维护能力等[21-22]。上述各类制造资源和制造能力通过一定的感知与接入、虚拟化、服务化等处理后以制造服务的形式存在，从而可以通过网络被聚合、检索、调用等，并为社会化的用户提供面向产品全生命周期的各类应用。如图 4-7 所示，考虑产品全生命周期中各个阶段的不同应用，可以将制造服务大致分为两类：①面向过程和操作的生产相关的服务(production-related services)；②面向市场和消费的产品相关的服务(product-related services)[15]。其中，根据服务提供与被提供的对象的不同，生产相关的服务包括：①不同的制造企业间相互提供的工艺流程级的生产相关的服务，如设计服务、分析服务、加工工艺服务、测试服务等；②相关服务企业向制造企业提供的业务流程级的生产相关的服务，如咨询服务、金融服务、培训服务、面向工艺过程的物流服务等。另外，产品相关的服务是相关制造企业和服务企业在产品销售与使用阶段面向最终消费者提供的服务，如产品体验服务、运输与物流服务、维修服务等。

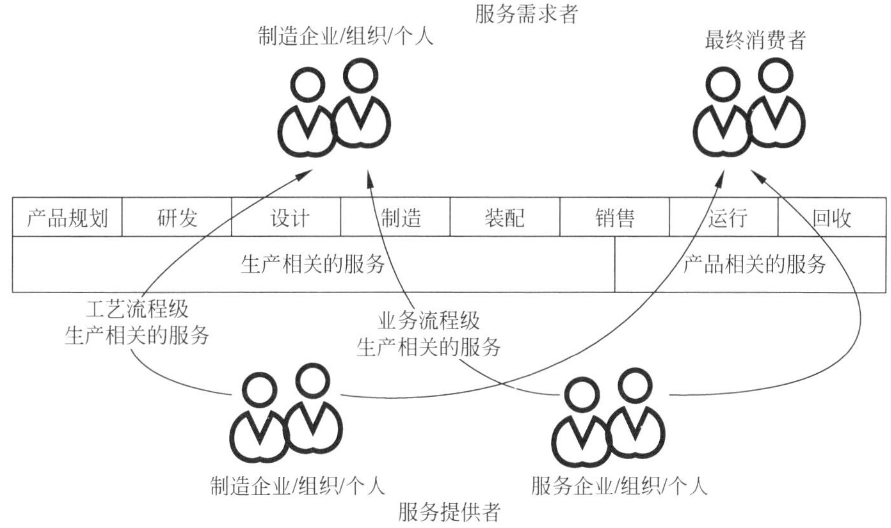

图 4-7　制造服务的分类[15]

4.3.2　从数据到服务

如图 4-8 所示，制造服务封装是从制造现场的“人-机-物-环境”采集它们的状态及参数信息，将这些多源异构的数据进行归一化处理，形成统一的数据描述，并采用统一的通信接口和协议进行传输，从而为“人-机-物-环境”各种对象的服务化封装和智能监测提供数据基础。根据采集并进行处理后的“人-机-物-环境”各种对象的

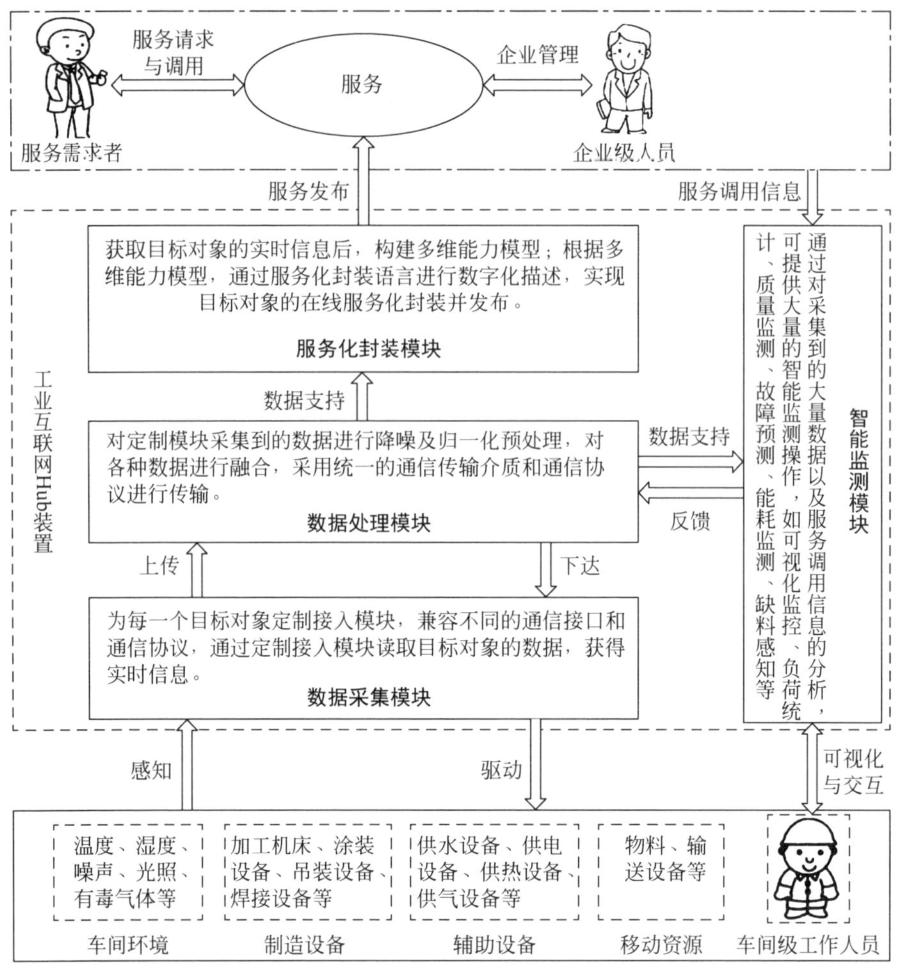

图 4-8　服务封装过程[16]

状态数据及参数信息，实现“人-机-物-环境”各种对象的在线服务化封装以及发布。

从数据到服务的过程由数据采集、数据处理、服务化封装三部分组成。数据采集主要负责收集制造现场的“人-机-物-环境”的状态和参数等信息数据。只有将制造过程中各种信息进行准确采集和有效集成，才能够及时、准确地掌握制造过程中的动态信息，从而为提高生产效率和资源利用率提供支持。由于对“人-机-物-环境”各种对象的数据采集的实现方法各有不同，因此数据的协议、格式、含义等千差万别。

数据处理主要是对采集的各种数据进行校验、降噪、归一化、统一分发等操作。从“人-机-物-环境”各种对象采集的数据首先被存入数据处理缓冲池，以便实现对采集到的数据的并行处理，并避免由于处理不及时而造成的数据丢失现象。为了保证数据的完整性和准确性，需对采集到的数据进行校验，针对不同来源的数据和不同类型的数据，采用不同的校验方式，如奇偶检验、CRC 校验。为保证数据的真实有效性和高利用率，需要将数据中的噪声数据剔除，常用的方法有高斯函数、小波变换等去噪方法。然后，将一个目标对象的标准或协议转换成通用的协议，并为每一类数据分别定义不同的功能码，采用相同的数据格式进行描述，并采用统一的通信接口和通信协议进行传输。

经过数据处理后，与对象属性相关的数据及性能参数信息被用于服务化封装。服务化封装即是对"人-机-物-环境"各种对象的在线服务化封装并发布，包括多维能力建模、服务语言描述与服务发布。多维能力模型包含两方面的信息："人-机-物-环境"的动态描述信息和静态描述信息。动态描述信息，如状态、加工进度和加工时间等，是通过数据采集模块进行采集，经过数据处理后，依据目标对象的类型及 ID 将状态、加工进度和加工时间等信息进行打包发送给服务化封装模块。目标对象的静态描述信息，包括名称、编号、类型和制造商等。静态描述信息可以在"人-机-物-环境"某个对象首次接入时由操作人员手动配置并保存至静态信息库，再次接入时由静态信息库导入。得到"人-机-物-环境"中目标对象的动态描述信息和静态描述信息后，即完成多维能力模型的构建。在给出了多维能力模型之后，选择合适的服务描述语言对"人-机-物-环境"中目标对象进行数字化描述，目前常用的本体描述语言有 SHOE、OWL 以及 OWL-S(Web 服务本体描述语言)。基于"人-机-物-环境"目标对象的种类、属性、关联关系等，明确多维能力模型与服务描述语言的映射规则，从而实现"人-机-物-环境"各种对象的自动服务化封装。

4.3.3 服务全生命周期管理

服务的流通、交易和共享，依赖于对服务的高效管理。参照产品生命周期管理的划分，服务全生命周期管理所涵盖的服务全生命周期如图 4-9 所示[17]，包括制

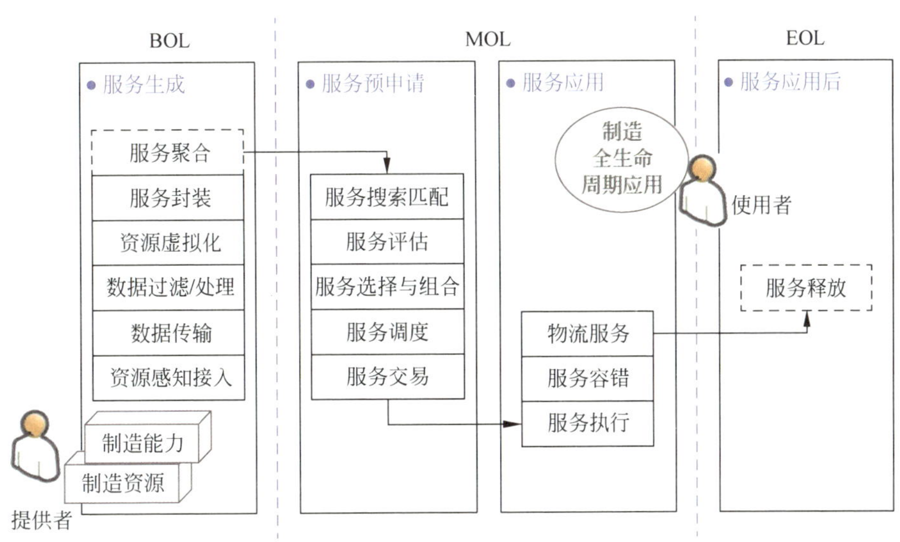

图 4-9 服务全生命周期[17]

造服务的生命周期开始(beginning-of-life,BOL)、生命中期(middle-of-life,MOL)和生命周期结束(end-of-life,EOL)。因此,服务全生命周期管理可以分为服务生成阶段、服务预申请阶段、服务应用阶段和服务应用后阶段。

服务生成阶段(即BOL)涵盖了各种物理制造资源和功能虚拟化成为服务的过程,包含资源的感知和接入、数据的传输、数据过滤和处理、资源虚拟化、服务建模和数字描述。在生成越来越多的服务之后,服务将逐渐聚合。所有服务都通过各种抽象关联和关系(即功能、各种属性、特征、调用历史等)被收集和整合。MOL中的服务预申请阶段的操作包含了服务搜索匹配、服务评估、服务选择和服务组合、服务调度和服务交易等。MOL的服务应用阶段由服务执行、容错以及用于实现任务的物流服务组成。其中,物流服务服务于某些制造服务的具体流程和结果。根据任务实施的不同要求,物流可以是服务执行后的结果运输,也可以是服务执行过程中物料的运输。在服务应用后阶段,主要是服务执行后的服务释放。

4.3.4 面向服务的工业大数据集成与融合

如图4-10所示,面向服务的工业大数据集成与融合分为车间内数据集成与融合、企业内数据集成与融合和企业间的数据集成与融合[18]。

(1) 车间内数据集成与融合。它可以实现终端设备(即各种制造资源和能力)与企业信息管理系统之间的完整连接,以实现车间内制造执行的自动控制。因此,车间内数据集成与融合具有三个功能:从材料和半成品到最终产品的物理制造执行过程的访问、识别和控制。从制造层识别和获取的数据是企业信息系统的生产相关和产品相关的输入。此外,制造执行活动的自动控制是系统数据输出到PLC和其他控制器的结果。

(2) 企业内数据集成与融合。它促进生产相关数据、产品相关数据和其他业务管理数据的整合,以及车间与其他企业信息子系统中数据的集成与融合。除了管理内部供应链之外,企业还可以生成自己的制造服务,以便参与到外部供应链中。因此,面向服务的企业内数据集成与融合扩大了企业的能力和业务范围。

(3) 企业间的数据集成与融合。它主要针对大量不同企业间在泛在服务管理和应用过程中的数据集成、存储、检索、分析、使用以及数据安全等问题。企业间的数据集成与融合为跨行业的企业间协作提供了数据支持,并为无处不在的网络服务管理和应用提供了新的思路和技术支持。通过企业间的数据集成,服务平台能够按需组合社会化的企业,形成了服务网络并得到应用。

4.3.5 基于服务的工业大数据应用

通过协调相关的制造设施、资源和活动,制造活动将原材料投入转化为成品产出和增值服务。在制造过程中可以实施的一些大数据应用包括实现智能设计、物料配给和跟踪、制造过程控制和智能设备维护等[19]。在这些应用中工业大数据的采集、处理、分析和应用都与服务密不可分。

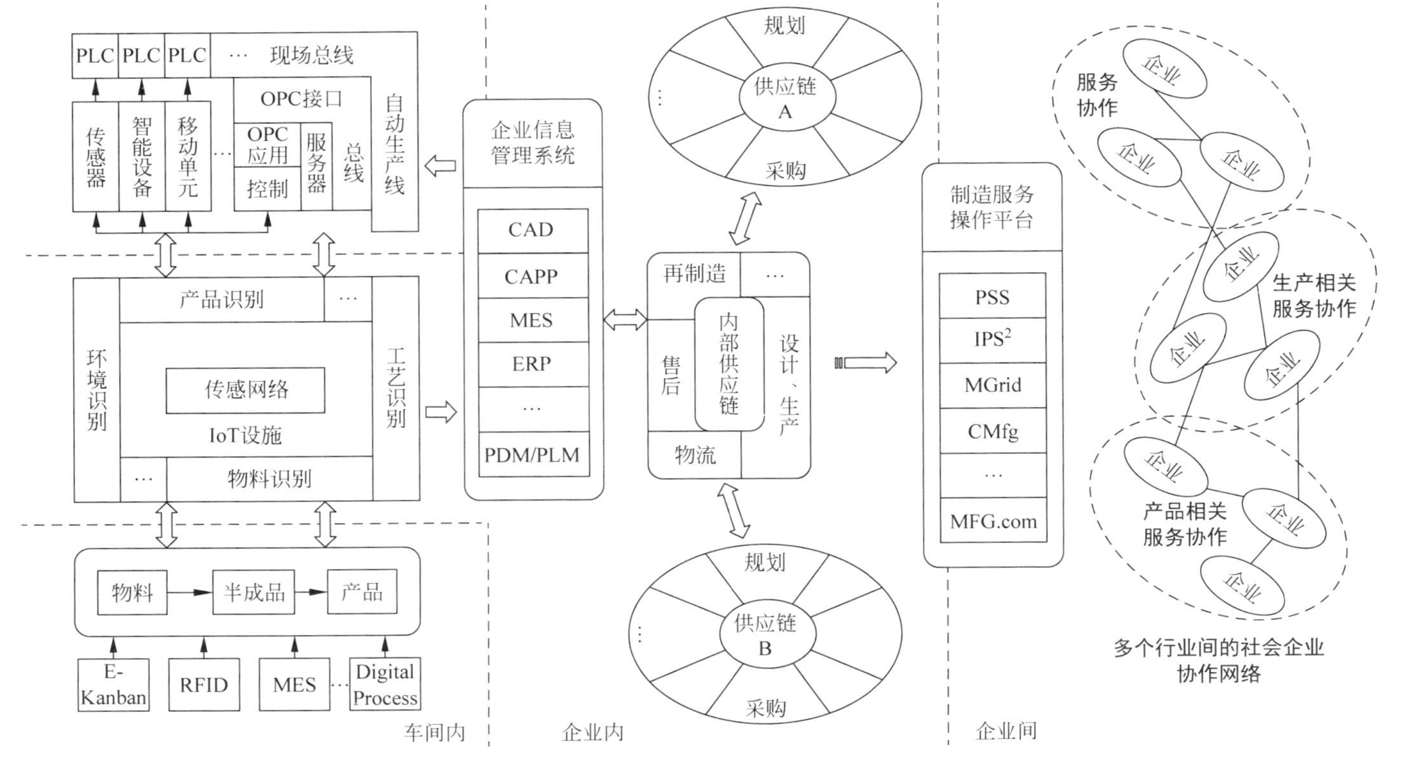

图 4-10　制造服务的分类[18]

PLC：Programmable Logic Controller，可编程逻辑控制器；CAD：Computer-Aided Design，计算机辅助设计；CAPP：Computer Aided Process Planning，计算机辅助工艺过程设计；MES：Manufacturing execution system，制造执行系统；ERP：Enterprise Resource Planning，企业资源计划系统；PDM：Product Data Management，产品数据管理；PLM：Product Lifecycle Management，产品生命周期管理；E-Kanban：电子看板；RFID：Radio Frequency Identification，射频识别；Digital Process：数字程序

(1) 智能设计。设计是制造的第一步,决定了许多制造步骤和成本。产品设计是从研究和理解客户需求、行为和偏好开始的。这种类型的数据可以从互联网和物联网中收集,设计师是以服务的形式访问和获取这些数据的。就互联网数据而言,客户越来越善于通过社交网站、电子商务平台和产品/服务评论网站等门户网站分享他们在互联网上使用产品的第一手经验。此外,现在可以通过越来越多的日益流行的智能产品(例如,智能手机和可穿戴设备)收集丰富的用户数据(例如,生物数据、行为数据和用户-产品交互数据)。通过对用户相关大数据的全面分析,制造商将客户意愿转化为产品特性和质量要求的能力得到了提高。此外,大数据还可以使设计师能够简化设计流程,促进产品创新,并为终端用户开发更多定制产品。与传统方法(如访谈、调查等)相比,使用大数据分析来研究市场偏好和客户需求具有许多明显的优势,例如成本更低、效率更高以及精确定位等。

(2) 物料配给和跟踪。物料配给是通过生产计划和实际生产进度以及各种现场紧急需求来确定的。在理想情况下,恰当的物料应该在恰当的时间交付给恰当的设备,以便通过正确的操作进行处理。这一理想情况,可以通过管理各种与物料相关的数据来实现,包括库存数据、物流数据和进展数据。物料数据与物料流相关的多源数据(如来自人类操作员、机器、车辆等的数据)被相关联地分析。在进行这些分析时,可以根据物料种类、数量,以及交货时间和方法确定物料分配,以支持最佳制造物流。此外,物料的可追溯性是必要的,以确保某些类型的物料严格遵守其相应的质量标准规范和标准。通过部署识别标签,可以在整个生产过程中实时跟踪物料信息(如位置、状态和质量)。基于大数据分析的物料配给和跟踪,在生产过程中生成的运行数据有利于产品质量控制和产品缺陷追溯。

(3) 制造过程控制。制造过程由多个制造因素组成,这些因素(如制造设备、材料、环境和工艺参数)会影响制造过程并影响产品质量的变化。因此,实时监控制造过程的不同步骤尤为重要。但是,要明确地追踪哪些因素会影响制造过程通常很困难。大数据为控制制造过程提供了有效的技术支持。在大数据分析预测能力的帮助下,问题被标记,警报和建议被发送给操作员进行及时调整,这可以确保制造过程更顺利。此外,还可以监测计划制造活动与实际制造活动之间的偏差(如设备突然故障或意外的紧急订单分配)。制造过程可以根据大数据分析动态调整以实现资源的平衡使用。

(4) 智能设备维护。利用大数据可以准确预测和诊断设备故障及组件寿命,这些信息可用于启用明智的维护决策。结合智能传感器的设备状态数据以及关于设备维护的领域知识、以往经验和历史记录,大数据分析可以预测设备恶化的趋势、组件的寿命及其原因。此外,通过大数据分析还可以发现季节性、周期性和其他模式的设备故障。有了这些信息,可以执行预防措施以防止出现故障。由于大数据分析的预测能力,实现设备维护范例从被动维护转变为主动维护,从而可以延长设备使用寿命并最大限度地降低维护成本。

4.4 基于数字孪生技术的信息物理大数据融合技术

4.4.1 数字孪生的概念及组成

数字孪生(digital twin)的概念最初由 Grieves 教授于 2003 年在美国密歇根大学的产品全生命周期管理课程上提出,包括物理实体、虚拟模型以及二者间的连接三个部分[11]。其中,物理实体是客观存在的,主要负责接收指令并完成特定的功能。虚拟模型是物理实体的忠实的完全数字化镜像,可以对物理实体的活动进行仿真、评估、优化、调控及预测等。连接使二者的数据进行实时交互,从而保持同步性与一致性。但由于当时技术和认知上的局限,数字孪生的概念并没有得到重视。

近年来,新一代信息技术的发展(如云计算、物联网、大数据等)使数字孪生的实现成为可能,因此数字孪生受到了越来越广泛的关注。2012 年,美国空军研究实验室和美国航空航天局(NASA)将数字孪生定义为“充分利用物理模型、传感器更新、运行历史等数据,集成多物理量、多尺度、多概率的航天飞行器或系统的仿真过程,在虚拟空间中完成映射,从而反映相对应的实体装备的全生命周期过程”。基于此,二者提出了构建未来飞行器的数字孪生体,利用数字孪生实现对飞行器的实时监测、结构健康管理以及故障预测等。之后,关于数字孪生技术在航空航天领域应用的研究不断增多。同时,一些研究人员也将数字孪生引入到了更加广泛的领域,涵盖了产品设计、制造、服务等。比如,基于数字孪生的产品设计框架[20],数字孪生车间的概念与运行机制[21],以及基于数字孪生的复杂设备健康管理流程[22]。Parrott 与 Warshaw 讨论了制造过程的数字孪生概念模型,该模型形成了从物理世界到虚拟世界的闭环交互[23]。Rosen 等利用数字孪生将产品全生命周期的真实数据与仿真模型相结合,实现基于仿真预测的制造计划、运行、维护等,提升了制造过程的自主性[24]。Knapp 等构建了基于数字孪生的增材制造模型,用于增材制造过程的准确验证以及关键参数的预测[25]。数字孪生也被用来无缝集成产品全生命周期的各个阶段,实现对产品全生命周期的高效管理以及保持产品物理和虚拟世界之间的同步[21]。

一些大型企业也开始引进数字孪生的概念,期望利用数字孪生提高企业运营效率及产品服务质量[26]。PTC 公司利用数字孪生建立物理产品与虚拟产品间的实时连接,从而为用户提供高效的产品售后服务与支持。SAP 公司通过数字孪生技术使产品开发系统形成一个闭环,通过不断减小产品真实性能与期望性能之间的差异来提升产品质量。达索公司建立了基于数字孪生的 3D 体验平台,并将其应用于飞行器的雷达设计上。西门子公司利用数字孪生技术帮助制造企业在信息空间构建整合制造流程的生产系统模型,从而实现对制造过程中细节的掌控。GE 公司致力于将数字孪生引入到污水处理中来,通过建立设备的孪生模型来整合大量的过程数据,提升污水处理效率。微软公司认为数字孪生能够实现信息与物理世界的无缝连接,从而降低成本,促进创新,加速转型。空客公司构建了总装线的数字孪生模型,实现了对总装线上生产要素的监控。美国洛克希德·马丁公司(简称洛马公司)将数字孪生技术引入 F-35 战斗机的生产过程,使得处理 F-35 进气道加工缺陷的决策时间缩短了 33%,该项目获得了 2016 年度美国国防制造技术奖。全球最具权威的 IT 研究与顾问咨询公司 Gartner 连续三年(2017 年、2018 年和 2019 年)将数字孪生列为当年十大战略科技发展趋势之一。世界最大的武器生产商洛马公司将数字孪生列为未来国防和航天工业六大顶尖技术之首。2017 年 12 月 8 日中国科协智能制造学术联合体在世界智能制造大会上将数字孪生列为世界智能制造十大科技进展之一。目前,数字孪生技术已成为国际上的关注热点。

4.4.2 数字孪生技术在制造中的应用

为了无缝集成与融合信息物理空间,实现智能制造,Tao 等将数字孪生引入制造车间中,并首次提出了数字孪生车间(digital twin shop-floor,DTS)的概念[21]:DTS 是在新一代信息技术和制造技术驱动下,通过物理车间与虚拟车间的双向真实映射与实时交互,实现物理车间、虚拟车间、车间服务系统的全要素、全流程、全业务数据的集成和融合,在车间孪生数据的驱动下,实现车间生产要素管理、生产活动计划、生产过程控制等在物理车间、虚拟车间、车间服务系统间迭代运行,从而在满足特定目标和约束前提下,达到车间生产和管控最优的一种车间运行新模式。

如图 4-11 所示,DTS 主要由物理车间(physical shop-floor,PS)、虚拟车间(virtual shop-floor,VS)、车间服务系统(shop-floor service system,SSS)、车间孪生数据(shop-floor digital twin data,SDTD)四部分组成。PS 由客观存在于物理空间中的一系列实体组成,包括人、设备、物料、环境等,它严格按照 VS 仿真优化后的预定义的生产指令组织生产,并接受 SSS 提供的服务,最终产出满足交货期、成本、质量等要求的产品。VS 由多个维度的模型(包括几何、物理、行为和规则等)

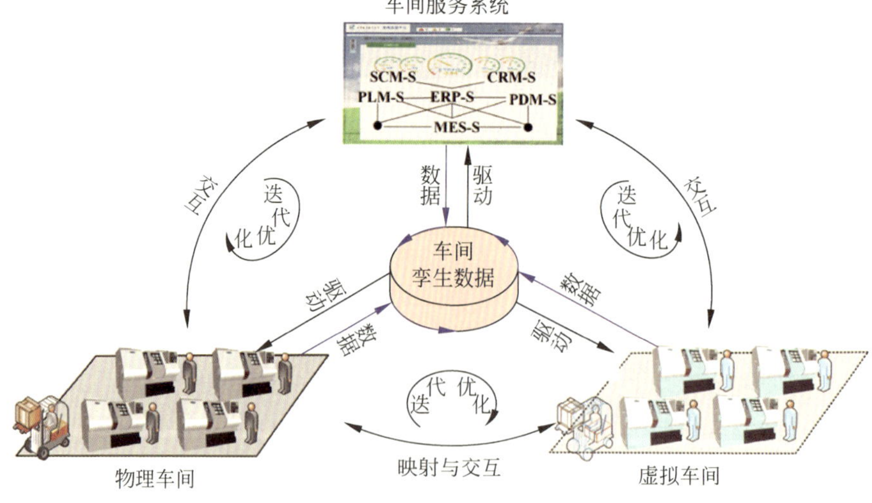

图 4-11 数字孪生车间概念模型[21]

组成，它随PS演化，能够为物理实体提供高逼真度的仿真、优化及预测等，同时也为SSS中的服务提供仿真优化数据。SSS是一个集成的服务平台，它将企业信息系统(EIS)、计算机辅助工具、模型和算法等功能封装成子服务，然后根据特定需求将其组合成组合服务。SSS同时支持PS与VS的运行：一方面，SSS为PS提供设备健康管理服务、能耗管理服务、调度服务等，从而保证PS的连续与平稳生产；另一方面，SSS为VS提供模型校正与测试等服务，使VS能够保持与PS的高逼真度。SDTD包括PS、VS和SSS产生的数据，三者的融合数据以及领域知识。通过集成和融合，SDTD能够消除信息孤岛，并且产生有价值的信息，用于驱动PS、VS及SSS运行。

在DTS中，数据(即SDTD)是PS、VS与SSS三部分的"核心驱动"。对于PS，SDTD可以使物理车间中的实体感知自身与其他实体的状态，从而实现多个实体间的协作。对于VS，基于SDTD挖掘的关系、约束和规则等能够建立和不断更新VS中的模型及其运行机制，保证VS能够准确、全面地映射出对应实体的属性、行为及规则。针对特定的需求，SDTD提供给SSS对应的数据、算法和模型等资源，这些资源可以封装成子服务来支持服务组合及其后续服务过程。随着PS、VS和SSS不断产生实时数据，SDTD在不断增加，如何基于数字孪生技术实现制造车间中多源数据的集成与融合，从而连续地产生有价值的信息用于驱动DTS运行是一个关键问题，也是下一节重点探讨的问题。

4.4.3 基于数字孪生技术的信息物理数据融合

车间制造数据具有规模海量、多源异构、多时空尺度、多维度等特征，具备大数据特征。通过制造大数据建立车间生产过程和运行决策间的关系，能对车间运行状态提供统计和分析支持，有助于提升车间生产效率和产品质量、降低车间能耗、保障车间设备健康等。然而，现有研究的关注点往往集中在对PS的生产要素状态数据、生产过程数据等的处理与挖掘上，而对车间的虚拟模型及其仿真数据缺乏重视，尤其对能够同时反映物理与虚拟车间的信息物理融合数据缺乏研究。

在DTS中，基于数字孪生技术能够同时得到物理与信息层面的数据，实现数据融合，从而解决上述问题。物理层面的数据主要指PS中的数据，包括要素属性、设备参数、工况数据、工艺数据、生产进度数据等。信息层面的数据主要指VS与SSS中的数据。其中，VS中的数据包括模型参数和模型仿真、评估、优化、验证及预测数据等，SSS中的数据包括生产管理数据、供应链数据、企业计划数据、产品管理数据、市场数据及销售数据等。以制造某一手机外壳为例，物理层面的数据包括PS中的加工温度、压力、表面粗糙度等数据，信息层面的数据包括VS中模型产生的材料应力、变形、氧化度等仿真参数以及SSS中的原料成本、用户评价以及回收数据等。这些数据来自不同的数据源，并且分散于产品全生命周期不同的阶段，通过集成与融合能够从这些数据中挖掘产生更加全面与准确的信息用于驱动生产制造。

如图4-12所示，为了实现对DTS中的数据的集成与融合，需要对PS、VS及SSS

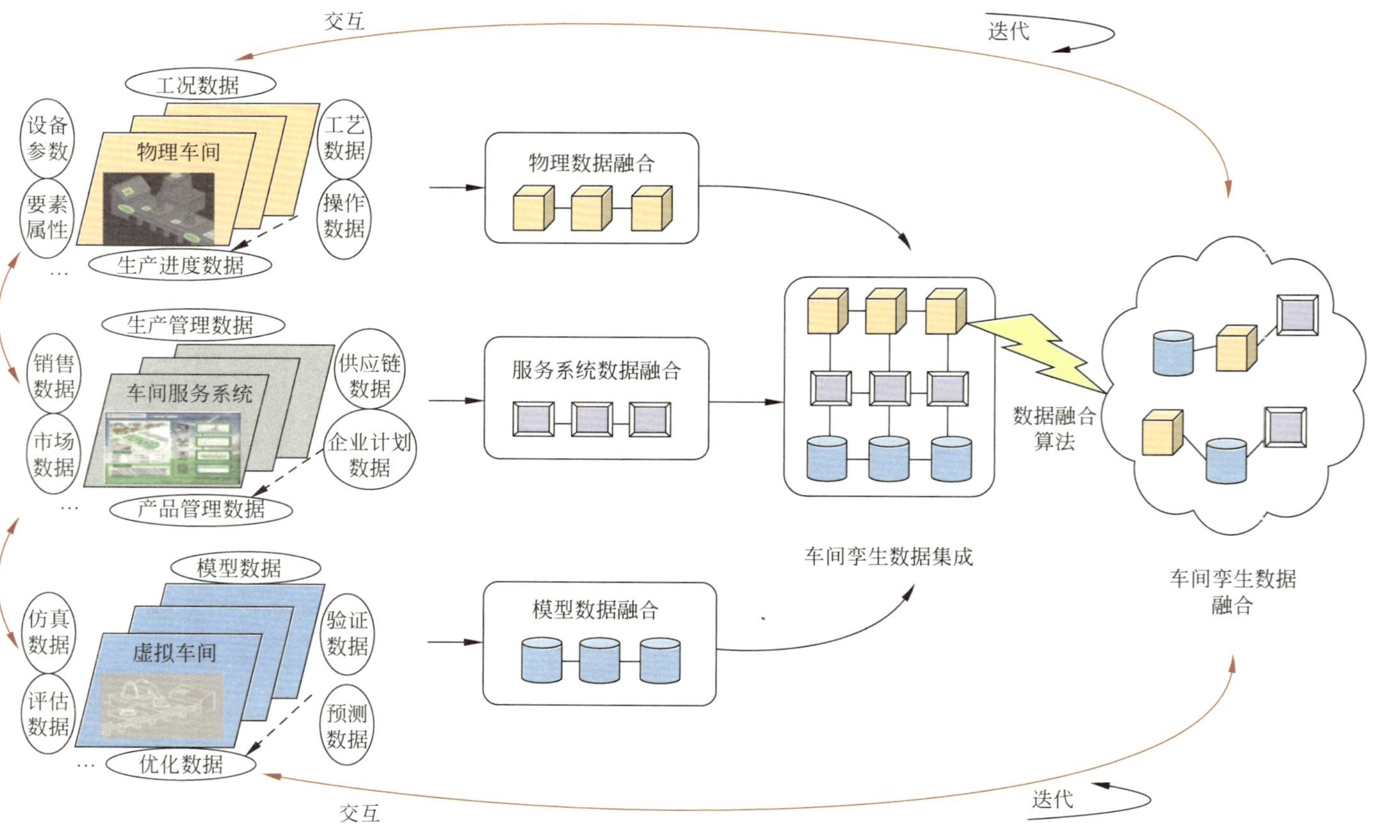

图 4-12 基于数字孪生技术的信息物理数据融合[4]

中的数据进行生成、建模、清洗、关联、聚类、挖掘、迭代、演化、融合等一系列操作，从而形成能够真实刻画和反映车间物理及信息层面的融合数据。

4.5　本章小结

随着物联网(IoT)、云计算、人工智能(AI)等新一代信息技术(new IT)的发展，越来越多的物体连接到互联网上，并产生大量数据。Gartner 预测到 2020 年将有超过 200 亿个设备(其中大部分来自制造业)连接到物联网，其必然结果是产生海量的各种数据。在制造业中，大数据涉及从产品生命周期中产生的大量结构化、半结构化和非结构化数据。从这些海量数据中挖掘有价值的信息并反馈给产品设计、制造、MRO(维护、修理和大修)等，能够帮助改进制造工艺，提高制造效率，从而使制造越来越精益化，从而实现智能制造的变革。因此，实现工业大数据的集成与融合是实施智能制造的核心条件。

为了分析工业大数据的智能化应用，本章从多个方面总结了工业大数据的集成与融合技术，包括基于 CPS 的工业大数据集成与融合，基于云平台的工业大数据集成与融合，基于服务的工业大数据集成与融合，以及基于数字孪生技术的工业大数据集成与融合。对覆盖全要素、全流程、全业务相关数据的集成、融合与应用进行了全面分析，为实现基于工业大数据的智能制造提供了技术手段。

参考文献

[1]　TAO F, QI Q, WANG L, et al. Digital Twins and Cyber-Physical Systems toward Smart Manufacturing and Industry 4.0: Correlation and Comparison [J]. Engineering, 2019, 5(4): 653-661.

[2]　信息物理系统白皮书(2017)[EB/OL]. (2017-03-01) [2021-11-12]. http://admin.ilinkmall.com/Content/ueditor/net/upload/2017-03-01/aceedb1a-8554-4238-a23d-3162e2b83355.pdf.

[3]　LEE J, BAGHERI B, KAO H A. A Cyber-Physical Systems architecture for Industry 4.0-based manufacturing systems[J]. Manufacturing Letters, 2015, 3: 18-23.

[4]　陶飞，程颖，程江峰，等. 数字孪生车间信息物理融合理论与技术[J]. 计算机集成制造系统，2017(8): 1603-1611.

[5]　KAGERMANN H, WAHLSTER W, HELBIG J. Securing the future of German manufacturing industry: Recommendations for implementing the strategic initiative INDUSTRIE 4.0[R]. Final report of the Industrie, 2013: 1-84.

[6]　ADOLPH L, ANLAHR T, BEDENBENDER H. German standardization roadmap: Industry 4.0. Version 2[J]. Berlin: DIN eV, 2016.

[7]　HOLDREN J P, POWER T, TASSEY G, et al. A National strategic plan for advanced manufacturing[R]. US National Science and Technology Council, Washington, DC, 2012. http://www.docin.com/p-391856652.html.

[8]　美国通用电气公司. 工业互联网：打破智慧与机器的边界：pushing the boundaries of

minds and machines：中英文双语珍藏版[M]. 北京：机械工业出版社，2015.

[9] TAO F，QI Q. New IT driven service-oriented smart manufacturing：framework and characteristics[J]. IEEE Transactions on Systems，Man，and Cybernetics：Systems，2017，49(1)：81-91.

[10] 陶飞，戚庆林. 面向服务的智能制造[J]. 机械工程学报，2018，054(016)：11-23.

[11] TAO F，CHENG J，QI Q，et al. Digital twin-driven product design，manufacturing and service with big data [J]. The International Journal of Advanced Manufacturing Technology，2018，94(9/10/11/12)：3563-3576.

[12] TAO F，ZUO Y，XU L D，et al. IoT-based intelligent perception and access of manufacturing resource toward cloud manufacturing[J]. IEEE Transactions on Industrial Informatics，2014，10(2)：1547-1557.

[13] TAO F，ZUO Y，XU L D，et al. Internet of things and BOM-based life cycle assessment of energy-saving and emission-reduction of products[J]. IEEE Transactions on Industrial Informatics，2014，10(2)：1252-1261.

[14] ZUO Y，TAO F，NEE A Y C. An Internet of things and cloud-based approach for energy consumption evaluation and analysis for a product[J]. International Journal of Computer Integrated Manufacturing，2018，31(4/5)：337-348.

[15] 程颖，陶飞，张霖，等. 面向服务的制造系统中制造服务供需匹配研究综述与展望[J]. 计算机集成制造系统，2015，21(7)：1930-1940.

[16] 陶飞，戚庆林，程江峰，等. 一种工业互联网 Hub 装置：CN106094777A[P]. 2018.

[17] TAO F，ZHANG L，LIU Y，et al. Manufacturing service management in cloud manufacturing：overview and future research directions[J]. Journal of Manufacturing Science and Engineering，2015，137(4)：040912.

[18] TAO F，CHENG Y，DA XU L，et al. CCIoT-CMfg：cloud computing and internet of things-based cloud manufacturing service system[J]. IEEE Transactions on industrial informatics，2014，10(2)：1435-1442.

[19] TAO F，et al. Data-driven smart manufacturing[J]. Journal of Manufacturing Systems，2018(48)：157-169.

[20] TAO F，et al. Digital twin-driven product design framework[J]. International Journal of Production Research，2019，57(12)：3935-3953.

[21] 陶飞，张萌，程江峰，等. 数字孪生车间：一种未来车间运行新模式[J]. 计算机集成制造系统，2017，23(1)：1-9.

[22] TAO F，et al. Digital twin driven prognostics and health management for complex equipment[J]. Cirp Annals，2018，67(1)：169-172.

[23] PARROTT A，WARSHAW L. Industry 4.0 and the digital twin：manufacturing meets its match[R]. Deloitte University Press，2017.

[24] ROSEN R，VON WICHERT G，LO G，et al. About the importance of autonomy and digital twins for the future of manufacturing [J]. IFAC-PapersOnLine，2015，48(3)：567-572.

[25] KNAPP G L，MUKHERJEE T，ZUBACK J S，et al. Building blocks for a digital twin of additive manufacturing[J]. Acta Materialia，2017，135：390-399.

[26] TAO F，ZHANG M，NEE A Y C. Digital twin driven smart manufacturing [M]. Pittsburgh，US，Academic Press，2019.

第5章

基于工业物联网的智能决策

工业物联网环境下，生产系统关键环节、关键资源的状态信息可被实时、精准、全面的感知，使得生产管理者能够更为准确地了解生产系统的实时运行状态。但是，如何利用所获取的实时信息、针对所了解的实时状态，通过智能决策帮助生产管理者对生产系统进行高质量的精益化运作管控，受到学术界和工业界的普遍关注。本章将对基于工业物联网的智能决策进行介绍：首先，介绍基于工业物联网的实时信息架构，及其为智能决策所提供的主要支撑功能；其次，将针对组成生产系统的生产、运输、存储三个关键环节介绍“智能决策单元”，面向生产系统配置、计划和调度这三个长、中、短周期的决策行为介绍“智能决策阶段”，并通过面向资源的精准决策、面向过程的动态决策和面向协作的联动决策三种生产系统面临的典型决策场景介绍“智能决策机制”；最后，对基于工业物联网的智能决策在生产系统单元管控和系统联动两方面的应用进行详细介绍。

5.1 基于工业物联网的实时信息架构

在完成物联网设备的部署、信息的采集、数据的传输以及各种制造资源的能力封装后，制造资源的运作状态能够被实时、准确且全面的感知。在工业物联网环境下，如何合理高效地对制造资源进行有效的管理和使用，从而为生产决策提供实时、准确、全面的支撑，成为工业物联网环境下智能决策所关注的重点。

基于云的资源管理平台(云平台)是一种高效、全面的资源管理方式。制造资源与制造能力完成封装后，将其注册到云平台上实现资源云化，组成资源池并进行统一、集中的智能化管理和经营[1]。云平台依据更全面、更精准的数据实现智能化、普适化、高效化和多方共赢的共享和协同，为产品全生命周期过程提供可随时获取、按需使用、安全可靠、优质经济的服务[2]。

面向生产系统精益化运作管控的智能决策需要工业物联网架构提供四个层面的服务支撑：首先在资源层，应利用适合的物联网终端设备采集生产资源实时、精准的状态信息；随后在管理层，应基于云架构对具有透明能力信息的生产资源进行高效注册、精准搜索、多级监控等智能化管理；然后在服务层，需要采取适合的优化方法与控制机制，对生产系统的局部单元(生产、运输、仓储等)或系统整体提供适合的决策模块和服务；最后在应用层，应面向典型生产场景的决策目标和约束，提供适合的决策应用和系统。本章提出的信息架构(图5-1)继承了云制造系统

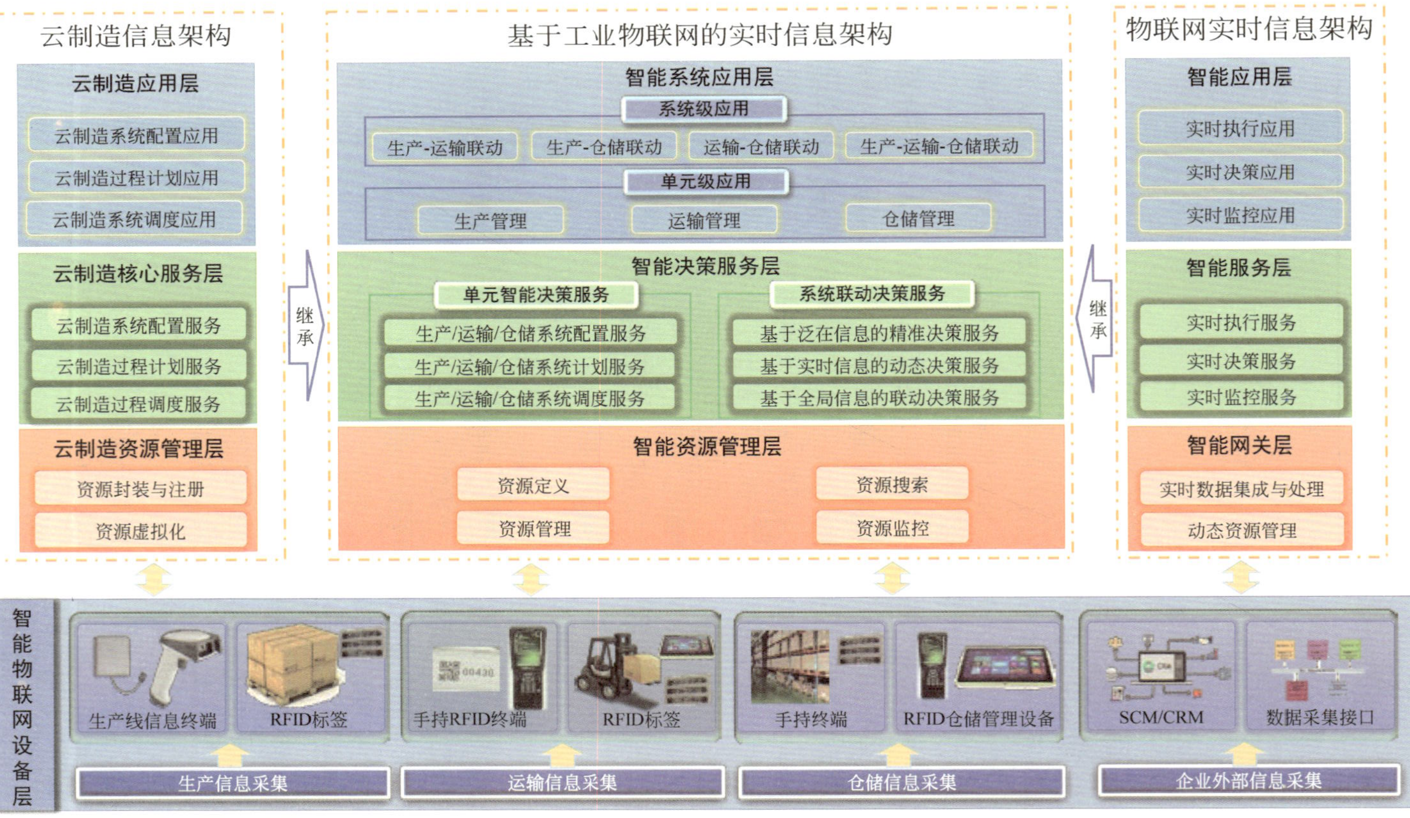

图 5-1　基于工业物联网的实时信息架构

架构和基于 ISA-95 的物联网系统架构的主要结构和功能，由智能物联网设备层、智能资源管理层、智能决策服务层和智能系统应用层组成。

如图 5-1 所示，下半部分为智能物联网设备层，上半部分为智能管控系统层。智能物联网设备层主要通过附着于生产资源上各类物联网设备，采集生产系统的实时信息，智能管控系统层则利用实时信息对生产系统开展资源管理、决策服务及管控应用，并将管控结果反馈给设备层形成信息闭环。上下两部分相辅相成、协同运作以保证生产系统的最优运行。管控系统层左侧为云制造系统架构，其作用是通过资源的发现、注册、搜索、匹配等操作形成生产系统以满足生产需求；右侧为物联网系统架构，其作用是通过物联网设备的合理部署实现信息的采集、处理与应用，以便更好地服务于决策[3]；按照 ISA-95 所规定的标准生产管控层级，将云制造系统架构的资源管理层级和物联网系统架构的信息管理层级进行逐层融合，则形成中间的“基于工业物联网的智能决策信息架构”。以下是各个层级详细介绍。

(1) 智能物联网设备层。本层为硬件资源层，包含生产系统各单元(生产、运输和仓储等)生产资源和企业外部资源，以及部署在资源上的一系列主动和被动式的物联网设备。将各类生产资源与物联网设备进行合理的组合搭配，形成既可为上层决策服务和应用提供数据，又可接收和执行上层指令的物联网感知环境。

(2) 智能资源管理层。本层由智能网关层和云制造资源管理层融合而来，前者负责信息的集成与处理，后者负责资源的封装与注册，二者共同作用便可实现生产资源的虚拟化和封装，而后通过互联网接入云平台成为虚拟云资源，从而为用户提供与决策相关的资源。本层的主要功能包括资源定义、资源管理、资源搜索、资源监控等。

(3) 智能决策服务层。根据应用层的管理需求，本层基于智能服务层提供的执行层实时信息和云制造核心服务层提供的决策算法和执行规则，开发了一系列服务组件，为局部单元运作优化和系统联动运作优化提供智能决策服务。单元智能决策服务主要面向生产、运输、仓储等典型单元提供配置、计划和调度等智能决策服务；系统联动决策服务，则面向多单元甚至全系统联动运作提供基于实时信息的动态决策服务和基于全局信息的联动决策服务。

(4) 智能系统应用层。本层主要包含了智能应用层和云制造应用层中面向一般生产系统运作管控典型场景，针对局部生产单元运作优化和多单元联动优化两类决策需求所开发的智能决策应用系统。运作与管控的综合应用，包括面向单元运作的应用和面向系统联动的应用。面向单元运作的应用系统一般包括智能生产管理系统、智能运输管理系统、智能仓储管理系统等；面向全局最优的系统级联动应用包括“生产-仓储”联动运作智能管理系统、生产-运输联动运作智能管理系统等。

5.2 基于工业物联网的智能决策系统

5.2.1 智能决策单元

在工业物联网环境下，大型生产系统的单元决策主要面向生产、运输和仓储三个典型的运作环节。其中生产单元主要负责产品的加工和装配，并在生产计划制定、生产调度等决策的支持下完成生产运作管理、质量管理等活动。运输单元主要负责原材料配送、半成品运输以及成品运输，涉及的主要决策有路径规划和车辆调度等。仓储单元主要负责原材料、半成品、成品的储存与保管，主要进行库存管理、订单管理、出入库管理等活动，其中涉及的主要决策有仓库选址与布点、库位规划等。

近年来，客户需求逐步由少品种大批量向多品种小批量、个性化的方向发展，使得订单种类多样且频变、生产系统组成愈加复杂、资源约束越发凸显，进而造成系统精益化管理的难度逐渐加大。管理难度主要体现在两个方面：一方面，在各运作单元内部，由于纵向决策层和执行层之间的信息不同步，决策层无法及时、准确地了解计划执行状态。当计划执行过程受到动态性干扰后，决策层无法及时地进行动态调整，从而影响整个流程的高效运行。另一方面，由于横向单元之间的运作不同步，各单元的决策与执行无法根据其他关联单元的动态性变化而及时做出相应调整，使得生产系统的整体管控水平停留在"局部管控、动态非优"的状态[4]。

工业互联网环境下的智能决策能够有效解决如上问题。基于工业物联网的信息架构，决策层能够实时获取执行层的状态信息，各单元之间的信息也可实现实时共享。同时基于智能算法对不同决策阶段开发的决策服务也为单元最优化运作提供了保障，而面向系统动态协同运作的决策机制则保证了系统各单元间的横向联动运作。

5.2.2 智能决策阶段

资源配置、生产计划和运行调度是一个生产系统从组织形成到投入运作全过程的三个主要阶段。配置决策确定了系统长周期（如：年）的运作结构，是生产系统运作的基础；计划决策确定了系统中周期（如：周、月、季度）运作的目标和方案；调度决策则决定生产系统短周期（如：每日）内实际执行任务的详细计划。

1）配置决策

配置是基于一个或多个优化目标，在单个或者多个约束条件下，将设备、人员、材料等资源分配给一定时间范围内的任务。配置决策即资源的组织和优化选择过程。在工业物联网环境下，生产系统所需的设备、物料、软件、知识、人力、硬件、物流等全部生产资源信息都能通过云平台被全面而精准的搜索；基于工业物联网，资源的状态信息能够被全面、精准的感知。客户可根据生产目标需求，综合从时间、成本、利润、可靠性、资源服务的柔性和技术领先性等诸多因素方面进行多资源的组合优化配置[5]。基于工业物联网的资源配置决策最大优点在于客户可在广域的资源池中全面搜索可用资源信息，生成多种可行的资源组合方案，并选取其中最优的配置结果作为最终方案。

2）计划决策

计划是指根据对组织外部环境与内部条件的分析，提出在未来一定时期内要达到的组织目标以及实现目标的方案途径。计划决策主要包括确定所需的产品组合和加工负荷以满足客户需求，维持与生产系统的生产能力相匹配的工作量，及维持合理的产品或物料库存量等活动。计划决策的关键在于统计分析一定时间范围内资源状态数据，较为准确地估计出可用资源的生产能力[6]。而在工业物联网环境下，基于物联网传感器实时感知功能，各单元生产能力状态、设备负荷状态、仓库原材料库存量等信息得以实时采集；同时资源运作的历史数据也被全面收集保存，便于利用大数据等技术挖掘资源之间、资源与任务之间的隐性关系。因此，在工业物联网的支撑下，能够从系统资源的实时状态数据和历史运作数据两方面提高可用资源生产能力的评估准确性，进而提升计划决策的精准性。

3）调度决策

调度是面向生产过程中安排、控制和优化工作和工作量的过程。调度决策将生产计划分解成可供生产系统各单元实际执行的作业计划，并对生产系统的各个单元进行实时调整，保持生产系统整体或者各个单元的时间或经济成本控制在最小范围[7]。工业物联网环境下，决策者能够全面、实时地获取生产系统内部的资源能力信息，这使得初始调度决策更准确。而在作业计划执行过程中，物联网技术能够实现对设备、人员、物料状态和订单执行情况的实时监控，当生产系统受到动态干扰后，决策层能够实时地感知到生产系统各单元间的动态性变化，并对生产系统及时地做出适应性的修正调度决策，保证了系统稳定、最优的运行。

5.2.3　智能决策机制

高频变动且多样化客户需求给生产系统带来各种各样不可预知的动态性（随机干扰），例如客户订单的随机插入和取消、资源的能力波动等。这不仅对生产资源的加工能力提出更高的挑战，也对生产系统决策的精准性、实时性和系统性提出了更高的要求[8]。

由云平台提供的分布式生产资源构成生产系统多单元运作过程，而工业物联网架构则为决策层提供包含资源静态信息与过程动态信息在内的泛在全局信息。前者通常是生产运作开始前，由资源的设定参数、外部输入参数和前期运作结果等组成的不可改变的信息集合，是决策层进行初始决策（预决策）所需的基础数据。后者则是生产系统在执行的过程中随生产进程而动态产生的实时信息，例如产成品的种类、数量、时间等，是决策层进行修正决策所需的基础数据[4]。

基于工业物联网的智能决策机制包括基于泛在信息的精准决策、基于实时信息的动态决策和基于全局信息的联动决策三个主要的决策服务。

1）基于泛在信息的精准决策

工业物联网环境使得决策层能够感知生产系统全面、多维度的泛在信息，如生产调度决策所关注的时间维度下或仓库库位规划决策所关注的空间维度下各类决策对象（订单、原料、设备、人员等）的属性和状态信息。在工业物联网提供的泛在信息环境下，基于精准的决策模型和智能算法，使得面向生产系统及各单元精益化运作的决策将更加精准。

2）基于实时信息的动态决策

尽管基于泛在信息的精准决策为系统精细化运作提供了最优的初始决策，但是生产系统运作过程中受到随机干扰后可能使得执行状态与初始决策不匹配，从而需要对初始决策进行修正。在工业物联网环境提供的生产系统执行层的实时信息支撑下，基于实时信息的动态决策可快速、精准地识别随机干扰和系统状态信息。同时，采用一体式优化框架和一体化集成（all-in-one，AIO）优化算法进行适应性决策，适时地将系统资源状态、运作参数设定等调整到当前可达的最优水平[9]。

3）基于全局信息的联动决策

系统因随机干扰而进行的动态决策应保证决策的实时性和高效性，避免因决策滞后或效率低造成该随机干扰对系统运作的进一步影响。但随着智能制造的普及，一方面，生产系统内各运作单元之间的交互越来越精细、复杂，这使得集成式决策优化方法因计算复杂度高而变得效率低下甚至难以求解。另一方面，各单元也可能因为数据安全等原因无法对其他单元或系统共享信息，从而造成系统内部信息传递的不畅通，进而影响采用集成式方法的决策可行性。

基于全局信息的联动决策是一种基于多学科优化（multi-disciplinary design optimization，MDO）算法的面向系统联动运作的动态决策。MDO 算法能够将复杂大系统分解成多个较小的子系统进行离散式优化和管理，并通过一定的协调机制处理子系统间的耦合。该方法相较于集成式优化方法，能够降低计算的复杂度，提升计算效率。MDO 方法的特点使得基于 MDO 的联动决策能够在生产系统受到随机干扰后实时高效地进行决策。

工业物联网环境下的联动决策表现为由某个子系统根据系统运行的动态干扰触发某些或全部子系统建立动态关联关系，并协同决策产生下一阶段运行指导。基于全局信息的联动决策使得系统管理实现两个方向的联动：独立单元内（纵向）联动和多单元间（横向）联动。独立单元内联动，是信息在不同管理层级间传递与使用过程中产生的联动；而多单元间联动，是生产、运输和仓储单元之间通过信息的获取与传递，达到相互交融和动态协同的状态。由此基于全局信息的联动决策使生产系统形成单元内部和多单元之间的横纵联动[4]。

5.3　基于工业物联网的智能决策应用

5.3.1　面向单元管控的智能决策应用

在生产实际中，生产单元可以是车间，也可以是车间所包含的下级单元（如生产线、柔性加工单元等），亦可以是多车间组成的车间群；运输单元可以是完成车间内、跨车间配送的叉车、板车车队，也可以是完成厂外中长距离运输的卡车车队；存储单元可以是仓库，也可以是仓库内的平面或立体货架、货区，亦可以是多仓库形成的仓库群。对于本章所讨论的智能决策而言，我们所关注的单元指具有统一决策权限的范围，可以是上述任何一种单元。下文对于生产、运输和存储智能决策的介绍，将以车间、车队和仓库作为典型单元展开。

1. 面向生产车间的智能决策

1）车间资源配置

车间资源配置主要是对车间内部的生产资源进行结构化配置，其配置过程为：首先根据对市场需求的预测确定生产能力的规模，其次选择满足技术参数的可用设备，并通过对设备参数、工艺参数及布局方式进行排列组合生成众多方案，最后根据特定目标在众多可选方案中选择最优的配置方案。

从车间资源配置过程可知，影响其配置的因素主要有两方面，即车间内部和外部因素，其中需求目标属于车间外部因素，受到社会、政治、经济等方面的影响；而设备参数、工艺参数以及布局方式则属于系统内部因素。因此在外部需求不变的基础上，通过提升系统内部各参数的精准性和丰富布局方式的多样性能够进一步优化系统当前的资源配置方案。

在工业物联网环境下，生产资源或生产能力被封装后注册到云平台上，进而形成一个资源数量庞大、种类繁多、信息精准的资源池，这为车间资源的配置提供了强有力的支撑。因而，工业物联网环境下的车间资源配置在智能决策机制的引导下，首先根据车间对设备性能、加工能力、加工速率、地理位置等因素的要求在云平台中进行广域的资源搜索；然后根据部署在设备上的物联网设备来获取设备实时的能力信息；最后再基于设备实时状态、工艺参数以及布局方式等信息，调用智能决策服务层中的生产系统配置服务，借助该服务得出最优配置方案。

2）车间生产计划

车间生产计划是根据计划指标科学地确定车间生产目标，并将目标科学、实时地分配到车间生产线或者加工单元上，使得计划指标与生产能力得到充分匹配。因此，在计划指标确定不变的情况下，通过提升车间生产能力的准确性便可提高车间生产计划的精准性[10]。

工业物联网可以捕捉到生产车间多维度、多尺度、多粒度的全面实时信息。利用大数据等技术对这些数据进行分析和处理,能够发现隐性、关联性信息,帮助决策者更加全面、精准地了解车间生产能力的现状。因此,在计划指标不变的基础上,基于工业物联网获取到的全面、实时、精准信息,在智能决策机制的引导下,决策者调用生产计划服务,通过需求与生产能力的匹配制定出精准的生产计划。在生产计划的执行过程中,同样能够依据物联网采集到的现场信息,了解计划的执行状况。在遇到诸如设备故障、临时加单等随机干扰造成生产计划执行不畅或者不可执行时,决策层能够基于实时精准信息,及时、精准地修改生产计划,保证生产的顺利执行。

3）车间生产调度

车间生产调度就是组织执行车间生产进度计划的工作,是对生产的全过程进行合理有效的计划或安排,且在客户要求的交期内,将生产任务保质保量完成,是企业生产经营管理的中心环节[11]。

车间生产调度是实现车间内部生产计划与生产能力在时间维度上的匹配,由于车间生产计划是既定的,因此生产能力信息越精准,生产调度结果便越优。在传统的车间生产调度中,由于缺乏实时精准的信息,决策者只能依据设备的额定参数以及人为评估的状态参数来决策,进而造成资源浪费或决策时间长等问题。但在物联网环境下,决策层可以依据物联网感知的精准、实时的数据,调用生产系统调度服务,通过强大的计算能力和高效的算法制定出最优的初始调度方案。

此外,基于物联网的生产调度的优势还体现在能够对于初始调度方案进行实时、适时的调整。生产执行过程能够被物联网设备实时全面感知,且各类随机干扰(如设备故障、物料短缺等)也能被实时、精准的感知。当生产车间受到随机干扰后,决策层根据物联网提供的初始调度方案执行现状以及车间生产能力现状,然后重新调用生产系统调度服务快速地制定出最精确的修正调度方案。

2. 面向物流车队的智能决策

1）运输车队配置

运输车队配置是根据运输需求,从运输设备的基本属性、能力属性、实时状态属性以及服务质量属性等方面考虑,结合匹配方法,从成本、时间和能耗等方面构建科学全面的物流服务评价指标体系,结合运输服务的实时状态以及服务质量,以运输任务为核心,动态、柔性地选择运输资源,从而快速高效地完成资源配置。

与生产资源相比,运输资源具有很强的流动性和不确定性,因此,精准的信息对于运输车队的配置而言至关重要。而在物联网环境下,云平台能够为运输车队的配置提供数量众多、种类丰富、地域广泛的运输设备,工业物联网则能够提供运输资源精准的数据。因此,基于丰富的运输资源和精准的信息,决策者在智能决策机制的引导下,首先根据运输能力、运输环境、运输时间、运输地点等因素对合适的运输资源进行搜索,然后基于精准的资源信息获取运输设备当前的最全面、最准确的性能状况,最后调用智能决策层中的运输系统配置服务制定最优的运输资源配置方案。

2）车队运输计划

车队运输计划是指计划期内运输车队计划完成的客货运输量、运输质量、车辆的构成和全部营运车辆使用程度的各项计量指标和评价指标。车队运输计划的主要任务是根据货物运输市场需求以及车队运输能力，确定车队计划年度、季度、月度的货物运输工作量及其构成状况（即运输量计划），并根据车队运输工作量计划的具体要求，配备运输车辆的数量、车型及其装载能力等（即车辆计划）[12]。

与车间生产计划类似，车队运输计划的需求也是既定的，故车队运输计划的制定仅受到运输车队内部因素的影响。因此，运输车队的内部因素成为影响车队运输计划最直接、最核心的因素。在传统的车队运输计划制定过程中，决策者只能依靠少量、滞后、片面的数据进行计划的制定。而物联网环境下能够提供每个运输资源连续的、全面的信息，以便决策者从不同维度、不同尺度、不同粒度刻画车队的运输能力。此外，基于运输资源运作历史数据的挖掘，能够进一步提升决策者对车队运输能力更全面且准确的认知。因此，基于物联网提供的精准全面的信息，决策者只需调用智能决策服务层中的运输系统计划服务，便可制定出一份精准的运输计划。

3）车队运输调度

车队运输调度是实现运输任务与车辆能力的匹配以及行车路线的确定，使车辆在一定的约束条件下，有序地通过一系列装货点和卸货点，从而达到诸如路程最短、费用最小、耗时最少等目标。

在车队运输调度的过程中，首先需要确定各个客户节点的位置、需求量、访问时间等参数，即运输量信息；其次是确定车辆的种类、数量、载力、里程数等参数，即车辆信息；最后通过算法对运输量信息和车辆信息进行匹配，制定出最优的车队运输调度方案。

在工业物联网环境下，各个车辆的位置、运力、油耗、里程等信息可被全面、实时获取，决策服务层的运输系统调度服务将基于车辆的精准信息和运输量信息，采用性能优越的智能算法对二者进行匹配，求解出最优的初始调度方案。在车辆的执行过程中，基于工业物联网的车辆调度的优势被进一步放大。由于工业物联网可以对整个运输车队的运作状况进行实现监控，车队一旦出现任何的随机干扰（车辆故障、访问超时等），运输系统调度服务便在智能决策机制的引导下，依据车队的实际状况、初始调度方案的实际执行状况，进行任务的重新分配、路径的重新规划，进而完成车辆的重新调度决策。

3. 面向工业仓库的智能决策

1）仓库资源配置

仓库资源配置是在一定区域或库区内，对仓库的数量、规模、地理位置和仓库设施、通道等各要素进行的科学规划和总体设计，其目的是根据储存物资特点、资金投入情况、市场竞争环境和顾客需求情况来适时改变仓库布局。

传统的仓库资源配置不仅需要配置仓库的数量，而且还需要对仓库内部的布局进行设计、仓储设备进行配置。但是，在工业物联网环境下，云平台上的仓库作为一个独立的能力资源，不再需要考虑其内部的布局与配置，只需考虑仓库类型、数量与目标的匹配，进而以租用的形式进行配置，提升了配置的柔性和灵活性。基于工业物联网的配置过程，首先是根据存储货品类型、存储环境、仓储面积、地理位置等参数在云平台上进行可用资源的广域搜索，然后通过物联网采集到的各个仓库的全面准确的信息确定仓库的实际仓储能力，最后调用决策服务层的仓储配置服务进行资源匹配，制定出满足各种约束条件的最优初始配置方案。

在完成仓库资源配置后的实际运行过程中，还可以根据新的需求，重新筛选合适的仓库资源，通过智能仓储系统配置服务实现灵活多变的仓库资源调整，制定出满足需求的修正配置方案。

2）货品出入库计划

货品出入库计划是以外部需求为目标进行的仓库内部货物的出入库管理，通过库位与货品在时间和数量维度上的匹配，尽可能多地服务于外部需求。因此，全面、精准地了解仓库运作信息对于货品出入库计划显得尤为重要。

传统的货品出入库计划的通常是基于人工统计的少量的、间断的、片面的数据来确定仓库中各类货物的存量、存储位置以及存储可用容量等信息，经常会出现数据不准确、延迟、失效等情况，严重影响出入库计划的制定准确性。而在工业物联网环境下，通过部署在仓库内部的各种物联网设备，仓库内部的各货物的存储量、存储位置、仓储可用容量等信息能够被实时、准确感知。同时，通过对货品入库和出库的历史数据进行处理与分析，挖掘出产品（含原材料）存储和出入库之间的隐性关系，为决策者总结产品的出入库提供数据支持。因此，在物联网环境下，基于物联网采集到的实时、精准信息，决策者只需调用仓储系统计划服务，依托其内部的算法模块，便可制定出精准的货品出入库计划。

3）货品出入库调度

货品出入库调度是指在存储空间、储存设备、储存策略、库位编码等一系列前期工作准备就绪之后，制定合理的出入库顺序，把货品分配到最佳的库位上或者选择最合适位置上的货物进行出库。

仓库作为一个服务单元，其运作目标是通过自身内部的运作来满足外部的需求。对于货品出入库调度而言，在外部需求明确的情况下，内部信息的准确性直接影响着货品出入库调度结果的优劣。传统的货品出入库管理中，信息的采集多数依靠人工方式进行，存在信息准确度差、时效性差、连续性差等问题，因而基于此类信息制定的出入库方案存在库位周转率低、资源利用率低等问题。但在工业物联网环境下，仓储系统运作的多维度、多尺度信息可被实时获取，然后仓储系统调度服务基于仓库运作的实时、多维信息，采用科学的决策算法制定出最优的出入库初始方案。

出入库的运作过程同样会受到例如货物延迟入库、库位超时占用等随机干扰，从而导致出入库初始方案执行受阻或者无法执行。当遇到上述情况时，急需对出入库初始方案进行及时的修正以保证仓储运作的顺利执行。而工业物联网不仅能够感知仓库运作的全面、实时的状态，还能够获取动态干扰的详细信息。因此，基于工业物联网的出入库调度决策将根据仓库运作的实时信息，针对随机干扰对仓库运作的影响，动态修正货品出入库调度方案。

5.3.2 面向系统联动的智能决策应用

工业物联网环境下面向单元优化的智能决策使得生产、运输、仓储单元实现了单元内部运作的精益化和智能化。但是如果各单元独立决策，不考虑横向单元之间业务逻辑的关联和信息传递，将难以实现系统级的优化运作。

以生产和仓储单元组成的“生产-仓储”系统为例，由于缺乏单元间运作的联动，对生产单元运作造成的影响主要体现在：①生产调度决策制定后，由于没有考虑原材料剩余库存而造成的决策不可执行；②生产完成后，由于没有考虑订单下线时刻仓储单元的可用库位容量，导致产成品在车间下线点积压而无法入库的情况。不同单元间运作的不联动对仓储单元造成的影响主要体现在：①由于原材料库存计划与主生产计划的制定脱节，导致的原材料库存积压或短缺，从而占用库存资金或影响生产；②在制订出库计划后，由于没有考虑车间的生产调度安排，造成待发货订单未下线的问题。

生产系统受到的随机干扰可分为订单相关和资源相关的干扰，前者包括订单插单、交期变动等，后者包括机床故障、原料短缺等。系统受到随机干扰后，可通过基于实时信息的动态决策和基于全局信息的联动决策进行适应性决策以应对随机干扰对系统的影响。以“生产-仓储”系统受到生产订单插单的随机干扰为例，工业物联网环境下的智能决策服务层能够及时获取动态干扰后各机床的加工任务状态、仓储可用库位容量、插单的订单详情等信息。基于全局信息的联动决策通过对运作层实时状态信息的分析，判断该随机干扰对系统的影响程度；随后在联动机制的引导下，以系统运作的总成本最低或总加工时长最短为目标，协调生产单元的生产调度决策和仓储单元的库位规划决策，制定满足当前运作状态下的最优化的决策，实现生产和仓库的联动运作[13]。

当生产单元与仓储单元的各个环节实现横向联动时，本节开头提出的问题将得到全面改善。同理，面向系统联动的智能决策也适用于生产系统其他关联单元之间的联动管控，如生产与运输的联动、运输与仓储的联动。其联动运作主要体现在：

(1) 生产单元与运输单元的联动：生产订单完成后，运输单元将基于产品下线计划，综合考虑运输条件、产品属性、客户分类等因素，制定面向全局优化的运输计划。一方面,产成品能被准时运输到仓库储存并等待发货,降低产成品在生产下线点的等待时长;另一方面,运输单元根据产品下线安排运输计划,提升运输资源的利用率,降低因订单未及时完成而造成的装车等待时长或者车辆空载的风险。

(2)运输单元与仓储单元的联动:在生产调度计划被严格执行的情况下,运输和仓储两个单元综合考虑产品下线计划、产品属性、车辆状况、仓储现状等因素制定相应的决策,从而提升运作效率,提高资源利用率。一方面,运输单元制定运输调度决策时,充分考虑产品的出入库调度,分配合理的车辆使得产品准时、准量运输至仓库,从而提升运输车队的资源利用率,降低车辆等待时长。另一方面,仓库的出入库调度联动运输调度计划,能够保证产品在入库时恰好有对应的库位存放,且产品存放位置合理,便于拣货、出库,从而提升仓库的库位利用率和周转率。

基于工业物联网的智能决策应用

参考文献

[1] 李伯虎,张霖,柴旭东.云制造概论[J].中兴通讯技术,2010,16(4):5-8.

[2] 李伯虎,张霖,王时龙,等.云制造:面向服务的网络化制造新模式[J].计算机集成制造系统,2010,16(1):1-7,16.

[3] 李冬月,杨刚,千博.物联网架构研究综述[J].计算机科学,2018,45(s2):27-31.

[4] 屈挺,张凯,罗浩,等.物联网驱动的"生产-物流"动态联动机制、系统及案例[J].机械工程学报,2015,51(20):36-44.

[5] 王时龙,宋文艳,康玲,等.云制造环境下的制造资源优化配置研究[J].计算机集成制造系统,2012,18(7):1396-1405.

[6] SOLBERG J J. Capacity planning with a stochastic workflow model[J]. AIIE Transactions, 1981,13(2):116-122.

[7] 杨丹,刘思泽,王时龙.制造系统生产管理的决策点[J].重庆大学学报(社会科学版),1995,1(2):30-34.

[8] 屈挺,张凯,闫勉,等.物联网环境下面向高动态性生产系统优态运行的联动决策与控制方法[J].机械工程学报,2018,54(16):24-33.

[9] QU T,HUANG G Q,CUNG V D,et al. Optimal configuration of assembly supply chains using analytical target cascading[J]. International Journal of Production Research,2010,48(23):6883-6907.

[10] 陈荣秋,马士华.生产运作管理[M].4版.北京:机械工业出版社,2014.

[11] 王万良,吴启迪.生产调度智能算法及其应用[M].北京:科学出版社,2007.

[12] 石磊.物流运输管理[M].上海:上海交通大学出版社,2008.

[13] QU T, PAN Y, LIU X, et al. Internet of Things-based real-time production logistics synchronization mechanism and method toward customer order dynamics[J]. Transactions of the Institute of Measurement and Control,2017,39(4):429-445.

第6章

RFID驱动的企业生产物流跟踪与追踪

6.1 生产物流的跟踪与追踪

6.1.1 生产物流及其质量与效率问题

企业在生产制造过程中，制造任务依据所生产批次零件的生产计划及 BOM 清单分解并安排到各个不同的企业节点中（包括核心企业和成员企业）[1]。企业接到批次零件或部件的生产任务后，将其分配到不同的车间。车间进一步将制造任务按工艺顺序分配到不同的制造节点上[2]。单个的制造节点往往是单台特定的设备。这样，企业的批次制造任务转化成了原材料、在制品、半成品、产成品等在不同的制造节点上的流转过程，如图 6-1 所示。

伴随着该流转过程，原材料、在制品、半成品、产成品等经历了生产过程的变迁，并在时间和空间上逐渐向产出产品的过程靠拢。在产品的生产制造流程中，原材料、在制品、半成品、产成品等在不同的制造节点上依照一定的次序形成的物流活动，即为生产物流。

所谓生产物流是指产品在生产制造过程中，在各个工艺中进行流转的物流活动。一般从原材料开始，经过在制品、半成品、产成品等生产过程的变迁，在时间和空间中进行流转的过程。在国家标准《物流术语》中，对生产物流定义为：生产企业内部进行的涉及原材料、在制品、半成品、产成品等的物流活动[3]。

广义的生产物流指从原材料开始，经过在制品、半成品等生产过程的变迁，最终完成产品制造为止的时间段内，发生在所有具体的加工制造之外的所有的物流活动。狭义的生产物流是指在企业的生产过程中，原材料、在制品、半成品、产成品等在各个制造节点及生产库存间随时间的变化和空间的变迁，所发生的物的流转过程。本书中讨论的企业生产物流为狭义的生产物流。

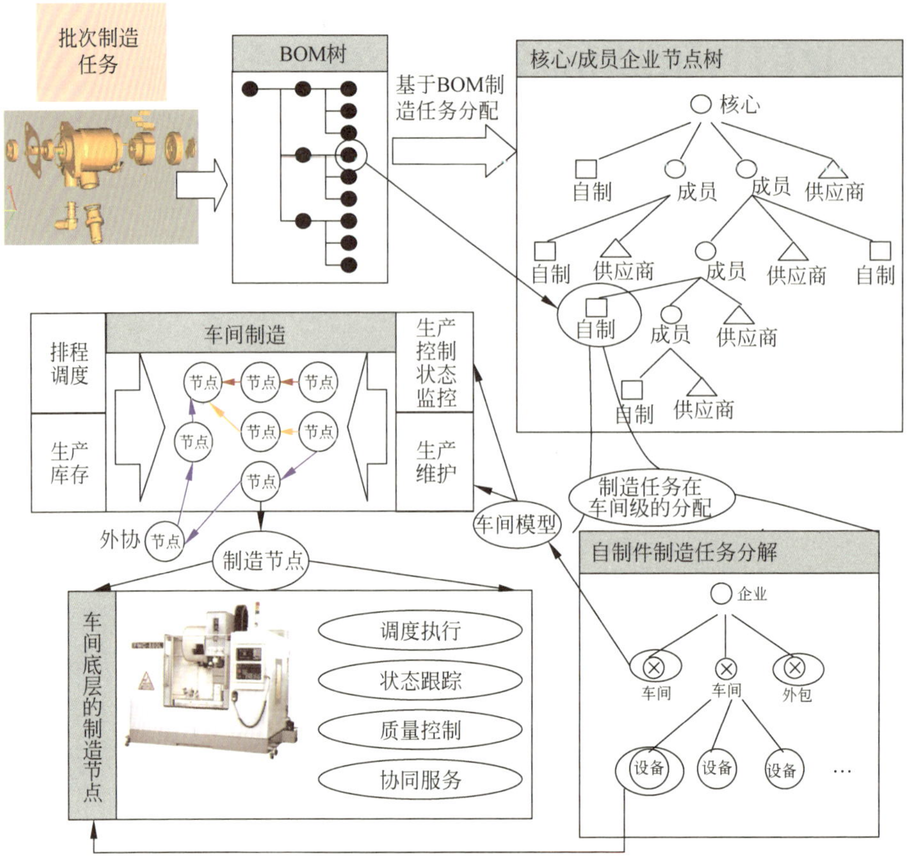

图 6-1 制造企业生产物流

因此，生产物流可以抽象为批次零件在制造节点间及生产库存之间的流转[4]。如图 6-2 所示。

在产品的实际生产周期中，工序时间占总生产周期的时间比例小于 15%，大约 85%以上的时间处于运输或等待的过程中。因此，生产物流的质量对产品的生产制造效率影响巨大。

假定车间在生产周期中有 K 批次的零件制造任务，其中 P^k 为第 k 批次的零件制造任务，假定该批次零件具有 I^k 个零件。以 P_i^k 表示第 k 批次零件生产任务中的第 i 个零件，这样，可用该符号表示出车间内生产的每个零件。

对于 P_i^k 零件，假定其包含 J^k 道工序，那么，该零件的第 j 道工序可以表示为 $\mathrm{Pr}_{[i,j]}^k$。令 $\mathrm{Pr\_}T_{[i,j]}^k$ 为零件 P_i^k 第 j 道工序的工序时间，有

$$\mathrm{Pr\_}T_{[i,j]}^k = (P_i^k\_\mathrm{TS}_{i,j}^k, P_i^k\_\mathrm{TE}_{i,j}^k) \tag{6-1}$$

式中，$P_i^k\_\mathrm{TS}_{i,j}^k$ 为零件的第 j 道工序的开始时间，$P_i^k\_\mathrm{TE}_{i,j}^k$ 为零件的第 j 道工序的结束时间。

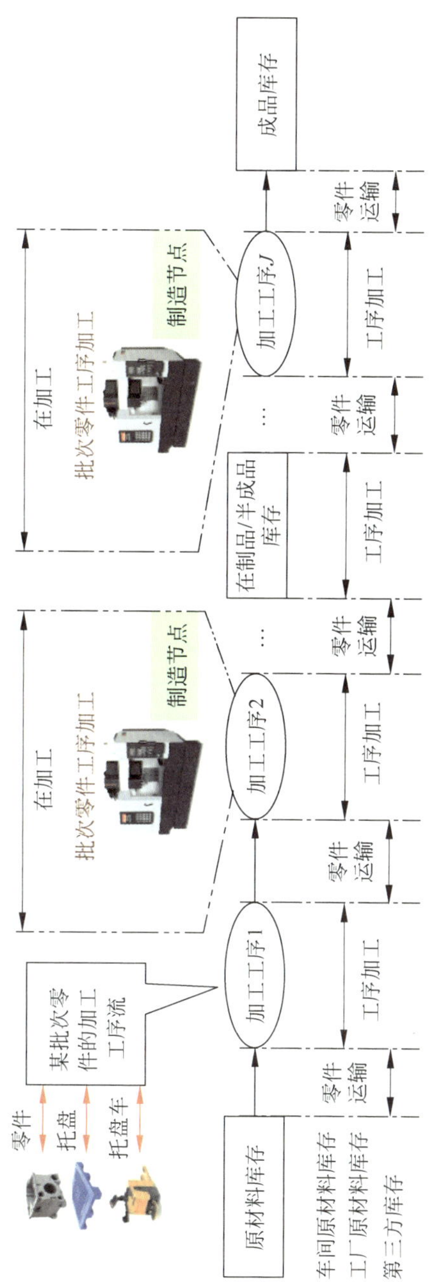

零件
托盘
托盘车
某批次零件的加工工序流
原材料库存
车间原材料库存
工厂原材料库存
第三方库存
零件运输
加工工序1
工序加工
零件运输
在加工
批次零件工序加工
制造节点
加工工序2
工序加工
零件运输
…
在制品/半成品库存
工序加工
零件运输
…
在加工
批次零件工序加工
制造节点
加工工序J
工序加工
零件运输
成品库存

图 6-2　企业生产物流

零件的生产周期是所有工序的生产周期的总和。令零件 P_i^k 的生产周期为 $P\_C_i^k$，有

$$P\_C_i^k = P_i^k\_\mathrm{TE}_{i,J^k}^k - P_i^k\_\mathrm{TS}_{i,1}^k \tag{6-2}$$

令零件 P_i^k 总的工序时间为 $P\_T_i^k$，有

$$P\_T_i^k = \sum_{j=1}^{J^k} (P_i^k\_\mathrm{TE}_{i,j}^k - P_i^k\_\mathrm{TS}_{i,j}^k) \tag{6-3}$$

当前工序开始时间和上道工序的结束时间之差，即为生产物流时间。令零件 P_i^k 的生产物流时间为 $P\_\mathrm{LT}_i^k$，有

$$P\_\mathrm{LT}_i^k = \sum_{j=2}^{J^k} (P_i^k\_\mathrm{TS}_{i,j}^k - P_i^k\_\mathrm{TE}_{i,j-1}^k) \tag{6-4}$$

因此，有

$$P\_C_i^k = P\_T_i^k + P\_\mathrm{LT}_i^k \tag{6-5}$$

设零件 P_i^k 的生产物流时间占零件的生产周期时间的比例为 η_i^k，有

$$\eta_i^k = \frac{P\_\mathrm{LT}_i^k}{P\_C_i^k} \times 100\% \tag{6-6}$$

因此，批次零件 P^k 的总生产周期时间为

$$P\_C^k = \sum_{i=1}^{I^k} P\_C_i^k \tag{6-7}$$

批次零件 P^k 的总生产物流时间为

$$P\_\mathrm{LT}^k = \sum_{i=1}^{I^k} P\_\mathrm{LT}_i^k \tag{6-8}$$

批次零件 P^k 的生产物流时间占批次零件的生产周期时间的比例为

$$\eta^k = \frac{P\_\mathrm{LT}^k}{P\_C^k} \times 100\% \tag{6-9}$$

那么，对于车间所有批次零件而言，其生产物流时间占总生产周期时间的比例为

$$\eta = \frac{P\_\mathrm{LT}}{P\_C} \times 100\% \tag{6-10}$$

式中，P_C 为车间的总生产周期时间，P_LT 为车间生产物流时间，有

$$P\_C = \sum_{k=1}^{K} P\_C^k \tag{6-11}$$

$$P\_\mathrm{LT} = \sum_{k=1}^{K} P\_\mathrm{LT}^k \tag{6-12}$$

因此，对于制造企业来讲，降低 η 可以有效地提高生产效率。有效地降低车间物流时间，是降低制造成本的重要途径。例如，通过优化车间的生产物流，可以降低 η 值；或者通过工序集中策略，降低生产物流中流转的频次等。

6.1.2　生产库存及其物流关系

生产库存是企业生产制造中非常重要的环节。生产库存是指处在生产过程中为保证生产的各个环节顺利进行而提供物资准备的库存，包括原材料库存、在制品库存、半成品库存、产成品库存等。生产库存是企业内部物流的组成部分，是原材料、在制品、半成品、产成品在空间上的暂时停滞，其与生产工艺环节有本质的区别。前者为不增值的活动；后者通过生产工艺环节，将价值附加到所生产的零件上。生产库存存在的本质原因是生产过程中供需的不匹配。[5]

典型的生产库存物流过程如图 6-3 所示。

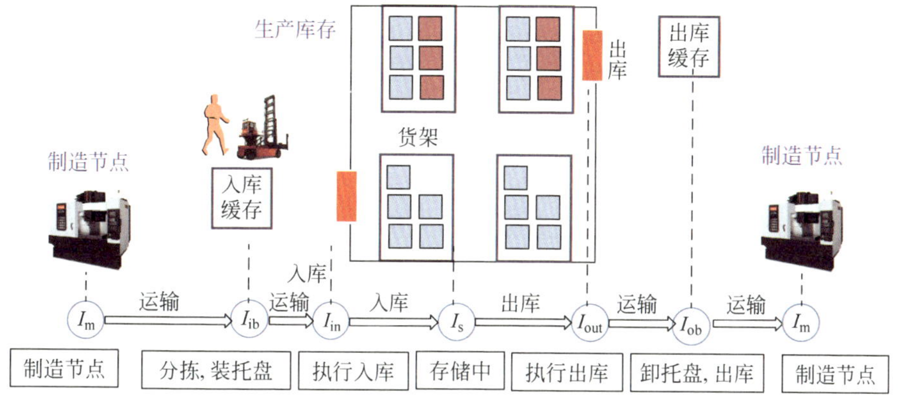

图 6-3　典型生产库存物流过程

企业需要临时存储的物料在各个节点间依次转移，实现库存的物流过程。其流程为：物料的起点为制造车间的某制造节点或者某生产库存，运输物料到仓库时，首先进入生产库存的入库缓存区，进行物料的分拣、货位的分配及运输指令的发送等，然后经由库存门禁节点进入仓库，利用叉车或其他运输工具将物料运输到指定的货位上，进行物料的保存。需要出库时，出库人员依据出库指令，驾驶叉车或其他运输工具将物料经由出库门禁运转至出库缓存，等待运输设备将其运出仓库，并执行出库操作，最终将物料送达指定企业制造车间的某制造节点上进行加工，或者进入另一个生产库存。

生产库存在环节上可以划分为三个流程，分别为入库流程、出库流程和转库流程。可采用图式模型对其进行表述。

1. 入库流程

车间生产库存入库流程的图式模型如图 6-4 所示。物料经由触发事件点实现入库流程，每个触发事件点对应一个事件及事件发生的时间。相邻两个触发事件点之间为物料所处的状态，并对应于不同的角色。事件触发点对应一个具体的物理位置。

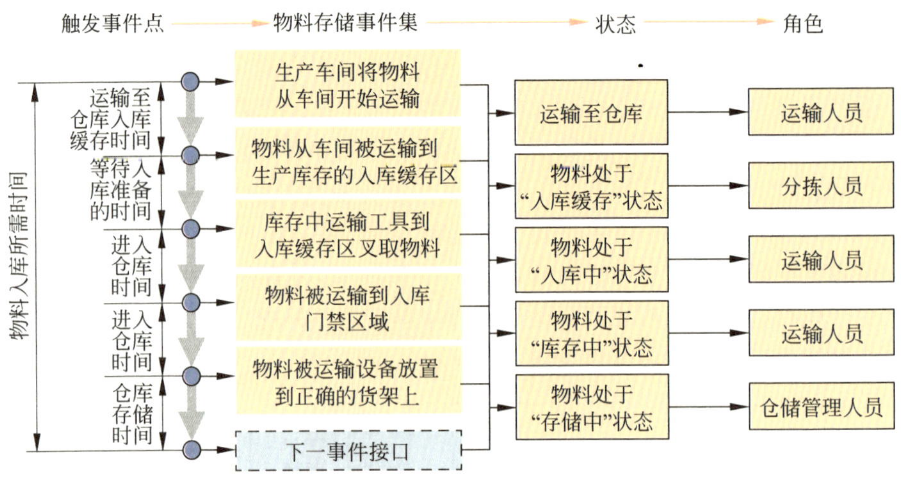

图 6-4 入库流程图式模型

2. 出库流程

生产库存出库流程的图式模型如图 6-5 所示。物料在出库流程中,会触发一系列的事件,从而产生一系列状态的变迁。每一个事件的触发点对应于一个具体的物理位置。

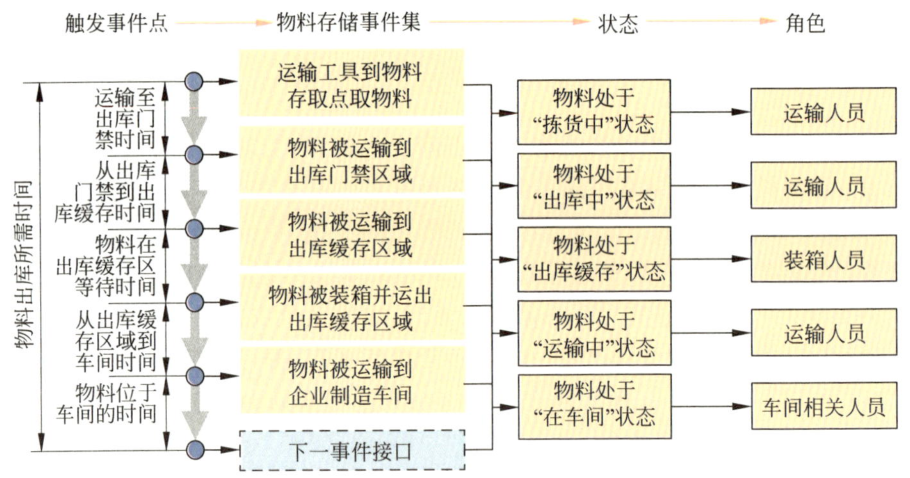

图 6-5 出库流程图式模型

3. 转库流程

生产库存转库流程的图式模型如图 6-6 所示。转库的定义为:在多仓储环境下,物料被运输工具由一个仓库经由出入库门禁转移到另一个仓库中。在该过程中,伴随着所触发的事件,物料的状态随时间的流转发生了一系列的变化。每一个事件的触发点对应于一个具体的物理位置。

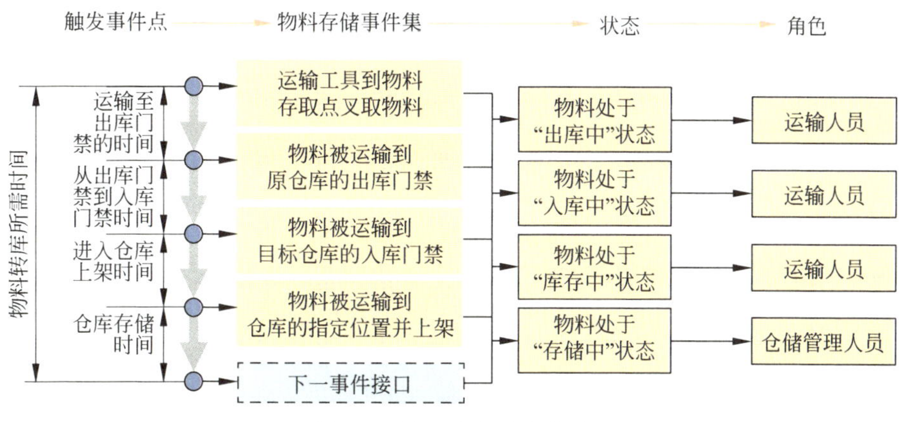

图 6-6　转库流程图式模型

6.1.3　生产物流跟踪与追踪的分类

以生产物流的层次进行划分，生产物流跟踪与追踪可以分为三类，分别为：车间级工序物流跟踪与追踪、企业内生产物流跟踪与追踪、企业间供应链生产物流跟踪与追踪。

1. 车间级工序物流跟踪与追踪

车间级工序物流跟踪与追踪指在车间级生产制造过程中，批次零件伴随着工序物流在各个制造节点上进行流转过程的跟踪与追踪。如图 6-7 所示，批次零件在制造过程中，依据工艺流程在不同制造节点上流转，最终完成零件的加工制造。

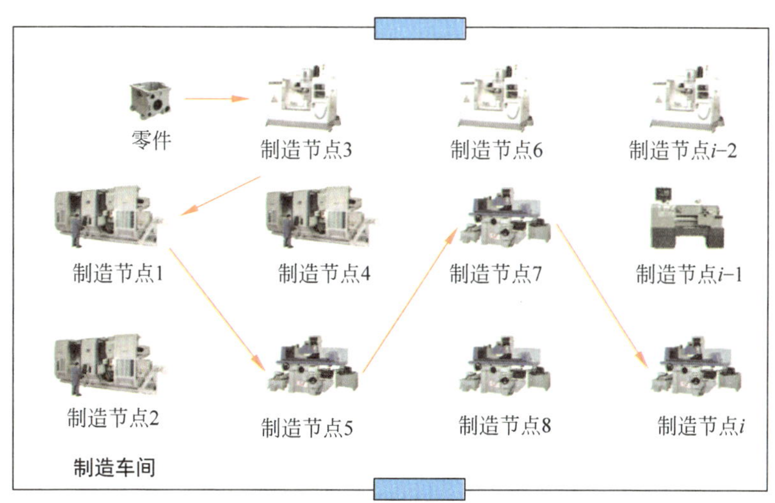

图 6-7　车间级工序物流跟踪与追踪

车间级工序物流跟踪与追踪的目的就是获取什么零件在什么时间在哪个制造节点上由什么人进行加工制造的信息，其流程与零件生产的工序密切相关。

2. 企业内生产物流跟踪与追踪

企业内生产物流跟踪与追踪指在企业生产制造过程中，批次零件从原材料开始，经过在制品、半成品等加工制造过程，直至形成产品的整个生产流程中，在企业内部的物流流转过程。该过程包括：批次零件在不同制造节点间的流转、批次零件在仓库内的流转、批次零件在制造节点和仓库间的流转、批次零件在不同车间的流转及批次零件在不同仓库间的流转等。如图 6-8 所示，批次零件流转过程中既包括了不同制造车间的制造节点，也包括了仓库中的关键节点（如出入库门禁、货架等）。

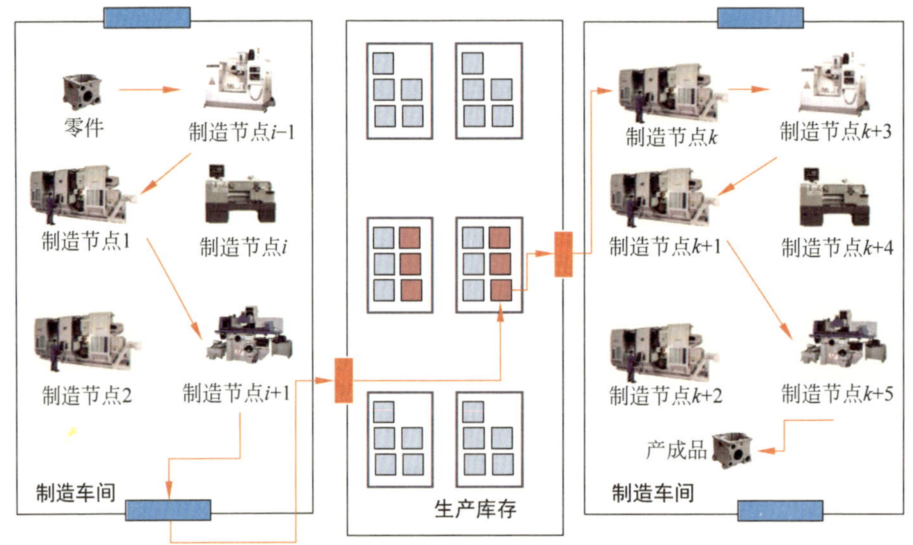

图 6-8　企业内生产物流跟踪与追踪

3. 企业间供应链生产物流跟踪与追踪

企业间供应链生产物流跟踪与追踪，是指在产品的生产制造过程中，企业间形成了以产品 BOM 为纽带的供应链生产物流，对该供应链生产物流进行跟踪与追踪的过程。该过程的跟踪与追踪涉及多层次的供应链企业，如图 6-9 所示。不同企业依据 BOM 清单形成了供应链，既包括生产型企业（如零件加工或外协加工等），也包括物流型企业（如提供仓储服务、物流服务及配送服务等的企业），目的是对产品全生产过程的物流进行跟踪与追踪。其跟踪难度及管理难度更大，需要多个企业进行协同作业才能完成企业间供应链生产物流跟踪与追踪，对产品的生产制造及优化改善意义重大。

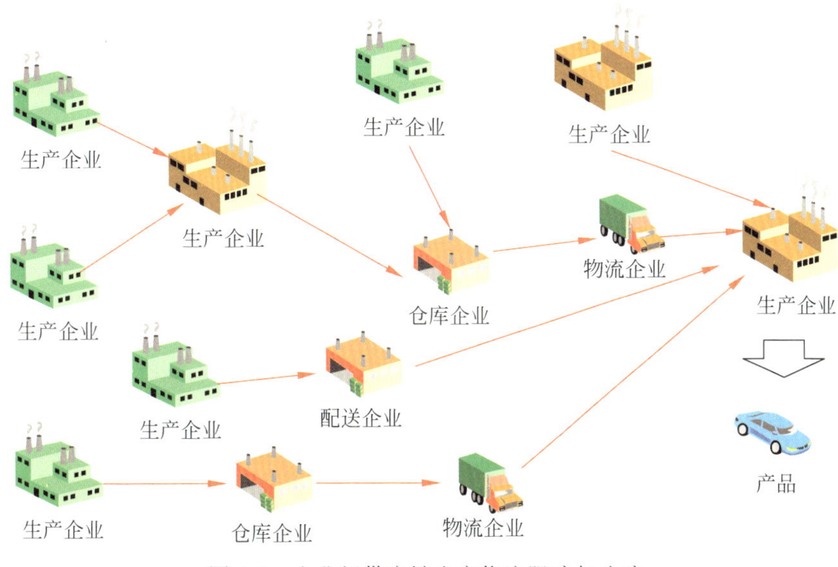

图 6-9　企业间供应链生产物流跟踪与追踪

6.2　“事件-状态-位置”RFID 图式时序模型

6.2.1　生产现场的 RFID 标签识别模式

生产现场中，RFID 标签的识别模式有多种，且与 RFID 的频段及标签有关。RFID 阅读器频段有低频段(工作频率从 125kHz 到 134kHz)、高频段(工作频率为 13.56MHz)、超高频段(工作频率在 860MHz 到 960MHz 之间)及微波段(工作频率在 2.5GHz 与 5.8GHz 之间)等。[6] 依据读写器的特点以及生产现场工序物流流转方式，RFID 标签的识别模式主要有如下 4 种：门禁模式、移动空间内物品的进出监控模式、固定空间内物品的进出监控模式及巡检模式。[7]

1. 门禁模式

门禁模式如图 6-10 所示。该模式下，工人佩戴带有 RFID 标签的工卡，工件和 RFID 标签绑定到一起。在需要监控的通道区域，如门禁，或者流水线上的某个固定点配备 RFID 阅读器。只要物体或人员一经过门禁，便可以获知经过该门禁的物料及人员信息。系统可以掌握何时何物或何人经过某门禁。

2. 移动空间内物品的进出监控模式

移动空间内物品的进出监控如图 6-11 所示。该模式是在 AGV 小车、叉车或者运输车辆等移动设备上配备 RFID 阅读器及显示终端，当物料装到车上时，显示终端就会显示出所装载的物料。当物料从移动设备上卸掉时，显示终端会显示所

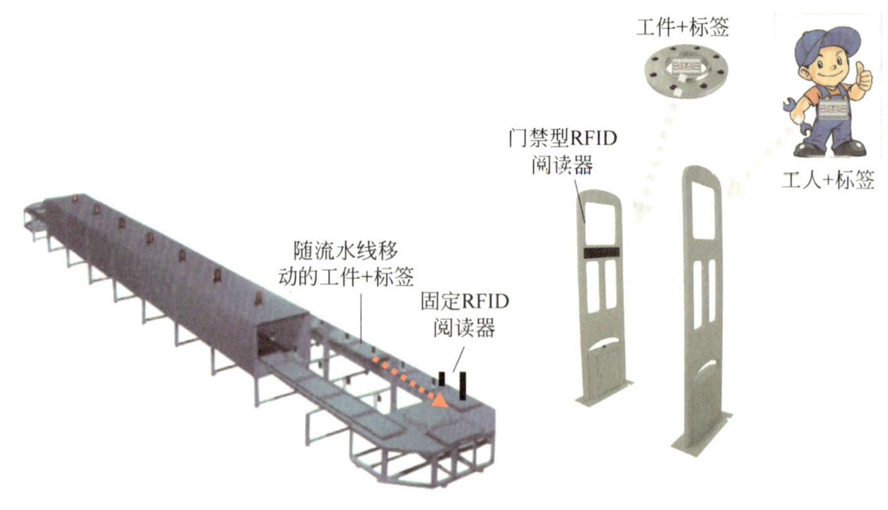

图 6-10　门禁模式

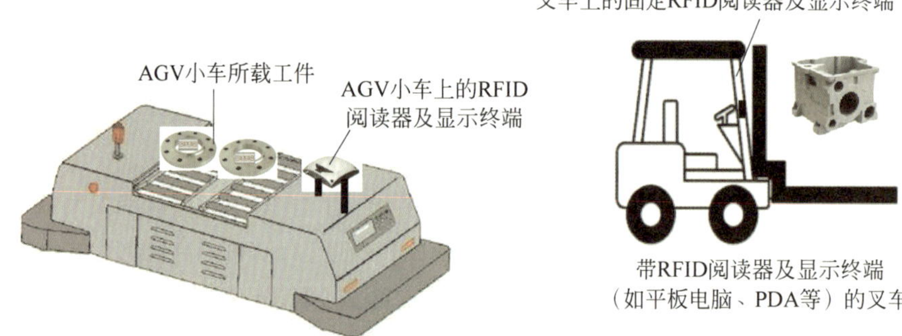

图 6-11　移动空间内物品的进出监控

装载的物料被卸载。据此，可以掌握何时有何种物料在移动的空间范围内进入、暂存及移出移动空间。

3. 固定空间内物品的进出监控模式

固定空间内物品的进出监控如图 6-12 所示。该模式是在固定位置(如制造节点的出入工序缓存区)布置固定式 RFID 阅读器，当带有 RFID 标签的零件、工件、备件等物料进入 RFID 阅读器的识别范围内时，可根据实际 RFID 阅读器配置的物理位置获得物料在何时进入何地的信息。同样，也可以获得物料在某个位置暂存的时间信息，以及何种物料在何时从何地离开的信息。

4. 巡检模式

巡检模式如图 6-13 所示。该模式下，人员配备手持型 RFID 阅读器，在生产现

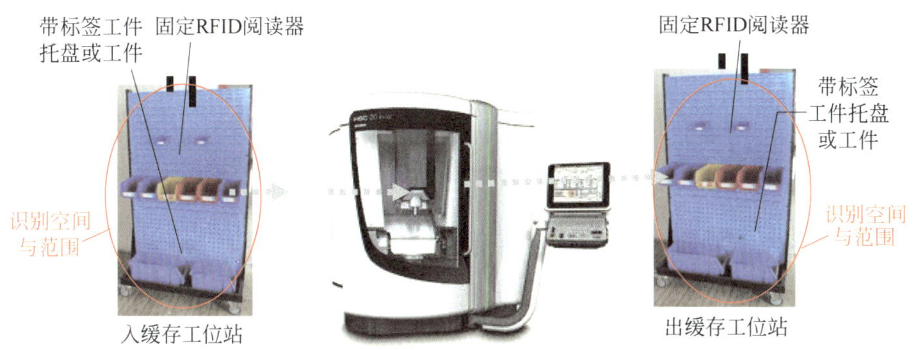

图 6-12　固定空间内物品的进出监控

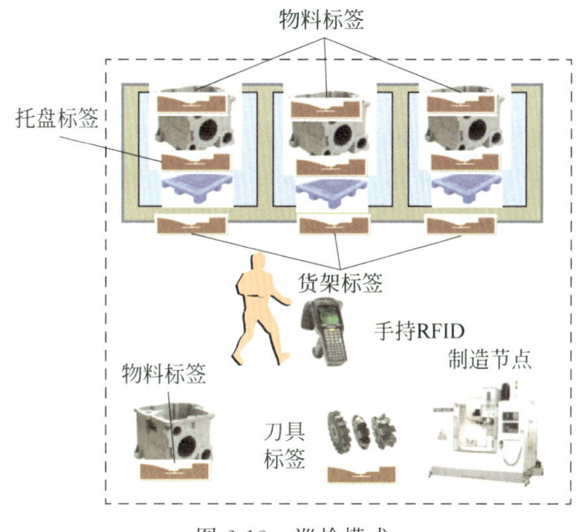

图 6-13　巡检模式

场巡游时，通过手持 RFID 阅读器，可以获知当前位置的一些基本信息。如在生产库存巡检时，可以获取当前货架上所放置的物料信息；或在制造节点巡检时，可以获得机床当前的刀具信息、待加工的物料信息及已加工完成的物料信息等。

这四种模式是生产现场的 RFID 标签识别模式的主要形式。生产现场通过这四种模式的识别，可以顺利地完成车间信息的采集。由于超高频及微波段 RFID 阅读器具有“区域监控”的特点，更适合在生产现场进行监控，因此主要采用超高频 RFID 阅读器进行生产现场的监控。

6.2.2　“事件-状态-位置”RFID 图式时序元模型

根据生产现场中上述的 4 种模式，可以采用“事件-状态-位置”RFID 图式时序元模型对生产现场的物料监控进行表述。[8]

"事件-状态-位置"RFID 图式时序元模型如图 6-14 所示。

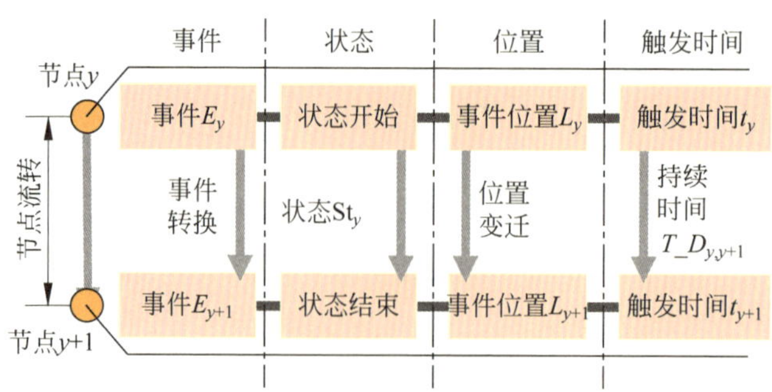

图 6-14 "事件-状态-位置"RFID 图式时序元模型

物料在生产车间的流转可以通过"事件-状态-位置"RFID 图式时序元模型进行表述。该模型可将生产物流表述为物料从一个节点转移到另一个节点的过程。

"事件-状态-位置"RFID 图式时序元模型可表述如下:

批次零件在进入节点 y 时,会发生事件 E_y,事件发生的时间 t_y 即为触发时间。从该事件发生的时间点开始,批次零件的状态会发生变化,转变为新的状态 St_y。在事件发生时,批次零件所处的位置为批次零件的位置信息 L_y。当批次零件被转移到节点 $y+1$ 时,相应地会触发事件 E_{y+1},事件发生的时间 t_{y+1} 即为触发时间。此时,批次零件状态 St_y 将结束,会进入下一个状态 St_{y+1},批次零件此时所处的位置信息为 L_{y+1}。

因此,针对某批次零件 P^k,其在节点 y 的状态用集合 PST_y^k 表示,有

$$\mathrm{PST}_y^k = \{E_y^k, St_y^k, L_y^k, t_y^k\} \tag{6-13}$$

在车间生产加工过程中,监控事件粒度划分的不同会导致节点数量的不同。既可以以一个制造节点为一个监控节点,也可以在一个制造节点的基础上,进行更细致的划分(如划分为入缓存、在加工及出缓存等),从而实现生产现场的细粒度监控。

6.2.3 基于元模型的生产物流监控建模

生产物流监控可以通过"事件-状态-位置"RFID 图式时序元模型进行表述。从生产过程来看,批次零件从一个工序节点流转到另外一个工序节点,对应的物理位置也从一个制造节点转移到另一个制造节点,如图 6-15 所示。零件 P_i^k 的第 j 道工序 $\mathrm{Pr}_{[i,j]}^k$ 的"事件-状态-位置" RFID 图式模型如图 6-16 所示,该加工工序是指在一个制造节点上连续完成的加工操作/动作序列,而"事件-状态-位置" RFID 图式模型中的"事件"对应于工序 $\mathrm{Pr}_{[i,j]}^k$ 的一个"操作/动作","状态"对应于事件发生后工序 $\mathrm{Pr}_{[i,j]}^k$ 所处的状态,"位置"对应于制造节点设备的具体实体空间位置。

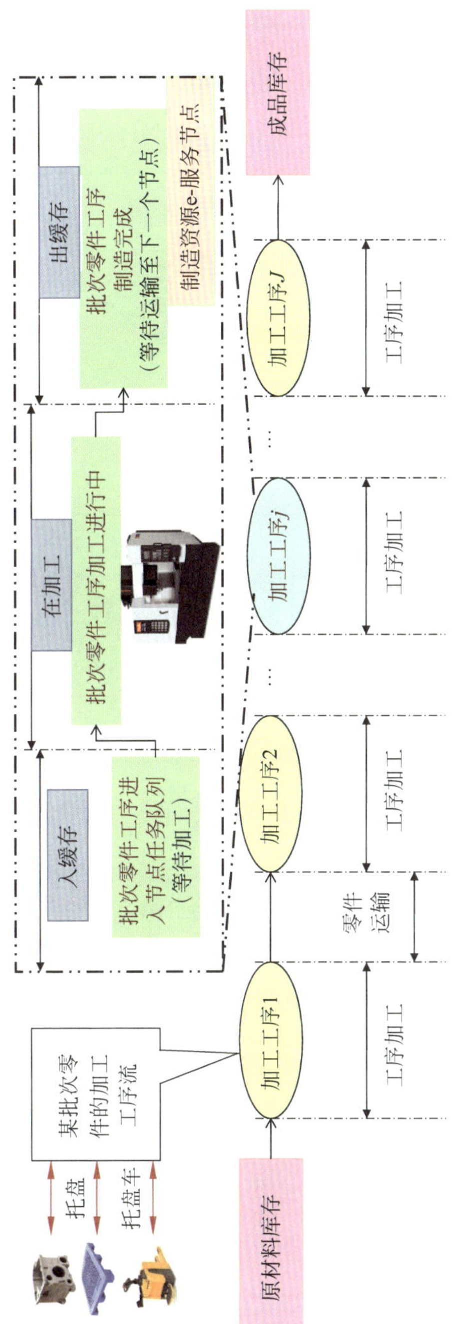

图 6-15　工序物流转状态

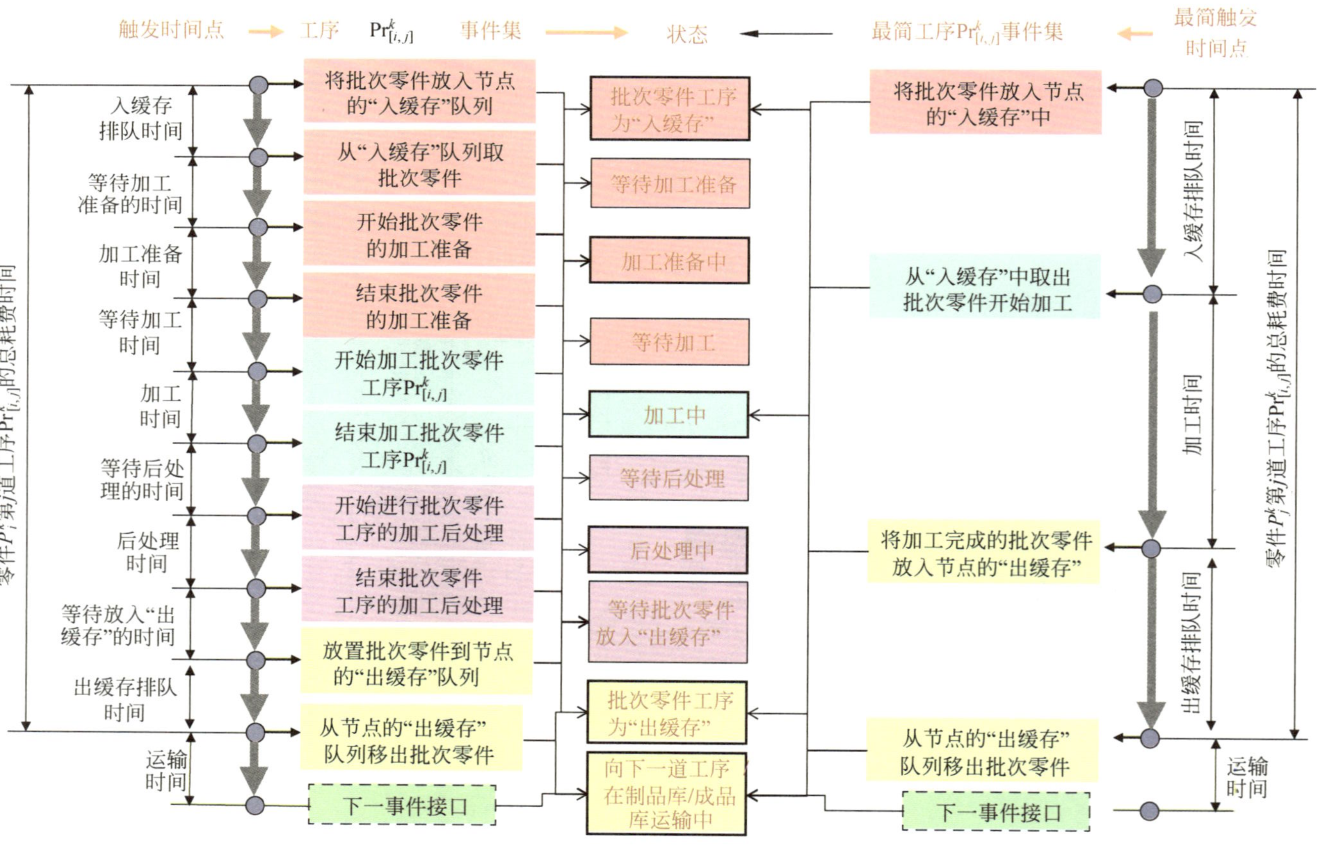

图 6-16 工序物流流转状态

根据事件粒度划分的不同，可形成图 6-16 所示的两种事件序列。其中左侧事件序列由 11 个事件构成，右侧事件序列由 4 个事件构成。

事件粒度划分得越细，跟踪的精度越高，但相应的跟踪难度就会加大。图 6-16 中左侧中事件较多，且多个事件发生区域为重叠区域，难以达到 11 个事件的跟踪粒度，故本书采用事件发生区域不重叠的事件粒度划分方法，即采用图 6-16 中右侧 4 种事件进行粒度的划分。其状态的变化为：入缓存→在加工→出缓存→运输中→入缓存→在加工→出缓存。

设批次零件 P_i^k 的第 j 道工序 $\mathrm{Pr}_{[i,j]}^k$ 的实时状态集合为 $P_i^k\_\mathrm{St}_j$，则

$$P_i^k\_\mathrm{St}_j=\{\mathrm{Pr}_{[i,j]}^k, E\_\mathrm{Nd}_{i,j}, P_i^k\_G_j\} \tag{6-14}$$

式中，$E\_\mathrm{Nd}_{i,j}$——工序 $\mathrm{Pr}_{[i,j]}^k$ 加工所在的制造节点；

$P_i^k\_G_j$——零件 P_i^k 的第 j 道工序 $\mathrm{Pr}_{[i,j]}^k$ 在工序内所处的状态。

设以 $P_i^k\_\mathrm{Inbuffer}_j$ 表示工序 $\mathrm{Pr}_{[i,j]}^k$ 所处的入缓存节点，$P_i^k\_\mathrm{Inprocess}_j$ 表示工序 $\mathrm{Pr}_{[i,j]}^k$ 所处的在加工节点，$P_i^k\_\mathrm{Outbuffer}_{k2}$ 表示工序 $\mathrm{Pr}_{[i,j]}^k$ 所处的出缓存节点，则

$$P_i^k\_\mathrm{Inbuffer}_j=\{P_i^k\_\mathrm{IE}_j, P_i^k\_\mathrm{IP}_j, P_i^k\_\mathrm{ISt}_j, P_i^k\_\mathrm{It}_j\} \tag{6-15}$$

$$P_i^k\_\mathrm{Inprocess}_j=\{P_i^k\_\mathrm{InE}_j, P_i^k\_\mathrm{InP}_j, P_i^k\_\mathrm{InSt}_j, P_i^k\_\mathrm{Int}_j\} \tag{6-16}$$

$$P_i^k\_\mathrm{Outbuffer}_j=\{P_i^k\_\mathrm{OE}_j, P_i^k\_\mathrm{OP}_j, P_i^k\_\mathrm{OSt}_j, P_i^k\_\mathrm{Ot}_j\} \tag{6-17}$$

式中，$P_i^k\_\mathrm{IE}_j$、$P_i^k\_\mathrm{InE}_j$、$P_i^k\_\mathrm{OE}_j$——进入入缓存事件、进入在加工事件、进入出缓存事件；

$P_i^k\_\mathrm{IP}_j$、$P_i^k\_\mathrm{InP}_j$、$P_i^k\_\mathrm{OP}_j$——上述三个事件发生的位置；

$P_i^k\_\mathrm{ISt}_j$、$P_i^k\_\mathrm{InSt}_j$、$P_i^k\_\mathrm{OSt}_j$——在发生上述三个事件后，零件 P_i^k 工序 $\mathrm{Pr}_{[i,j]}^k$ 的状态；

$P_i^k\_\mathrm{It}_j$、$P_i^k\_\mathrm{Int}_j$、$P_i^k\_\mathrm{Ot}_j$——上述三个事件发生的时间。

因此，上述零件 P_i^k 的第 j 道工序 $\mathrm{Pr}_{[i,j]}^k$ 的开始时间 $P_i^k\_\mathrm{TS}_{i,j}^k$ 为

$$P_i^k\_\mathrm{TS}_{i,j}^k=P_i^k\_\mathrm{Pt}_j \tag{6-18}$$

零件 P_i^k 的第 j 道工序 $\mathrm{Pr}_{[i,j]}^k$ 的结束时间 $P_i^k\_\mathrm{TE}_{i,j}^k$ 为

$$P_i^k\_\mathrm{TE}_{i,j}^k=P_i^k\_\mathrm{Ot}_j \tag{6-19}$$

根据图论的相关知识，以入缓存区、在加工区、出缓存区为节点，构建工序实时状态模型，可得

$$P_i^k\_G_j=\{P_i^k\_V_j, P_i^k\_\Sigma_j, P_i^k\_E_j\} \tag{6-20}$$

式中，$P_i^k\_V_j$——节点的集合；

$P_i^k\_E_j$——边的集合；

$P_i^k\_\Sigma_j$——标号的集合。

那么，有

$$P_i^k\_V_j=\{P_i^k\_\text{Inbuffer}_j, P_i^k\_\text{Inprocess}_j, P_i^k\_\text{Outbuffer}_j\} \tag{6-21}$$

$$P_i^k\_E_j=\{(P_i^k\_\text{Inbuffer}_j, P_i^k\_\Sigma_{j[I,P]}, P_i^k\_\text{Inprocess}_j),\\ (P_i^k\_\text{Inprocess}_j, P_i^k\_\Sigma_{j[P,O]}, P_i^k\_\text{Outbuffer}_j)\} \tag{6-22}$$

$$P_i^k\_\Sigma_j=\{P_i^k\_\Sigma_{j[I,P]}, P_i^k\_\Sigma_{j[P,O]}\} \tag{6-23}$$

$P_i^k_\Sigma_{j[I,P]}$和$P_i^k_\Sigma_{j[P,O]}$取值为{0,1,2}。$P_i^k_\Sigma_{j[I,P]}$取0时，表示零件P_i^k的第j道工序$\text{Pr}_{[i,j]}^k$尚未到达入缓存区；取1时，表示零件P_i^k在某个时间点已到达过入缓存区，尚未到达在加工区域；取2时，表示零件P_i^k已经经由入缓存区，在某个时间点到达在加工区。$P_i^k_\Sigma_{j[P,O]}$取0时，表示零件P_i^k的第j道工序$\text{Pr}_{[i,j]}^k$尚未到达在加工区；取1时，表示在某个时间点已到达过在加工区，但尚未到达出缓存区；取2时，表示零件P_i^k已经经由在加工区，在某个时间点到达出缓存区。

针对零件P_i^k的工序物流，其实时状态集合可以通过每道工序的状态来表示，以$P_i^k_G_S$表示零件P_i^k的实时状态，有

$$P_i^k\_G_S=\{P_i^k\_V_S, P_i^k\_\Sigma_S, P_i^k\_E_S\} \tag{6-24}$$

式中，$P_i^k\_V_S$——节点的集合，此处为零件P_i^k的工序节点的状态；

$P_i^k\_E_S$——边的集合，即工序间的关系，文中的关系指工序的次序关系；

$P_i^k\_\Sigma_S$——标号的集合。

那么，有：

$$P_i^k\_V_S=\{P_i^k\_G_1, P_i^k\_G_2, \cdots, P_i^k\_G_J\} \tag{6-25}$$

$$P_i^k\_E_S=\{(P_i^k\_G_1, P_i^k\_\Sigma_{S_{1,2}}, P_i^k\_G_2), \cdots, (P_i^k\_G_{J-1}, P_i^k\_\Sigma_{S_{J-1,J}}, P_i^k\_G_J)\} \tag{6-26}$$

$$P_i^k\_\Sigma_S=\{P_i^k\_\Sigma_{S_{1,2}}, \cdots, P_i^k\_\Sigma_{S_{J-1,J}}\} \tag{6-27}$$

标号集合中的元素取{0,1,2}。针对$P_i^k_\Sigma_{S_{j-1,j}}$，取0表示零件P_i^k尚未到达第j道工序；取1表示零件P_i^k在某个时间点已到达第j道工序，但尚未离开第j道工序；取2表示零件P_i^k已经完成了在j道工序的加工，并在某个时间点离开了第j道工序。

6.3 生产数据库与生产物流的提质增效

6.3.1 基于RFID的生产物流数据采集

在生产物流监控建模的基础上，结合生产制造车间的特点，可在车间进行基于RFID的跟踪环境配置，以实现基于RFID的生产物流数据的采集。

批次零件制造任务分解出的工序流可划分为若干个零件的工序物流模式，如图6-17所示（依据上文中所采用的4种事件划分粒度方式），零件的每道工序在相

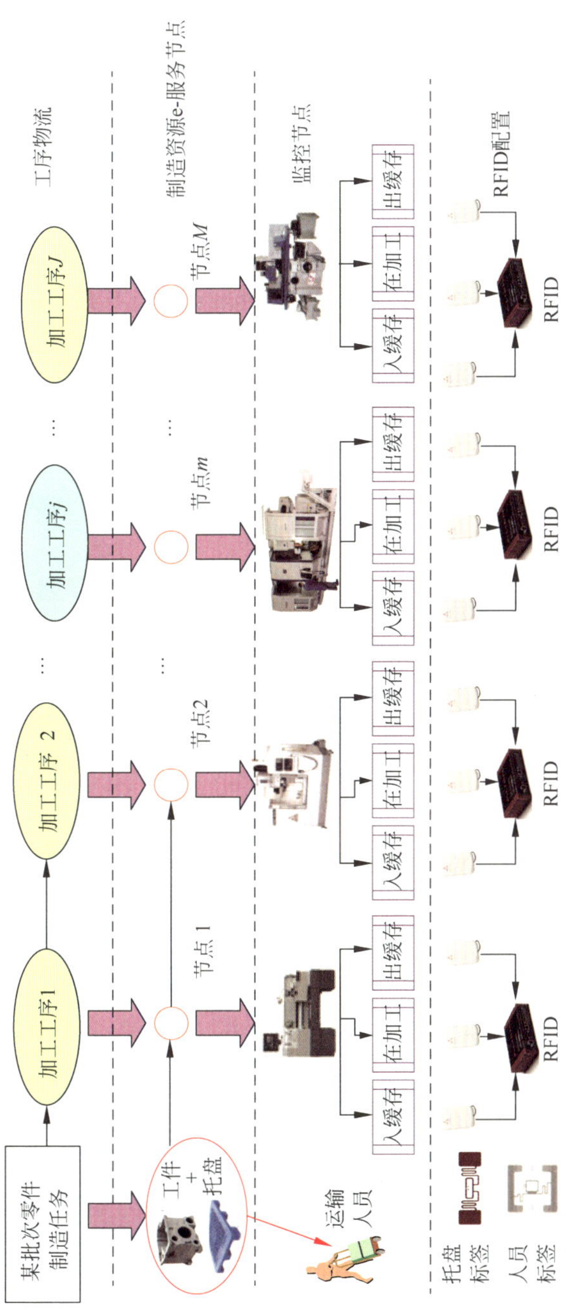

图 6-17　车间 RFID 跟踪环境配置

应的制造节点上加工，其加工流程可以视为在制造节点上流转的过程。其中，零件为被跟踪的物体，加工过程可以视为被跟踪物体在一系列节点上流转的过程。零件的跟踪状态即确定其具体在哪一个制造节点上，因此，可以设置制造节点为固定的监控点。

在制造节点内，需要监控的区域有入缓存区、在加工区、出缓存区三个区域，为了节约成本，本书采用了一个 RFID 阅读器连接三个天线的硬件配置方式来实现制造节点内这三个区域的监控。为实现生产物流的数据采集，所选择的 RFID 阅读器具有如下功能。

1）区域监控的功能

RFID 阅读器应能够监控某个指定的区域，以辨别批次零件的具体位置。

2）标签识别中辨识天线功能

RFID 阅读器读取标签数据时，可以分辨出是由哪个天线读取的，这样可以降低跟踪环境配置的成本。

3）网络传输功能

对于 RFID 阅读器获取的标签数据，可以通过网络将其发送到数据处理服务器中。

设 $\mathrm{RF\_}D_{i,j}$ 为监控节点 $E\_\mathrm{Nd}_{i,j}$ 的 RFID 设备，其包含三个天线，标号分别为 $\mathrm{RF\_}A_{i,j}^{0}$、$\mathrm{RF\_}A_{i,j}^{1}$、$\mathrm{RF\_}A_{i,j}^{2}$，并分别配置在入缓存区、在加工区及出缓存区，有

$$\mathrm{RF\_}D_{i,j}=\{\mathrm{RF\_}A_{i,j}^{0},\mathrm{RF\_}A_{i,j}^{1},\mathrm{RF\_}A_{i,j}^{2}\} \tag{6-28}$$

车间 RFID 跟踪环境中 RFID 阅读器的配置可以表示为集合 RF_DA，有

$$\mathrm{RF\_DA}=\{\mathrm{RF\_}D_{1},\mathrm{RF\_}D_{2},\cdots,\mathrm{RF\_}D_{m},\cdots,\mathrm{RF\_}D_{M}\} \tag{6-29}$$

式中，m——制造车间第 m 个配置 RFID 跟踪环境的制造节点；

M——制造车间进行 RFID 跟踪环境配置的制造节点的总数量。

设以 $\mathrm{RF\_}T_{i}^{k}$ 表示与零件 P_{i}^{k} 绑定的电子标签，$\mathrm{RF\_TP}_{w}$ 表示与人员 w 绑定的标签。

当零件 P_{i}^{k} 进入有 RFID 阅读器设备监控的区域内时，RFID 阅读器读取到批次零件的标签数据 $\mathrm{RF\_}T_{i}^{k}$，通过基于所读标签数据的 Auto-ID 计算获得底层的实时状态信息。

因此，跟踪环境的硬件配置及位置如图 6-18 所示，以此实现生产物流数据的采集。

RFID 标签用于写入零件、人员、图纸等相关的标识数据，并将各标签和对应的零件、人员、图纸等“绑定”在一起，RFID 标签一般采用无源可重复读写标签；RFID 阅读器主要用于通过无线方式读写电子标签中的数据，并将所读数据通过网络传送给服务器进行数据处理和存储；数据处理服务器则通过设定的数据处理逻辑，对采集的大量数据进行实时处理、分离，为可视化看板的实时显示提供准确实时的数据与信息支持；可视化看板主要用于对生产过程中的零件、人员等进行实

时、可视化的监控，便于发现异常和对异常进行处理等；RFID 阅读器所读入的海量数据经过数据处理服务器处理后，储存在数据库服务器中，并进一步提供数据与信息的分析与查询服务等。在此基础上，分别在门禁、入缓存区域、在加工区域、出缓存区域配置固定式 RFID 阅读器及天线，并为零件和人员配发能够代表其唯一性的电子标签，以此实现面向工序物流的车间 RFID 跟踪环境配置，从而实现基于 RFID 的生产物流数据的采集。

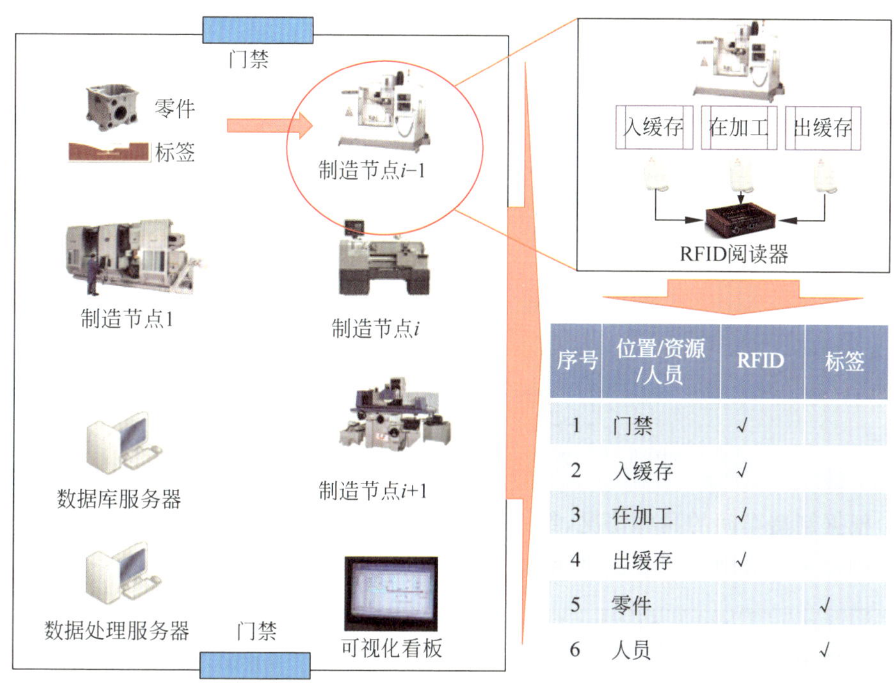

图 6-18　车间 RFID 跟踪环境的硬件配置

6.3.2　智能工件、产品及其与质量属性关联

工件指机械加工过程中的加工对象。它可以是单个零件，也可以是固定在一起的几个零件的组合体。智能工件、产品在加工过程中，我们可以通过其自身的标识获取工件、产品的相关信息，如工艺信息、物流信息、质量信息等。

在生产现场中，智能工件、产品与车间的生产资源密切相关，直接影响其质量属性。生产资源不仅包括智能工件、产品和加工设备，还包括与加工过程相关的所有配套设施、物资和人员，因此车间生产资源数量巨大且种类繁多，需要对制造车间生产资源进行分类。将生产资源划分为人员、智能工件及产品、辅助工具、加工设备四大类。

生产过程跟踪关注的是工件的位置信息、加工状态信息、人员和物料的分布信息以及工序时间信息等生产信息实体，这些生产信息与质量属性均有一定的关联。

本书采用RFID技术，对生产资源进行编码设计，将编码信息写入RFID标签中，以标签作为信息纽带实现生产资源物理实体和生产信息实体之间的绑定，从而将智能工件及产品和其他与质量属性相关的信息进行关联，并且通过RFID阅读器进行信息的自动拾取和录入，实现生产过程的信息化自动化管理，如图6-19所示。

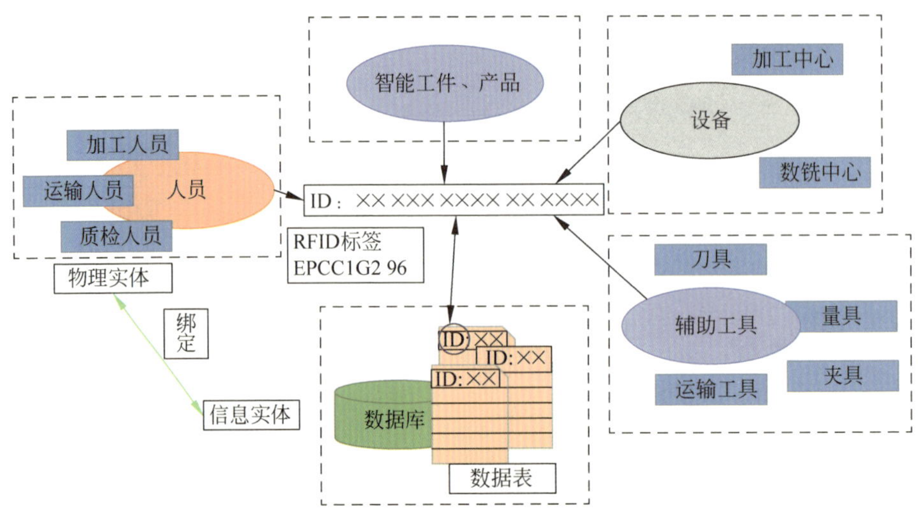

图6-19　智能工件、产品与其他信息的关联

根据制造车间的具体情况，结合EPCglobal规则制定出了针对制造车间的编码规则。基本规则如图6-20所示：

人员	版本号(2)	资源类型(2)	车间编号(4)	职能编号(4)	人员编号(12)
车床操作工	01	A0	0001	F003	000000000D08

智能工件及产品	版本号(2)	资源类型(2)	产品编号(8)	部件编号(3)	零件编号(3)	批次编号(6)
U形管	01	B0	A0000001	003	90D	0000D8

加工设备	版本号(2)	资源类型(2)	设备类型(4)	车间编号(4)	设备编号(12)
车床	01	C0	A001	0001	000000000DAB

辅助工具	版本号(2)	资源类型(2)	工具类型(4)	参数标识(4)	序列号(12)
铣刀	01	C0	A001	0001	000000000DAB

图6-20　编码结构和实例

规则1：编码的唯一性，每一个实体的编码都彼此不同。

规则2：编码的可扩展性，当未来实体增加时，能够实现编码的前后兼容。

规则3：编码的每一个字符为16进制的字符(1,2,3,4,5,6,7,8,9,0,A,B,C,D,E,F)。

规则4：编码的总字符数不能超过RFID标签给定的存储空间，如EPC96标签总字符数为 24。

在严格遵循这些基本编码规则的前提下，可采用 EPCC1G2 96 标签，并将标签数据划分为多个字段，对于不同的编码对象，编码字段的结构也不同。以上述编码为依据，将编码信息写入 RFID 标签中，结合生产物流监控模型，通过 RFID 阅读器实现信息的自动录取，并对数据进行关联处理，实现智能工件及产品与其他质量属性的信息的关联融合。

6.3.3　制造数据库及其 RFID 关联数据的处理

生产车间主要包括生产资源信息和生产过程信息两大类信息。生产资源信息是对制造资源、工艺排程和物理布局的事实描述；生产过程信息是伴随加工过程产生的动态信息，如生产进度信息、加工质量信息、物料位置信息以及工件加工状态信息等。每个信息实体都包含多个对其进行解释和描述的属性信息，在对所有信息实体的属性进行详细分析的基础上，本章建立了系统的信息实体 ER 图，如图 6-21 所示。

根据系统 ER 图分析车间信息实体及其属性内容，描述信息实体间的相互关联，在此基础上，将信息实体作为数据库实体，信息实体的属性信息则可作为数据实体表格的信息字段。同时信息实体间的关联也可根据关系类型用数据表格外键或者单独的关系表格来表达，如 1 对 N 的关系，则将“1”作为“N”的数据实体的一个外键，若为 N 对 M 的关系，则单独建立描述这种关系的数据关系实体表。根据以上分析，本章建立了系统的数据实体 IDEF1.6 图，如图 6-22 和图 6-23 所示。

将生产资源信息和生产过程信息相互分离，分别建立了各自的数据实体 IDEF1.6 图，这是由于生产资源信息数据稳定，无须经常更改；而生产过程信息伴随生存过程的进行而产生，具有数据更新频繁、数据实时性高、信息有效期短的显著特点，需要经常进行数据维护，定期压缩历史数据，删除冗余数据信息。将两者分开后有效提高了数据存储和查询的效率。

RFID 阅读器获取的标签数据需要与各类制造资源相互关联。绑定 RFID 标签的各类生产资源成为系统物理层和应用层的信息传递纽带。本书中采用 RFID 中间件实现数据的关联及使用。RFID 中间件处于生产过程跟踪系统的中间层，是系统物理层和应用层的信息传递纽带。应用层通过 RFID 中间件来控制物理层的 RFID 阅读器，阅读器与 RFID 中间件直接互联，并通过 RFID 中间件进行数据处理，将获取的有效生产状态信息传递给应用层，从而减少了应用层的运行负担。根据 RFID 中间件的实现机理，给出其功能流程图如图 6-24 所示。

其中各个功能模块的作用介绍如下。

(1) RFID 阅读器通信模块。它的作用是根据 TCP/IP 网络通信协议，对 RFID 阅读器进行网络环境配置，自动分配通信端口 Socket，采用“握手方式”保证信息传递的安全性；采用多线程协同技术，可同时控制多个阅读器，线程间采用

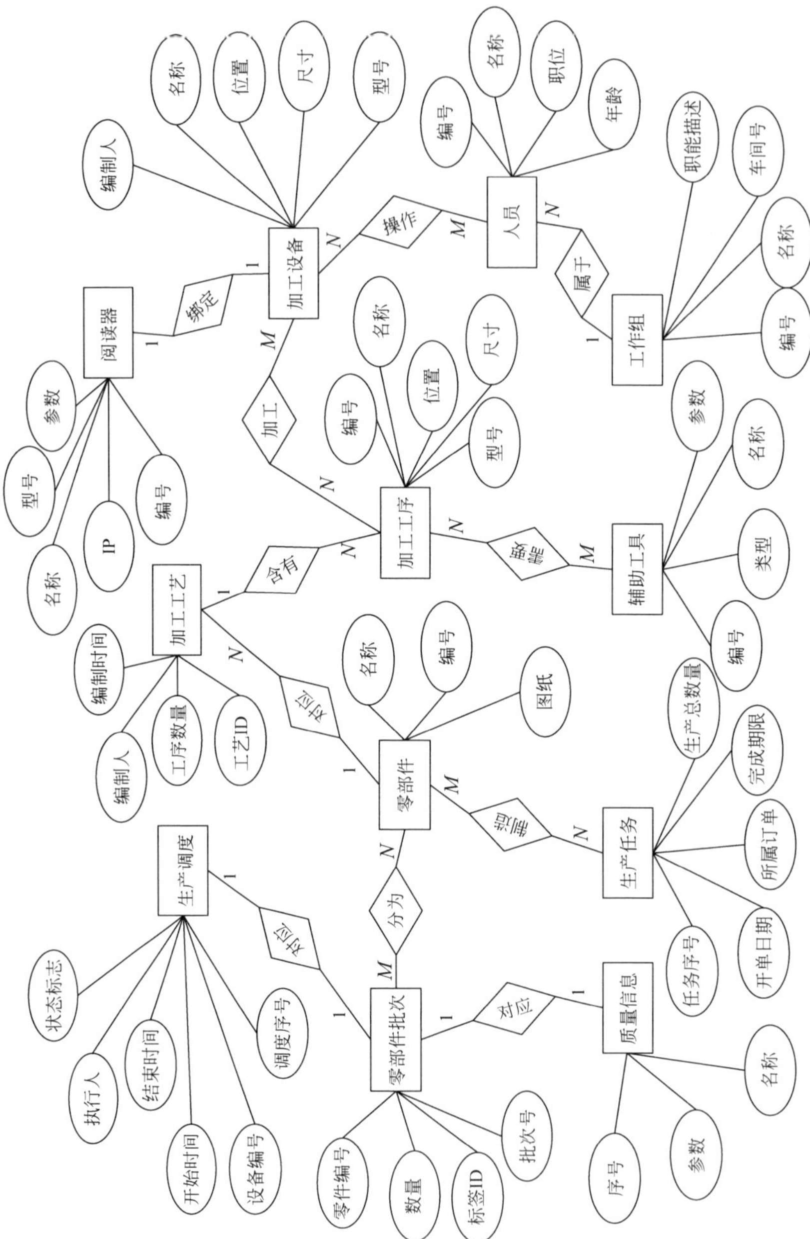

图 6-21　工序物流跟踪系统信息实体 ER 图

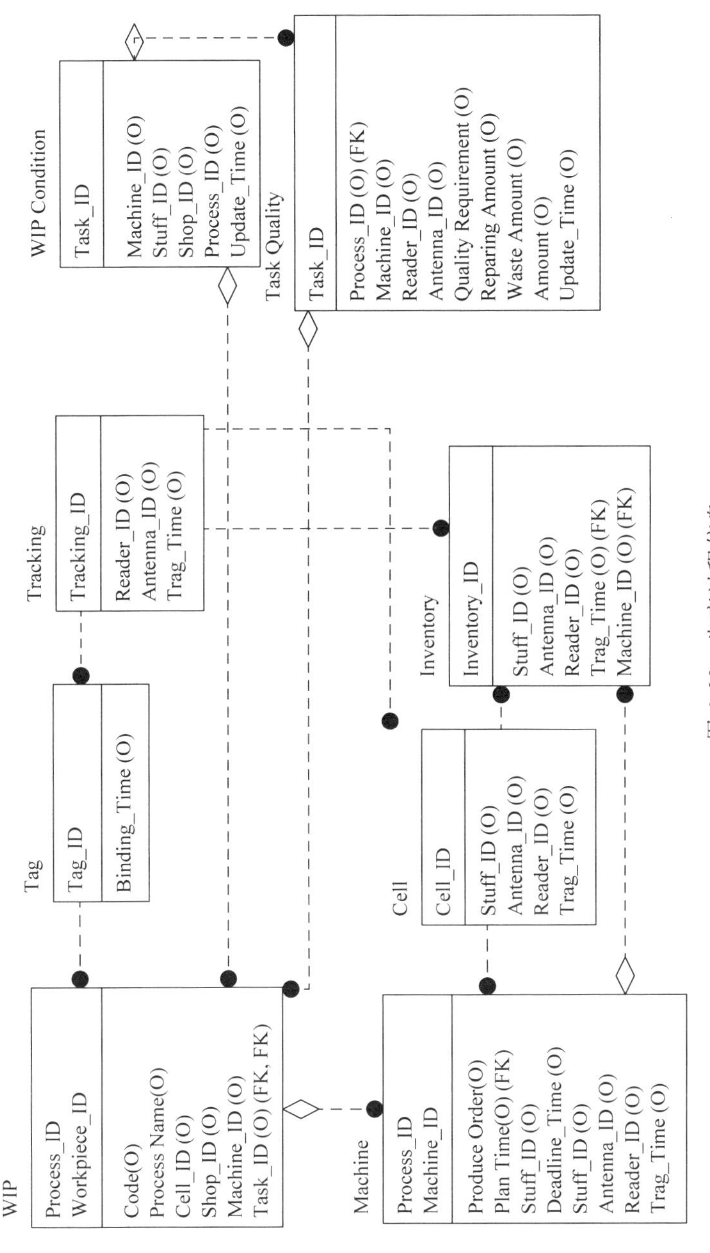

WIP
Process_ID
Workpiece_ID
Code(O)
Process Name(O)
Cell_ID (O)
Shop_ID (O)
Machine_ID (O)
Task_ID (O) (FK, FK)
Tag
Tag_ID
Binding_Time (O)
Tracking
Tracking_ID
Reader_ID (O)
Antenna_ID (O)
Trag_Time (O)
WIP Condition
Task_ID
Machine_ID (O)
Stuff_ID (O)
Shop_ID (O)
Process_ID (O)
Update_Time (O)
Task Quality
Task_ID
Process_ID (O) (FK)
Machine_ID (O)
Reader_ID (O)
Antenna_ID (O)
Quality Requirement (O)
Reparing Amount (O)
Waste Amount (O)
Amount (O)
Update_Time (O)
Machine
Process_ID
Machine_ID
Produce Order(O)
Plan Time(O) (FK)
Stuff_ID (O)
Deadline_Time (O)
Stuff_ID (O)
Antenna_ID (O)
Reader_ID (O)
Trag_Time (O)
Cell
Cell_ID
Stuff_ID (O)
Antenna_ID (O)
Reader_ID (O)
Trag_Time (O)
Inventory
Inventory_ID
Stuff_ID (O)
Antenna_ID (O)
Reader_ID (O)
Trag_Time (O) (FK)
Machine_ID (O) (FK)

图 6-22　生产过程信息

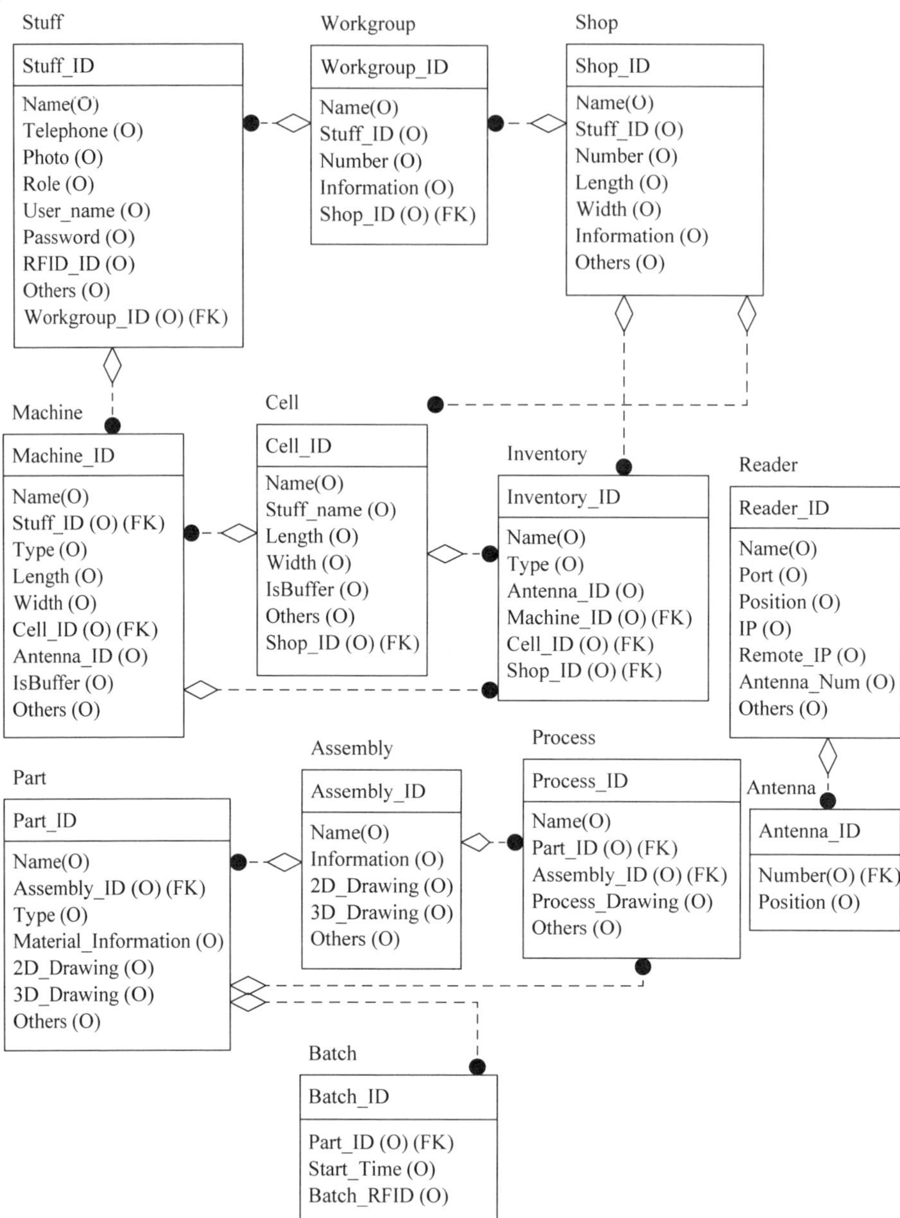

Stuff
Stuff_ID
Name(O)
Telephone (O)
Photo (O)
Role (O)
User_name (O)
Password (O)
RFID_ID (O)
Others (O)
Workgroup_ID (O) (FK)
Workgroup
Workgroup_ID
Name(O)
Stuff_ID (O)
Number (O)
Information (O)
Shop_ID (O) (FK)
Shop
Shop_ID
Name(O)
Stuff_ID (O)
Number (O)
Length (O)
Width (O)
Information (O)
Others (O)
Machine
Machine_ID
Name(O)
Stuff_ID (O) (FK)
Type (O)
Length (O)
Width (O)
Cell_ID (O) (FK)
Antenna_ID (O)
IsBuffer (O)
Others (O)
Cell
Cell_ID
Name(O)
Stuff_name (O)
Length (O)
Width (O)
IsBuffer (O)
Others (O)
Shop_ID (O) (FK)
Inventory
Inventory_ID
Name(O)
Type (O)
Antenna_ID (O)
Machine_ID (O) (FK)
Cell_ID (O) (FK)
Shop_ID (O) (FK)
Reader
Reader_ID
Name(O)
Port (O)
Position (O)
IP (O)
Remote_IP (O)
Antenna_Num (O)
Others (O)
Part
Part_ID
Name(O)
Assembly_ID (O) (FK)
Type (O)
Material_Information (O)
2D_Drawing (O)
3D_Drawing (O)
Others (O)
Assembly
Assembly_ID
Name(O)
Information (O)
2D_Drawing (O)
3D_Drawing (O)
Others (O)
Process
Process_ID
Name(O)
Part_ID (O) (FK)
Assembly_ID (O) (FK)
Process_Drawing (O)
Others (O)
Antenna
Antenna_ID
Number(O) (FK)
Position (O)
Batch
Batch_ID
Part_ID (O) (FK)
Start_Time (O)
Batch_RFID (O)

图 6-23　生产资源信息

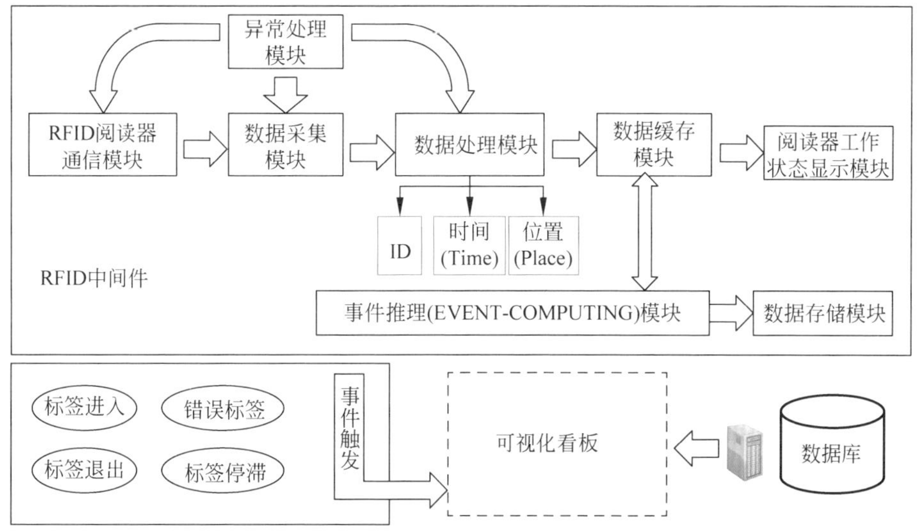

图 6-24 RFID 中间件的功能实现流程

"自锁和互锁"机制确保信息同步,通过线程代理实现了跨线程访问的安全;按照特定的阅读器控制指令语义,通过建立好的网络通信套接字(socket)向阅读器发送控制指令,进行阅读器的读写控制和参数化。持续监听阅读器的数据传送信道,并将信息以数据流的形式传递给数据采集模块。

(2) 数据采集模块。在 RFID 阅读器通信模块与 RFID 阅读器建立通信后,数据采集模块将多个阅读器发送回来的数据流进行整合,去除信息头和信息分隔符,从数据流中解析出基本的数据单元,然后按照指定的数据格式存储在虚拟缓存中,等待数据处理模块进行数据处理。

(3) 数据处理模块。该模块循环处理数据采集模块获取的基本数据单元,将基本数据单元与标准数据比对,判断数据合法性,去除冗余数据。然后对合法的基本数据单元进行信息分解,按照规定好的数据结构,分离出标签 ID、标签识读时间和标签识读地点信息,并将这些信息组成基本生产信息单元〈ID,Time,Place〉存储到数据缓存中。

(4) 数据缓存模块。它是一个随着信息量增加可以动态扩展容量的虚拟存储空间,用来暂时存储数据处理模块获得的基本生产信息单元〈ID,Time,Place〉,大大提高了数据存储空间的有效利用率。通过数据缓存可以显著减少系统与数据库的交换频率,提高系统运行效率。

(5) 事件推理模块。事件推理模块是 RFID 中间件的核心部分,完成了生产状态信息的获取。数据处理模块获取的基本生产信息单元〈ID,Time,Place〉只是简单描述了何时、何地识读到了某个标签,对于生产过程跟踪并不能体现出有效的物理意义。通过事件推理模块的事件推理机,从基本的生产信息单元中推理出了工序操作/动作事件,然后结合设备约束和工艺约束,产生了"事件-时间-状态"执行动作序列状态信息,并将事件封装,用来驱动车间可视化看板动作。

(6) 数据存储模块。它是 RFID 中间件与系统数据库的接口,其频繁地与系统数据库交换,将事件推理模块获得的生产状态信息保存到服务器数据库,以保证信息的一致性,并从服务器数据库中查询事件推理模块所需要的约束信息和生产资源信息。

(7) 阅读器工作状态显示模块。这是 RFID 中间件的一个辅助模块,用于向操作者显示阅读器的工作状态和程序运行日志,为用户提供了一个阅读器的控制界面。

(8) 异常处理模块。它负责捕获 RFID 中间件和 RFID 阅读器的运行异常,并将异常事件传递给可视化看板。

6.3.4 依托 RFID 的工序物流改善

生产现场基于 RFID 的实时数据采集可获得车间工序物流的实时信息,对工序物流的改善具有重要的意义。[9]

在 RFID 实时数据的支撑下,车间实时生产可以在生产排程结果甘特图的指导下有效地运行。如图 6-25 所示,车间生产排程产生多批次零件的加工工序甘特图,并形成多品种多批次混流生产工序物流。车间运输人员根据生产排程结果甘特图对批次零件进行搬运,实现批次零件在制造节点层面上的流转。基于车间 RFID 实时监控跟踪环境,生产现场可以实时获取车间内在制造节点间流转的批次零件的标签数据,通过车间 RFID 数据采集及处理得到车间内批次零件的实时状态信息;基于车间实时状态信息,可获取每个制造节点上所包含的批次零件信息,如入缓存区的待加工批次零件队列、在加工区的在加工批次零件及出缓存区的待

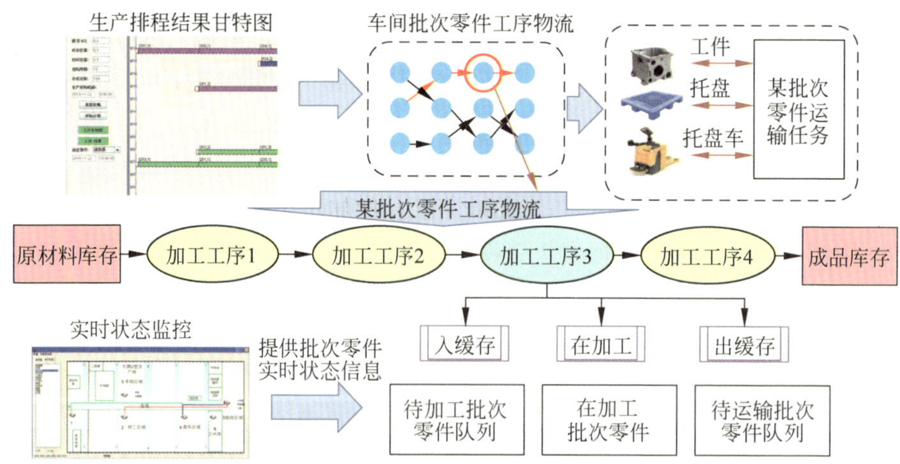

图 6-25 基于 RFID 实时数据的生产规划

运输批次零件队列。制造节点上的制造工人则根据这些信息对批次零件的工序进行加工。

因此，批次零件在各个制造节点加工过程中，RFID设备能够获取批次零件在入缓存区、在加工区和出缓存区的加工状态，如入缓存区和出缓存区的工件物料进出时间等，以此使得工序物流流转过程具备动态监控和动态调整性，可用以改善工序物流。

为清晰地表述生产规划问题，可作如下假设。

假设1　物料运送任务为以零件加工批次为单元的具备时间约束的由运送小车完成的工件物料制造节点转移安排。

假设2　配置有RFID阅读器的制造节点对流转中的工序物流具有实时可监控性，其获取的节点实时时间信息构成触发时间点集合 $T_{i,j}^{tk}(t_{i,j}^{tk}\in T_{i,j}^{tk})$。

假设3　零件的工序物流转移映射为运送小车物料的搬运，运送小车的容载量为 Q，该容载量根据不同的零件进行折算。车间运送小车的数量为 P，车间批次零件按照排队论等分为一定容量 Q_k 的运送任务集合(任务池) $TK_{k::}=\{TK_1,TK_2,\cdots,TK_k,\cdots\}$。其中，$TK_{k::}\in Q_k$。$TK_{k::}$ 的元素个数 N_{TK_k} 由下式决定：

$$N_{TK_k}=\left[\sum_{k=1}^{N}\sum_{l=1}^{k}B_l N_{l,m}/Q_k\right] \tag{6-30}$$

式中，B_l 为零件的加工批量；N_l 为零件批量所对应的加工批次；$N_{l,m}$ 为零件加工批次下的工件数目；Q_k 为单个运送任务的工件数目容量，由零件加工任务属性确定，$Q_k<Q$。

假设4　对批次零件 $D_{k,m}$，运送小车 p 到达加工工序 i 的制造节点 M_i^k 缓冲区的时间 T_{ia}^{p} 的拖期时间不超过 $\xi_{M_i^k D_{k,m}}$ ($t_{i,1}^{pk}+\xi_{M_i^k D_{k,m}}$ 为该制造节点对加工批次零件 $D_{k,m}$ 的交货期)。$\xi_{M_i^k D_{k,m}}$ 与加工过程时间有关。为便于研究，设 $\xi_{M_i^k D_{k,m}}$ 为目前已完成加工过程时间的线性预测函数，即

$$T_{ia}^{p}-t_{i,1}^{pk}\leqslant \xi_{M_i^k D_{k,m}} \tag{6-31}$$

$$\xi_{M_i^k D_{k,m}}=P_{M_i^k D_{k,m}}\left|t_{i,4}^{pk}-t_{i,3}^{pk}\right| \tag{6-32}$$

式中，$\left|t_{i,4}^{pk}-t_{i,3}^{pk}\right|$ 为目前已完成的加工过程时间的表示；$P_{M_i^k D_{k,m}}$ 为系数。$\xi_{M_i^k D_{k,m}}$ 越小，表示该制造节点的运送任务时间紧急度越高。

假设5　运送小车单位距离的运送成本 c(不计不同运送任务对单位距离成本的影响，到达各目标制造节点的装卸时间及成本)为固定值。

假设6　批次零件 $D_{k,m}$ 运送至制造节点 M_i^k 的拖期一次性惩罚成本为 $a_{i,D_{k,m}}$。

假设 7 批次零件 $D_{k,m}$ 运送至制造节点 M_i^k 除一次性惩罚成本外的单位拖期时间惩罚成本为 $r_{i,D_{k,m}}^a$，设运送任务的拖期成本 c_i^p 为拖期时间的线性函数。

从上述对某批次零件的工序物流问题分析可知，运送小车运送任务集合的元素个数决定了其目标制造节点的个数，各目标制造节点在加工批次零件时具备不同的拖期时间规定，即在制造节点入缓存区的 RFID 监控到入缓存物料被移出入缓存区进行加工时，当前 RFID 获取入缓存区的下一次工件物料运送任务的交货期限，该交货期限为加工过程时间的线性函数。交货期限越短，当前目标制造节点的运送任务越紧急。同时，对于运送小车 p，其目标是在满足各目标制造节点运送任务交货期限的前提下，尽可能地获得最低的成本。该成本定义为小车的运送距离成本和运送任务的拖期成本之和。由此可得到该工序物流的数学模型为

$$\min y = f(M_i^k) = z_{M_i^k M_j^k p}\left(\sum_{j}^{N_{TK_k}} \sum_{j}^{N_{TK_k}} d_{M_i^k M_j^k} \cdot c + \sum_{j}^{N_{TK_k}} c_i^p\right) \tag{6-33}$$

$$c_i^p = a_{i,D_{k,m}} + r_{i,D_{k,m}}^a \max(0, T_{ia}^p - t_{i,1}^{pk}) \tag{6-34}$$

$$\text{s. t.}\begin{cases} M_i^k, M_j^k \in M_{D_k}^k \\ d_{M_i^k M_j^k} \in d_{M_{D_k}^k M_{D_k}^k}, \quad \forall i, j, k \in \mathbf{N} \\ T_{ia}^p - t_{i,1}^{pk} > 0 \end{cases} \tag{6-35}$$

$$z_{M_i^k M_j^k p} = \begin{cases} 0, & \text{小车 } p \text{ 有从制造节点 } M_i^k \text{ 到 } M_j^k \text{ 的运送任务} \\ 1, & \text{否则} \end{cases} \tag{6-36}$$

式中，目标函数 $\min y$ 为运送小车的总成本最小，$z_{M_i^k M_j^k p}$ 为运送小车 p 选择路径决策变量；$d_{M_i^k M_j^k}$ 为制造节点 M_i^k 与制造节点 M_j^k 之间的最短路径，由欧氏平面的欧氏距离计算获得；$\max(0, T_{ia}^p - t_{i,1}^{pk})$ 为运送小车 p 运送批次零件到制造节点 M_i^k 的拖期时间。

采用 RFID 技术，可以获取生产物流的实时信息，再结合上述模型，可有效地改善生产车间的工序物流。

6.3.5 生产物流的质量网络构建

生产物流中，零件的加工质量受到多方面因素的影响，如工序物流、加工特征、加工设备及刀具等。可将机床、夹具、刀具等要素和加工特征抽象为节点，根据工序物流及工艺过程确定节点间的相互关系，组成生产物流中零件的质量网络。

首先需要给出如下定义。

几何实体造型特征：零件的一部分所表现出来的几何形状。主要的几何实体造型特征包括：平面，如通平面、台阶面等；孔，如通孔、盲孔、阶梯孔等；外圆面，

如圆台、圆锥、圆柱等；槽，如直槽、T 形槽、燕尾槽等；其他特征，如倒角、型腔、异性面等。

加工特征[10]：加工方法与它所加工的几何实体造型特征的组合。常用的加工方法有车、铣、刨、钻、铰、拉、磨等。两个相同的几何实体造型特征会因为不同的加工方法而形成两个不同的加工特征，如铣平面和刨平面。

加工要素：机械加工过程中必须使用的设备，包括机床、刀具、夹具。

一个零件由若干加工特征所组成，一般零件的加工需要经过若干工序完成，这个过程可以描述为：在一定的加工工序中，将零件的部分或全部特征加工成为某种状态，体现为特征的改变和质量的向下演变。比如一个精度要求较高的孔的加工，一般要经过钻孔、半精镗孔、精镗孔等过程，这个过程中，可以定义钻孔特征、半精镗孔特征、精镗孔特征，随着加工工序的进行，加工特征顺次转变，最终得到目标特征——高精度孔特征。每道工序中所加工的特征都会受到加工基准、机床、刀具、夹具等产生的误差影响而带有质量误差，质量误差随着加工特征的传递影响下道工序的质量，由此，形成质量网络的传递链条，影响到最终质量。如图 6-26 所示为工序流加工过程。

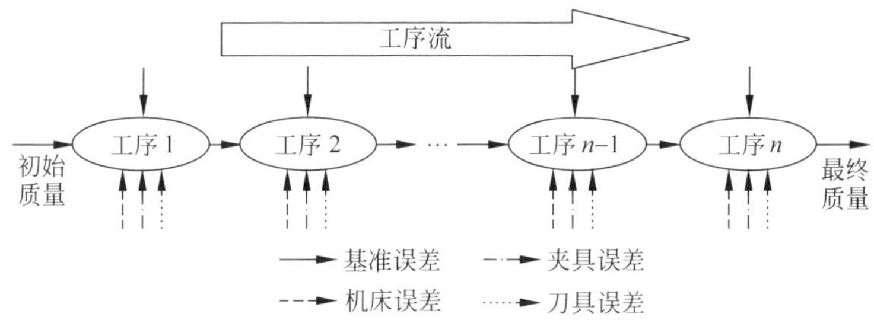

图 6-26　工序流加工过程

在加工过程中，机床、刀具、夹具必然会产生误差，这些误差直接或者间接影响加工特征的质量。同时，特征之间除了上述的演变关系外，还存在基准定位关系。

对机床、夹具、刀具等要素和加工特征进行抽象，定义为节点，根据加工工艺过程确定节点间相互关系，构建基于加工特征的质量网络模型。[11]

以加工特征为中心，将与其相关的加工要素联系起来，加工特征之间因为演变关系与基准关系相互联系，形成面向工序物流的基于加工特征的质量网络模型。为便于模型的构建，作如下设定：

(1) 按工序不同划分加工特征。不同工序加工产生不同特征，特征之间因为基准关系和演变关系而相互联系。如特征 F_i 加工时使用特征 F_j 作为基准，这两个特征之间就具有了 F_j 对 F_i 的基准关系；如特征 F_i 经下一道工序加工过后演变为 F_j，这两个特征就具有了顺次的演变关系。

(2) 将各工序中每个加工特征和它所用到的加工要素抽象为节点。

(3) 将具有演变关系和基准关系的加工特征节点使用单向箭头连接，加工要素节点指向被其所加工的加工特征节点。当同一个加工要素在同一工序或不同工序内加工若干个加工特征时,加工要素数量不增加,只增加一个要素节点出发的箭头数量。

根据以上的设定和定义,按以下步骤构建基于加工特征的质量网络模型。

(1) 定义零件加工特征节点。

零件加工特征集合 $F=\{F_1,F_2\cdots,F_n\}$(n 为零件加工特征数量),将零件加工特征抽象为节点。因为加工特征间存在演变和基准关系,节点间使用单向边连接,形成网络。质量网络描述为

$$G_F=\langle F,E_F\rangle \tag{6-37}$$

E_F 表示加工特征节点集 F 的边的集合,$E_F=\{e_{F1},e_{F2},\cdots,e_{Fm}\}$,其中 e_{Fk} 是二元组 $\langle F_i,F_j\rangle$,表示有向边,由加工特征 F_i 出发指向加工特征 F_j,m 表示加工特征之间边的数量。

(2) 定义加工要素节点。

一个加工特征需要机床、刀具、夹具等三种加工要素对其进行加工,将与其相关的加工要素抽象为节点。与加工特征 F_i 相关的要素集合 $D_i=\{d_{i1},d_{i2},\cdots,d_{is}\}$($s$ 表示加工特征 F_i 所需的加工要素节点数量),有向边表达加工要素与加工特征之间的关系。加工特征 F_i 及加工要素 D_i 组成的单加工特征的质量网络可描述为

$$G_{Di}=\langle\{F_i,D_i\},E_i\rangle,\quad i=1,2,\cdots,n,j=1,2,\cdots,s \tag{6-38}$$

其中,E_i 表示加工要素指向加工特征的边集,$E_i=\{e_{i1},e_{i2},\cdots,e_{is}\}$,$e_{ik}$ 是二元组 $\langle d_{ik},F_i\rangle$,表示有向边,由加工要素 d_{ik} 出发指向加工特征 F_i。

(3) 加工特征网络与加工要素网络合并。

对图 G_F、G_{Di} 有,$E_F\cap E_i=\varnothing$,$\{F_i\}\cap\{F_i,D_i\}\neq\varnothing$,即它们有部分特征点相同,但不含有相同的边。对相同的特征点进行合并,可得

$$\begin{aligned}G'=\langle V',E'\rangle&=G_F\cup G_{D1}\cup\cdots\cup G_{Dn}\\&=\langle F,E_F\rangle\cup\langle\{F_1,D_1\},E_1\rangle\cup\cdots\cup\langle\{F_n,D_n\},E_n\rangle\end{aligned} \tag{6-39}$$

其中,网络节点集 $V'=\{F_1\cup F_2\cup\cdots\cup F_n\cup D_1\cup D_2\cup\cdots\cup D_n\}(j=1,2,\cdots,s)$,网络边集 $E'=\{e_1,e_2,\cdots,e_r\}(r=1,2,\cdots,m+ns)$。

(4) 合并重复的要素节点,生成基于加工特征的质量网络。

加工过程中经常会出现同一个加工要素用于多个加工特征的情况,将所有相同的要素节点合并为一个点,与多个特征节点相连,因此,合并前要素节点出发的边数量与合并后要素节点出发的边的数量相同。这样网络的每一个要素节点具有唯一性。经过要素节点合并后的误差传递网络节点规模为

$$N=4n+m-\frac{1}{2}\sum_{i,j\in F_i,i\neq j,k\in D_k}r_{ki}r_{kj} \tag{6-40}$$

其中,n 表示零件加工特征数量,m 表示作为工序初始定位基准的工件毛坯特征数量,F_i 表示零件加工特征集合,D_k 表示加工要素集合,r_{ki}、r_{kj} 表示加工要素 k 分

别加工完成不同加工特征 i 和 j。质量网络的邻接矩阵表示如下：

$$\boldsymbol{M}=\begin{bmatrix} p_{11} & \cdots & p_{1N} \\ p_{21} & \cdots & p_{2N} \\ \vdots & & \vdots \\ p_{N1} & \cdots & p_{NN} \end{bmatrix} \tag{6-41}$$

至此，对基于加工特征的质量网络作以下详细定义。

(1) 将加工过程中产生的加工特征和所需要的加工要素定义为节点，加工特征之间的关系和加工特征与加工要素之间的关系定义为边，相连接形成网络。

(2) 节点间的边具有方向性。比如节点 i 指向节点 j 表示在加工过程中节点 i 会影响到节点 j，反之则不会。在图中使用单向箭头表示。

(3) 网络节点间的边表现为无权重，即有关系则权重为 1，无关系则权重为 0。

以上定义的邻接矩阵是质量网络分析计算的基础。在此基础上，可进一步分析该质量网络的特性，如网络的度、介数、聚集系数、传递率等网络分析指标，揭示生产物流中基于加工特征的质量网络的特点。

6.4 生产物流的跟踪与追踪实现

6.4.1 工序物流跟踪与追踪

工序物流跟踪与追踪建立在工序级监控环境配置的基础上。工序级 RFID 跟踪环境配置方法见 6.3.1 节。通过对 RFID 的数据采集及处理，可以实现工序物流的跟踪与追踪。系统的运行流程如图 6-27 所示。

RFID 实时跟踪

1. 标签绑定

在工序物流跟踪与追踪中，批次零件跟踪的数据来源于生产排程结果甘特图。在该甘特图的指导下，首先将批次零件与 RFID 标签进行绑定，将工人与 RFID 标签进行绑定。在绑定标签的过程中，以上文中对生产要素进行编码的规则对标签进行编码。

2. 实时标签数据采集与处理

在生产排程结果的基础上，运输工人按照甘特图的指导将零件分别运输到各个制造节点上。此时，零件标签数据和工人标签数据被各个制造节点上的 RFID 阅读器读取到，并发送到数据处理服务器，进行实时数据的采集和处理，获取零件的实时状态信息。

3. 实时状态监控及其可视化

车间实时状态监控看板接收到数据处理服务器发送的批次零件实时状态信息，将其显示在车间实时状态监控看板上，实现车间实时状态监控的可视化。

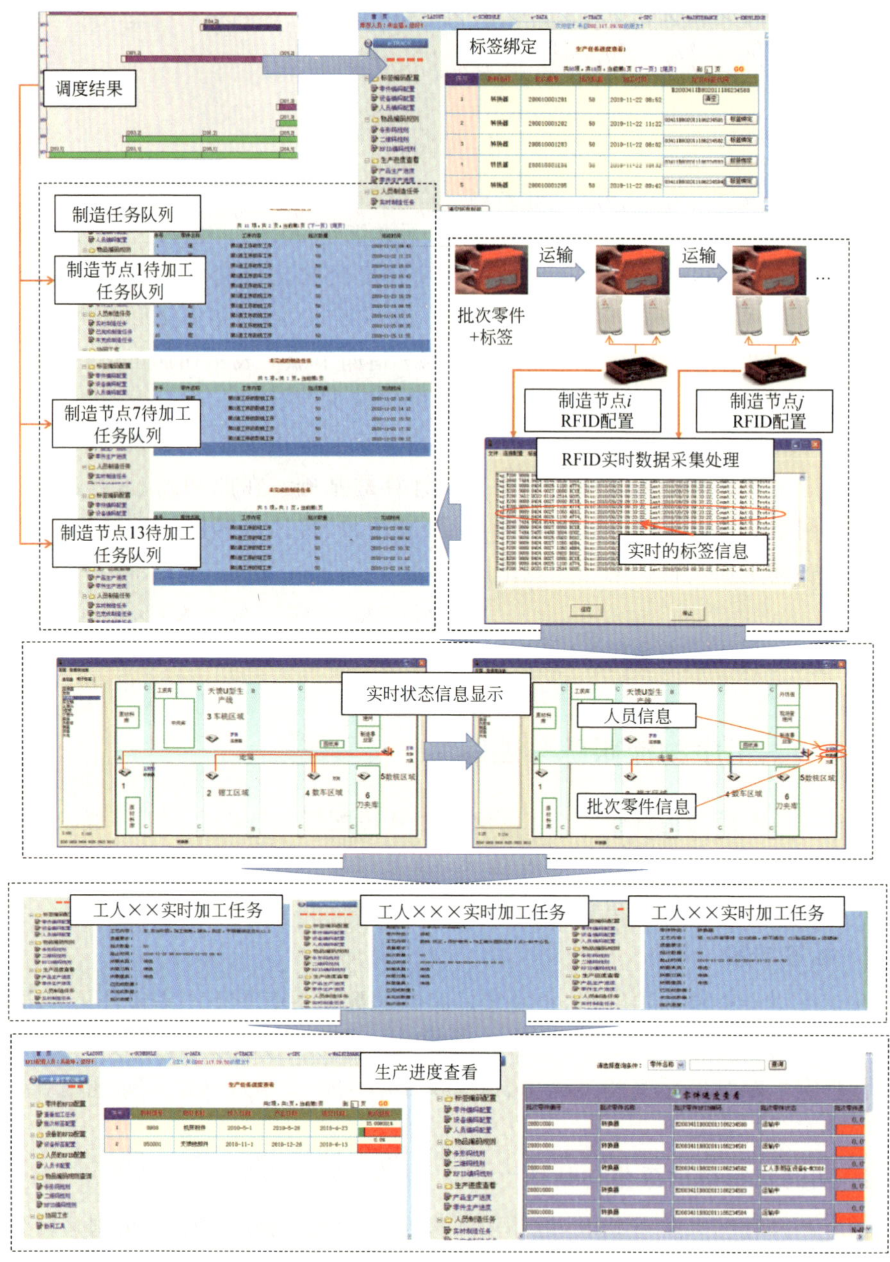

图 6-27　工序物流跟踪与追踪的实现

4. 实时加工信息

通过获取数据处理服务器的批次零件实时状态信息，可以获得各个制造资源节点上在加工批次零件的工艺信息，为工人进行批次零件工艺的加工提供可视化的加工工艺信息。

5. **实时生产进度**

生产进度查看模块会自动统计当前车间制造任务中产品的进度信息，并根据 RFID 的实时状态信息获得当前批次零件的加工状态。

6.4.2　车间级生产物流的跟踪与追踪

车间级生产物流的跟踪与追踪是工序物流的跟踪与追踪以及生产库存的跟踪与追踪的集合体，是对零件在车间级不同制造节点间、制造节点和生产库存节点间进行跟踪与追踪的过程。批次零件通过在不同制造节点间的流转，实现工序层面上的加工；通过生产库存实现制造节点中生产的平顺，解决制造流程中供需不匹配问题。[12]

其跟踪与追踪环境的配置方法如图 6-28 所示。

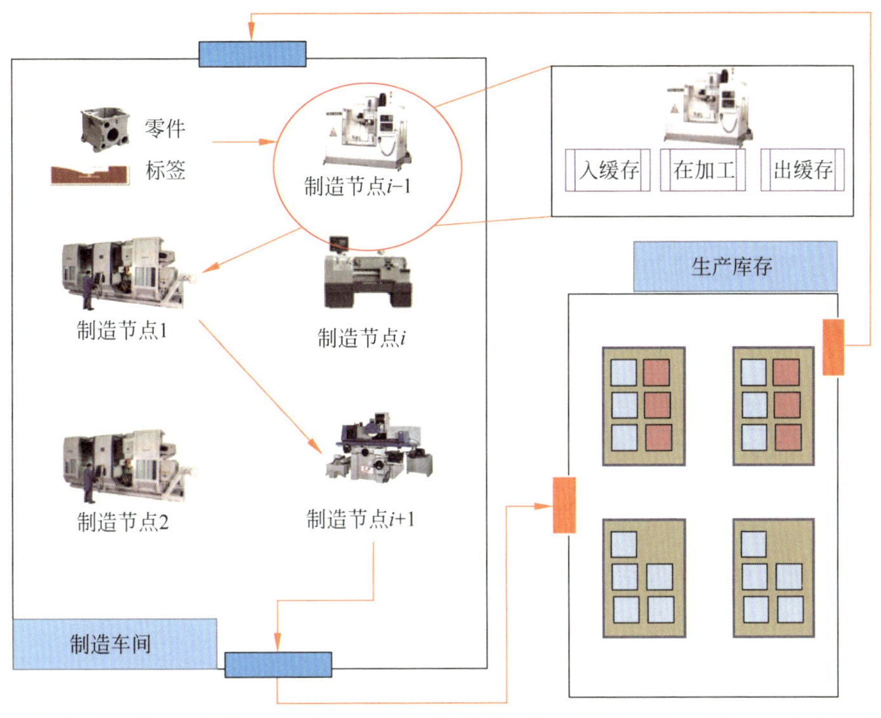

序号	位置/资源/人员	RFID	标签	序号	位置/资源/人员	RFID	标签
1	车间门禁	√		7	库存门禁	√	
2	入缓存	√		8	叉车	√	
3	在加工	√		9	货架		√
4	出缓存	√		10	入库缓存区	√	
5	零件		√	11	出库缓存区	√	
6	人员		√				

图 6-28　车间级生产物流的跟踪与追踪环境配置方法

在生产物流的关键节点上配备 RFID 阅读器，进行 RFID 标签数据的采集，通过服务器进行 RFID 网络数据的接收以及处理，最终实现车间级生产物流的跟踪与追踪。其中，工序物流的跟踪及追踪流程如上文所述。生产库存的跟踪与追踪的流程如图 6-29 所示。

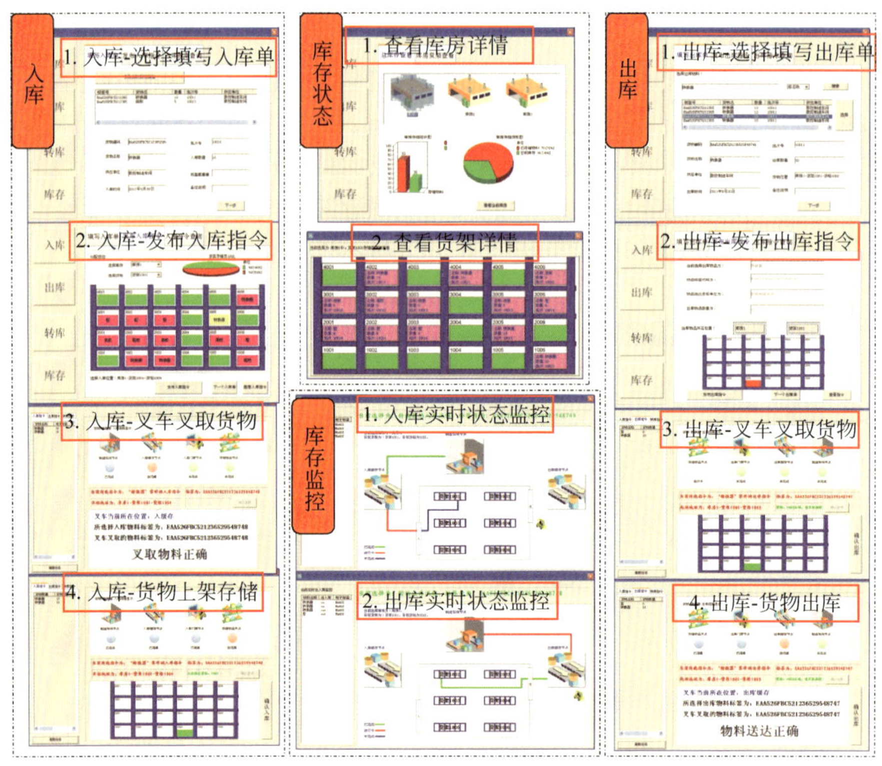

图 6-29　基于 RFID 的生产库存跟踪与追踪流程

(1) 零件入库流程的起始点为制造节点，当零件被运达入库缓存区时，配置在该节点的 RFID 阅读器自动获取该批次零件的标签数据，并在待入库清单中显示该批次转换器零件相关的入库清单。

(2) 入库管理人员选择该批次零件，并将其放置在托盘上，为该批次零件选择合适的库房、货架及最终放置物品的货格，然后发布入库指令。

(3) 配置在运输工具上的车载电脑终端获取实时的入库指令信息，选择该零件的入库信息后，到达指定的入库缓存区叉取零件放置在该零件的托盘上，配置在叉车上的 RFID 阅读器读取到物品的标签数据，和选择入库指令的标签信息进行比对，确认叉取物品是否为入库指令中指定的零件。

(4) 配置在运输工具上的车载电脑终端显示出本次入库任务的目标地址，辅助运输工人将货物运达入库指令中指定库房指定货架的指定货格中，并在运输错误时发出提示，辅助运输工人准确无误地完成该零件入库动作。

（5）在整个入库物流过程中，通过布置在各个节点（车间制造节点、入库缓存节点及入库门禁节点等）的RFID阅读器及车载RFID阅读器，获取入库流程中物料运输过程的实时标签数据，并对其进行数据处理，获取物料运输过程的实时状态信息，将其实时地显示在生产库存物流实时跟踪看板上，实现物品入库流程的跟踪与追踪。

（6）在制造车间节点需要该零件时，出库管理人员利用搜索功能选择该零件，自动完成出库单的填写。

（7）出库管理人员核对所选择出库物料是否正确，查看当前存储位置，确认后发布出库指令。

（8）运输工具上的车载电脑终端实时接收到出库指令信息，运输工人选择该出库指令后，获取该零件当前所在仓库的位置信息，并在车载终端的指引下，到达出库任务所在的目标位置，车载RFID阅读器读取到货格标签数据和货格中货物的标签数据，和出库指令中的出库货物标签数据及货格标签数据进行比对，确认出库物品为出库指令中指定的零件。

（9）运输工具经由出库门禁将该货物运达出库缓存节点中，实现该零件的出库操作，并最终将零件运达车间制造节点，实现该零件的出库动作。

（10）在整个出库流程过程中，布置在各个节点（出库门禁节点、出库缓存节点及车间制造节点等）的RFID阅读器及车载RFID阅读器获取出库流程中物料运输的实时标签数据，并对其进行处理以获取物料运输的实时状态信息，将其实时地显示在生产库存物流实时跟踪看板上，实现物品出库流程的跟踪与追踪。

（11）生产库存管理人员可以查看当前实时的库存信息及库存中指定货架存储物品的实时状态信息，结合生产库存物流实时跟踪看板，实现基于RFID的生产库存的跟踪与追踪。

6.4.3　企业及外协供应链的生产物流跟踪与追踪

企业及外协供应链的生产物流跟踪与追踪是跨企业间的物流跟踪，涉及多个企业间的协作。首先需要搭建企业及外协供应链的生产物流监控环境硬件架构平台。典型监控环境的配置如图6-30所示。

提取关键节点，包括各个供应链企业、物流服务企业、运输车辆等。对其进行分类，可将其划分为固定监控节点和移动监控节点两类。固定监控节点是指具有固定物理位置的节点，如制造企业、仓库企业等。根据粒度划分的不同，可以对其节点进行细分，如制造企业内部的制造节点、库存企业内部的货架节点等。移动监控节点是指物理位置会发生移动的节点，如运输车辆、叉车等。固定监控节点与移动监控节点配置方式的区别主要有：是否有位置信息的监控，RFID阅读器的区别，网络连接方式的区别等。固定监控节点一般不具备位置信息的监控（其位置信息固定，在节点设置初已经确定），采用固定式RFID阅读器，采用无线网络或者有线网络的方式连接到网络上。移动式监控节点一般配备有进行位置信息监控的传感器,大多采用手持式 RFID 阅读器,采用的网络连接方式多为移动网络(如 GPRS/3G/4G 等)。

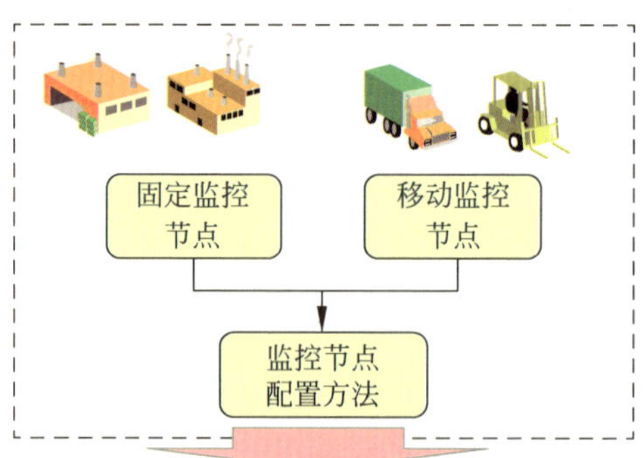

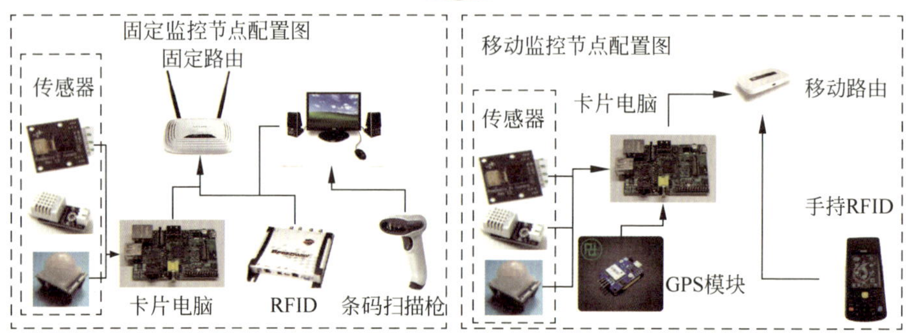

图 6-30　生产物流监控环境配置图

监控节点中的卡片电脑负责前端数据的采集和处理,包括 GPS 数据、RFID 数据、条形码数据及传感器数据,并对这类数据进行初步的处理和融合。卡片电脑大多需要具备一些运算功能,本书中采用树莓派电脑实现数据的初步处理和融合。

生产物流跟踪与追踪监控硬件架构平台如图 6-31 所示。

移动监控点和固定监控点分别通过网络将物流数据信息发送到云端服务器,云端服务器对数据进行耦合处理后,将数据信息保存到数据库服务器中。客户端可通过网络与云端服务器和数据库服务器进行数据交互,完成相关功能。监控看板可通过向云端服务器发送监控指令,接收云端服务器返回的数据,实现监控看板的可视化显示。

依据已构建的基于物联网的物流过程状态监控环境,其硬件平台内设备的连接方式如图 6-32 所示。

卡片电脑有三个功能:进行数据的采集、数据的耦合及数据信息的传输。信息传输采用文中所设计的 6ML 格式。卡片电脑通过网络(3G/4G/Wi-Fi/网线)将耦合后的数据信息传递到云端服务器。云端服务器对数据信息进行进一步的耦合处理,并将信息保存到数据库中。客户端通过网络实现与数据库的交互,对数据信

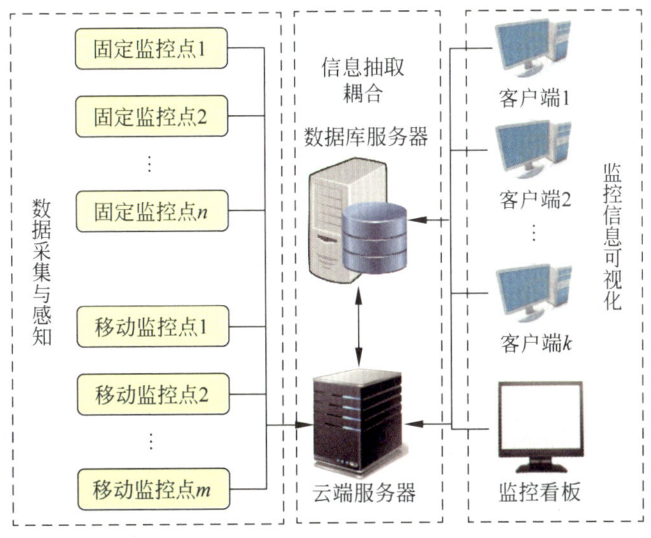

图 6-31　监控硬件架构平台

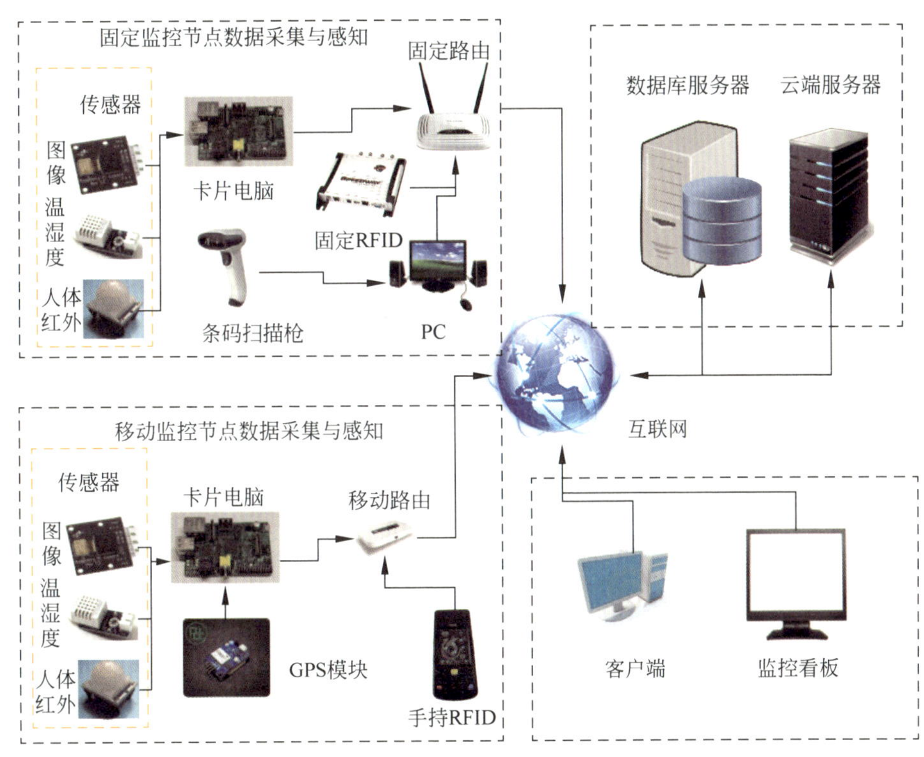

图 6-32　系统内设备硬件连接方式

息进行保存和修改等操作，通过云端服务器实现实时信息的获取。监控看板通过网络接收云端服务器的实时触发信号，然后读取数据库的信息，将物流过程状态以可视化的方式实时地显示出来。

企业及外协供应链的生产物流跟踪与追踪涉及数据库技术、卡片电脑开发、云端服务器程序开发、PC开发及监控看板开发，部分程序界面如图6-33所示。卡片电脑集成各类传感器（如图像传感器、人体红外传感器、温湿度传感器、GPS模块及天线等）数据，通过Wi-Fi模块与手持RFID阅读器或固定式RFID阅读器进行数据的融合处理。将融合处理后的数据经由无线网络上传到云端服务器，云端服务器的数据采集程序获取实时数据信息，将其进行处理后保存到数据库中，从而实现企业及外协供应链生产物流的跟踪与追踪。

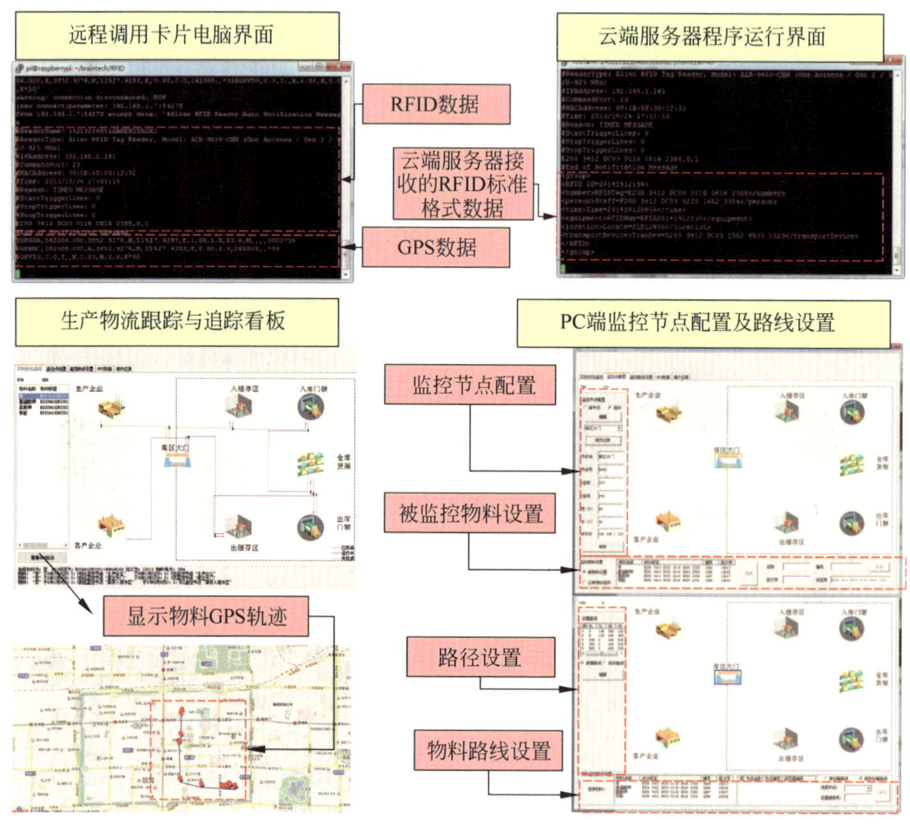

图6-33 生产物流跟踪与追踪部分程序界面

参考文献

[1] ZHANG Y F, JIANG P Y. RFID-based smart Kanbans for Just-In-Time manufacturing [J]. International Journal of Materials & Product Technology. 2008,33(1-2): 170-184.

[2] JIANG P Y, FU Y B. A new conceptual architecture to enable iPSS as a key for service-oriented manufacturing executive systems [J]. International Journal of Internet

Manufacturing and Services. 2009,2(1): 30-42.

[3] 国家市场监督管理总局 国家标准化管理委员会. 物流术语: GB 18354—2021. 北京: 中国标准出版社,2021.

[4] JIANG P Y, FU Y B, ZHU Q Q, et al. Event-driven graphical representative schema for job-shop-type material flows and data computing using automatic identification of radio frequency identification tags[J]. Proceedings of the Institution of Mechanical Engineers, Part B: Journal of Engineering Manufacture, 2011,226(2): 339-352.

[5] 齐普金. 库存管理基础[M]. 马常松, 译. 北京: 中国财政经济出版社,2013.

[6] 薛燕红. 物联网导论[M]. 北京: 机械工业出版社,2014: 40.

[7] CAO W, JIANG P Y, and SAUSER J. RFID-Driven Graphical Method for Describing the Time-Sensitive State and Position Changes of WIP Material Flows in a Job-Shop Floor[J], Manufacturing and Engineering Developments, 2013, 273: 97-102.

[8] JIANG P Y, FU Y B, ZHU Q Q, et al. Event-driven graphical representative schema for job-shop-type material flows and data computing using automatic identification of radio frequency identification tags[J]. Proceedings of the Institution of Mechanical Engineers, Part B: Journal of Engineering Manufacture, 2012, 2(226): 339-352.

[9] HOZAK K, COLLIER D A. RFID as an Enabler of Improved Manufacturing Performance [J]. DECISION SCIENCES,2008,39(4): 859-881.

[10] 邵新宇, 蔡立钢. 现代 CAPP 技术与应用[M]. 北京: 机械工业出版社, 2004.

[11] 王岩.高值难加工航空零件的多工序数字化加工过程质量控制方法研究[D]. 西安: 西安交通大学,2017.

[12] CAO W, JIANG P, LIU B, et al. Real-time order scheduling and execution monitoring in public warehouses based on radio frequency identification[J]. International Journal of Advanced Manufacturing Technology, 2018,95(5-8):2473-2494.

第7章

工业物联网技术行业应用

7.1 3C 制造领域应用

7.1.1 企业物联网应用现状及瓶颈

制造企业普遍认同工业物联网的重要性，但尚未形成清晰的物联网战略[1]。传感器、PLC 等物联网技术已经在工业领域存在了几十年。目前制造企业物联网应用主要集中于感知，即通过硬件、软件和设备的部署收集并传输数据，这只是物联网应用的开始。企业目前仍处在数据应用的感知阶段而非行动阶段。大部分企业利用采集到的数据解释历史表现的规律和根本原因，仅有少部分企业开始将数据用于预测性分析指导企业行动[2]。

目前从事物联网终端生产的企业众多，行业需求多样化导致物联网终端模块接口和传输标准难以统一。同时，由于物联网潜在的安全问题，在要不要与国际统一标准和如何统一标准的问题上存有分歧。而没有统一的标准，物联网广域化全程全网的应用则难以实现[3]。在传感器领域，基本上都是国外巨头垄断，国内少数几家厂商也大多是在国外芯片基础上加工，在操作系统、中间件、云存储、云计算等各个方面，中国厂商都居下风，中国的信息产业目前非常缺乏核心专利[3]。

工业物联网是企业建设数字化车间、智能工厂的基础。在 3C（Computer，Communication，Consumer Electronic）领域，即计算机、通信和消费性电子领域，企业通过构建工业物联网，提升企业数字化能力。

7.1.2 企业物联网应用总体架构

如图 7-1 所示，智能工厂整体业务模型自底向上包括设备层、集成层、核心业务层、透视层[4]。设备层是基础，包括生产加工、物料配送、质量检测等设备；集成层主要指系统集成和数据集成，系统集成包括 ERP（enterprise resource planning，企业资源计划）、MBO（management by objectives，目标管理）、MES（manufacturing execution system，制造执行系统）、SPC（statistical process control，统计过程控制）、BC（block control，模块控制）、MCS（material control system，物料控制系统等），数据集成包括虚拟产品、虚拟产线、虚拟设计、虚拟制造等来源数据；核心业务层主要包括生产管控、质量管控、物流管控、计划管控、能源管控；透视层包括设备可视化、工序可视化、车间可视化、工厂可视化、企业可视化。

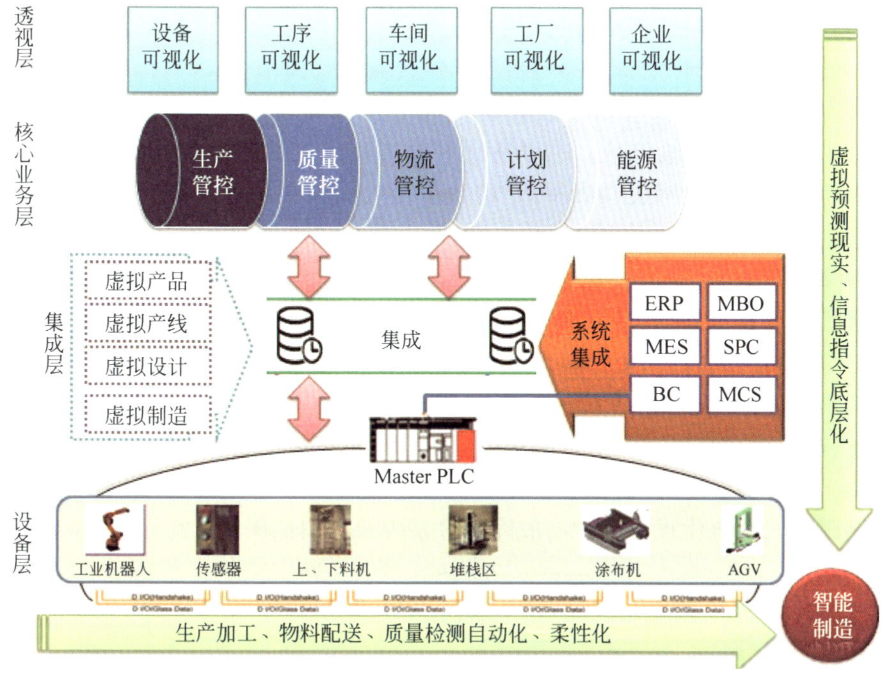

图7-1 智能工厂的总体架构

7.1.3 物联网应用层次结构

1. 设备层级物联网应用

1）数据采集与分析

利用物联网技术，实时采集物料信息，包括物料编码、物料的位置、物料的状态、库存信息、各批次物料的使用状态与加工状况、缺料信息等。这些信息被采集后，由物流管控系统对其进行处理和分析，实现对物料的高效调度，降低物流成本。并在此基础上对物料在生产过程中使用的数量和质量进行准确的统计分析，从而得出不同物料的最佳使用数量，生产管理系统通过与ERP系统进行对接与数据共享，即可为物料的采购计划提供科学依据。

2）设备互联互通

智能化的生产设备需要主动地感知生产环境的变化，主动采取相应控制策略进行自我调整、自我学习，实现生产过程的稳定运行；智能化的生产设备将相关的信息通过工业数据总线或物联网及时、准确、完整地传递到其他设备和系统，不但实现单个设备的智能化，而且实现整套生产工艺设备的互联互通，确保整个生产工艺过程处于优化运行状态，降低物料和能源的消耗，提高产品的质量；智能化的生产设备具有强大的自诊断能力，在实现有效的设备资产管理的同时，能够借助大数据分析，实现生产设备的预测性维护，降低非计划停机的可能性。从底至上由设备层到控制层再到车间管理层，最后到企业层全部互联互通。设备层包括自动化设备和智能设备，自动化设备内部包括驱动器、传感器、模拟量 I/O、执行器。应用物联网可实现设备的互联互通以及设备之间的互联互通，可以通过可编程控制器(PLC)在设备之间传输信号。也可通过射频接收装置采集设备端使用的数据，以自动组网的方式通过网关(gateway)将数据传输到以太网上。车间控制系统一般位于无尘室外面的服务器机房，可以通过以太网与产线控制系统连接。

3) 智能化设备维护与故障预警

智能化设备维护与故障预警系统包括：通信控制器、驱动控制、设备上位机、报警灯、报警看板、邮件、短信。设备 I/O 板连接上下游设备，实现整条线的连接，设备的 PLC 与整条线的 PLC 进行连接，实时监控设备状态。设备的运行状态、报警信息、产品信息都可实时上报系统。设备上人机界面便于对设备的单机操作，设备的 PC 单元用于记录设备的运行状态，并与服务器连接，实时上报生产数据，便于追溯跟踪。智能化设备维护与故障预警系统架构图如图 7-2 所示。

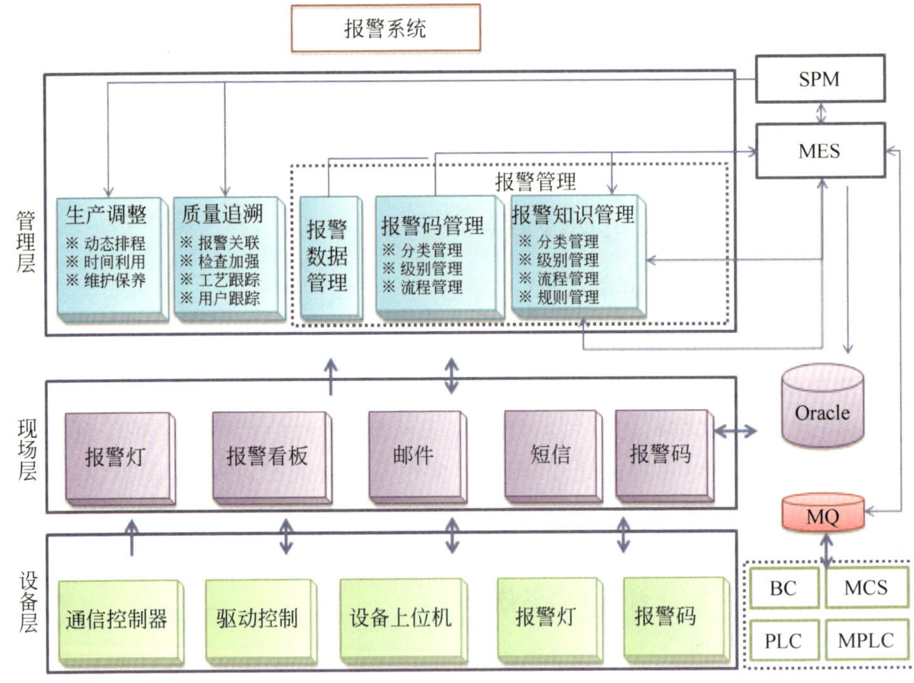

图 7-2 智能化设备维护与故障预警系统架构图

其中，SPM(smart process management)为智能流程管理；Oracle 为关系数据

库管理系统。

2. 产线层级物联网应用

1）生产过程监控

根据事先约定的编码及读码原则为每种/每件产品生成二维码。每种/每件产品有唯一一个 ID，根据此 ID 可一直追溯到客户端。可将 VCR 装置安装于每条产线上，用于读取产品二维码来识别产品信息。每台读码器要有可识别的 ID，用于工作状态的监控，实时将数据上报给 MES。整个生产过程监控的技术架构体系如图 7-3 所示。

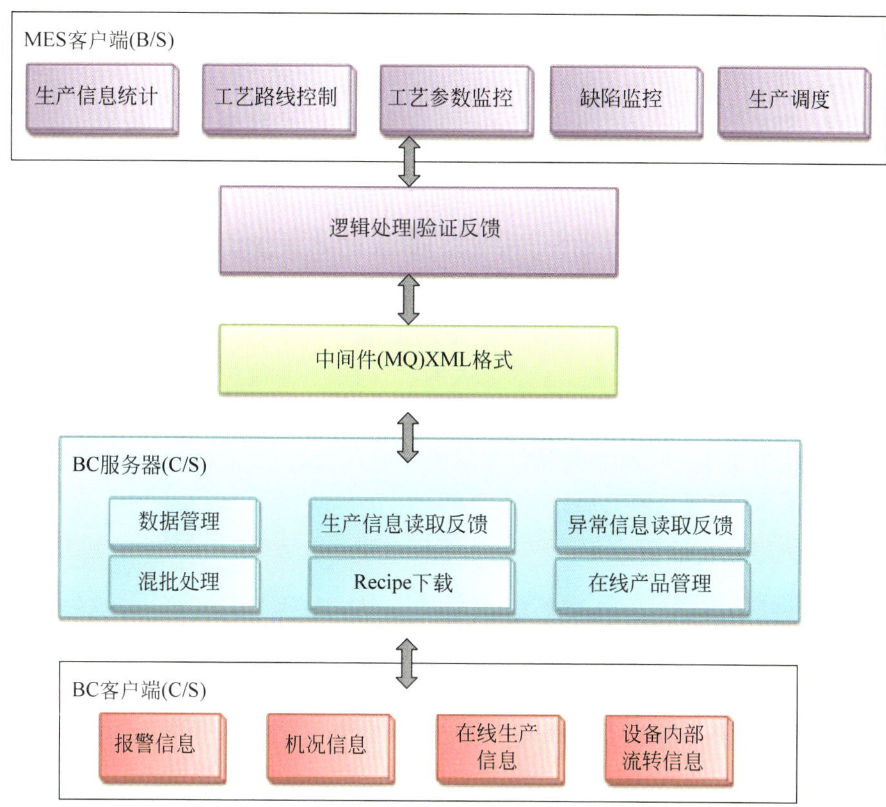

图 7-3 生产过程监控的技术架构

2）生产过程智能优化控制

SPC 的作用在于通过收集制造过程中的检验数据，依据统计原理建立制程管制程序及方法，以改善制程能力及提高产品质量、良品率。

SPC 系统架构如图 7-4 所示。

生产过程智能优化控制的实现主要是通过 SPC 系统实时传递数据，通过互联网实现数据收集、实时控制、异常处理、报表生成、统计分析与查询，且在同一页面可以监控一个控制特性的过程状态、数据表和不同的控制图表。

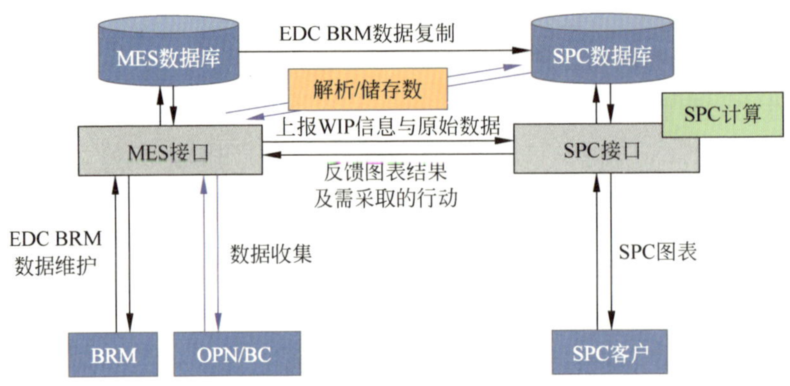

图 7-4 SPC 系统架构

其中，EDC（electronic data capture）系统为电子数据采集系统[5]；BRM（business resources management）为企业商务资源管理系统。

3）产线互联

产线通过如下方式进行互联：①光纤网，光纤网是设备和设备之间连接的网络，通过可编程控制器（PLC）在设备之间传输信号；②无线物联网，无线物联网（IOTS）通过射频接收装置采集设备端使用的能源数据，以自动组网的方式通过 gateway 将数据传输到以太网上；③以太网，车间控制系统位于无尘室外面的服务器机房，通过以太网与产线控制系统连接；④通过将各种信息系统（MES，ERP，QMS（质量管理系统），EMS（能源管理系统））的相关信息（能耗、生产、质量、设备、成本）集成起来，实现互联互通。

3. 车间层级物联网应用

1）智能在线检测

在线自动检测设备对产品进行 CCD 图像传感器摄取成像，提交给影像处理卡进行处理，处理后交由主控制计算机进行分析，根据设定的数据模型进行演算，并输出结果[6]。系统包括：光源、CCD 影像采集处理装置。CCD 影像采集处理装置主要由影像采集卡、影像处理器、计算机、PLC 运输系统和输出装置组成。AOI（automated optical inspection，自动光学检测）设备的硬件结构如图 7-5 所示。

2）数字化物流跟踪

车间物料跟踪系统包括仓库管理过程监控、物料状态监控、配送作业监控、运输工具监控以及线边库存监控等模块。利用物联网技术实现对物料和物料运输工具的实时定位、追踪与监控，获取物料和运输工具的状态和位置等信息，并可以通过对这些信息的分析实现对物料的高效调度。其智能功能包括：

（1）车间物流的自动化

生产过程中，MES 在接到设备端口的请求后，生产调度系统根据当前产品的制程能力和所需要的物料，在后台查找符合条件的产品，将信息传送给搬运系统，

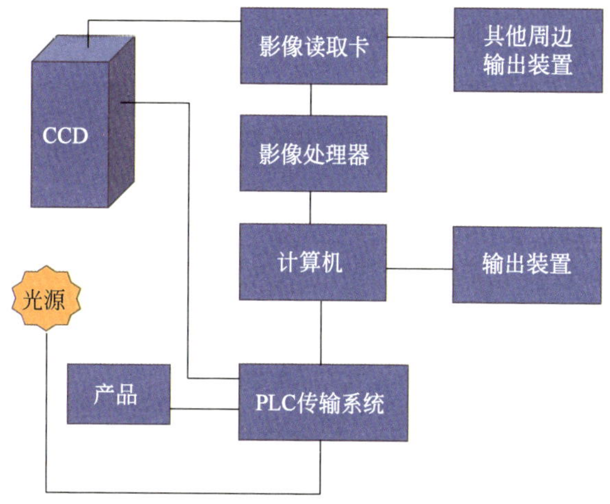

图 7-5　自动光学检测设备的硬件结构

搬运系统搬到位置后，由搬运系统的感知系统将信息传输给 MES，完成自动搬运。载入设备感知到已经到位的产品信息，将信息传输给 MES 进行投入校验，信息正确则完成投入；不正确则取消，反向传递完成所有操作。通过设备、BC、MES、DCS、MCS 的集成配合完成自动化的物流。

（2）物料需求分析

利用物联网技术，实时采集物料信息，包括物料编码、物料的位置、物料的状态、库存信息、各批次物料的使用状态与加工状况、缺料信息等。

3）车间互联

智能制造的首要任务是信息的处理与优化，车间内各层网络的互联互通则是其基础与前提。无论是工业云，还是工业大数据，都需要工厂车间的互联互通和数据采集与交互来支持。

可以通过无线物联网和互联网，将车间层管理系统与企业层管理系统连接起来，实现车间互联。在建立各业务领域的信息化基础平台的基础上（如 MES（制造执行系统）、生产计划、ERP、QMS、EMS）实现各种资源的互联互通。

其中，MES 是 CIM 系统的核心系统，其主要包括 WIP 管理、设备管理、工业自动化配方（recipe）管理、执行、追溯、数据采集等功能模块。为了适应企业内部多样化的客户端，采用 WebService 作为服务器端对外暴露公共接口，以便远程调用。

实现车间互联能够将实物在车间中的全生命流程通过信息化透明地展现，使实物的数量、状态、位置清晰地体现，使用户能够更好地掌握车间情况。通过打通从车间领料到成品下线的全业务流程，将物料的信息相互串联，更好地进行追溯管理。通过数据采集和分析，也可为管理层的决策提供准确的依据。

4. 工厂层级物联网应用

工厂互联是顺应全球新工业革命以及互联网时代的潮流，对大规模生产转型、大规模定制的创新性探索，是互联网转型的重要组成部分。与传统工厂不同，互联工厂实现了与用户相连，目标是从“产销分离”到“产销合一”，满足用户无缝化、透明化、可视化的最佳体验。通过建立起互联工厂体系，打造互联工厂的引领样板，可实时、同步响应企业全球用户需求，并快速交付智慧化、个性化的方案。

通过工厂互联可以将工厂的各方面能力清楚地反映出来，达到对工厂生产作业的管控目的。通过系统中的实时监控，使用户能够清晰了解对应计划的施行状态与流程进度。在生产过程中或生产结束后对于产品存在争议时，也能更好地追溯，及时查到问题所在。

工厂互联

从底至上即从设备层到控制层再到车间管理层，最后到企业层全部互联互通。设备层包括自动化设备和智能设备，自动化设备内部包括驱动器、传感器、模拟量I/O、执行器。设备与设备之间通过设备的现场总线设备进行I/O(input/output，输入/输出)互联互通。

工厂设备层与控制层(block control，BC)产线控制之间的互联互通通过Master PLC来实现。控制层与车间管理层的MES、SPC互联互通通过以太网实现。最后是车间管理层与企业层的ERP、SPM、MBO、EMS(energy management system，能源管理系统)。

在生产第一线提升生产率和效率、提高品质、削减成本、降低能耗，是制造业一直不断改进完善的课题。通过建立工厂可视化系统，可实时追踪生产现场的生产运转情况、品质信息、能源消耗量等数据，通过在信息系统中灵活运用生产现场的可视化信息，可大大提高工厂的效率和生产率。

同时，部署可视化监控中心和电子看板，可以对生产过程实时可视化监控，使得对生产情况一目了然，对在制品过库存或库存不足、生产进度与计划差异、库存周转速度、产品质量等进行监督和管理。集成监控信息，综合应用电子化看板、移动终端等，查询、监控跨地域的生产、工时、质量、物料等信息。监督和控制生产现场的制造和协同作业，提高传递效率，提高执行力。

可视化内容包括：整个工厂车间的整体可视化，每个设备产线的运转状况，是否有报错信息，是否在正常地转动；有多少异常设备(工序)的可视化，如有报错信息，可以实时在画面上进行确认；各工序间是否存在待加工品积压滞留；哪台设备加工效率更高，没有使用的设备是否仍在运转；整个工厂的能源消耗、生产订单数量，以及完成率等。

5. 决策层级物联网应用

决策可视化的内容包括：工厂的销售状况，订单执行状况；整体的能耗状况；工厂整体的库存状况以及库存周转率；工厂整体的设备管理效率的各项KPI(key performance indicator，关键绩效指标)；工厂整体的各项成本，财务KPI；工厂整体的环境状况等。基于可视化的智能决策架构如图7-6所示。

商务智能决策功能包括：①生产监控。对各工厂、车间、流水线、重点工序

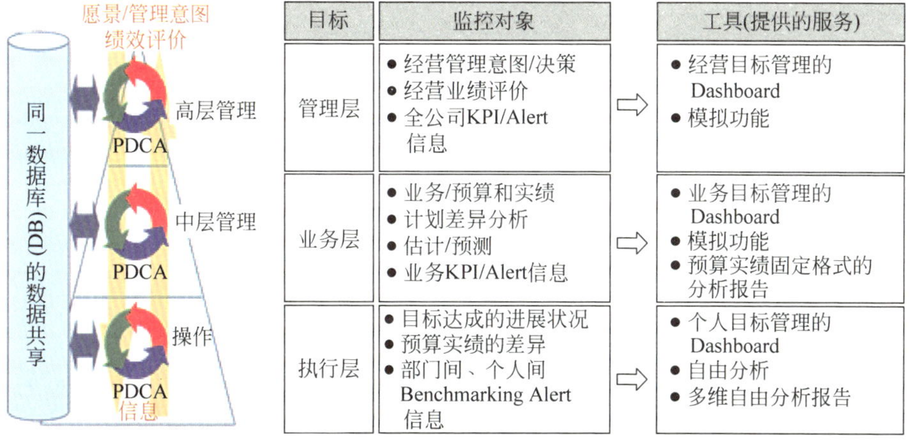

图 7-6　基于可视化的智能决策架构

的关键指标进行监控，及时掌握生产的成本变化、产能变化，合理安排生产、调度设备和人员，最大化保时保质完成既定生产目标。②库存管理。通过掌握库存数量、成本、库存结构的变化，及时调整采购策略、保障生产，减少现金占用率。③制费分析。制造费用是制造行业重点关注的指标之一，对制费的趋势变化、不同生产单位之间的费用对比，是必不可少的分析内容。④产成品年(月)周转天数。产成品周转天数能反映企业生产、销售和物流等多个环节的管理能力，也是反映企业综合竞争力的指标之一。⑤材料利用率。应减少材料的损耗，从细处控制成本，节能降耗。⑥人工费用。人工费用也是制造行业成本构成的重要内容，应掌握人工成本的变化，以便及时提高产能、提高生产效率、合理控制人工成本。

7.1.4　关键核心技术

1. 面向设备、工序、现场、工厂的可视化技术

面向设备、工序、现场、工厂的可视化技术包括设备可视化、工序可视化、现场可视化、企业经营与决策可视化，如图 7-7 所示。

通过可视化，将不明状况数字化，通过 KPI 的展示，实现工厂整体的可视化，并以此为视角展开工厂整体的透明化，通过洞察力促进工厂发现问题，并改善问题。具体做法可以从以下几个方面来说明。

(1) 设备可视化。设备可视化的内容包括：设备所处位置、型号、厂家，以及连续生产时间的可视化；关注某个设备的目前状态、某个设备目前所生产的产品所属订单以及相对应的计划完成率、当前的生产数量、该设备的当班良品率等信息。

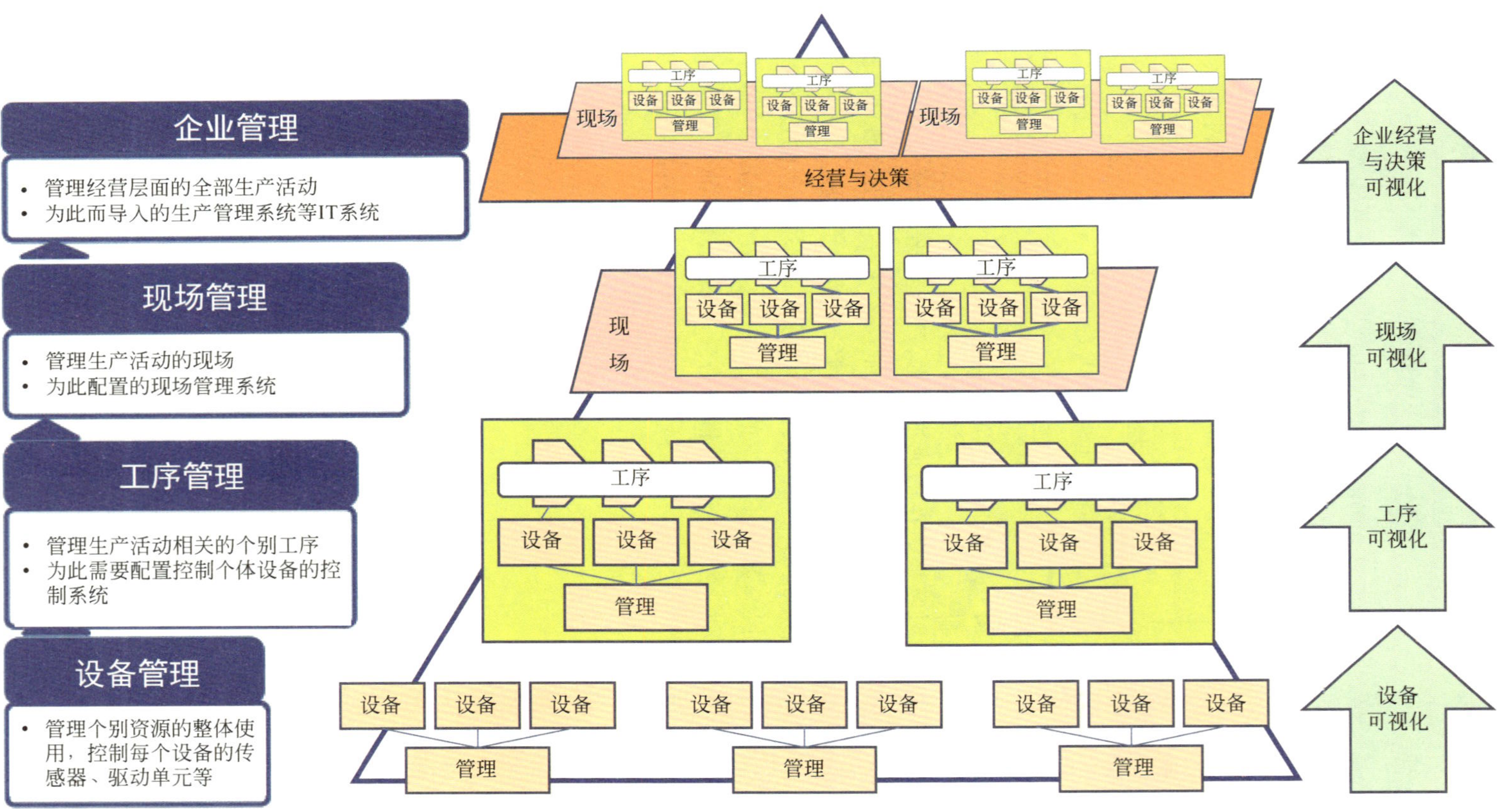

图 7-7　智能制造工厂可视化通用技术

(2) 工序(产线)可视化。可查看产线、设备的运转状态,传送带的运转状态,设备的故障状态。可视化内容包括:对所处工序(产线)的各个设备的目前状态可视化,如有报错信息实时在画面进行显示;产线连续生产时间的可视化,产线的24小时生产数量推移的可视化,能耗、报警信息的可视化,综合设备效率的可视化等。

(3) 现场可视化。可视化内容包括:整个工厂车间的整体可视化,每个设备产线的运转状况,是否有报错信息,是否在正常地运转;当今有多少异常设备(工序)的可视化,如有报错信息可以实时在画面进行确认;各工序间是否存在待加工品积压滞留;哪台设备加工效率更高,没有使用的设备是否仍在运转;整个工厂的目前能源消耗,生产订单数量,完成率等。

(4) 企业经营可视化。可视化的内容包括:工厂的销售状况,订单执行状况;整体的能耗状况;工厂整体的库存状况以及库存周转率;工厂整体的设备管理效率的各项KPI;工厂整体的各项成本,财务KPI;工厂整体的环境状况等。

(5) 决策可视化。提供适合企业各阶层用户(管理层,业务/部门负责人,各部门人员等)的功能;即使是不同阶层用户的功能,其数据库也由共同的系统来提供;不仅通过监控来掌握实际情况,还可以模拟一些假设的状况进行反面验证,对将要实行的措施进行全面研究探讨,并将研究成果在全公司共享等。

2. 互联互通技术

无线物联网技术对自动化设备的能源消耗量进行采集,建立固定能源、变动能源和与生产相关联的能源三段式能源管理结构[7]。通过无线物联网技术的应用将4M+E(人、机、料、法、环)数据化,同时模拟实际数据在虚拟工厂中的运行情况。

在建立各业务领域的信息化基础平台的基础上(如MES、生产计划、ERP、QMS、EMS)实现各种资源的互联互通,通过对各业务系统数据的关联实时分析建立模型,实现生产模型化分析决策、过程量化管理、成本和质量动态跟踪以及从原材料到产成品的一体化协同优化。

通过智能感知接口标准,完成制造装备间的互联互通、工序的互联互通、车间的互联互通、工厂的互联互通和企业的互联互通。互联思想是从互联互通视觉展开,包括设备互联、产线互联、车间互联、工厂互联,最后形成决策云。

部分工厂设备层与控制层BC产线控制之间的互联互通是通过Master PLC来实现的。控制层与车间管理层的MES、SPC的互联互通通过以太网实现。最后是车间管理层与企业层的ERP、SPM、MBO、EMS。由于大部分"3C"行业(计算机类、通信类和消费类电子产品行业)属于耗电大户,因而能源管理显得尤为重要。以某电子信息显示材料企业为例,互联互通异构网络架构如图7-8所示。

智能车间(洁净室)涉及大量的自动化设备、智能设备和传感器,并集成车间管理系统实现全自动生产,同时还要兼顾到能源管理,因此,智能车间(洁净室)的网

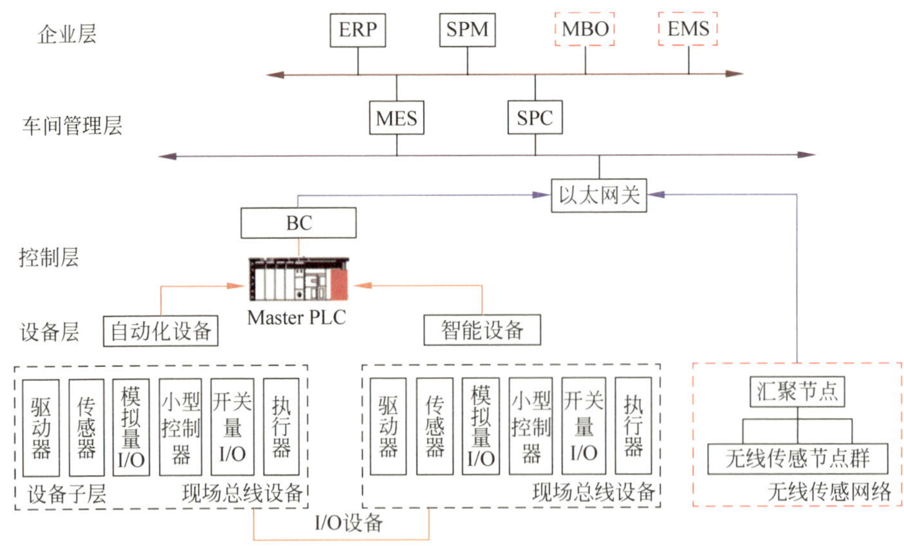

图 7-8　互联互通异构网络架构

络以异构方式连接，一般由光纤网、无线物联网、以太网组成。

3. 基于制造物联的生产过程精益管控技术

通过采用协同制造环境支撑关键技术，包括传感器组网与优化配路技术、多源数据感知和多网传输技术、数据汇聚与服务技术、全生命周期信息动态管理技术等，为制造协同技术推广奠定应用基础[8]。

(1) 设备管控。生产设备作为一个公司最重要的资产之一，通过提高设备的利用率及产能，降低设备发生故障的概率，是帮助"3C"企业提高利润、降低成本的一个重要途径。全面实现设备效率、异常信息反馈及维护保养的电子化、网络化、智能化，同时实现设备状态的实时集中监控、实时报警，使每台设备都成为一个子智能中心，各子智能中心共同组成一个智能网络，为管理层提供实时的数据信息，全面提升企业的管理能力。

(2) 产线管控。对于生产线工序、人员、设备等作产线平衡分析，对生产的全部工序进行平均化，调整作业负荷，以使各作业时间尽可能相近。消除作业间不平衡的效率损失以及生产过剩。综合运用生产线管理理论，包括生产线平衡、改善七大手段、鱼刺因果分析、生产线改善原则和方法、生产线的生产过程可视化等精益生产技术。

(3) 车间管控。健全车间生产组织，合理组织生产。根据厂部下达的计划任务，为车间各工段安排生产和工作任务，组织均衡生产，使人、财、物能够有效地运转，取得最优的经济效益。完善车间管理制度。车间在贯彻企业各项规章制度的前提下，要结合自身的特点，按照经济责任制的原则，制定各项管理制度以及车间内部职能组、工段、班组等各项组织和车间主任、职能组长、工段长、班组长、技术人员、工人等各类人员的工作职责、工作标准。

(4) 工厂管控。利用计划、组织、用人、指导、控制等活动，对生产过程和生产者进行管理，包括工厂可视化管理、工厂物流管理、仓储管理等模式。

(5) 决策管控。决策管控功能包括战略目标、战略规划、产品市场分析、相关利益方分析、企业之间的横向集成、大数据分析决策等。

4. 基于制造物联的生产过程多信息资源集成

在产品制造过程中，将物联网技术与制造技术有机融合，实现生产现场设备信息集成、多信息系统数据集成、智能产品信息集成、供应链物流信息集成以及仓储信息集成技术等多信息资源有效集成，完成多源信息技术的融合，开创新型生产制造模式与管控模式。

信息模型中系统的功能如下：

(1) 生产线控制系统实现全自动化生产。

(2) 透明车间实时监控机器设备和生产线的生产状态和工况，及时应对和处理计划外异常。

(3) 智慧供应链和智慧排程实现协同化管理，通过数据共享，促进设计与制造集成、供应链管理、商业智能和决策支持系统等关键环节的协同化，实现企业设计资源、制造资源以及供应链资源的无缝对接和同步运作。

5. 制造过程信息实时跟踪与追溯技术

采用面向质量目标的在线质量监测与控制技术，实现对车间生产过程的质量监控，将最新的在线测量和现代质量控制技术相结合，以最低制造成本实现最佳的预期质量目标，实现制造过程的质量监测与控制，保持制造过程产品质量的稳定性，为系统提供真实、有效、充足、实时的制造质量信息。

可通过条码、设备参数等手段，采集物料信息、质量特性，建立采购-生产-制造-销售全过程跟踪和管理模式。实时跟踪与反馈制造过程信息，提升对制造过程的掌控、调度能力，实现敏捷制造；整合采购、制造、销售全过程物料信息，形成从原材料到成品的多维度产品追溯，提升产品质量追溯能力。构建物联网，同时实现 MES 系统与关键质量控制点的检测设备的集成，可直接读取设备中的质量检测数据与 MES 系统实时集成，通过前后关联与验证功能，能够提高生产过程的防错能力，降低质量不良损失。通过对制造过程信息进行采集，以及采用制造过程信息统计分析与关联集成技术，建立制造过程的关键节点与关键路径，实现制造过程信息的正向跟踪与产品质量的反向追溯，以及因订单执行异常、产品质量异常等事件的分析与预警。

7.1.5 效益分析

1. 经济效益

互联网与传统产业的融合是大势所趋。工业物联网能大大提升工业的信息交互效率,物联网应用也是工业和产业领域发展的必然趋势。传统产业通过互联网技术整合产业链上下游资源,在原材料、装备制造、军工等重点领域开展试点工程,加快生产流程的创新,发挥“信息流”的作用,在研发、设计、生产、销售、服务等多个环节促进网络与信息技术的发展[9]。

通过实现智能设备互联、信息系统的构建和集成以及供应链的信息集成,可以提高智能制造能力,更快速、敏捷地对应客户需求,提高供应链效率,降低制造成本,提升企业核心竞争力。同时,通过对“3C”行业智能制造智能化车间的改造,以及对工业互联网的融合应用,可以实现产能的提升,缩短产品的研发周期,提高产品效率,降低整体运营成本和不良品率,对整体安全性的提升有显著作用。

2. 社会效益

(1) 促进我国传统制造系统的管理模式向精益制造模式发展。

智能车间技术、智能化装备与集成技术等为核心内容的智能制造技术的实施,将有助于解决生产效率降低、产品质量下降、管理混乱等问题,使企业的制造行为向精益制造、绿色制造方向发展。

(2) 促进数字化技术在制造领域的深化应用与牵引示范。

数字化车间/智能工厂技术的应用价值不但在于对企业制造内部流程的规范和提升,有助于离散制造过程自动衔接于过程监控、管理和优化,更在于企业制造链上下游资源的整合和信息共享,有利于形成跨企业的全局资源优化配置,减少生产链中的利益分配冲突,促进产业集群的形成;在利益共享的同时,解决产业链中各家企业自身的安全保密问题,因而相应的行业应用规范将随着物联网技术的普及而形成。

7.2 能源化工领域应用

7.2.1 企业物联网应用现状及瓶颈

智能制造技术及装备需求进入了加速、快速发展阶段。我国制造业正在经历转型升级、产业结构调整,推动信息化与工业化量化融合,为应对资源约束及劳动力成本上涨、发达国家再工业化挤压、产品质量及可靠性等挑战,抓住实施智能制造技术与欧美发达国家并行发展的良好机遇,缩短中国成为制造强国的历史进程。中国要实施“中国制造 2025”,坚持创新驱动、智能转型、强化基础、绿色发展,加快从制造大国转向制造强国[10]。

制造行业向智能化、数字化转型，通过计算、自主控制和联网，人、机器和信息能够相互连接，融为一体。智能制造的发展趋势从精益运营方面要求制造周期更加严苛，设备效率提升，预测准确性加强，要求通过可配置、集成平台实现端到端全面解决方案，在数字化产品及网络化生产过程方向实现云制造的智能工厂。

工业实践调查

目前能源化工领域企业普遍存在信息化建设水平不齐、信息化基础不一、底层感知信息不全等问题，实现端到端全面解决方案，建成云制造智能工厂依然任重而道远。

7.2.2　企业物联网应用总体架构

企业物联网应用总体架构如图 7-9 所示，包括设备层、生产线层、车间层、工厂

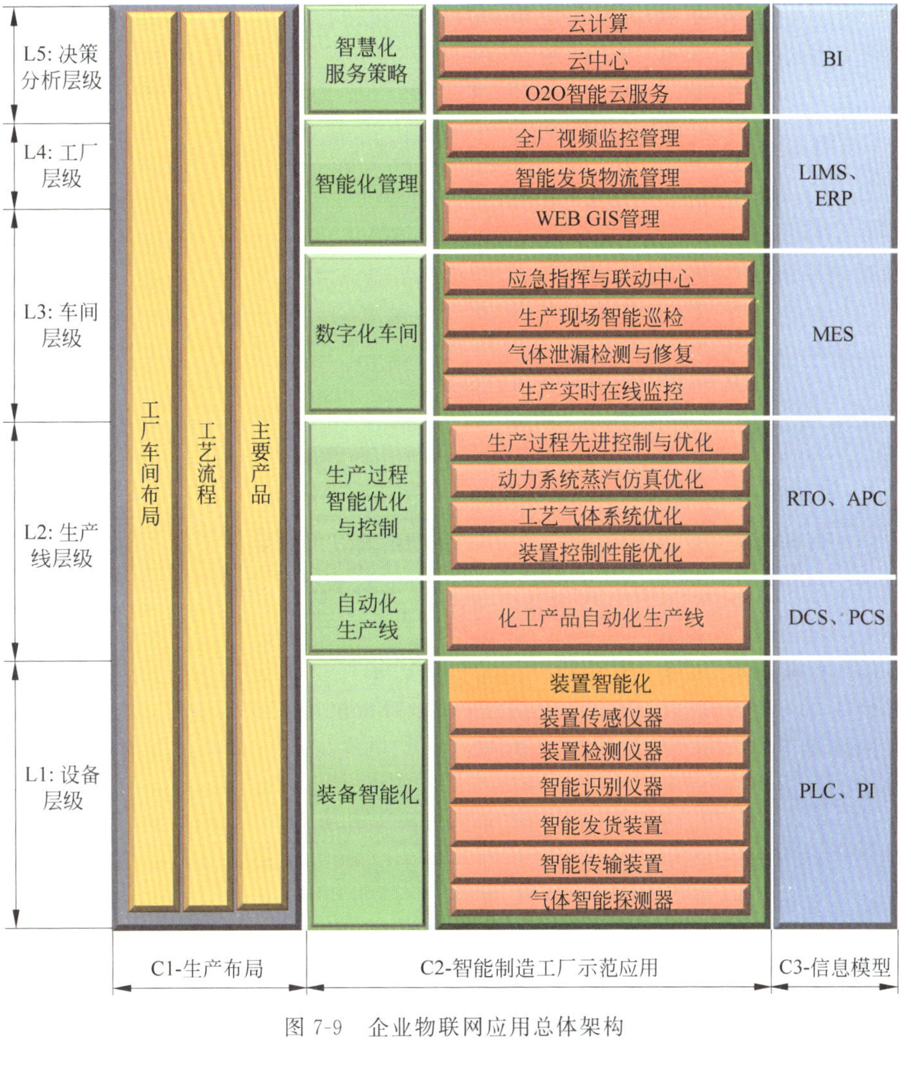

层级	C1-生产布局	C2-智能制造工厂示范应用		C3-信息模型
L5: 决策分析层级	工厂车间布局；工艺流程；主要产品	智慧化服务策略	云计算；云中心；O2O智能云服务	BI
L4: 工厂层级		智能化管理	全厂视频监控管理；智能发货物流管理；WEB GIS管理	LIMS、ERP
L3: 车间层级		数字化车间	应急指挥与联动中心；生产现场智能巡检；气体泄漏检测与修复；生产实时在线监控	MES
L2: 生产线层级		生产过程智能优化与控制	生产过程先进控制与优化；动力系统蒸汽仿真优化；工艺气体系统优化；装置控制性能优化	RTO、APC
		自动化生产线	化工产品自动化生产线	DCS、PCS
L1: 设备层级		装备智能化	装置智能化；装置传感仪器；装置检测仪器；智能识别仪器；智能发货装置；智能传输装置；气体智能探测器	PLC、PI

图 7-9　企业物联网应用总体架构

层、决策层，具体内容如下：

(1) 设备层级(装备智能化)：包括装置智能化和生产装置示范。装置智能化包括：智能传感仪器、智能检测仪器、智能识别仪器、智能发货装置、智能传输装置等；对应的控制系统为可编程逻辑控制器(programmable logic controller，PLC)、计划信息(plant information，PI)系统。

(2) 生产线层级(自动化生产过程智能优化与控制)：各产品自动化生产线。生产线对应的控制系统为分布式控制系统(distributed control system，DCS)、过程控制系统(process control system，PCS)。生产过程智能优化与控制包括：生产过程先进控制与优化、动力系统蒸汽仿真优化、工艺气体系统优化、装置控制性能优化等。生产优化与控制对应的系统为实时优化(real time optimization，RTO)、先进过程控制(advanced process control，APC)。

(3) 车间层级(数字化车间)：包括应急指挥与联动中心、生产现场智能巡检、气体泄漏检测与修复、生产实时在线监控。车间层级对应的系统为制造执行系统(manufacturing execution system，MES)。

(4) 工厂层级(智能化管理)：包括全厂视频监控管理、智能发货物流管理、地理信息系统(geographic information system，GIS)管理等。工厂层级对应的系统为实验室信息管理系统(laboratory information management system，LIMS)、企业资源规划系统(enterprise resource planning，ERP)。

(5) 决策分析层级(智慧化服务策略)：包括云计算、云中心、O2O智能云服务。决策层级对应的系统为商业智能(business intelligence，BI)系统。

7.2.3 物联网应用层次结构

1. 设备层级物联网应用

(1) 智能传感仪器。化工行业生产过程前端的主要感知系统有传感器、变送器仪表、智能执行机构等。基于微处理器的智能仪表已广泛应用于流程化工行业，其具有自校正、自诊断、故障自定位、自修复、自适应跟踪环境等能力。

(2) 智能检测仪器。基于PC的测量仪表，集计算机技术、信号处理技术、图像处理技术于一体，如应用于装车的自动计量系统。网络化仪表系统，基于局域网或互联网环境下将分布于网络各端口的数据或信息在任何时间和地点均能加以采集和测量，如DCS、PLC、FSC(fail safe control，故障安全控制)和紧急停车系统。

(3) 智能仪表。将化工装置中原有陈旧、老式的温度检测仪表、流量检测仪表、液位检测仪表和压力检测仪表及控制仪表，替换为一系列新型智能仪表，比如集成微处理芯片带标准通信协议的智能仪表，以满足更复杂控制系统的要求及符合智能制造的功能需求，完善和提升装置自动化能力和水平。

(4) 气体智能探测器。泄漏检测和维修(leak detection and repair，LDAR)系统主要包括：RFID标签、手持数据采集设备(与LDAR仪器匹配并同步使用)和后台自动分析软件[11]。气体 LDAR 泄漏检测与修复设备使用基于微机电系统(micro electro-mechanical system，MEMS)技术的传感器、环境监测设备用气体传感器，专门检测有机气体的仪器，以确认发生泄漏的设备。典型的 LDAR 步骤如下：确定程序、组件检测、修复泄漏、报告闭环等。其子程序包括：检测前准备子程序、检测子程序、修复子程序、报告子程序等。技术人员使用仪器进行气体检测后，会对每个阀门和密封点编号，并设立牌子，建立台账。建立挥发性有机化合物(volatile organic compound，VOC)在线监测网络，开展 VOC 排放清单计算工作，确保 VOC 排放源谱、分担率的正确性，为减排目标的确定提供有力依据。

2. 生产线层级物联网应用

1）装置控制性能优化

控制系统是生产装置运行的基础，控制器性能差，就会引起生产装置的操作性能变差，从而导致工厂财务状况下降。在装置开车阶段和正常运行时，建立装置控制性能优化系统，不仅能缩短装置调试时间，提高自控投用率，同时也是装置 APC/RTO 的坚实基础。APC 的实施基础是可靠的关键仪表与分析仪器，良好的基础控制回路性能。

2）工艺气体生产计划优化

化工企业受到国内外发展环境的影响，面临着产能过剩、成本上升、效益下滑、资源环境约束加大和创新能力不足等多重挑战，这些因素将长期影响化工企业的发展，下属化工企业也将面临越来越激烈的市场竞争。为了合理利用好资源，提高装置盈利能力，降低成本，提高产品质量，优化产品结构，提高管理水平，取得最大经济利润，应建立原料采购和生产计划优化系统，直接指导原材料选购和组织生产。

(1) 实现方式。我们以能源化工利润最优为目标，采用混合整数规划及非线性数据递归方法，开发能源化工企业煤化工总体效益优化的模型，对每个生产方案的产品主要性质指标、生产流程、产品调和及对整个生产过程中的成品、半成品的成本、费用情况进行详细分析计算。系统可用于企业的短期计划或长期战略规划，如原料选择、产品调和优化、生产计划、投资计划、库存和供应管理、技术评价、确定装置的规模或扩建研究、投资研究等方面，给出最佳生产运行方案，准确地为生产经营提供采购、销售、装置运行、操作条件等最佳决策，使企业的经济效益达到最大化。生产计划优化系统功能如图 7-10 所示。

由计划优化系统产生的结果将输入 MES 的生产计划模块，为企业排产提供数据依据，同时也可上传到企业 SAP(思爱普)系统里的 PP(production planning，生产规划)模块中。

(2) 实现功能。依据企业生产计划，根据工厂模型和约束条件，采用线性规划等数学方法，建立计划排产模型，进行自动排产，制定并优化年、季、月、旬或更短周期生产计划。依据各装置产能和各产品效益，结合生产实际情况和化工产品市场

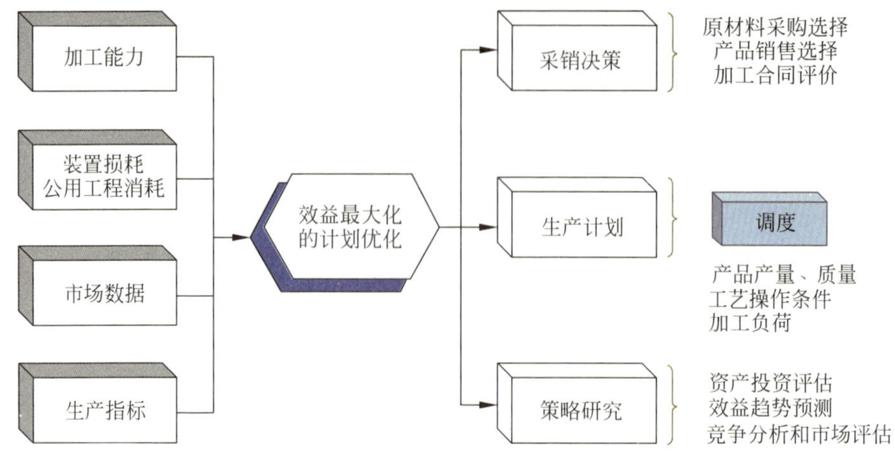

图 7-10　生产计划优化系统功能

动态，快速准确地编制出月度、季度和年度生产计划，实现计划的快速调整和执行结果的跟踪与分析。生产调度与其他生产管理人员可以通过生产计划查询模块完成生产计划的查询和下载，并可以查看计划的调整情况。过程如下：

① 建立计划排产模型，制定不同周期生产计划；

② 生产计划跟踪、调整与优化；

③ 提供生产计划模拟功能；

④ 提供生产计划业务管理、分析与报表功能；

⑤ 提供与其他系统集成的接口。

3）生产过程先进控制与优化

运用大数据建模技术，根据采集到的数据，指导企业运用先进控制技术以及实时优化（简称 APC/RTO），由原来的常规控制过渡到多变量大数据模型预估控制，使工艺生产控制更加合理、优化。APC/RTO 采用科学、先进的控制理论和控制方法，以工艺过程分析和数学模型计算为核心，以工业大数据平台为工具，以工厂控制网络和管理网络为信息载体，充分发挥 DCS 和常规控制系统的潜力，保障生产装置始终运转在最佳状态，通过多变量协调和约束控制，降低能耗，实现卡边操作，以获取最大的经济利益。

3. 车间层级物联网应用

车间生产实时在线监控，包括以下方面。

1）生产装置、关键设备运行状态监控

对企业关注的各单位关键设备开停工、运行状态进行实时监控和记录，一旦设备运行不正常则立即报警通知。建立对生产过程重要设备关键参数的监测视图，动态掌握设备的运行和停机情况。使生产的运行状态保持平稳，减少装置和设备的非计划停车。

2）生产绩效分析

生产绩效分析模块具有生产经营、生产过程历史数据分析和趋势图的展示以及报表统计查询功能。用户可以通过该模块进行指定数据的历史数据趋势图查看并可以生成生产日报、月报和年报表。

3）罐区集中监测

罐区集中监测模块主要将企业部门关注的分散在各个区域的储罐罐存量、液位、温度、压力等信息放在一个组态页面中进行集中监测，便于生产管理人员对罐区的实时监视和管理。

4）危险品运输车辆跟踪

近年来，危险品的运输数量和运输车辆随着经济的持续、快速发展与日俱增，运输过程中环境、车辆、危险品的不安全状态和人的不安全行为所造成的特重大事故频繁发生，严重危害和威胁到人的安全，并对环境造成污染。而从事危险品运输的以私营、股份制企业为主，司机、押运人员流动性强，多是挂靠运输企业，人员素质参差不齐，管理难度较大。加之货运业主为了降低成本，获得更多经济效益，普遍存在多拉快跑、超限超载、带病驾驶的现象。因此，建立危险品运输车辆监控系统，使危险品运输管理工作科学化、规范化和制度化，是缓解当前危险品运输事故严峻形势的有效途径。

5）装置工艺流程图展示

展示企业部门关注的各单位主要生产装置工艺流程图，跟踪装置运行状况。快速查看各工厂、装置、工序、工段的生产运行情况，提供趋势分析、时间回顾等功能。

6）关键工艺参数展示模块

实现企业部门关注的各单位生产装置关键工艺参数实时监控，当工艺指标超标时报警功能。

生产现场智能巡检。采用先进的现代化的现场巡检管理工具，提高生产管理水平，改变传统巡检工作管理的不可控制性，把巡检管理工作纳入规范化轨道。巡检人员通过手持巡检仪，自动测量设备、管道等的温度、压力、震动等参数，采集的数据和现场图像通过传感网络通信自动及时地传输到监控中心，然后对采集的大量数据进行分析，严格管理巡检过程，保证巡检的质量，实现对设备的监测与监控。通过集成手持设备巡检仪即掌上电脑随时查出设备故障的历史处理方法、电子化的作业文档、图片、录像、图纸等，可以时刻为一线员工提供指导。现场巡检系统构成如图 7-11 所示。

操作人员持手持巡检仪，根据工艺和设备管理要求，按照预先设置的巡检路线进行巡检。通过 PDA（personal digital assistant，个人数字助理）手工输入巡检数据或自动获取数据，数据利用无线网络及时自动传输至数据服务器，巡检系统对数据进行分析处理，管理人员可通过浏览器访问巡检系统获取所需的信息。现场巡

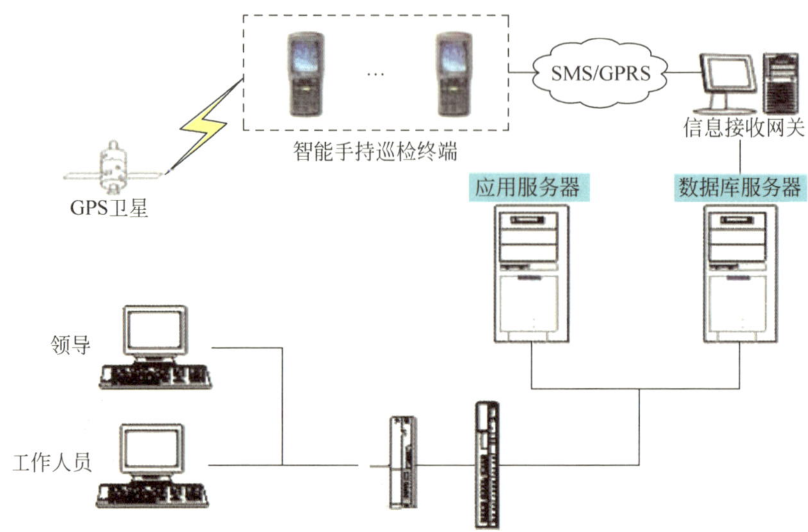

图 7-11　现场巡检系统构成图

检系统平台具有巡检标准、巡检管理数据的记录、查询、统计分析等管理功能。手持巡检仪主要用于进行现场巡检，下载巡检计划，现场检测结果记录，巡检结果上传，漏检等报表查询，并具有知识库的功能。

气体泄漏检测与修复。LDAR 开发具有化工特色的 LDAR 管理系统。通过对化工厂区泄漏检测与维修管理系统的研究，实现 LDAR 管理的多装置、多企业和企业化管理模式；建立全员参与泄漏和检测管理的流程，满足企业的 VOCs 检测和维修的闭环管理要求，促进企业提升泄漏控制水平。

4. 工厂层级物联网应用

应急指挥与联动中心，集成了生产、安全、绩效、企业文化等信息，为企业提供安全生产指挥和应急处置服务，以实现“精准调度、快速处置、平战结合、以防为主、措施到位、迅速有效”的目标，纵向构建工厂-公司-政府三级应急管理体系，横向实现企业安全生产、公安、消防、电力、交通、医疗、气防、环保、防汛、防台和园区内生命线工程抢险等联动。

1）应急指挥

平台集视频监视、实时过程监视、应急信息管理、应急联动等模块为一体，具有重点危险区域监控、重点生产装备监视、安全环保管理、生产调度指挥、安全隐患识别与防范、灾害预防、灾后应急指挥与处置等功能。

生产部门指挥人员可随时了解现场的生产情况，并可在事故发生时，根据系统的提示，对突发事故进行及时处理，减少损失，实现快速危险源定位和应急指挥，启动应急预案和应急流程处置，及时调配应急资源和抢险人员。

2）应急联动

应急联动系统围绕应急管理预案、体制、机制、法制，即“一案三制”来实现。“一案”为突发事件应急管理预案，“三制”为应急管理体制、运行机制和法制。

应急联动系统的功能主要分为“应急准备（事先）”“监测与处置（事发和事中）”，以及“恢复与重建（事后）”三大部分。

应急联动系统的功能包括：

（1）应急准备

应急准备主要包含用户为了应对事件的发生所做的准备工作，包括预案的准备、应急体制的建设和对于应急相关知识的准备。

（2）预案准备

在应急管理预案建设方面，首先，需要对企业或区域内部的危险源进行辨识，判断危险源的危险性、处罚因素以及危害程度，以便于针对危险源进行有效的控制，然后制定相关预案，将其可能产生的危害减小到最低程度。

（3）预案编制

在进行了上述准备工作后，用户就可对预案进行编制，针对各类突发事件和危险源，依据事先准备好的标准预案模板，一步步地对预案进行编制和完善。同时，用户也可根据各自行业的实际需要，对预案内容进行适当的增减。经过编制的预案，还必须经过特定人员或部门的审批才能在应急处置时使用。

（4）预案演练

应急预案演练是通过模拟真实事件的发生，组织相关人员针对事件，按照既定的预案进行应急处置，从而验证应急预案的有效性和可操作性，用户可灵活定义演练中的各种重要元素，如演练目的、步骤、演练场所、演练事件等。

（5）应急资源

应急资源，主要包括应急指挥机构、社会动员体系、领导责任制度、专业救援队伍和专家咨询队伍等组成部分。应急管理系统需要提供对于组织机构、岗位、人员、专家、救援队伍的管理功能，以便于在应急处置时随时调度。

（6）应急知识库

应急知识库主要包含行业标准库、法律法规库以及案例库，主要涉及国家制定的与应急相关的法律、行政法规及部门规章、地方和行业性的法规及规章，涉及应急救援相关管理部门制定的事故灾难应急救援的各种标准，以及相关案例等。用户可随时查阅并学习其中的内容，并可对知识库进行更新。

（7）监测与处置

监测与处置部分属于应急机制的建设范畴，其主要包含应急监测预警机制，以及应急处置中的应急决策和协调机制、应急资源配置与征用机制、分级负责与响应机制等内容。

(8) 恢复与重建

应急管理的恢复与重建主要包含总结与反馈、统计分析以及预案评估三个部分,涉及预案建设以及应急机制建设。

(9) 统计分析

应急管理系统需要提供信息化的方法,以方便用户在事件发生后,对突发事件进行全面的调查,及时确定事件性质、原因和责任,总结经验教训,提出整改措施。

(10) 应急评估

完善的预案并不是经过一两次的编制就能产生的,用户需要在实际使用过程中,根据实际的事件处置情况,对预案不断地进行补充、完善;预案评估则提供了一种规范的手段,用以对预案进行评价,作为预案完善的依据。应急管理系统应提供相应的功能,能够让用户定制评分项以及所占比重,并邀请专家进行评分。根据打分结果,可了解预案是否合适,是否需要重新修订。

5. 决策分析层级物联网应用

决策分析部署在企业的大数据云服务中心,具体如下:

(1) O2O 智能服务云平台

利用"互联网+"技术,建立一个基于 O2O 的智能服务云平台,在平台上安装各种应用系统,实现线下的知识管理共享服务和线上的实时协同专家指导。利用实时数据库技术,采集装置生产过程和设备关键信息,让企业业务人员能实时监视生产装置和设备的运行。如果发现生产、设备问题,及时提出改进建议,从而帮助化工企业用"互联网+"的方式改变管理模式,提高企业生产力和竞争力。

- 集中、集聚企业内相关专业技术人员,对化工生产装置和设备实现远程监视(图 7-12);
- 建立专家知识库,为客户提供知识管理共享服务;
- 采用可视化工具,实现专家对化工生产装置的全天候关注;
- 系统可对客户的相关设备和装置运行状态进行对标集中监视、预测、分析等(图 7-13);
- 预测生产过程变化趋势,对生产绩效进行对标分析、诊断和评价。

(2) 服务云资源

一个核心平台、三个服务中心:云服务基础平台,云服务管理中心、云服务安全中心、云服务运营中心。其技术构成如下:

- 互联网、虚拟化和分布计算的 IT 基础架构;
- 高效节能数据中心基础设施;
- 基于信息技术基础设施图书馆(information technology infrastructure library,ITIL)业务管理;
- 端到端自动化管理;

- 全面安全保障；
- 业务连续管理和灾难恢复。

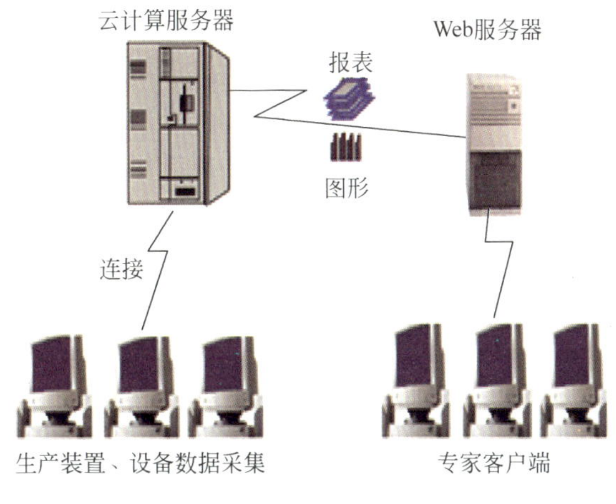

图 7-12　生产过程和设备信息云采集

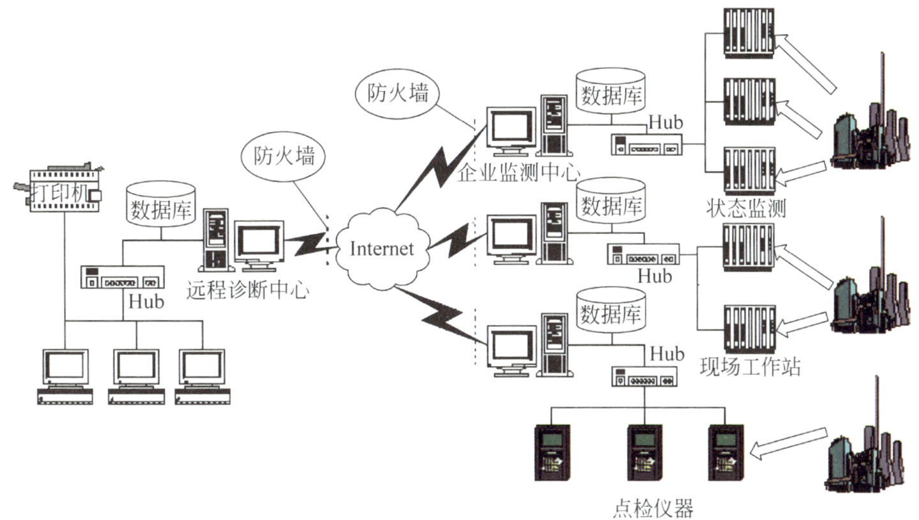

图 7-13　装置远程监控

7.2.4 关键核心技术

1. 数据采集与分析技术

数据采集与分析技术贯穿整个企业物联网应用体系，其平台包含从数据采集、数据存储、数据处理到数据分析整个流程。从设备层级采集到的数据，经过数据存储、处理、分析，在生产线层级、车间层级、工厂层级提供状态感知、预测分析等功能，为各层级功能实现提供了支撑。

1）平台架构

工业大数据平台的服务器与工业实时数据库在同一网络。在服务器上运行Server，通过Web Server实现信息发布。平台系统架构中具有三种类型的客户端。工业大数据平台系统架构如图7-14所示。

（1）工程师站（管理员站）：是对系统实现配置、调整、优化和维护的客户端。在工程师站中，运行Manager（管理者）模块实现系统管理，运行Miner（矿工）模块实现数据提取，运行Explorer（探测者）模块实现系统监控，以及运行Ruler（规则）模块实现规则管理。

（2）操作员站：是为系统操作人员提供的客户端。通过网页浏览器实现与系统的交互功能，操作员站运行Explorer模块、Monitor（检测器）模块和Report（报表）模块。

（3）专家站：是为专业人员提供基于System（系统）的关联分析的工作站。可以通过Explorer模块和Ruler模块实现对专家规则的调整、增删等维护操作。

2）数据采集

工业大数据平台系统需要整合多种网络技术和通信协议，利用大数据工具采用抽取、清洗、转换、汇总等技术将数据统一整合到云计算中心的服务器上。在企业现有的业务平台基础上，利用大数据工具技术，从产业园区、企业内部的各个功能系统的数据库中抽取、清洗、转换、汇总企业产品数据、供应链数据、设备运行数据、跨企业跨区域的协作数据、市场研究数据等。通过运用大数据的相关技术进行跨地域、大数据采集。

大数据来源主要有：各企业的客户电商平台（business platform customer，BPC）预算系统、运输管理系统（transportation management system，TMS）资金支付平台、ERP系统、办公自动化（office automation，OA）系统、LIMS、主数据管理（master data management，MDM）系统、MES、市场信息平台、DCS、供应商管理系统、应急联动平台、HSE系统等。

3）数据存储

对以上平台架构数据源的数据资源进行云存储，平台存储数据主要包括结构化数据和非结构化数据，针对两种数据的特点采用两种存储模式来提供高效的数据存储。

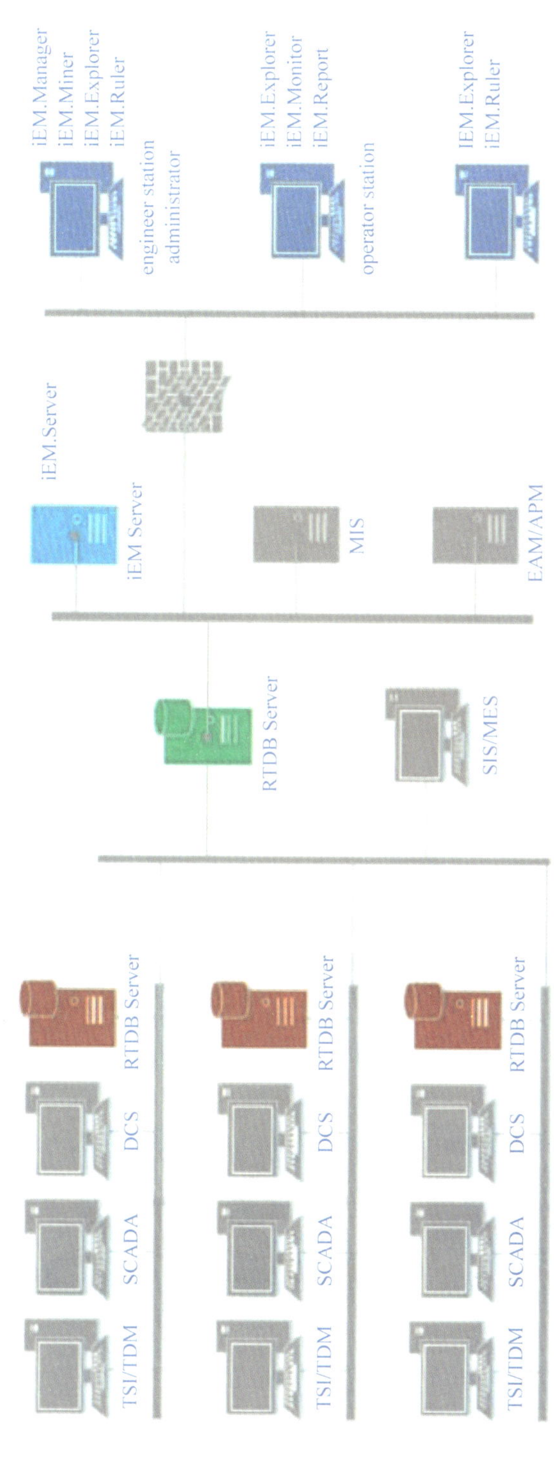

TSI（turbine supervisory instrumentation，汽轮机监测仪）
SCADA（supervisory control and data acquisition，数据采集与监视控制）
RTDB（real time database，实时数据库）
MIS（management information system，管理信息系统）
APM（asset performance management，资产绩效管理）
operator station：操作员站

TDM（transient data manager，瞬态数据管理）
DCS（distributed control system，分布式控制系统）
iEM（intelligent engineering management，智能工程管理）
EAM（enterprise asset management，企业资产管理）
engineer station administrator：工程师站管理员
expert station：专家站

图 7-14　工业大数据平台系统架构

对结构化数据采用光纤通道-存储区域网络（fibre channel-storage area network，FC-SAN）存储模式：所有服务器通过FC网络连接到FC存储系统，FC存储系统向所有服务器提供块设备级共享存储系统。同时为了保证系统的可靠性，存储网（FC网络）采用双路径设计，如图7-15所示，右侧为云服务器（cloud virtual machine，CVM）节点。

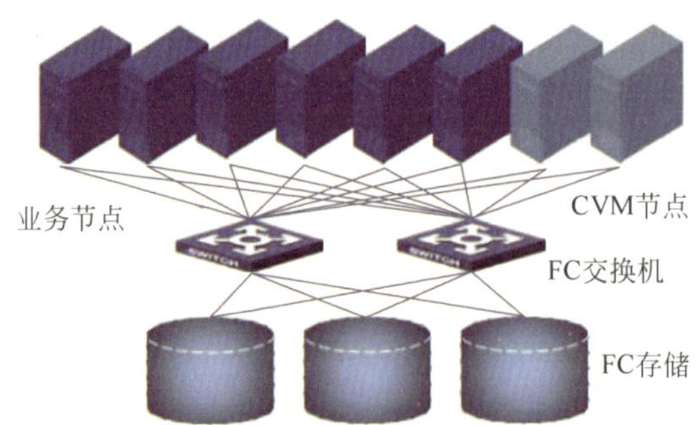

图7-15　采用FC存储模式的业务区域

对非结构化大数据采用并行存储模式（图7-16）：采用大容量存储服务器，通过并行存储区实现与业务网段的互联互通，供各个业务分区访问。并行存储系统对外提供万兆位以太网接口，用于存储访问。并行存储系统可以通过万兆位上联的方式连接到业务网核心交换机，服务器通过业务网络，以网络文件系统（network file system，NFS）、通用网络文件系统（common internet file system，CIFS）、私有协议的方式访问并行存储系统。并行存储系统向所有服务器提供文件级高性能共享存储系统。

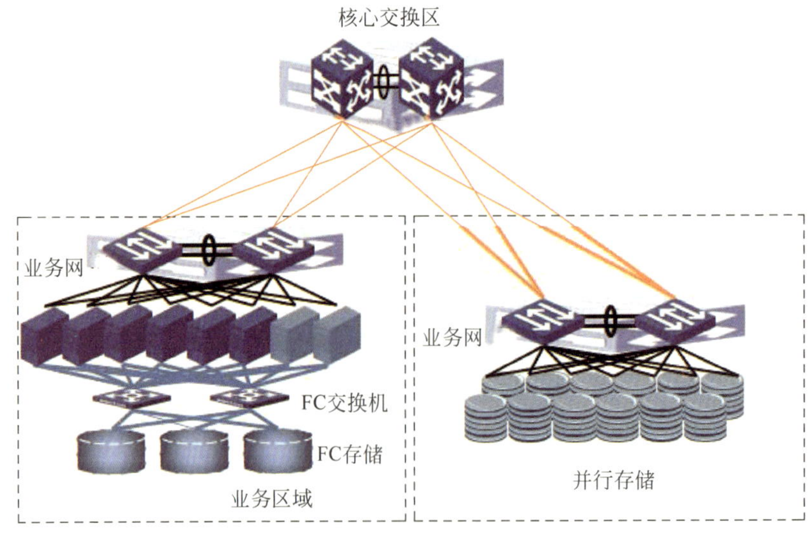

图7-16　采用并行存储模式的业务区域

4）数据处理

数据模型管理包括数据整合、数据质量管理、元数据管理分析，具体如下：

（1）数据整合

数据整合是利用工具，将各类不同数据源的数据进行收集、整理、清洗、转换后加载到统一平台的数据仓库中。

（2）数据质量管理

数据质量管理，是指对数据从计划、获取、存储、共享、维护、应用到消亡的生命周期每个阶段中可能引发的各类数据质量问题，进行识别、度量、监控、预警等一系列管理活动，并通过改善和提高组织的管理水平使得数据质量获得进一步提高。数据质量包括数据的完整性、规范性、一致性、准确性、唯一性和关联性。

（3）元数据管理

元数据通常被称作"关于数据的数据"，即用于描述其他数据的数据，它描述的是数据的背景、内容、数据结构及其生命周期。元数据管理负责存储和维护元数据库中的元数据，负责数据仓库建模工具、数据获取工具、前端工具等之间的消息传递，协调各模块和工具之间的工作。

5）数据分析

（1）超球建模

超球建模算法是工业大数据平台的机器学习算法，是由计算机从工业设备的实时测点数据中建立设备运行的状态模型的算法，建模过程完全由计算机自动实现。工业大数据平台的超球建模过程如图7-17所示。

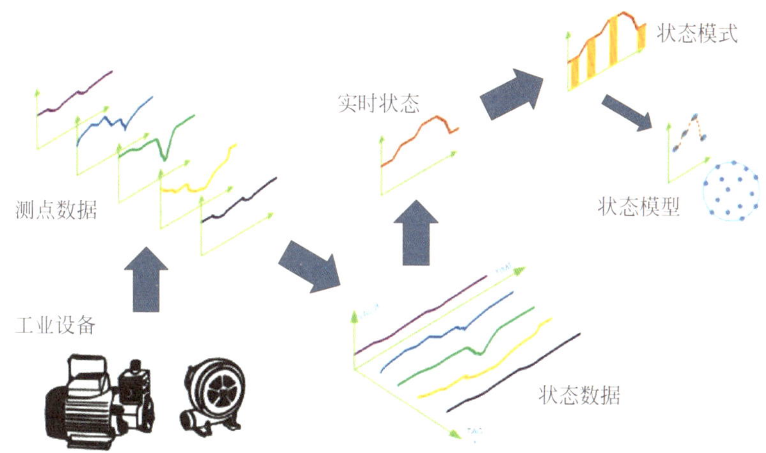

图7-17　工业大数据平台超球建模过程

超球建模是基于设备对象的运行历史数据进行的。首先，工业大数据平台将工业大数据中的测点数据按照设备资产的架构以及时间标签整理，得到设备对象的状态数据（它体现了设备对象的实际运行状态，每一状态与特定工况条件对应）。

然后,超球算法自动分析工况与状态的关联关系,通过对状态模式的提取、压缩和存储,形成设备的状态模式集作为设备的状态模型(它是对设备对象运行状态的最完整描述)。超球算法按照设备的运行状态在空间中的分布密度建立模型,测点的权重通过状态空间的分布密度自动识别。算法保持在由设备变量构成的多维空间中分析和计算,没有任何容易遗失信息的降维或升维变换,状态模型在空间中形成一个超球,因此也称为超球模型。

超球模型实现了对设备历史数据中有效信息的提取,体现了工业设备对象的动态运行特征。经过超球建模,工业大数据中最有价值的信息"模式"已经被自动识别,并保存在"智能单元"超球状态模型中,超球状态模型将基于这些模式实现智能在线感知和分析、预测。

(2) 状态感知

工业大数据平台从工业对象的历史数据中提取正常状态,建立对象的超球模型;超球模型自动对工业对象的实时状态进行在线评估,这个过程称为状态感知。通过状态感知,超球模型将工业对象的实时状态综合成一个 0～100%的评价值,称为"健康度 HPI"。超球模型的健康感知过程体现了"机器智能":在建立超球模型的过程中,工业大数据平台自动对工业对象的历史数据进行分析,在构建超球模型的同时,也得到一个健康度的"基准值 Hth",基准值是采用超球模型进行状态感知时,工业对象运行状态是否健康的评价标准。工业大数据平台基于超球模型的在线状态感知原理如图 7-18 所示。

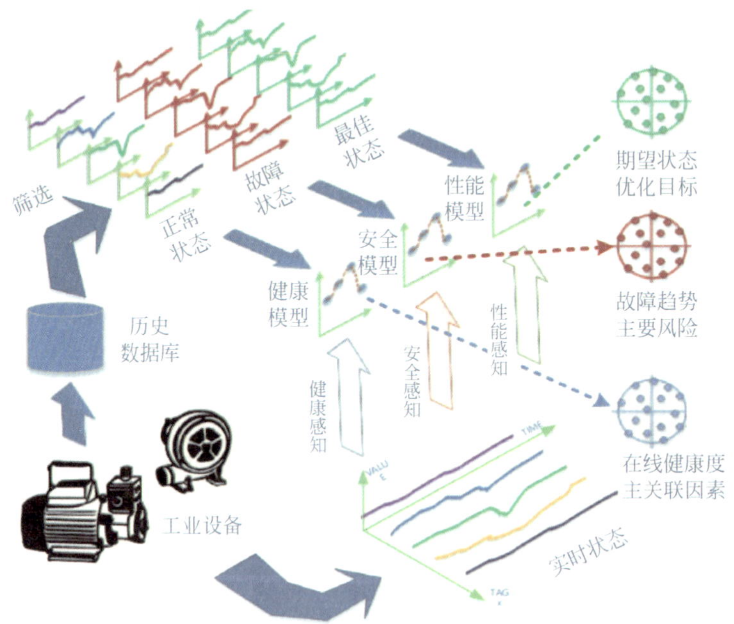

图 7-18 工业大数据平台基于超球模型的在线状态感知原理

（3）关联分析

关联性是工业系统在运行过程中，变量之间、设备之间广泛存在的相互关联的特性。工业系统中的关联性是动态的，关联因素以及关联强度（权重）都随时间和状态而变化。工业大数据平台通过关联因素排序来实现工业对象的测点变量之间的动态关联分析。当工业设备的健康度出现跌落时，表示设备的运行状态与历史同工况下的正常运行状态已经发生了变化。工业大数据平台的关联计算引擎从工业设备的大量变量中识别出关键的影响因素，自动计算动态权重，感知工业对象的测点变量中对实时状态贡献最大的变量，并以主关联因素排序的方式给出。

工业大数据平台提供了关联分析规则引擎，通过将设备对象异常状态规则化，在规则库中建立设备对象的异常状态与关联测点之间的因果关系。通过关联分析得到主关联点排序后，工业大数据平台将自动触发对应规则，并将初步诊断结果发送给专业人员。

（4）预测分析

预测分析是充分利用工业大数据中提取的信息，对工业对象的状态及相关特征实现预测计算的过程[12]。它包括状态期望和优化预测。

关联分析和预测分析的过程如图 7-19 所示。

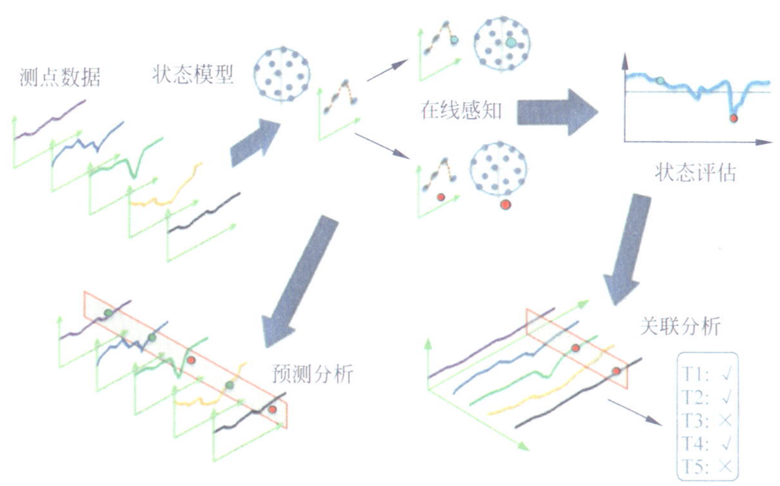

图 7-19　工业大数据平台关联分析和预测分析

2. 基于物联网的先进优化与控制技术

基于物联网的先进优化和控制技术包含生产过程先进控制与优化、装置控制性能优化、气体泄漏检测与智能修复三部分。生产过程先进控制与优化以甲醇精馏系统为案例，提出优化策略和控制方法；装置控制性能优化为生产装置提供性能监控、回路整定、性能分析功能；气体泄漏检测与智能修复针对能源化工企业易发生气体泄漏问题的特点，提出了包含传感器、检测仪器、后台分析软件的一整套解决方案。

1）生产过程先进控制与优化

甲醇装置主要包括甲醇的合成单元和精馏单元，其中，甲醇精馏系统采用较为先进的三塔精馏工艺，是甲醇产品品质控制的关键环节，也是主要耗能单元，精馏技术的先进性对保证甲醇产品质量、降低能耗、减少装置运行成本起到至关重要的作用。因此，需要在精馏工艺设计、过程控制等方面加大投入，实现在确保甲醇产品质量和收率的同时，降低生产成本。

（1）精馏先进控制系统总体结构

甲醇装置精馏系统先进控制系统是在现有 DCS 基础控制系统之上，应用多变量预测控制软件的多变量预测控制技术、智能控制技术，将甲醇装置三塔精馏系统作为一个整体实施先进控制。

通过深入分析精馏过程中各相的物料组成、温度及流量在塔中的分布情况，研究各种操作情况下精馏过程的变化规律和各变量之间的关联特性，结合工艺工程师和操作人员长期的生产经验，建立基于过程模型和操作经验的先进控制器，克服干扰因素，实现对精馏过程的安全、平稳控制，提高装置自动化水平，降低操作劳动强度。在此基础上进一步“卡边”优化工艺指标和回流比，保证产品质量，降低能耗。

（2）精馏先进控制系统的实现目标

① 在 DCS 的基础上建立甲醇装置精馏系统先进控制系统，提高精馏塔系统的综合自动化水平，克服变量间的关联耦合和干扰因素，稳定生产工况，提高主要工艺参数的平稳性，与常规控制相比，关键工艺参数的标准偏差（波动幅度）降低30％以上。

② 基于装置的平稳操作，对精馏塔工艺指标、回流比等进行“卡边”优化，挖掘装置潜力，在保证甲醇产品质量的前提下，预计可降低甲醇蒸气消耗 2％以上。

③ 在正常生产条件下，保证先进控制系统的投运率达到 90％以上，以保持生产操作的一致性，减少人为干扰，降低劳动强度。

④ 独立完成与 DCS 之间的数据通信，保证 DCS 的正常运行，实现先进控制系统与 DCS 的无扰动切换功能。

（3）精馏先进控制系统策略

甲醇装置精馏系统先进控制的主要任务是有效抑制内外部扰动（进料组分波动、负荷波动、蒸气压力波动及上下游工况波动等），合理动态调节各操纵变量，平稳控制各关键工艺指标及精馏塔内组分分布，实现对精馏系统的精细化控制，确保生产安全，提高装置综合自动化水平，在此基础上通过对工艺指标的“卡边”控制和对回流比的动态优化调节，实现在保证产品质量的前提下，降低装置能耗，即实现整个精馏系统的经济效益最大化。

(4) 精馏先进控制系统的主要功能

甲醇装置精馏先进控制系统将分别针对甲醇装置精馏系统预蒸馏塔、加压塔、常压塔建立多变量预测控制器,其主要功能包括以下几种。

① 装置安全性和稳定运行。充分考虑精馏塔装置冷却设备能力和再沸器加热能力,避免冷却、加热负荷不合适,而导致塔压偏高或加热负荷过大引起的设备运行不正常。同时,克服内外部干扰因素和内部物料交叉换热耦合,较好地实现冷、热物流的物料平衡和能量平衡,并通过动态优化控制,确保装置安全稳定运行。

② 平稳控制和“卡边”优化。基于甲醇装置精馏系统工艺特点和过程控制现状,总结工艺专家和优秀操作员的经验,采用模型预测控制、智能控制等策略,充分结合精馏塔的组分、温度分布特点及对生产过程数据的分析,建立各塔先进控制器,将过程模型和专家控制相结合,克服外界干扰和精馏系统内复杂的物理变化过程、非线性、大时滞和多变量耦合干扰。通过合理调节各精馏塔的进料量、塔顶采出量、塔釜采出量、回流量、再沸器蒸气量、冷却水量等操作手段,实现对过程关键工艺参数如灵敏板温度、塔底温度、塔顶温度、液位、压力、冷后温度等的平稳控制和分级优化,保持精馏系统内的物料平衡和能量平衡,稳定生产工况,同时适应上下游生产负荷的变化需求,实现工况的渐变调整,有效防止工况的大幅波动,保证产品质量。

在此基础上,采用流程模拟技术,结合精馏原理和实际生产现状,对精馏塔的分离能力、节能潜力等进行评估分析,找到精馏系统最优的工艺参数,并对相关工艺参数、回流比等进行“卡边”优化,使各项工艺指标趋向低能耗、高收率的稳态工作点,在保证产品质量的前提下,降低能耗,实现装置经济效益最大化。

③ 产品质量控制。针对甲醇装置精馏系统各精馏塔的组分、温度分布特点,特别关注组分变化敏感区域,结合实际生产过程数据及馏分化验数据,同时充分考虑精馏系统内外部干扰因素,回归建立塔顶或塔釜采出馏分的组分含量与精馏塔运行数据的软测量模型,实时预测实际生产过程中组分含量随工况的变化趋势,先进控制器自动调整回流量、加热蒸气量、塔顶采出量、塔底采出量等,实现对塔釜、塔顶馏分组分含量的精细化控制,保证轻、重组分的分离效果,减少甲醇组分损失,为甲醇产品质量和产品收率提供保障。

2) 装置控制性能优化

控制系统是生产装置运行的基础,控制器性能差,就会引起生产装置的操作性能变差,从而导致工厂财务状况下降。

运用控制性能管理(control performance management,CPM)软件,采用监视并报告控制性能的工具,对控制回路进行连续体检,减少控制偏差,确保产品质量稳定、操作安全,使得生产操作导向优化的状态。主要功能如下:

(1) 性能监控功能

由于生产装置回路数量大、问题定位难,工艺工程师需要在数百个回路中发现和定位问题,这犹如大海捞针。采用PID回路整定与评估软件,就能同时监控所有控制回路,能快速帮助工艺工程师定位并解决问题。

(2) 回路整定功能

最优PID参数调节是实现高效过程操作的关键一环,但是由于回路整定费时费力,特别是回路整定主要依赖控制专家的经验技术,在有经验的自控人员不足的情况下,通常很难开展最优PID参数调节工作。利用控制性能管理软件实现PID离线整定设计与仿真、PID参数记录。

(3) 回路性能分析

PID参数性能评价机制,分析PID参数对回路性能的影响;振荡检测,检测扰动强弱快慢,分析扰动对回路性能的影响;非线性检测,检测执行机构非线性状况,分析执行机构非线性对回路性能的影响。

3) 气体泄漏检测与智能修复

LDAR技术主要采用RFID标签、手持数据采集设备(与LDAR仪器匹配并同步使用)和后台自动分析软件。气体LDAR设备使用基于MEMS技术的传感器、环境监测设备用气体传感器、专门检测有机气体的仪器,以确认发生泄漏的设备。

3. 信息系统高效协作与集成技术

采用信息系统高效协作和集成技术使实验室信息管理系统(LIMS)和制造执行系统(MES)与企业资源计划(ERP)系统得以集成与数据共享,实现检验业务程序化管理,实验室分析仪器数据的自动采集,实验室各种资源如人、机、料、法、环、能的全面综合管理,质量数据的及时发布和共享、集中查询和统计。

1) 制造执行系统(MES)

MES是各级单位实现生产管理相关的各业务流程的信息化管理,通过工厂模型优选、生产可视化、信息数字化、生产自动化,实现生产运营及各生产环节的动态闭环管理,最终达到最优化生产的目标[13]。通过采用集成化、标准化的MES,企业各级管理人员可以了解、监督、管理并优化生产运行,改善生产执行层的信息交流以及工作效率,降低制造成本,快速地应对市场的变化。

基于企业MES建设蓝图,系统技术架构支撑企业MES的深化和扩展应用,实现各个系统的集成应用。

(1) 通过MES数据平台支持MES各模块之间的数据集中存储和共享;

(2) 通过MES数据平台支撑企业生产应用,主要包括企业生产营运指挥系统、化工能耗统计系统、应急联动系统等;

(3) 通过MES数据平台支撑企业ERP的三流合一,并支持企业层面的生产综合分析应用,如TBM、技术经济指标统计系统等;

(4) 通过MES数据平台集成企业生产相关系统,主要包括实时数据库、LIMS等。

MES 则以操作流为核心，关注物料在实际生产操作中的流动关系，即操作流、物流、信息流的“三流合一”。MES 作为基础生产信息平台，涵盖生产运营管理中的各个中间过程，从原料的进厂到生产装置生产，直到产品出厂，通过 MES 信息平台可以清晰地看到企业在采购、生产、销售、库存中所有物料流动的全过程，并以“日平衡、旬确认、月结算”为追求目标，每日平衡对照生产作业计划，每旬平衡微调生产计划，每月结算平衡数据支撑 ERP 系统。

通过 MES 实施，建立了企业核心数据库，统一了业务操作平台，统一了数据源和数据编码，保证了业务数据的一致性，实现了数据共享，提高了不同部门间的协同工作效率，使生产管理部门从繁重的数据收集工作中脱离出来，走向数据分析和深层次管理，为领导层的经营决策提供了及时、真实的参考依据。节省大量的人工数据收集工作的劳动成本，提高了劳动效率。实现统一的数据源，实现调度与统计数据的一致性，提升生产数据的及时性、准确性和完整性，规范企业的生产业务流程，提高生产管理效率，实现了生产调度协同指挥，实现“日平衡、旬确认、月结算”，通过跟踪物流，发现问题，提升了企业精细化管理水平，掌握生产过程损失情况，降低加工损失率，提高综合商品率，为企业节能降耗提供了数据支持，促进了生产经营管理决策和专业化重组。MES 业务流程如图 7-20 所示。

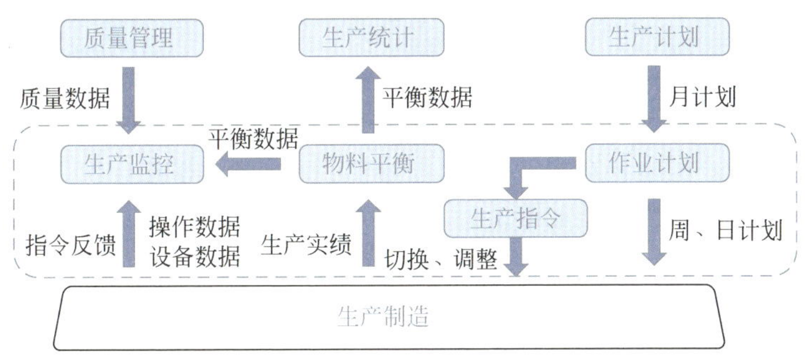

图 7-20　MES 业务流程

2）实验室信息管理系统

实验室信息管理系统（laboratory information management system，LIMS）是通过计算机对实验室人（人员）、机（仪器）、料（样品、材料）、法（方法、质量）、环（环境、通信）全面综合管理的计算机应用系统，是一套完整的实验室管理和产品质量监控体系，既能满足日常生产的质量管控的要求，又能监督实验室按照标准 ISO 17025 高效运行[14]。系统实现的功能如下：

（1）实现检验业务程序化管理，从采样任务的下达到样品接收再到数据录入和数据审核等，实现自动生成报告单和合格证；

（2）实现实验室分析仪器数据的自动采集；

（3）实现实验室各种资源如人、机、料、法、环的全面综合管理；

（4）实现质量数据的及时发布和共享；

(5) 实现各种质量数据的集中查询和统计;

(6) 实现与实时数据库、生产信息管理系统和 ERP 的无缝集成,实现数据共享;

(7) 实现研发过程的有序完整管理,同时还可以培养科研及实验室管理人才。

4. 虚拟及云化技术

企业物联网运用虚拟及云化技术为大数据云服务中心提供基础支撑,具体以云计算和云中心分别提供软件支撑和硬件支撑。

1) 相关概念

(1) 虚拟化。虚拟化是指计算元件在虚拟的基础上而不是真实的基础上运行,是一个为了简化管理,优化资源的解决方案。通过虚拟化技术把一台计算机虚拟为多台逻辑计算机,在一台计算机上同时运行多个逻辑计算机,每个逻辑计算机可运行不同的操作系统,并且应用程序都可以在相互独立的空间内运行而互不影响,从而显著提高计算机的工作效率。

(2) 云计算。云计算(cloud computing)是一种基于互联网的计算方式,通过这种方式,共享的软硬件资源和信息可以按需求提供给计算机和其他设备。它是由分布式处理、并行处理和网络运算演进发展,并在商业上实现的计算机概念。

2) 云计算

云计算的最终目标是将计算、服务和应用作为一种公用设施提供给公众,使人们能够像使用水、电、煤气和电话那样使用计算机资源。云计算系统运用了许多技术,其中以编程模型、数据存储技术、数据管理技术、云计算平台管理技术、虚拟化技术最为关键。其通用架构如图 7-21 所示。

首先,云计算技术的实施需要一种简化的分布式编程模型和高效的任务调度模型(如 MapReduce 计算框架),用于大规模数据集的并行运算。其次,还应有海量数据分布储藏技术,需要同时为大量用户服务,必须采用分布式存储(如 Hadoop 的 HDFS)。

庞大的数据缺乏管理就会混乱而无法使用,因此,数据管理技术必须能够管理大量数据。云计算系统的数据管理技术主要是 Google 的 BT 数据管理技术和 Hadoop 团队开发的开源数据管理模块 HBase。

云计算资源规模庞大,服务器数量众多并分布在不同的地点,同时运行着数百种应用,如何有效地管理这些服务器,保证整个系统提供不间断的服务是巨大的挑战。云计算系统的平台管理技术能够使大量的服务器协同工作,方便地进行业务部署和开通,快速发现和修复系统故障,通过自动化、智能化的手段实现大规模系统的可靠运营。

通过虚拟化技术可实现软件应用与底层硬件相隔离,它包括将单个资源划分成多个虚拟资源的裂分模式,也包括将多个资源整合成一个虚拟资源的聚合模式。虚拟化技术根据对象可分成存储虚拟化、计算虚拟化、网络虚拟化等,计算虚拟化

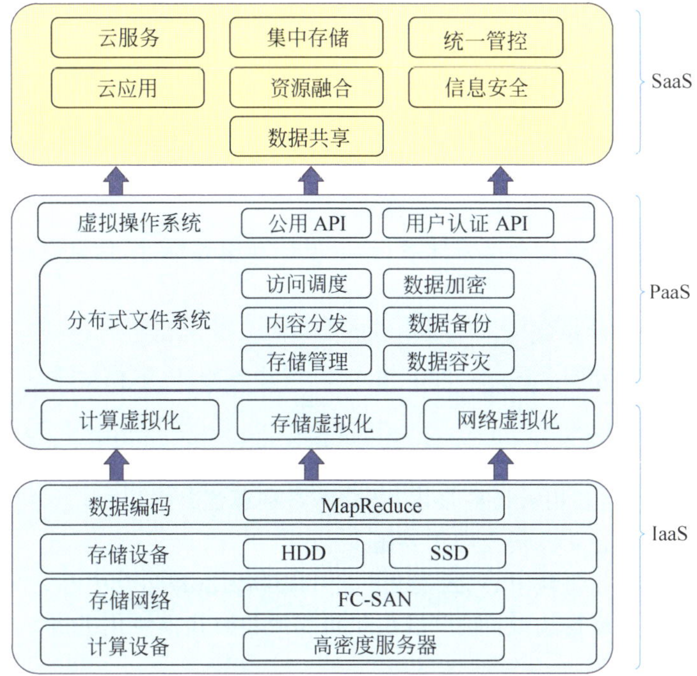

图 7-21　云计算的通用架构

又分为系统级虚拟化、应用级虚拟化和桌面虚拟化。现在常用的实现虚拟化的技术有以下几种：①硬件仿真，是最复杂的虚拟化实现技术。它是在宿主系统上创建一个硬件虚拟机来仿真所想要的硬件，但是其速度很慢，每条指令都必须在底层硬件上进行仿真。②完全虚拟化，它在客户操作系统和原始硬件之间通过使用虚拟机进行协调。其速度快于硬件仿真但是比裸硬件慢，因为中间经过了 Hypervisor（一种运行在基础物理服务器和操作系统之间的中间软件层），可允许多个操作系统和应用共享硬件。也可叫作 VMM（virtual machine monitor），即虚拟机监视器。③超虚拟化，这种方法使用了一个 Hypervisor 来实现对底层硬件的共享访问，还将与虚拟化有关的代码集成到了操作系统本身中。

3）企业应用

企业利用云计算技术，建立云计算中心，重构企业 IT 支撑架构，整合 IT 资源，以提高 IT 资源的利用率，降低 IT 资源消耗，提升运营效率，提高信息安全，实现集中统一管理；提供信息基础设施、数据存储、信息处理和应用软件等业务的云服务，增强服务的灵活性、多样性和新颖性，形成“大平台、大服务”的经营理念和模式。其目标是：

（1）建立云计算中心及数据灾备中心，改造现有不符合机房标准规范的企业网络中心。

（2）利用云计算技术整合企业网络、计算和存储资源，建立资源池。

(3) 利用企业三网融合资源,实现企业内所有企业互联互通。

(4) 企业信息应用系统全面云化,云桌面覆盖全企业,实现集中统一管控和运维。

(5) 确保云中心服务保持在 7×24 小时"永远在线"的工作状态。

(6) 建立集中统一的云服务管理平台、云安全管理平台和云服务运营平台,确保可靠、安全、可用,提供多样性的云服务。

(7) 建立云服务管理和运营体系、品质保证和服务标准,信息安全等级保护达到三级认证。

具体建设的硬件设施为:

(1) 云中心划分四个区域:外部接入区、网络核心区、数据处理和存储区、网络应用区。

(2) 云中心基础设施:主干网络设备、安全设备、计算设备、存储设备和通信线路采用全冗余设计,利用云计算技术,建立海量资源池。

(3) 建立云中心立体安全防护措施。

(4) 建立云服务管理中心、云安全管理中心和云服务运营中心。

(5) 云中心建筑物选型:楼宇模块化机房或集装箱模块化机房。

7.2.5 效益分析

1. 经济效益

(1) 有效提升生产安全管理水平。采用物联网技术提升现场感知能力,设备和系统的集成和协同有助于及时发现安全隐患,实现智能联动和有效预警。

(2) 有效提高生产设备管理水平,实时掌握生产装置和设备运行状态,优化操作,有效避免过度维修,大大降低生产运行和维护成本。

① 掌握相关同类生产装置的运行状况,优化操作;

② 减少非计划停机时间;

③ 延长设备的检修周期,避免过度维修,降低维修成本;

④ 避免设备灾难性损坏而发生对人员及设备的伤害。

(3) 有效提升在生产工艺诊断、设备状态监测与诊断等方面的技术能力,通过使用云平台有助于生产经验知识的积累和生产服务的深度运用。

(4) 有效提升企业精细化管理水平,掌握生产过程资源消耗和现场生产情况,结合市场价格动态数据,科学优化排产,降低加工损失率,提高综合产品能力。

(5) 经济利益,主要体现在以下几个方面:装置处理量增加 10%~15%;能耗可降低 10%~15%;运行维护成本降低 15%~20%。

2. 社会效益

1) 国家发展和政策支持

智能制造是当前和今后一个时期推进两化深度融合的核心目标,是建立国家制造业创新体系的关键。

2）企业产业转型升级要求

（1）探索工业 4.0 应用的智能型生产的创新模式，促进产业转型升级；

（2）建设绿色环保型企业。

3）企业生产和管理提升要求

（1）以生产制造环节智能化为支撑，有效缩短产品研制周期、降本增效、降低资源能源消耗；

（2）为提高企业内控及管理水平以及支持企业新的发展战略提出的需求。

参考文献

[1] 杨舒."中国智造"需要物联网战略[J].中国产业经济动态，2017(9)：35-36.

[2] 德诚智能科技.工业物联网在智能制造中应用发展现状与及趋势[EB/OL].(2019-04-23)[2021-10-08]. http://blog.sina.com.cn/s/blog_180adf90f0102zw0z.html.

[3] 程元栋，陈巧莲.我国物联网发展中的瓶颈及应对策略分析[J].改革与战略，2012，28(3)：64-66.

[4] WANG S，WAN J，LI D，et al. Implementing smart factory of industrie 4.0：an outlook [J]. International Journal of Distributed Sensor Networks，2016，12(1)：3159805.

[5] KATZAN I，SPECK M，DOPLER C，et al. The knowledge program：an innovative，comprehensive electronic data capture system and warehouse; proceedings of the AMIA Annual Symposium Proceedings，F，2011 [C]. American Medical Informatics Association，2011.

[6] THIRUMALA K，PRASAD M S，JAIN T，et al. Tunable-Q wavelet transform and dual multiclass SVM for online automatic detection of power quality disturbances [J]. IEEE Transactions on Smart Grid，2016，9(4)：3018-3028.

[7] PIYARE R，LEE S R. Towards internet of things (iots)：Integration of wireless sensor network to cloud services for data collection and sharing [J]. arXiv preprint arXiv：13102095，2013.

[8] VARELA M L，PUTNIK G D，MANUPATI V K，et al. Collaborative manufacturing based on cloud，and on other I4.0 oriented principles and technologies：a systematic literature review and reflections [J]. Management and Production Engineering Review，2018，9：90-99.

[9] SISINNI E，SAIFULLAH A，HAN S，et al. Industrial internet of things：Challenges，opportunities，and directions [J]. IEEE transactions on industrial informatics，2018，14(11)：4724-4734.

[10] 周济.智能制造："中国制造 2025"的主攻方向[J].中国机械工程，2015(17)：2273-2284.

[11] 孙嘉祺，郭斌，张轩. LDAR 技术在制药行业设备动静密封点泄漏估算中的应用[J].现代化工，2019，039(7)：216-219.

[12] ARISMENDY L，CÁRDENAS C，GÓMEZ D，et al. Intelligent system for the predictive

analysis of an industrial wastewater treatment process [J]. Sustainability, 2020, 12(16): 6348.

[13] ALMADA-LOBO F. The Industry 4.0 revolution and the future of manufacturing execution systems (MES) [J]. Journal of Innovation Management, 2015, 3(4): 16-21.

[14] SKOBELEV D, ZAYTSEVA T, KOZLOV A, et al. Laboratory information management systems in the work of the analytic laboratory [J]. Measurement Techniques, 2011, 53(10): 1182-1189.